新法学ライブラリ―15

手形・小切手法
第4版

川村正幸 著

新世社

編者のことば

　私たちの身のまわりに生じ，かつ，多くの人びとに利害をもたらす社会的，政治的，経済的な現象は，あまりにもたくさんある。そして，これらにかかわる認識の仕方や評価のありようは，人によってずいぶん違う。つまり，私たちにとって，ある意味で共通の利害関係がある事柄がたくさん出てきたばかりではなくて——たぶんたくさん出てきたということと関連して——，それらをめぐる議論の方もまた，大いに枝葉を出して活発に展開している。これが現代の特徴であると言えよう。

　法律学は，この特徴をいやおうなく反映している。法律学が現実に適合的であり，効果的な役割を果たすことができるためには，どうしても大胆に新分野を切り開き，それに合わせた特殊化・細分化をはかってゆかないわけにはゆかない。

　法律学の領域には，たくさんの教科書のたぐいが出まわっているが，私たちがあえて「新法学ライブラリ」の刊行に踏み切ったのは，うえに述べた状況に深いかかわりがある。このライブラリでは，ごく少数の例外を除き，年齢層の若い法律研究者，俗に言うイキのいい研究者がそれぞれの専門分野で現代に肉薄する考察を自由闊達に展開する仕組みになっている。

　えてして，現実に合わせた考察となると，樹を見て森を見ない，制度従属的・技術的な方向へと走ってしまい勝ちである。私たちは，この傾向を排斥する。

　現実を直視するが，現実に追随すべきではない。とくに法律の場合，現実がもたらす紛争を解決することを主要眼目においている以上，原理・原則を踏まえて出発し，最後にもう一度，原理・原則に立ち戻って点検することが大事である。原理・原則と矛盾した解決というのは，一時的な効果や気休めという点を別にすれば，けっして長続きしないからである。

　このライブラリは，原則として，各巻単独の書き手によって執筆される。それぞれの研究者が，包懐する哲学，原理・原則を踏まえて，その者の責任のもと，思う存分考察してもらうよう意図している。新進気鋭の執筆者たちはすべて，この期待に応える十分な力量の持ち主であることを私たちは誇りに思う。

奥平　康弘

小林　秀之

松本　恒雄

第4版に寄せて

　今回の改訂は，平成29年（2017年）民法（債権関係）改正に対応するためのものである。さらに，民法改正に伴って整備法により，手形法・小切手法，商法，会社法の規定も合わせて改正されるとともに，平成30年（2018年）商法改正も行われ，これらすべてに対応する必要があった。合わせて今日の状況に適合させること，および読者により一層読みやすくすることを含めて，今回の改訂においては本書の多くの箇所に修正を加えたため，結果として大幅な改訂となった。

　民法と手形法・小切手法の関係は，民法は一般法であり，手形法・小切手法は特別法であるという関係にあるため，その適用と解釈にあたり民法の規定が考慮されるケースが多い。そこで，このたびの債権法を中心とした民法の大規模な改正は，本書の様々な箇所に影響を及ぼしている。また，手形法・小切手法は，国際的な統一法条約に基づいて制定された法律であるため，その改正は容易なものではなく，その制定以来これまでほとんど改正が行われないできたが，今回は条文として大きな改正とはいえないにしても，いくつかの条文について改正が行われた（ただし，現代語化は行われていない）。本書の改訂にあたり，今回の手形法・小切手法の改正について該当箇所で詳細に述べている。

　手形・小切手法学の特色は，実定法学の中でも際だって精緻で，整然とした理論性と強度の論理一貫性にある。それはこれまでも多くの読者を引きつけてきたものである。手形・小切手法学の中核をなす手形法理論は，全体が網の目のように繋がり合った理論である。近代的な手形法理論は，1839年にドイツでカール・アイネルトが『19世紀における手形取引の需要に応じる手形法』を刊行し，その中で「手形は商人の紙幣である」（商人紙幣説）と唱えたことに始まる。ドイツでは19世紀末頃から最盛期を迎え，ドイツ手形法学の影響を強く受けたわが国でも明治期以来，20世紀の終盤まで多くの研究が生み出さ

れ，活発に議論されてきた。このように手形法理論は 150 年以上の歴史を有し，そして，複雑多様に形成された容貌を持ち，その全体像の理解は容易なものではない。

　しかし，手形法理論は，単に抽象的な，概念的な議論ではなく常に具体的な問題の解決を図ることを目的とするものであり，また，特定の思想や信条を反映したものでもない。手形法理論の中心には，社会・経済の発展に寄与しその要請に応えられる手形法体系を構築しようとする目的意識が一貫して通っているのである。読者が，本書を通してこのような手形理論の一端に触れて，それに魅力を感じることがあれば，著者として大きな喜びである。

　手形・小切手の利用は，有価証券のペーパーレス化の進展や電子記録債権制度の導入などが進む中で，かつてに比べて大幅に減少した。次第に利用が減少していく状況で推移しているといえるが，しかし，依然として経済社会の中で相当量の利用がある。今回の改訂により，本書が実務家の人達，社会人・学生の皆さんの要望に応えるものとなり，実務や勉学の助けとなることができれば誠に幸いである。

　今回の改訂版の刊行に対して大きなご支援をくださった株式会社　新世社に対して深く感謝すると共に，本改訂の作業に大きなご助力を頂いた同社編集部の御園生晴彦氏と谷口雅彦氏のお二人に心より感謝の意を表したい。

　　　2018 年 5 月

川村　正幸

第3版に寄せて

　本書の第2版を公刊してから，4年近くが経過したが，その間本書が広く読者に受け入れられてきたことは，著者として大きな喜びであった。

　今回の改訂の目的は次の三点にある。第一は，最近，会社法の大改正をはじめとして，民法など次々と関連の法律に関して大きな改正が行われたので，これらの法改正にタイムリーに対応することである。会社法の施行は平成18年4月以降になるが，今回の改訂でこの大改正に対応することとした。第二は，平成16年4月から発足した法科大学院教育への対応を図ることである。法科大学院教育においては，理論と実務の融合の実現が重要な課題となっている。本書の執筆にあたっては，当初より，手形法の実務に対して十分な目配りをして，実務的視点からの検討を行うことを重要なテーマの一つとしていたが，今回の改訂では，上記の法科大学院教育の理念により一層適合することを目指している。とりわけ，手形訴訟と手形抗弁の対抗，当事者の主張責任・証明責任等の問題に関して論述を補充している。第三は，第2版までに見落とされてきた，説明の不十分な点，説明の分かりにくい点，若干の記載ミスなどについて補足したり，訂正すると共に，最近の重要判例等を補充してアップ・ツー・デイトを図ることである。法科大学院の発足に伴い，私も一橋大学の法科大学院である法学研究科法務専攻において，数年ぶりで手形法・小切手法を講じる機会を得た。この講義の中で受講生諸君から判例報告をしてもらい，意見交換，質疑応答をする中で，指摘してもらったり，自分でも気がつく点があった。この点，一橋大学の平成16年度講義の受講生諸君に感謝したい。

　上記のような改訂の趣旨に照らして，今回の改訂によって本書がより一層充実した内容となり，多くの読者の要望に応えることができ，勉学の助けとなることを希望している。多くの読者が本書をとおして，理論と結果の妥当性を融合する手形法的思考，緻密な論理展開という手形法学の持つ魅力の一端に触れることができるよう期待している。

　本書の改訂にあたっては，第2版と同様に，新世社編集部の御園生晴彦氏と安原弘樹氏とに一方ならぬご尽力をいただいた。ここに心より感謝の意を表したい。

　　2005年10月

　　　　　　　　　　　　　　　　　　　　　　　　　川村　正幸

第2版に寄せて

本書の初版を公刊以来，5年半を経過したが，幸いにして広く読者に受け入れられ，このたび改訂を行うこととなった。

本書執筆のねらいは，応用力ある手形法的思考力の養成を目指して，手形法に関する高度な理論をできるだけ平明に説くこと，および，そのためにできるだけ具体的問題を多く取り上げて，妥当な解決に到達するための論理的筋道を指し示していくことにあった。そこで，このような目的を達成するために，最近の判例を多く取り上げ，かつ，実務的な問題点にも目を配って，実務的視点からの検討を行うことに努めた。

今回の改訂にあたって，上記の視点をより一層強化するために，新たな重要判例を追加してアップ・ツー・デイトにしたり，最近の民法改正や学説の動向に対応した内容にするとともに，巻末に判例索引を追加して，読者に利用しやすくした。さらに，近時，理論と実務の融合が従来よりも一層重視されるようになってきたことに対応して，実務的側面からの記載の補充を行っている。

手形・小切手以外の多様な決済手段が普及してきたことに伴い，最近，手形・小切手の利用がしだいに減少している。もちろん，手形・小切手の利用が近いうちに急減するという状況ではないので，直ちにその勉学の実務的意義が失われないことは明らかであるが，手形法・小切手法の勉強の今日的意義は次のような点にもある。すなわち，第一に，手形法制度はきわめて色濃く商法，商的世界の特色を持ち，手形法制度の理解は，取引法的問題，商法上の問題を理解するうえで有用である。第二に，依然として伝統的な銀行取引を理解するうえで重要である。さらに，第三に，手形法制度の発想は，今日の電子決済やインターネット取引の基本的仕組みを理解したり，新たな仕組みを構想するうえで大きな役割を果たしうる。この点を手形法・小切手法の現代的意義としてあげることができる。

上記のような意味から，本書が多くの読者の勉学に役立ち，これまで以上に読者の要望に対応して広く受け入れられることを希望している。

本書の改訂にあたっては，新世社編集部の御園生晴彦氏に一方ならぬご尽力をいただいたので，心から感謝の意を表したい。また，初版の際と同様に，今回も一橋大学大学院法学研究科助手の石橋雅子さんにご助力をいただいた。篤く御礼申し上げる。

2001年11月

川村　正幸

初版へのはしがき

　読者が手形法・小切手法の講義や書物に接するとき，強く印象付けられるのは，手形・小切手法学の整然とした理論性と鋭い理論的対立を伴う強度の論理一貫性であろう。これらの点は実定法学の中でも際だっている。この手形法学の特徴は，強く読者を引き付け学習をおもしろくしている反面，その理解を困難にしている面もある。しかし，手形法学は，いたずらに理論的純化，理論的整合性を追求しているものではなく，理論的整合性と結果の具体的妥当性の調和を実現しようとしている。とりわけ，現在においては，手形の利用は銀行が作成した統一手形用紙を用いることを前提としていること，および，手形の流通という手形法理論の大前提に関しては，実際には，割引，取立て以外の目的で裏書譲渡のなされるのは例外的な場合であることなどから，手形法学上で取り上げるべき実際の問題は従前とは相当に異なってきており，より一層具体的衡平に適った問題解決が求められている。最近の判例にはこのような立場の反映が認められるものが多い。けれども，その中で，今日においてもなお社会的有用性の認められる手形制度を確固たるものとして維持するために，手形法がその基本理念とする手形の流通性の強化と支払の確実性の確保とは，依然として明確に意識されるべき基本的な理論的前提として認められる必要がある。今日の手形法学の課題は，19世紀中葉のドイツ手形法学以来150年以上にわたり築き上げられてきた近代手形法学の理論的枠組みと現実に生じる諸問題の具体的衡平に適った解決との調和を図ることであろう。

　本書のねらいは，上のような問題意識に立って，第一に，読者にとりできるだけ分かりやすいように手形法理論に関して説くことであり，第二に，読者が手形法の基本構造を十分に把握できるように全体の関連性に意識しながら説くことであり，第三に，読者が未知の問題に対しても的確に対応できるような応用力ある手形法学的思考力を身に付けられるように配慮することである。

　本書の特色は，第一に，上のねらいに対応して，多くの問題点に関して結論に到達する思考プロセスを大事にして明確に示していることであり，第二に，最近の判例をできるだけ多く取り上げて論じていることである。第三に，私は基本的な手形理論として権利外観理論をとるが，この面では相当高いレベルで論じていることである。第四に，本書では手形法学上の中心的論点である手形抗弁に関する問題点について，極めて包括的にかつ徹底的に論じていることであり，読者の中にはこの本書Ⅱ編3章の

部分に強く興味を引かれる人もいるであろう。

　本書の刊行にあたっては，新世社の小関清氏と本宮稔氏に一方ならぬご尽力をいただき，心より感謝の意を表したい。また，本書の執筆と校正に関して，一橋大学法学部助手の石橋雅子さんに多大なご助力をいただいたので，ここに記して篤く御礼申し上げる。

　　　　1996 年 2 月

　　　　　　　　　　　　　　　　　　　　　　　　　川村　正幸

目　　次

Ⅰ　序　　論

1　手形・小切手制度の意義　　3

1.1　手形・小切手とはどのようなものか ……………………… 3

1.2　手形・小切手の法的性質 ……………………………………… 4

1.3　手形・小切手の利用と銀行取引との結付き ……………… 6

当座勘定取引（6）　預金通貨機構（7）　信用純化の諸制度（8）

1.4　手形・小切手の振出しから支払いまで ……………………… 9

手形・小切手の振出し（9）　手形・小切手の取立て（10）　銀行による支払いと免責（10）

1.5　手形・小切手の経済的機能 ………………………………………11

支払いの手段（11）　信用利用の手段（12）　遠隔地間の送金・取立ての手段（14）

1.6　有価証券としての手形・小切手 ………………………………16

有価証券の本質と機能（16）　有価証券の概念（18）　有価証券としての手形・小切手の特色（19）

1.7　手形・小切手制度の起源と現行手形法・小切手法 ………20

手形の起源（20）　小切手の起源（21）　現行の手形法・小切手法（21）　ジュネーヴ手形法系と英米手形法系（23）　国際手形条約（24）

viii　　　　　　　　　　　目　　次

2　手形・小切手と実質関係　　　　　　　26

2.1　原因関係 ………………………………………………26

2.2　手形関係と原因関係との関係——手形の無因性 …………27
総説（27）　無因性（27）　有因性（29）　わが国におけ
る無因性（30）　無因性の四つの用法（30）

2.3　原因関係が手形・小切手関係に及ぼす影響 ……………31
原因関係に基づく抗弁の対抗（31）　利得償還請求権の
成立（31）

2.4　手形・小切手関係が原因関係に及ぼす影響 ………………32

2.5　手形債権と原因債権の行使の順序 ……………………33
行使の順序（33）　原因債権の行使と手形の返還（34）

2.6　手形債権の消滅と原因債権の行使 ……………………35

2.7　原因債権の消滅と手形債権の行使 ……………………36

2.8　手形・小切手の資金関係 ………………………………37
資金関係（37）　手形・小切手関係と資金関係（38）　準
資金関係（39）

3　手形行為　　　　　　　　　　　　40

3.1　総説 ……………………………………………………40
手形行為の種類および概念（40）　手形行為の特色（41）
手形行為の解釈（44）

3.2　手形行為の成立 …………………………………………46
手形行為の方式（46）　手形の交付（50）

3.3　手形行為と民法の意思表示に関する規定 ………………59
総説（59）　手形能力（59）　手形上の意思表示について
の意思の欠缺または瑕疵（61）

3.4　手形行為の代理 …………………………………………65
総説（65）　代理の方式（66）　手形行為の無権代理（71）
手形行為の表見代理・表見代表（73）　利益相反取引と
手形行為（76）　機関方式の手形行為（80）

目　　次　　ix

3.5　手形行為と商号使用の許諾 ……………………………………81
総説（81）　名板貸人の責任（会社 9 条）（81）　手形行為についての商号使用許諾の場合（82）

3.6　手形の偽造および変造 ……………………………………………83
偽造（83）　変造（89）

II　約　束　手　形

1　約束手形の振出し　　　　　　　　　　　　　　　　　　97

1.1　約束手形の記載事項 …………………………………………97
手形・小切手要件（97）　約束手形の必要的記載事項（98）　任意的記載事項（106）　有害的記載事項（111）

1.2　白地手形 ……………………………………………………… 112
総論（112）　白地手形の本質（119）　白地手形の流通（120）　白地手形にかかる権利の行使（123）　白地補充権の行使（128）

2　約束手形の流通　　　　　　　　　　　　　　　　　　135

2.1　裏書 ……………………………………………………………… 135
裏書の意義（135）　裏書の方式（138）　裏書の効力（143）

2.2　特殊の裏書 …………………………………………………… 152
戻裏書（152）　期限後裏書（154）　取立委任裏書（157）　隠れた取立委任裏書（159）　質入裏書（165）　隠れた質入裏書（166）

2.3　手形の善意取得 ……………………………………………… 167
手形上の権利の取得（167）　手形の善意取得（169）

3　手形抗弁の制限　　　　　　　　　　　　　　　　　　183

3.1　手形抗弁 ……………………………………………………… 183

3.2	人的抗弁制限の制度 ………………………………………………	184

抗弁の制限前史（184）　人的抗弁制限の法的根拠（185）

3.3	手形法 17 条の適用要件 …………………………………………	187

手形法的流通方法による取得（187）　悪意の抗弁（187）

3.4	人的抗弁と物的抗弁 ………………………………………………	197

緒論（197）　手形抗弁と訴訟（198）　物的抗弁（199）
人的抗弁（201）

3.5	善意の中間者の介在と人的抗弁の対抗 …………………	214
3.6	人的抗弁と戻裏書 …………………………………………………	216

緒論（216）　戻裏書による再取得と人的抗弁の再対抗
（216）　再対抗の理論的根拠（217）　人的抗弁の属人性
（218）　一般的観念に依拠する理論構成（私見）（218）
戻裏書と同視された事例（220）

3.7	後者の抗弁───人的抗弁の個別性 ……………………	223

緒論（223）　手形上の権利の帰属（223）　後者の抗弁の
援用──人的抗弁の個別性（226）　支払拒絶の法的根拠
（226）　手形保証と抗弁（227）　保証人の求償と抗弁の
対抗（229）

3.8	二重無権の抗弁 ……………………………………………………	230

二重無権の抗弁の意義（230）　判例・学説の立場（231）

3.9	遡求における受戻しと抗弁の対抗 ………………………	233
3.10	受戻しなき支払い・遡求と抗弁の対抗 …………………	235

遡求における受戻しなき支払いと抗弁（235）　手残り手
形による遡求と受戻し（236）　抗弁の援用義務（239）

4　約束手形の保証　　242

4.1	手形保証 ………………………………………………………………	242
4.2	隠れた手形保証 ……………………………………………………	242

5　約束手形の取立てと支払い　　245

5.1	取立て …………………………………………………………………	245

緒論（245）　支払呈示（246）　手形交換と不渡り（249）

5.2 支払い ……………………………………………………………… 252

緒論（252）　満期における支払い（254）　満期前の支払い（257）　参加支払（258）　支払いの猶予（259）

5.3 遡求（償還請求）………………………………………………… 262

手形の不渡りと遡求（262）　遡求の要件（265）　満期前の遡求（266）　手形訴訟（269）

6 手形上の権利の消滅 　　271

6.1 手形の抹消，毀損および喪失 ……………………………… 271

6.2 除権決定 ………………………………………………………… 272

6.3 期日・期間 ……………………………………………………… 275

6.4 手形の時効 ……………………………………………………… 276

消滅時効（276）　時効の完成猶予および更新（277）

7 利得償還請求権 　　283

7.1 利得償還請求権の概念 ……………………………………… 283

7.2 利得償還請求権の成立と行使 …………………………… 284

7.3 消滅時効期間 …………………………………………………… 287

III　為替手形・小切手

1 為替手形 　　291

1.1 為替手形の特色 ………………………………………………… 291

緒論（291）　約束手形との相違点（292）　為替手形の基本的記載事項（294）

1.2 為替手形の振出し ……………………………………………… 294

振出しの法的性質（294）　為替手形振出しの効力（297）

xii 目 次

1.3 引受け …………………………………………………… 298

引受けの概念（298） 引受けの成立（299）

2 小切手 301

2.1 小切手の特色 ……………………………………………… 301

小切手の概念（301） 小切手と手形の異同（302） 先日付小切手（303）

2.2 小切手の振出し ……………………………………………… 304

小切手の基本的記載事項（304） 小切手振出しの法的性質（305） 小切手の振出しの効力（305）

2.3 小切手の流通と決済 ………………………………………… 306

小切手の流通（306） 小切手の支払い（308） 支払保証（311） 小切手の時効（311） 利得償還請求権（312）

2.4 支払委託の取消し …………………………………………… 313

支払委託の取消しの意義（313） 支払委託の取消しの法的性質（315）

2.5 線引小切手 …………………………………………………… 317

意義（317） 線引の法的性質（317） 制限違反の責任（317） 線引の効力（318）

資料 銀行取引約定書（321） 当座勘定規定（325） 約束手形用法（328） 約束手形用紙(表)と記載例，約束手形用紙(裏)と裏書例（329） 為替手形用紙(表)と記載例，小切手用紙(表)と記載例（330）

参考文献…………………………………………………………… 331

索引………………………………………………………………… 333

I

序　　論

1

手形・小切手制度の意義

1.1 手形・小切手とはどのようなものか

　手形・小切手は、わが国の経済活動にとって不可欠な役割を演じてきた。最近では、企業間でさまざまな新しい支払決済の方法が普及してきたので、手形・小切手の利用はかつてほど大きな意味を持たなくなってきたが、企業社会の中で、依然として相当量の利用がある。

　手形・小切手が実際にどのような場面で利用されるかを、企業間での支払決済のために使われる簡単な例でみてみよう（図Ⅰ-1参照）。たとえば、A商店がB会社から商品を仕入れたとする。この場合に、A商店がB会社に直ちに支払いをしようとするのであれば小切手を用いる。支払いに備えて常に多額の現金を用意しておくことは不便であるとともに危険であるが、支払いに小切手を用いることによりそれを回避できる。小切手を受け取ったB会社は、この小切手を直ちに自分の取引銀行を通して現金化することができる。

　これに対して、A商店が代金を直ちに支払う道を選ばないで、仕入れた商品

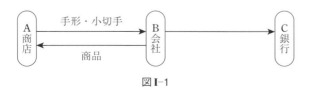

図Ⅰ-1

の大部分が売れてその代金を入手できる 3 カ月先に実際に支払いをするという
道を選ぼうとするときには，約束手形を利用して支払うことになる。手形を振
り出した日から支払をなすべき日，すなわち，支払期日（満期日）までの期間
を手形のサイトというが，A 商店は実質的に支払期日までの 3 カ月間 B 会社
に支払いを待ってもらう形になる。A 商店は B 会社から買い掛けし，B 会社
から信用（商業信用）を与えられたという関係になる。

　手形を受け取った B 会社の側では，①この手形を支払期日までの 3 カ月間
そのまま保有して，支払期日に自己の取引銀行をとおして手形金額を取り立て
るか，②この手形を自己の他者に対する支払いにあてるか，③この手形を取引
銀行に割り引いてもらって，直ちに手形金額相当額（割引金額）を入手するか
のいずれかの道を選ぶことができる。

1.2　手形・小切手の法的性質

　手形には約束手形と為替手形がある。わが国の手形法では，まず最初に為替
手形に関する規定が置かれ，その後に約束手形に関して大幅に為替手形に関す
る規定が準用されているから，手形法上では為替手形が中心的役割を担ってい
るように見える。しかし，わが国では国内取引に用いられる手形のほとんどす
べては約束手形であり，為替手形は例外的にしか利用されていない。そこで，
本書の説明は約束手形を中心にすることにする。

　約束手形というのは，329 頁の約束手形用紙の例が示すように，振出人が受
取人または所持人に対して一定金額の支払いを約束する旨の文言を記載した証
券である。法構造としては，図I-2 の示すように，振出人と受取人（手形所持
人）の二当事者の関係が基本となる。約束手形の法的本質は支払約束にある。

　これに対して，為替手形は，振出人の支払人に宛てた，受取人または所持人
に対して一定金額を支払うべきことを委託する旨の文言を記載した証券である。
小切手は，振出人が支払人である銀行に宛てた，所持人に対して一定金額を支
払うべきことを委託する旨の文言を記載した証券である。

　これらにおいては，法構造としては，図I-2 の示すように，振出人と受取
人（手形所持人）に，支払人（引受人）が加わった三当事者の関係が基本となる。

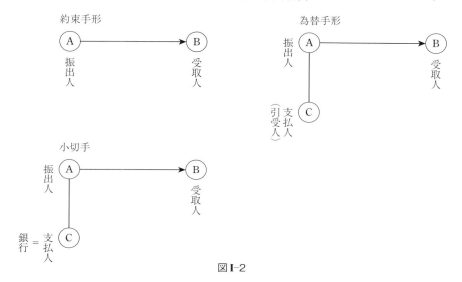

図 I-2

　為替手形および小切手の法的本質は支払委託にある。ただし，為替手形について，債務者が支払人となりまず引受けをしてから債権者（多くは振出人となる）に交付する場合には，法的な働きは，まったく約束手形と同様になる。国内取引における為替手形の利用はこのような形のものが一般化している。

　約束手形が振り出されると，手形証券上に一定金額の金銭債権（手形債権）が表章される。同時に振出人は手形債務者として絶対的な債務を負うことになり，この約束手形の振出人は主たる手形債務者と呼ばれる。これに対して，裏書により手形を譲渡する裏書人等の他の手形関係者も手形に関する法律行為（手形行為）によって遡求義務等の主たる手形債務を担保する手形債務を負うが，これらの者は従たる手形債務者と呼ばれる。

　為替手形にあっては，あらかじめ支払人が引き受けていない限り，振出しの時点では主たる手形債務者は存在しておらず，それには支払人の引受けを条件とする金銭債権と支払人の引受拒絶・支払拒絶の場合における振出人に対する償還請求権（遡求権）という択一的関係にある金銭債権が表章されている。為替手形の支払人は引受けをすれば主たる手形債務者となる。

　小切手にあっては支払人による引受けという制度は認められていないから，

主たる小切手債務者というような概念は存在しない。そこで，小切手制度に関しては小切手の信用力を高める必要があり，小切手法は小切手が銀行を支払人として振り出されるべきことを要求する（小3条）。小切手は振出しにより，支払人によって支払われるとの期待利益を受ける資格と支払拒絶の場合の振出人に対する償還請求権という二者択一的関係にある資格または権利を表章するというべきである（田中［誠］・下775頁）。

　手形が振出しによりいったん成立すると，この手形証券上に裏書をはじめとして引受け，保証などのさまざまな手形行為がなされて，これらの手形行為者は自己の行為に基づき新たな手形債務を負担する。すべての手形債務者に対する権利またはそれに代わるべき権利を指すために，手形上の権利という概念が用いられる。手形（証券）上に表章されているのが手形上の権利であり，それは，手形証券自体に関する権利を指す概念である手形に関する権利とは区別される。

1.3　手形・小切手の利用と銀行取引との結付き

1.　当座勘定取引

　わが国における手形・小切手の利用は銀行取引と密接な形で結び付いている。手形・小切手の有している支払決済の手段，信用利用の手段としての本質的機能は，この結合関係を前提として理解される必要がある。

　手形法の規定上では，手形を振り出すにあたって，振出人は支払期日に特定の銀行の店舗で支払われるものとしておくこと，すなわち，当該銀行を支払担当者として振り出すことは要求されていない（手4条参照）。また，小切手法は，原則的に支払人は銀行でなければならないとするが，そうではない小切手もそれ自体無効ではない（小3条・71条参照）。けれども，実際の利用にあたっては，手形に関しては約束手形の振出人の取引銀行支店，または為替手形の引受人の取引銀行支店が支払担当者（支払場所）とされ，小切手に関しては振出人の取引銀行支店が支払人とされる。これら以外の手形・小切手も法的には有効であるが，その経済的価値は零に等しい。そこで，手形・小切手を利用しようとする者は，自己の取引銀行に当座預金口座を開設しておくことが必要となる。銀

行と顧客との間の法律関係は，両者の間に締結される当座勘定取引契約によって定まる。

　各銀行は，当座勘定取引に関しては，昭和49年（1974年）4月に全国銀行協会によって制定された当座勘定規定ひな型（325頁）にのっとった規定を採用している。当座勘定（取引）契約中には，顧客が債務を負担した手形・小切手の支払事務の処理を目的とする準委任契約である小切手契約と，その支払資金としての当座預金の預入れと受入れに関する消費寄託契約ないしその予約とが含まれていると解されている。しかし，このような定義は不完全である。当座勘定取引契約は，当座預金の受入れ，手形・小切手の支払事務処理の委託のほかにも，手形・小切手等の取立委任，過振りに際しての取扱，支払保証などに関する多くの内容を含む当座勘定規定にしたがって締結される包括的かつ継続的な契約だからである。

　この当座勘定取引契約によって，手形の支払担当者でありかつ小切手の支払人である取引銀行（支払銀行）と顧客との間には，顧客の振り出した，または引き受けた手形・小切手につき顧客の当座預金を支払資金として支払いをするという内容の小切手契約が成立する。この小切手契約によって，支払銀行に対して原則的に継続的かつ包括的に手形・小切手の支払事務が委託されている（支払委託がなされている）。これに基づいて，支払銀行は，手形・小切手支払いの効果を顧客の負担に帰すことができる。具体的な個々の手形・小切手の振出し・引受けは，小切手契約に対応した個別具体的な支払いの命令（指図）の意味を持つ。

　わが国では手形・小切手はその大多数が企業取引にかかわって用いられている。欧米では小切手は広範に個人により利用されてきたのに対して，わが国では手形はもとより小切手の個人利用もきわめて限られている。

2.　預金通貨機構

　一国の資本主義経済の発展にとって預金通貨機構の拡大は不可欠な要素である。わが国では，この預金通貨機構は手形・小切手の利用をとおして機能してきた。

　取引銀行に当座預金を有している者が，その銀行を支払担当者として約束手

形を振り出した場合に，この手形の所持人はその手形を自己の取引銀行の当座預金口座に預け入れ，銀行に対し手形の取立てを委任する。取立銀行は支払銀行からこの手形金額を取り立て，支払銀行は振出人の当座預金口座から手形金額を引き落とす。そして，今度は，この手形所持人はその分増加した当座預金を支払資金として自ら約束手形を振り出す。他方，取立銀行と支払銀行との間の手形金の決済は，手形交換所をとおして行われるが，それは，各銀行が日本銀行に有している口座のうえでの振替えによって行われる。

　上にみたように当座預金を基点としたすべてのプロセスでは，まったく現金通貨の授受は排除されている。そして，以上の事柄に加えてさらに，当座預金は原則的に，手形・小切手によってのみしか引き出し，処分することができないこと（当座勘定規定7条2項（325頁）では，払戻しは小切手を使用して行うものとしているが，口座振替は可能である），および，銀行の手形貸付・手形割引による貸付に際しては，貸付金は顧客の当座預金口座に振り込まれる形がとられ，さらに，当座貸越（12頁）が広く利用されているため，この現金通貨の排除はより一層徹底したものとなっている。

　当座預金と共に普通預金，別段預金（雑預金）等の当座性預金も預金通貨と呼ばれ，これらの預金から現金化して引き出されるという事態が生じない限りは，まったく現金通貨の需要は生じてこないことになる。今日国家経済の中で預金通貨の占める比重は現金通貨よりもはるかに大きい。

3. 信用純化の諸制度

　預金通貨機構の担い手である銀行側は，この機構の維持，強化のために，手形・小切手の信用力を向上させ，純化する目的でいくつかの制度を設けている[1]。その第一は，昭和40年（1965年）から用いられている統一手形用紙・統

　1）　銀行は預金通貨供給者として，またその機構を機能させる担い手として，公共的性格を有しているが，預金通貨機構維持の全責任を負うわけではない。当座勘定取引が終了した場合には，顧客は未使用の手形・小切手用紙を直ちに銀行へ返却することを要するが（当座勘定規定24条2項（327頁）），銀行はこの未使用用紙の回収義務を負うわけではない。実際にはこの未使用手形・小切手用紙を悪用して手形偽造が行われることがあるが，銀行はこの未回収用紙の悪用される明白な事情が存することを認識している場合を除いて，未使用用紙回収義務を負わないと解され，この未回収用紙を利用した手形の偽造により取得者が損害をこうむっても，不法行為責任を負わない（最判昭和59・9・21金判707号3頁，参照，川村・判例評論316号49頁）。

一小切手用紙の制度である。今日では，銀行が印刷して交付した手形・小切手用紙を用いないで手形・小切手を振り出した場合に，その経済的価値は実質的にはまったくない。法的にはこのような手形・小切手も有効であるが，銀行等の金融機関を支払場所・支払人とする手形・小切手は，この統一手形用紙，統一小切手用紙を用いていない限り，銀行と手形交換手続をとおして決済することができないとされている（参照，当座勘定規定8条（325頁））からである。

　第二は，手形・小切手の簡易・円滑な取立てを可能にし，信用取引の秩序維持を図ることを目的として設けられた手形交換制度と手形交換所規則である。手形交換所規則は，手形が支払いを受けられない場合，すなわち，不渡手形に対する不渡処分制度を定めて，手形・小切手の信用力を高めようとしている。不渡手形を出した者は，社会的信用を失うばかりでなく，銀行と当座取引ができなくなり，また銀行から貸付を受けられなくなるため，以後はその者の事業は継続が実際上不可能になり，事実上の倒産状態に立ち至る。

　手形・小切手と銀行取引との結び付きは，以上に述べたところにとどまらない。とくに，手形に関しては，銀行が顧客に対して行う与信取引（貸付取引）にあたり，借主が振り出した手形を銀行に差し入れるという形が取られ（手形貸付），また，手形所持人が自己の受け取った手形を銀行に買い取ってもらう形が取られる（手形割引）。

1.4　手形・小切手の振出しから支払いまで

1.　手形・小切手の振出し

　銀行に当座勘定を開設している顧客は，銀行から交付されている手形・小切手用紙を用いて（当座勘定規定8条（325頁）），為替手形用法，約束手形用法，小切手用法（一般当座用）に適合するように（参照，当座勘定規定16条3項（326頁））手形・小切手を作成し，署名（記名捺印）をして振り出さなければならない。

　手形には手形金額に応じて異なる相当金額の印紙を貼付しなければならない（印紙税2条）。しかし，これを怠っても，手形の効力には何ら影響はなく，印紙税法違反による責任を問われるにとどまる。手形に関する印紙税の納付義務

者は，手形の作成者である（印紙税3条・4条1項）。小切手の場合には，手形と異なり印紙を貼付する必要はない。これは，小切手の機能がもっぱら支払手段性にあることに基づく。

2. 手形・小切手の取立て

顧客が手形・小切手を普通預金口座，当座預金口座へ入金したり，代金取立規定にしたがって銀行が顧客から委託された代金取立てを引き受ける場合には，銀行と顧客との間に取立委任契約が成立すると解するのが通説・判例（最判昭46・7・1金法622号27頁）である。今日，小切手を除けば，支払銀行は，店頭現払をしないから，手形を支払銀行の該当支店の窓口に持参しても現金による支払いを受けることはできない。受け入れられた手形・小切手がその店舗を支払場所としているときには，受入日のうちに決済を確認したうえで支払資金とすることができる（当座勘定規定2条2項（325頁））。

これ以外の場合には，受け入れられた手形・小切手が同一銀行の他の店舗を支払場所としているとき（行内交換の場合）を除いて，すなわち，他の金融機関が支払場所とされている場合には，手形交換手続をとおして支払決済される。そして，受け入れられた手形・小切手は，取立後，不渡返還時限の経過後にその決済が確認されてからでないと支払資金とはできず，払戻しを受けられない（当座勘定規定2条1項，総合口座取引規定4条1項，代金取立規定6条I項）。

3. 銀行による支払いと免責

（イ）**有効な支払い**　支払銀行のなした支払いが手形法・小切手法上有効な支払いとしての意味を有するものであれば，その支払いにより，主たる手形債務者である顧客はその責を免れ，小切手振出人である顧客は遡求義務を免れる。この場合に，一般的に，支払銀行は顧客に対して負担している当座勘定取引契約上の，したがって委任契約上の債務を免れる。しかし，逆に支払銀行の当座勘定取引契約上の免責にとり，その支払いによる顧客の手形法・小切手法上の免責は要件ではない。

（ロ）**銀行の当座勘定取引契約上の免責**　支払銀行は，当座勘定取引契約（小切手契約）が委任の法理に服することから，受任者として「善良な管理者

の注意」をもって委任事務を処理すべき義務を負う（民644条）。この注意義務の及ぶ程度は，当座勘定規定16条1項（326頁）に示されている。

　しかし，銀行の負担すべき注意義務はこの規定が直接に規定する印鑑照合についてだけにとどまらず，この規定は主要な注意点を例示的に示すものにすぎない。一般的に銀行は手形・小切手の支払いにあたり以下の諸点について相当の注意を払わねばならない。すなわち，①手形要件・小切手要件は充足されているか，②手形・小切手用紙は銀行交付のものか，③手形・小切手番号に重複がないか，④手形・小切手の印影が届出印鑑と相違していないか，⑤金額の記載に改ざんや異状がないか，⑥為替手形の支払人による引受けがあるか，⑦盗難届または紛失届が提出されていないか，などである（さらに参照，48頁・308頁以下）。

　(ハ)　印鑑照合　　注意義務の中核をなす印鑑照合につき銀行が尽くすべき注意義務の程度に関して，判例は，通常，肉眼による平面照合の方法をもってすれば足りるが，社会通念上一般に期待される業務上相当の注意をもって慎重に事を行うことを要し，かかる事務に習熟している銀行員が上のごとき相当の注意を払って熟視するならば肉眼をもっても発見しうるような印影の相違が看過されたときは，銀行側に過失の責任があると判示する（最判昭46・6・10民集25巻4号492頁）。

　古くは，銀行員は，もっぱら紙面上の届出印鑑と手形・小切手の印影とを肉眼により照合していたが，現在は，コンピューター・システムに登録された届出印鑑と印影とを機械により，または肉眼により照合することが増えている。この場合にも，基本的に上記判例の見解が適用されると考える。

1.5　手形・小切手の経済的機能

1.　支払いの手段

　手形・小切手は現金通貨による支払いに代わる機能を有している。手形・小切手による支払いにより，現金の受渡しに伴う面倒や危険は除去される。小切手の機能はもっぱらこの点にある。しかし，小切手と異なって満期日がある手形は，それに加えて，代金の延払いの役割も果たす。資本主義経済の発展過程

では，商品の掛売・掛買が当然に生まれてくるが，この企業間で相互に与え合う信用，すなわち商業信用（企業間信用）の利用を媒介する機能を手形は有している。手形により信用取引が拡大される。

上にみた手形・小切手の支払手段，すなわち，現金通貨に代わる役割，貨幣を節約するという役割は，いったん振出交付された手形・小切手が新たな売買取引の代金支払いのために再度利用されることによって，より大きな意味を有してくる。このように回し手形として利用されることにより，手形・小切手には信用通貨としての機能が与えられる。これは，前述した預金通貨機構の一層の拡大をもたらす。

2. 信用利用の手段

わが国の銀行取引の歴史において，手形は与信取引（貸付取引）の中で重要な機能を果たしてきたが，今日，証書貸付および当座貸越が貸付取引の大部分を占め，手形を利用した手形割引および手形貸付の比重は大幅に低下している[2]。

（イ）　**手形貸付**　　貸付にあたって借用証書をとる場合が証書貸付であり，借主に約束手形を振り出させる場合が手形貸付である。前者は主に長期の貸付に，後者は主に短期の貸付に用いられる。

（ロ）　**手形割引**　　商業信用の授受のために振出交付された手形（商業手形）の受取手は，支払期日まで待たなければその手形により代金を得ることができないことになれば，運転資金に窮してしまう。そこで，商業手形の銀行による割引により，商業信用を銀行信用に置き換えるのが一般的である。手形割引制度は手形制度の発展と不可分な形で成立した。割引制度はイギリスでは17世紀末以後，ヨーロッパ大陸では18世紀以後に成立をみるが，割引制度の

---

2)　当座貸越とは，当座勘定取引に付随する当座貸越契約にしたがい貸越をなす貸付取引をいう。銀行は，当座勘定の取引先がその当座預金の残高を超過して振り出した約束手形・小切手，引き受けた為替手形について，あらかじめ約定された限度額（貸越極度額）の範囲内で不足資金を立て替えて支払うことを約する。当座貸越は短期の運転資金に充てることを目的とし，比較的短期に返済されることを予定している。

なお，当座貸越契約がなくとも，銀行は支払資金不足の手形・小切手をその裁量にしたがって支払うことができるが（当座勘定規定11条（326頁）），このような銀行の任意的支払いを過振りといい，銀行は不足金を取引先に対して求償できる（当座勘定規定11条1項）。

1.5 手形・小切手の経済的機能　13

導入によって，手形は近代的信用供与の基本的手段となるとともに，近代的な銀行体系を生み出す原動力となったのである。

　手形貸付，手形割引にあたっては，銀行は貸付金を借主たる顧客の当座預金口座に振り込んで給付するから，その金額はまた手形・小切手の支払資金として用いられることになる。

　手形割引の法的性質に関しては，売買説，消費貸借説をはじめとして諸説が対立する。銀行の行う手形割引の法的性質については，今日，それを手形の売買と解する売買説が通説であり，判例はこれをとるものが多い（大阪高判昭37・2・28高民集15巻5号309頁，東京地判昭50・2・26判時777号87頁など）。手形割引の法的性質論は，買戻請求権をその中でどのように位置づけるかという問題ともかかわるが，本来，割引手形の支払いは手形債務者によってなされるはずのものであることから，手形の売買とみるのが適当と思われる。

　現在の銀行取引約定書[3]では，手形割引の法的性質を売買とみることが前提となっていると（同約定書6条）解されている。支払期日が到来すると，割引銀行は割引手形を取り立てて資金を回収し決済することになる。この場合に，約束手形の振出人等の手形債務者が支払いを拒絶し，割引手形が不渡りとなったときには，割引銀行は手形法の規定により裏書人である割引依頼人に対して遡求権を取得することになる。しかし，銀行が自らこの遡求権を行使することは一般になく，銀行取引約定書の規定に基づいて成立する割引依頼人に対する買戻請求権を行使して手形金額の回収を図る。銀行取引約定書は，貸付取引を開始するにあたり，取引先から銀行に対して差し入れられ，貸付取引全般に適用される取引約款である。

---

　3)　全国銀行協会（全銀協）は，昭和37年（1962年）に「銀行取引約定書ひな型」を制定し，その後，これは銀行の貸付取引に関する基本的な約定書モデルとして広く利用されてきた。しかし，公正取引委員会により，「ひな型」は銀行間の横並びを助長するおそれがあると指摘され，また，銀行を取り巻く経済環境が大きく変わって，各銀行には自己責任に基づいた一層の創意工夫の発揮が求められ，顧客の自由な選択を可能にする必要が認められる時代となったとの認識に基づき，全銀協は平成12年（2000年）4月に「ひな型」を廃止し，「ひな型」に代えて，会員銀行の参考として「銀行取引約定書に関する留意事項」を公表した。そして，一律の条項例を作成せず，従来のような「ひな型」を制定することは行わないこととした。しかし，巻末（321頁）に掲載の従来の「ひな型」は，今日でも基本的モデルとなっている。現在，各銀行は，これに沿った各行独自の銀行取引約定書を作成している。当座勘定規定および手形用法・小切手用法についても同様である。

14　　　　　　　　　　1　手形・小切手制度の意義

　手形買戻請求権の法的性質に関しても，諸説が対立するが[4]，手形の再売買として構成する立場が有力である。割引手形の所持人は，割引依頼人の手形買戻債務が発生しても，さらにこの買戻請求権を行使した後でも，現実に支払いを受けるまでは手形の正当な所持人として一切の手形上の権利を行使することができる（最判昭 53・3・28 金判 555 号 37 頁）。

3.　遠隔地間の送金・取立ての手段 ────────────

　（イ）　送金の手段　　為替手形は，遠隔の地への送金の手段として用いられる。しかし，国内の送金では，送金小切手，郵便為替，電信為替，振込みなどの利用が一般的である。輸出入取引に基づく国際間の送金にあっては，近時は，送金小切手，郵便付替，電信送金といった方法の利用もふえているが，為替手形を利用した送金も依然として重要である。ここでは，為替手形による外国への送金を簡単にみてみよう（送金小切手についてもだいたい同様に考えればよい）。

　図I-3 中①②：買主 A は，甲地の C 銀行に現金を払い込み，乙地で支払われるべき為替手形を売却してもらう。この為替手形は A を振出人，B を受取人，乙地にある C 銀行とコルレス契約関係にある（外国為替取引に関する契約を締結して相互に取引を行っている）D 銀行を支払人としている。

③④⑤：この為替手形を乙地に送って，売主である B は D 銀行から現金による支払いを受ける。

　この送金為替取引にあっては，外国為替（手形）と資金とが同一方向に移動するため，それは並為替と呼ばれ，また，銀行が手形を売却する形になるため，それは売為替と呼ばれる。

　（ロ）　取立ての手段　　為替手形はまた遠隔地の債務者から金銭債権を取り

───────────────

　4）　手形買戻請求権の法的性質に関する代表的な見解をあげると，第一説は，手形法上の遡求権と同様な請求権とする。第二説は，一定の事由の発生によって当然に発生する場合には，失権約款に基づくものであり，銀行の買戻請求によって発生する場合は，約定解除権による手形割引契約の解除に基づくものであるとする。第三説は，当然に発生する場合は，割引手形の停止条件付再売買の条件成就に基づくものであり，銀行の請求による場合は，再売買の予約による予約完結権の行使に基づくものであるとする。第四説は，一定の事実の発生によって当然に発生しまたは銀行の請求によって発生する手形の再売買契約における，銀行割引依頼人に対する手形再売却の代金債権であるとする。

　このうち，第三説と第四説とは，いずれも買戻請求権の法的性質を手形の再売買と構成する点で共通する。

1.5 手形・小切手の経済的機能

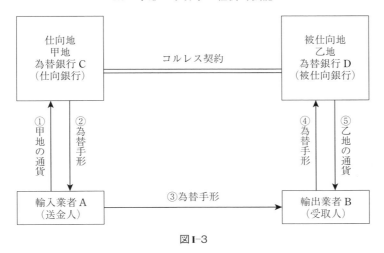

図I-3

立てる手段として意義を有している。その際，一般に運送中の商品に関して発行された船荷証券により担保された為替手形（荷（付）為替手形）が利用されている。荷為替は国内での商品売買にあたって利用される内国荷為替と，輸出入の決済にあたって利用される外国向荷為替とに分けられるが，今日ほとんど，もっぱら国際間の取引にのみ利用されている。外国為替の中でこのような為替手形の利用の意義は大きく，貿易収支関係の代金決済では重要な役割を果たしている。以下では，外国向の荷為替手形の利用について略説する。

図I-4中①：売主Aは，甲地の海上運送業者に荷物の運送を委託し，船荷証券等の船積書類を受け取る。

②③：Aは買主Bを支払人とする為替手形を振り出し，これに船積書類を添付して，C銀行に買い取って（割り引いて）もらう。

④⑤⑥：C銀行は乙地のコルレス契約関係にあるD銀行に為替手形と船積書類を送付して，手形金の取立てを依頼する。D銀行はBの引受けまたは支払いと引換えに船積書類を引き渡す。

⑦：Bは船荷証券と引換えに運送業者から荷物を受け取る。

この荷為替の場合には，外国為替（手形）と資金の移動方向とが逆になるため，それは逆為替と呼ばれ，また，銀行が手形を買い取る形になるため買為替と呼ばれる。

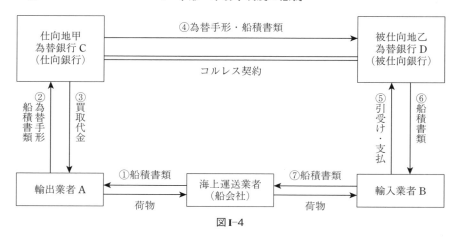

図 I-4

1.6　有価証券としての手形・小切手

1. 有価証券の本質と機能

　手形・小切手は，有価証券としての特色をすべて備えている代表的な有価証券である。有価証券（Wertpapier）とは，財産的価値のある私権を表章する証券である。有価証券はその上に権利を化体している。

　この権利の証券への化体という観念は，サヴィニー（Savigny, F. K.）の無記名証券に関する議論に起源をもつ。通常の債権譲渡では，債務者が譲渡人に対して対抗できる抗弁は，譲受人に対しても対抗され，また，転々と譲渡されると，最終の譲受人は，権利行使の際にすべての中間に生じた債権譲渡に関して証明をしなければならない。このような債権譲渡に関する法規範にしたがって債権が譲渡される場合に生ずる困難を排除する目的で，サヴィニーは，権利を表章する証券を所有権および占有の対象となりうる物として把握して，これは，所有権の移転に関する物権法規範の原則にしたがって譲渡されうるとする。この証券は，権利をその中に表章するから，権利は有体物として把握されることになる。ここにおいて，権利の証券への化体の観念（化体理論）が成立するに至る。この権利の証券への化体（表章）という事柄は，有価証券にとり本質的

1.6 有価証券としての手形・小切手 17

な要素である。

　現代の資本主義経済の中で有価証券の果たしている役割は大きい。有価証券中で，手形・小切手は，取引決済の手段として利用され，貨幣に代替する役割を担っている。株券や公社債券は，巨額の資本集中・集積および資本投資を可能にし，これらは資本（市場）証券とも呼ばれる。船荷証券および倉荷証券は，運送品・寄託物の引渡（返還）請求権を表章し，財貨そのものに代わるものとしての意義を有し，それらは運送途中または寄託途中で，運送品・寄託物の売却による資金化または質入れにより金融を得ることを容易にする[5]。

　民法は，第三編第一章第七節に，有価証券に係る520条の2以下の規定を置いているが，手形法・小切手法は民法に対して特別法の関係にあるとともに，網羅的な規定を置いているため，民法の有価証券に関する規定ではなく，一部を除いてもっぱら手形法・小切手法の規定が優先的に適用される。手形・小切手の喪失または盗難の場合の手続については規定を欠くため，例外的に520条の11および520条の12が適用される[6]。

　権利の証券への化体を中核とした有価証券制度の発展は，以上にみたように資本主義経済の発展にとってきわめて大きな役割を果たしてきたが，しかし，近時に至り，逆にその大量の利用のもたらす弊害が意識されるに至っている[7]。

　5）　有価証券は，①債権者の権利行使や譲渡にあたり必ずしも必要ではない単なる証拠証券（金銭借用証書，受領証，預金証書など），②債務者がその証券の所持人に対し債務を履行することにより相手方が無権利者であっても免責される効力を有する証券であって，所持人は債務の履行を受ける資格を有するが，履行を受ける権利は有していない単純な免責証券（鉄道の手荷物引換券，携帯品預り証，下足札，銀行預金払戻しの引換札など），および，③特定の財産権（請求権）を表章するわけではなく，その物自体に価値が与えられている金券（郵便切手，収入印紙），紙幣と区別される。

　6）民法の定める有価証券のうち，指図証券（520条の2以下）には，手形および記名式小切手が，記名所持人払証券（520条の13以下）には，選択持参人払式（記名持参人払式，選択無記名式）小切手が，その他の記名証券（520条の19）には，指図禁止小切手が，無記名証券（520条の20）には，持参人払式（無記名式）小切手がそれぞれ該当する。

　7）この事柄は，大量に発行される株券・公社債券等の資本市場証券について問題となり，アメリカ，ドイツ，フランス等の有価証券振替決済制度を生み出した。わが国でも，各国の制度にならった（とくにドイツの制度にならって）「社債，株式等の振替に関する法律」が施行されている）。

　この振替決済制度の下では，大量に印刷され，発行された株券は，保管振替機関の元で集中的に保管・管理される。株券の預託者は，混蔵保管されている全受寄物（混蔵寄託在高）に関して共有権を有することになり，以後，株券の譲渡にあたっては，現実的な株券の交付・引渡しを伴うことなく，口座簿上の記帳・振替記帳に株券の移転をみることになる（株券保管振替27条2項）。それと同時に，株主権の行使も，実質株主名簿の制度によって行われ，株主名簿の書換のための株券呈示も不要となっている。このような制度の下では，株主権の株券への表章・化体という事柄の有する意義ははなは ↗

2. 有価証券の概念

有価証券の定義に関しては古くから対立がみられる。通説的立場は，有価証券は，財産的価値ある私権を表章する証券であって，「権利の移転または行使に証券を必要とするもの」と定義する。わが国の有価証券法理に強い影響を与えてきたドイツ学説上，通説は，ブルンナー（Brunner, H.）の提唱した定義にしたがって，有価証券とは，その中に私権が，権利行使にあたっては，証券の所持が必要であるという形で，表章（化体）されている証券であると定義する。この定義では，権利行使にあたっては，証券の所持が必要であるという形で，証券の呈示に重点がおかれている。この定義は，わが国の通説が有価証券の定義中に，権利の移転についての権利と証券との結合関係を取り込んでいるのと異なっている。

わが国の通説とドイツの通説との相違の主な理由は，わが国の通説が株券を有価証券に含めようとすることにある。わが国の株券は無記名証券といってよく（参照，会社法216条），その株式の譲渡は株券の引渡しによって行われ（会社128条1項），株券の占有者は適法な所持人として推定される（会社131条1項）。そして，株式の移転は株主名簿の書換がなければ会社に対し対抗できない（会社130条1項）。株主名簿上の株主である限り，株主は権利行使のためその都度株券を呈示する必要はなく，株主総会の招集等は会社により各別に通知される（会社299条1項・202条4項）。したがって，会社に対する関係では，株主は株式の譲渡に伴う名義書換にあたって株券を必要とするのみであり，株

だ稀薄化してくるといわねばならず，それは，寄託帳簿中への記載によって代替されているというべきだろう。ドイツでは，化体という有価証券の本質的要素が実質上の意義を失ってしまっているという現象は，「化体要素の後退」とも呼ばれている。

さらに，このような制度を前提とすれば，株券の現実の発行・保管は，発行費用，保管・管理費用の面からみれば，証券取引の合理化・発展にとり阻害的な要因として考えられるに至るだろう。権利の流通力を高めるために生み出された権利の証券への化体という有価証券の本質的な要素が，近代の大規模な証券取引においては，逆に証券流通を阻害することになっている。わが国の会社法においては，株券を発行する場合には定款で定めるものとされ，株券を発行しないことが原則とされている（会社214条）。

ドイツにおいては，振替決済制度は，権利の化体されている「証券」を排除する方向で発展をとげ，証券取引の合理化の道として，多数の少額の株券等を少数の証券に表章させる集合証券（大額面券，Sammelurkunde, Globalurkunde），および証券に表章されていないが，表章された有価証券と等しいものとして取り扱う価値権（Wertrecht）などの議論が展開された（詳細は，川村「有価証券振替決済制度の展開と有価証券法理」一橋大学研究年報法学研究15　67頁以下）。

主は権利行使のためには，株券を一時的にかつ間接的にのみ必要とするとしか
いえない[8]。さらに，会社設立または新株発行の際に自ら株式を引き受けて株
主となった原始株主は，会社設立または新株発行のときから株主名簿上の株主
であり，どのような意味でも権利の行使に証券を必要としないと指摘されてい
る（上柳・329頁）。以上の事柄をふまえて，わが国の通説は，有価証券の定義
中に権利の移転についての権利と証券の結合関係を取り込んでいるのである[9]。

3. 有価証券としての手形・小切手の特色

手形・小切手は，有価証券中でも証券と権利の結合関係が最高度に達成され
ている完全有価証券である。それは，金銭債権を表章する証券であるが，約束
手形に裏書がなされる場合には，主たる手形債務者である振出人に対する権利
とともに，遡求義務者である裏書人に対する権利をも表章することになり，一
枚の手形・小切手上には複数の債務者に対する権利が表章されうる。

手形・小切手は一定の法定の要件を満たさなければならず（厳格な要式証券），
手形・小切手の作成により初めて権利は発生し（設権証券），債務者に対する

---

8) わが国の法制度上では，譲渡は株券の引渡しにより行われ，株券の占有者は適法な所持人とし
て推定されて，善意取得の規定の適用が認められる（会社131条）。したがって，会社に対する対抗の
面は別として，少なくとも，流通面だけからみれば，株式は無記名証券に属するといってよい（参照，
河本・現代会社法〔新訂第九版〕〔九一〕）。

9) 通説を批判して，株主の権利行使の前提である株主名簿の書換に株券の呈示が必要である点を
強調し，株主権の行使には株券所持を必要とすると考えるべきであるとする見解がある（鈴木・商法
研究Ⅱ 300頁，河本・現代会社法〔九一〕）。なお，ドイツ通説も，記名株式についての権利行使と株
主名簿の書換に関して，上と同様に理解すると思われる。

この見解に対しては当然に，まずもって，会社設立・新株発行の際には株主名簿の書換は不要であ
るという事柄が反論されるが，さらに，会社という社団関係処理のための便宜的制度である株主名簿
の書換を有価証券の権利行使に関する権利行使と結び付けること，および，株主名簿に記載された名義人が株式
を譲渡し，譲受人が名義書換を受けない間は，株券の所持と権利の行使とは完全に分離してしまうこ
とに対して疑問が提示されている（田中〔誠〕・上49頁，石井=鴻・16頁）。けれども，近時は，この
ような批判を認めたうえで，一定の限定は認めるにしても，株式の名義書換に株券が必要であるとい
うことはできるし，株券だけのために有価証券の定義の中に「権利の移転に証券が必要」という文字
を付け加えるよりは，「権利の行使に証券が必要」というドイツ通説と同様の定義によるべきであると
の見解も主張されている（小橋・基礎理論36頁）。

会社法においては，株券を発行しないことが原則とされ（会社214条），株券を発行する株券発行会
社（会社117条7項）はその旨を定款に定めておく必要がある。このような株券制度にかかわる大き
な変化を前提として考えれば，今日において有価証券概念の定義にあたって株券に重きを置く必要は
なくなっていると解され，有価証券とは，その中に私権が，「権利の行使にあたっては，証券の所持が
必要である」という形で表章されている証券である，と解してよいと考える。

有効な請求のためには手形の呈示を要し（呈示証券），債務者は証券と引換えでなければ支払いを拒むことができる（受戻証券）。その権利内容は，もっぱら証券上の文言によって定まり（文言証券），原因関係の不存在，無効，取消しは，証券上の権利の有効性に影響を及ぼさない（無因証券）。手形の無因性は，文言性と並んで重要な概念であるが，これについては I-2.2 で詳しく論じる。

　手形の文言性の概念は，表章されている手形上の権利の内容が，手形証券上への記載によって定まるという意味を有するものとしてだけでなく，さらに，人的抗弁の切断という現象を示すものとしても用いられる。後者の用語法は，手形法の規定が生ずる法的効果を示すにすぎず，前者の用語法が適当である。手形の文言性は，手形・手形行為の有効性は，手形証券上の記載にしたがって定まるとの外観解釈の原則として，および，手形上の記載の意味内容の解釈は，客観的な基準にしたがってなされなければならないとの客観解釈の原則として発現する。このような意味での文言性は，手形債務者と第三取得者との関係においてだけでなく，直接の手形授受の当事者間でも妥当する。

1.7　手形・小切手制度の起源と現行手形法・小切手法

1.　手形の起源

　中世における手形の起源に関しては，実はあまり明確には分かっていない。現在一応通説といってよい見解は，19 世紀後半の著名な商法学者であるゴールトシュミット（Goldschmidt, L.）の見解であるが，これと異なる見解も有力である（川村「レイモン・ド・ルーヴァー『一四世紀から一八世紀に於ける為替手形の発展』」一橋論叢 84 巻 4 号 123 頁以下）。ゴールトシュミットの見解によれば，中世における原初的手形は，12 世紀中葉以来見出される他地払約束手形であった。それは，当初，外国への送金の目的で商人と銀行業者の間に締結される契約に関して作成された公正証書に由来した。それは，内容的にも，証券の方式上も，海上貸付（Seedarlehen）にならったものであり，本来，送金される金額をその地の通貨で受領した振出人（銀行業者）が，外国の地で自らその地の通貨で支払うという約束に関する証券であった。この約束手形の支払いは，しばしば，振出人に指名された外国の地の者によって行われ，この者に対して支

払委託書が送付された。この証書が手形約束，対価関係などを再録するに至って，為替手形となった。この原初的為替手形の普及に伴い，約束手形は無用なものとして忘れ去られた。

　手形に裏書をすることが認められるようになり，裏書制度が発展することによって，同一の手形証券で複数の債務を決済することが可能となり，手形の支払手段的機能が発展した。裏書は 16 世紀末から 17 世紀初頭にかけてイタリアにおいて発生したとされている。それは，商取引界の需要に基づき，商慣習上徐々に形成されてきたといわれ，この制度の直接的前身たる制度は明確に確定されてはいない。裏書制度は 1610 〜 1640 年の間にネーデルランドで大きな普及をみせている。

2.　小切手の起源

　今日の小切手制度の起源は，中世のイタリアで行われていた両替商（銀行業者）に預けておいた金銭の支払い・振替えを指図するという制度に求められている。今日の小切手制度は 17 世紀以来イギリスで発展をとげた制度に直接的には由来する。イギリスでは，金銀細工師であった者たち（金匠）が，その取引を拡大して，貴金属の取引をそして次いで銀行業までも行うようになり，小切手取引および手形割引を扱うようになって，個人銀行へと発展した。

3.　現行の手形法・小切手法

　（イ）　手形法・小切手法の意義　　実質的意義における最広義の手形法・小切手法には，手形法・小切手法のみならず，刑法（刑 162 条・163 条），税法（印紙税 2 条・3 条・4 条 1 項），民事訴訟法（民訴 5 条 2 号・228 条 1 項・4 項・259 条 2 項・350 〜 367 条・383 条 2 項・403 条 1 項 4 号・5 号），破産法（破 60 条・163 条），非訟事件手続法（99 〜 118 条）などの規定も含まれる。このうち，手形・小切手に関する私法規定の全体を広義の手形法・小切手法という。この中には，厳密に手形関係または小切手関係に固有な法を意味する狭義の手形法・小切手法（固有の手形法・小切手法）および民事手形法・小切手法が含まれる。前者は，独立した法典たる手形法・小切手法である形式的意義の手形法・小切手法から原因関係や資金関係に関する規定，国際私法的規定を除いた部分であ

り，後者は，手形・小切手にも適用される一般民商法上の規定，原因関係，資金関係などに関する規定を指す。

（ロ）手形法・小切手法の国際的統一　　国際的に流通する手形・小切手の特質のために，古くから手形・小切手に関する法の国際的統一の必要性が唱えられていた。1910年および1912年のハーグ条約の試みの後をうけて，1930年，31年にジュネーヴで開催された国際会議で，手形法・小切手法に関する国際的統一法条約の成立をみた。それが，1930年の「為替手形及約束手形ニ関シ統一法ヲ制定スル条約」，および1931年の「小切手ニ関シ統一法ヲ制定スル条約」であり，わが国の現在の手形法・小切手法はそれらの第一附属書の統一規定をそのまま翻訳して国内立法化したものである。ただし，若干の規定は第二附属書で認められた留保事項を援用して独自に規定されたものである。ジュネーヴ統一手形法・小切手法は，国内関係で用いられる手形・小切手と国際的取引関係に用いられる手形・小切手とを全く区別することなくその規制の対象とし，締約各国の国内手形法・小切手法の統一を目指す全面的な統一法である（川村「二つの国際的統一手形法」一橋論叢87巻4号86頁）。なお同時に，「為替手形及約束手形ニ関シ法律ノ或抵触ヲ解決スル為ノ条約」および「小切手ニ関シ法律ノ或抵触ヲ解決スル為ノ条約」も成立し，それはわが国手形法・小切手法中の国際手形法・国際小切手法の部分に相当する（手88条ないし94条，小76条ないし81条）。

わが国の手形法・小切手法は，国際的な統一条約に依拠するものであるため，その改正をわが国独自で行うことは留保事項を除いてできない。手形法・小切手法の全面的な改正は現実的に困難であるといってよい[10]。

（ハ）手形法・小切形法の基本理念　　すでにみたように手形・小切手は支

---

10)　手形法・小切手法の規定改正の代表例としては，休日の定義に関する手形法87条および小切手法75条の改正（昭和56年（1981年）改正により「政令をもって定める日」が付け加えられた）があるが，平成29年（2017年）民法改正に伴い，いくつかの規定について改正が行われた（その解説として，大野「民法（債権関係）の改正に伴う商法改正の概要」商事2154号8頁以下）。このうち手形法48条1項・49条・71条・86条および小切手法44条・45条・52条・73条の改正は，留保事項にかかわる改正である（以前の手87条，小75条の改正も同様）。手形法11条2項・20条1項および小切手法14条2項・24条1項・33条の改正は，統一条約の第一附属書の統一規定の原文（英文・仏文）と抵触せず，統一規定の国内法化に当たり許容される範囲の改正と解されるものである（手18条3項・小23条3項の「行為能力ノ制限」にかかる平成11年（1999年）改正も同様）。

払いの手段および信用利用の手段としての機能を果たすものであるから，その機能を十分に果たしうるために，手形法・小切手法は，第一に，手形・小切手の支払いの確実性を保障し，第二に，手形・小切手の流通性の強化を実現しなければならない。それは手形法・小切手法中の諸規定に反映しているが，同時に，支払いの確実性の保障および流通性の強化という二つの基本的な理念は，解釈上もその方法上も維持され，達成されなければならない。

　手形・小切手の機能を果たすために，手形法・小切手法においては強度の流通性の確保・流通保護，取得者の保護が図られ，手形行為者に対しては厳格な責任が課せられている。このような理念を基礎として，手形法上で，手形債務者と手形取得者との間の利益衡量は行われるべきである。反面において，直接当事者間では，できる限り実質的に妥当な形で利益の調節が図られる必要がある。手形法・小切手法自体はこのような面からの規定をことさらに置いておらず，主に理論に委ねられているが，今日の手形法理論はそのような方向を目指して展開されている。

　（ニ）　手形法・小切手法の特質　　手形法・小切手法の特質としては，強行法的性質，技術的性質，国際的統一性などをあげることができる。手形法・小切手法は主として債権に関する法規であるけれども，強行法規としての性質を有し，私的自治の原則は大幅に排除されている。これは，支払いの確実性・流通の強化という基本理念の要請に基づく。手形法・小切手法が国際的統一法であることは，法の解釈・適用に際し比較法的考察の必要性を指し示し，実質的な法統一の実現を図ることが求められる。

4.　ジュネーヴ手形法系と英米手形法系

　現在の世界の手形法・小切手法は，大別すれば，ヨーロッパ諸国を中心としたジュネーヴ手形法系と英米手形法系とに分けられる。ジュネーヴ手形統一法条約は，異なる手形法との間に生ずる法の衝突に対応するために，統一抵触条約の締結によって，法廷地のいかんにかかわらず，準拠法の同一的な指定を達成しようと図った。この法の抵触は，留保事項の存在等の理由からジュネーヴ手形統一法条約の締約諸国間においても発生する。結局，この統一抵触条約にも英米手形法系諸国の参加はなく，現在において，手形法・小切手法に関する

法の抵触にあたっては，法廷地の国際私法（わが国においては，国際手形法・国際小切手法）にしたがって，準拠法が指定されることにより，紛争の解決が図られることになる。これは国際的商取引上ではきわめて不便であり，大きな困難を生み出す。

このような状況を踏まえて，国際連合の国際商取引法委員会（United Nations Commission on International Trade Law：UNCITRAL）による準備作業に基づき，国際的支払取引のために用いる国際為替手形・国際約束手形に関する新しい手形統一法条約が国際連合により作り上げられた。これが 1988 年に成立した，「国際為替手形および国際約束手形に関する国連条約」である。この条約の発効のためには 10 カ国以上による批准が必要である。この手形法条約は内容的には，ジュネーヴ手形法と英米手形法の二大手形法系を基礎とした，二大手形法系相互間の妥協の産物としての性格を有している。しかし，法的対立の存在と共に，国際的支払決済手段としての手形の地位低下のため，この条約の発効の目処は立っていない。

ジュネーヴ手形法と英米手形法の重要な相違点としては，英米手形法の形式的厳格性が比較的弱いこと（手形方式の簡略性，手形内容の自由性，持参人払式手形を認めることなど），拒絶証書の作成の必要性に関する相違，抗弁の制限に関する規制と善意取得に関する規制を，英米手形法は同一的原則に服せしめていること，裏書偽造の危険を英米手形法は手形取得者および支払った債務者に負担させるのに対して，ジュネーヴ手形法では，これらの者は善意であれば保護されるとすることなどがあげられる。

5. 国際手形条約

ジュネーヴ手形法が国際的関係に用いられる手形と国内的関係に用いられる手形とをまったく区別しないのに対して，国連の新たな統一手形法条約は，もっぱら国際的関係に用いられる新しい手形類型である国際為替手形・国際約束手形の創出と規制とを目的としている点に特色がある。本条約は，「国際手形」なる旨の表示がなされ，さらに，振出地，振出人の署名に付記された地，支払人の名称に付記された地，受取人の名称に付記された地，支払地の少なくとも二つが異なる国にある場合に，その手形を国際手形と認めると規定する

1.7 手形・小切手制度の起源と現行手形法・小切手法　　**25**

（同条約1条1項・2項・2条1項・2項）。

　本条約において，たとえば，利息文句の記載を広く認めること，分割払手形を認めること，振出人の支払担保責任の排除を認めることは，英米手形法の影響に基づくものである。さらに，本条約は，英米手形法上の「正当所持人」（holder in due course）の概念にならって，「保護される所持人」（protected holder）の概念を採用して，手形取得者がこの法的地位を取得したか否かにより，善意取得の有無，人的抗弁の制限の有無を統一的に規制している。これも明らかに英米手形法の影響を受けている。その結果，この保護される所持人のための要件の一つである主観的要件に関しても，統一的に規定されており（現在の手形法の16条2項・17条と相違する），それは，証券の取得時に，何人かの証券上の返還請求権の存在または抗弁の存在を知らないことによって満たされる（同条約6条7項・7条）。

2 手形・小切手と実質関係

2.1 原因関係

　手形・小切手関係の外に存在する実質的な法律関係で，手形・小切手関係と密接な関係にあるものを手形・小切手の実質関係という。その主要なものは，原因関係と資金関係である。

　手形・小切手行為がなされる場合には，手形当事者の間には常に何らかの原因が存在している。この手形・小切手行為の目的である原因となっている実質関係のことを原因関係という。つまり，手形・小切手関係は原因関係の存在を前提とする（図 I-5 参照）。手形関係についてみれば，このような原因関係はさまざまな形をとる。典型的な場合は，借入金債務の弁済や，買掛金債務の支払いのために手形が交付される場合である。さらに，このような既存債務だけ

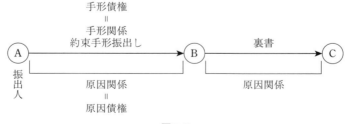

図 I-5

でなく，手形の書替，手形貸付，手形割引なども原因関係としてあげられる。

　上のような原因関係に基づく手形の授受に関しては，何らかの形で対価の授受を伴うのが通常である。しかし，融通目的で手形が交付されるいわゆる融通手形の場合には，対価の授受はまったく生じない。

2.2　手形関係と原因関係との関係——手形の無因性

1.　総　　説

　現在，手形関係は原因関係から切り離され，分離されていると解するのが一般である。もちろん，何人も原因なくして手形行為をすることはないから，当事者により当該の手形行為により追求される目的である原因は常に存在している。しかし，その原因は手形行為の要素をなしてはおらず，客観的に欠けていても差し支えない。手形行為は，既存の債務関係をそのまま移し替えるものではなく，新しい債務（手形債務）を成立させるのである。

　手形関係の原因関係からの分離，手形債権の別個独立性を前提としたうえで，手形関係の原因関係に対する関係をどのように規定付けるかが問題とされる[1]。これは手形法の理論の中で重要な基本的論点の一つである。これに関しては，無因的に構成する立場と有因的に構成する立場とが対立している（以下，詳細は，川村「手形の無因性と手形資金——素描」一橋論叢70巻6号78頁以下）。

2.　無　因　性

　手形の無因性の概念はドイツ手形法に起源をもつ。無因性に基づく構成は，ドイツ手形法の伝統的な立場であって，ドイツ学説上では，19世紀末には自明のこととされていた。ドイツでは，手形の無因性は，手形法にではなく，民法に実定法上の根拠を有している。

---

　1)　手形関係と原因関係の別個独立性は，今日の手形法学の基本的観念というべきものである。一般にしばしばこれは，手形の無因性の観念の一部を構成する事柄として理解されているようであるが，これは不適当である。厳密には，これは手形の無因性という観念とは区別される。無因性とは，この事柄を前提として，手形関係と原因関係との関係を規定付ける一つの構成の仕方である。無因性と対立する有因性の構成をとる場合であっても，この手形債権の別個独立性は前提とされているのである。

手形の無因性に依拠すれば、手形関係は原因関係の有効、無効、存在、不存在または消滅にかかわりなく有効に成立する。この無因性は手形の直接の二当事者間でも認められるべきだが、しかしそれでは原因関係が不存在、消滅であるにもかかわらず、相手方である手形所持人に対しても手形債務者は有効に債務を負担することになって不適当な結果を生ずる。原因関係上の当事者間では、原因関係は意義を有するとしないと不都合である。そこで無因性の構成においては、手形の授受の直接の当事者間においても、原因関係の無効、不存在、消滅の場合に、手形関係は有効に成立し存在し続け（図Ⅰ-6参照）、手形債務者は、この無効等に基づいて抗弁権（Einrede）を有するにとどまると解することになる。この Einrede の本質は、請求権の存在を前提としたうえで、その効力（請求力）を排除することにある。この場合に、通常の債権の行使にあたっての場合と異なり、原因関係の無効等についての主張責任・証明責任を手形債務者側が負担する[2]。ドイツ法的無因性の特色は、上の別個独立的権利に対抗される Einrede という観念に加え、対抗されうる抗弁の範囲を不当利得の抗弁の成立という基準によって画するという点にある。わが国の手形法学は一般にドイツ法的無因性をとってきたが、後者の点についてまで特殊ドイツ法的な立場を引き継いでいるわけではない（後述203頁）。

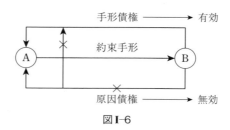

図Ⅰ-6

---

2) 一般にしばしば無因性の観念の意義は手形流通の促進にあるといわれるが、これは誤解に基づくものというほかない。このような見方は、かつて無因性の観念が原因関係に基づく抗弁の切断根拠付けとして機能しうると考えられたことに由来する。しかし、今日においては、このような抗弁の制限は無因性によっては説明できないと理解されている（後述186頁）。無因性の観念の真の意義は、手形債権による原因当事者の債権の迅速な取立てを可能にすることにある。しかし、このことは無因性によらなければ実現できないというわけではない。

3. 有　因　性

　以上に対して，手形の有因性に基づく構成はフランス手形法の伝統的な立場である。手形の有因性に依拠すれば，原因関係の無効，不存在，消滅は手形関係の不成立をきたすことになる（図Ⅰ-7参照）。原因関係上の当事者間では，実質において手形債権は原因債権それ自体であるといえ，当事者間で成立する抗弁は，ドイツ法上のEinredeのように反対権として機能するものではなく，手形債務をはじめから無効にする。

　しかし，今日，フランス手形法においても，原因関係の当事者間で，原因債権と手形債権の並存，すなわち，手形関係の原因関係からの分離，手形債権と原因債権の別個独立性が認められている。そして，手形授受の直接当事者間においても，原因関係の無効等の主張責任・証明責任は，無因性の場合と同様に，手形債務者側が負担する。有因・無因いずれの立場によるにせよ，手形関係の原因関係からの分離性，手形債権の別個独立性，および手形の文言性に基づき，原因関係の無効等の主張責任・証明責任は，直接当事者間でも手形債務者が負担すべきものと考えられるのである。

　この有因性に対する無因性の特色は，原因関係に基づく抗弁が，有効な手形債権の存在を前提にして，単にその効力を排除するものとして作用する点にある。なお，有因性の立場によっても（フランス手形法上でも），第三者たる手形所持人に対する関係では，原因関係に基づく抗弁は，人的抗弁として手形法17条により善意の第三取得者に対し制限される。そしてフランスでは，この人的抗弁の制限により保護される善意の第三者たる所持人の有する手形債権の性質を表現するために，「無因性」なる語が一般に用いられている。

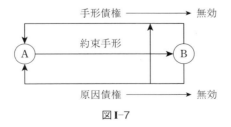

図Ⅰ-7

4. わが国における無因性

　現行の手形法が上の無因性または有因性のいずれの立場を前提としているか
は，手形法の規定のうえからは決しえない。確かに，しばしば，手形の無因性
の実定法上の根拠は，手形の支払委託・支払約束の単純性（手1条2号・75条
2号）に求められている（たとえば，山口・法学演習講座7　10頁）。しかし，こ
の規定は，手形法中の基本的規定として，有因性をとるフランス手形法中にも
当然に存するものであり，かつ，ジュネーヴ手形統一法条約では，無因・有因
といった理論上の基本的問題に関する対立をどちらか一方を採用する形で除去
するという立場は採用されず，留保条項を設ける等によっていずれにも依りう
るものとされたのである。

　いずれにせよ，わが国においては，ドイツ手形法学の影響の下に，伝統的に
手形の無因性が一般的に理論的な前提として認められてきた。わが国の手形法
学に対するドイツ手形法学の影響は伝統的に顕著であるが，しかし，わが国の
無因性概念は，前述した特殊ドイツ的無因性概念そのものではないことは注意
する必要がある。

　上の手形・手形行為の無因性というわが国手形法学上の一般的観念に対して，
異なる見解も唱えられている。それは，手形行為を債務負担行為と権利移転行
為とに分けてとらえることを前提として，前者を無因行為，後者を有因行為と
解する権利移転行為有因論の立場である（前田・47頁）。この説は，直接的には，
後者の抗弁，二重無権の抗弁という問題の理論的解決のために提唱されたもの
である。しかし，この説に対しては，それが手形理論として二段階説をとると
いう面から（後述52頁以下），および，その有因論の根拠と効果の面から（後
述224頁以下）批判されねばならない。

5. 無因性の四つの用法

　この無因性という概念は，手形法学上多様な形で用いられており，その使用
は以下の四つに分けて整理することができる。

　①手形行為，手形上の権利の性格付けとしての無因的手形行為，無因的な手
形債権という表現（それは手形関係の原因関係からの分離・独立性，無因の効果お
よび抗弁制限の原則の効果を前提としている），②原因関係，原因債権からの手形

関係，手形債権の分離性，別個独立性としての無因性，③抗弁制限の原則によって第三取得者が取得する手形上の権利の性質としての無因性，④直接当事者間においても原因関係の無効等の瑕疵が抗弁権として取り扱われるという意味としての無因性，すなわち手形関係の原因関係からの分離・独立性と抗弁権の対抗というメカニズムの意味としての無因性（②の無因性の用法はこの④の無因性の前提をなしている），の四つの用法である。

2.3 原因関係が手形・小切手関係に及ぼす影響

1. 原因関係に基づく抗弁の対抗

前述のように，手形・小切手の無因性に依拠すれば，原因関係の無効，不存在，消滅の場合であっても，手形債権は有効に成立する。しかし，手形授受の直接の当事者間においては利害の衡平のために，手形債務者は，原因関係に基づく抗弁（人的抗弁）をもって，相手方に対抗することができる。手形法上，17条は，直接当事者間におけるすべての抗弁の対抗を認めている。しかし，人的抗弁の制限の法理により，この人的抗弁は，善意の第三取得者に対しては対抗できない（手17条・77条1項1号，小13条）。

2. 利得償還請求権の成立

手形・小切手上の権利は短期の消滅時効または手続の欠缺によって消滅する。この場合に，他方において，手形上の債務を免れた手形債務者が，原因関係において対価を得たり資金を得てそれをそのまま保有しているのでは，当事者間の利害の衡平に反することになる。そこで，手形法・小切手法は，上のような場合に，手形・小切手の所持人が，振出人，引受人または裏書人に対して，その受けたる利益の限度において償還請求できることを認めている。これが利得償還請求権の制度である（手85条，小72条）。

2.4 手形・小切手関係が原因関係に及ぼす影響

　既存債務の決済のために手形・小切手が授受されることにより，原因関係である既存債権とは別個の手形・小切手関係が発生する。この手形・小切手の授受は，原因関係に対してどのような影響を及ぼすのか。とくに，約束手形の振出しについて論ずると，それにより，原因関係である既存債権とは別個の手形債権が発生するが，手形振出しにより既存債権は消滅するのか否か，または，既存債権とともに手形債権が並存するのかが問題となる。

　約束手形の振出し・交付と既存債権の消滅の有無に関しては，次の二通りに分けて考えられる。第一は，手形の授受によって既存債権が消滅する場合である。これは既存債務の「支払いに代えて」手形が授受される場合である。第二は，手形の授受によって既存債権が消滅することなく手形債権とともに併存する場合である。これは既存債務の「支払確保のために（支払いのために）」手形が授受される場合である。

　具体的な手形の授受がいずれの場合に該当するかの判定基準は，まず当事者の意思に求められる。当事者の既存債務を消滅させるとの意思が明白でない限りは，手形授受により既存債務は消滅することなく，手形債権と既存債権とは併存すると推定されるべきである。なぜなら，交付された手形は，必ずしも支払いを受けられるとは限らないので，手形の授受により直ちに既存債務が消滅するものとすると，債権者にとり不利益となるからであり，そこで，当事者の意思は，一般に手形授受により既存債務を消滅せしめることにあるとは考えられないからである。したがって，通常は手形の授受は支払確保のためであると解することになる。

　手形が支払いに代えて授受される場合の既存債務消滅の法的性質を更改と解する説があるが，通説は代物弁済と解している。更改契約は有因契約であるから，既存債務が無効の場合には，それに基づく手形の授受も無効となってしまう。この結果は手形の無因性と衝突するから，通説によるべきである。

2.5 手形債権と原因債権の行使の順序

1. 行使の順序 ─────────

手形の授受が支払いの確保のためになされ，既存債務が消滅せずに手形債務とともに併存する場合に，債権者はいずれの債権を先に行使すべきか。この併存する手形債権と原因債権とは，一方の債権の支払いは他方の債権の消滅を生ずるという関係にある。

この場合については，いずれの債権を先に行使すべきかにしたがって二分することができる。第一は，既存債務の「支払いのために」手形が授受される場合であって，まず手形債権を行使すべき場合である。第二は，既存債務の「担保のために」手形が授受される場合であって，いずれを先に行使するかは，債権者の自由な選択にゆだねられる。

具体的場合がいずれに該当するかの判定基準は，まず当然に当事者の意思に求められる。次いで，当事者の意思が明白でない場合には，判定基準は，原因債権の債務者が同時に手形上も唯一の債務者であって，他に手形上の債務者がいないかどうかということに求められる。この者が唯一の手形債務者である場合には，いずれの債権を先に行使されても，債務者の利害に変わりがない。このような場合が，既存債務の担保のために手形が授受される場合にあたる。それ以外の場合が支払いのために手形が授受される場合にあたる。

上に示した基準にしたがい，当事者の意思が明白でない，具体的な手形授受のケースをみてみよう。既存債務の支払いに関して債務者が債権者を受取人として約束手形を振り出す場合，債権者が振り出した自己受為替手形を債務者が引き受ける場合，および債務者が自己宛為替手形を振り出す場合などは，いずれも，既存債務の債務者が唯一の手形債務者である場合に該当する。したがって，これらは既存債務の担保のために手形が授受される場合にあたり，債権者は，原因債権，手形債権のいずれを先に行使するかは自由である。

これに対して，第三者振出しの約束手形や，第三者引受けの為替手形を，既存債務の債務者が債権者に裏書譲渡する場合，および，第三者により引受け済の為替手形を債務者が振出交付する場合は，他にも手形債務者がいることにな

り，これらは既存債務の支払いのために手形が授受される場合に該当する。したがって，債権者はまず手形債権を先に行使すべきことになる。未引受けのままであっても，第三者宛の為替手形を振出交付する場合や，小切手を振り出す場合も同様であると解される。

さらに，前述の既存債務の債務者が唯一の手形債務者である場合としてあげた諸ケースにおいても，第三者が支払担当者として手形上に記載されている場合には，既存債務の支払いのために手形が授受される場合にあたると解すべきである。現在のわが国では，通常，手形上に支払担当者として振出人，引受人の取引先銀行が記載されている（これを第三者方払手形という）。そこで，手形債務者は，支払期日にこの支払担当者の元に支払資金を用意しておいて，その手形が決済されることを期待しているので，債権者により手形債権がまず先に行使されるべきと認められるからである。

2. 原因債権の行使と手形の返還

手形が原因債務の支払確保のため交付され，原因債権と手形債権とが併存する場合に，債権者が原因債権を行使するときに，債務者は手形の返還と引換えでなければ支払いを拒むことができるであろうか。このような原因債権の行使は，主たる債務者による手形支払いの拒絶の場合，たとえば，割引手形の不渡による割引銀行の買戻請求権の行使の場合などに問題になる。この場合に，債務者が，手形との引換えなしに原因債務を支払うと，第三者により手形債権で二重に支払請求される危険がある。

判例は，債務者の原因債務の支払いと債権者の手形の返還とは同時履行の関係にあり，債務者は手形の返還と引換えに支払いを履行する旨の抗弁をなしうるとしている（最判昭 33・6・3 民集 12 巻 9 号 1287 頁，最判昭 50・9・25 民集 29 巻 8 号 1287 頁）[3]。

---

3) 割引銀行が買戻請求権と割引依頼人の預金債権とを相殺しようとする場合に，割引依頼人が同時履行の抗弁を有するものとすると，同時履行の抗弁の付着した自働債権による相殺は，割引依頼人が理由なくして抗弁権を失うことになるので許されるべきではない。したがって，銀行は買戻請求権と預金債権とを相殺しようとしても，手形を割引依頼人に返還しなければ，相殺は効力を生じないことになる。そこで，銀行取引約定書 8 条 1 項（323 頁）は，上の相殺をなすときに，同時にその手形の返還を要しない旨を規定する。このような同時履行の抗弁権の放棄の特約も有効である。さらに，↗

ところで，上における手形との引換履行の主張は，民法533条にいう同時履行の抗弁そのものを意味するのであろうか。民法533条の同時履行の抗弁は，一個の双務契約から生ずる対価関係にある債務間では両債務を同時に関連的に履行させることが衡平にかなうところから，認められているものである。しかし，原因関係上の債務の履行と手形の返還とが引換履行の関係にあるといっても，それはまったく対価関係にあるのではない義務相互間の関係であるから，引換履行の関係は，民法533条の同時履行の抗弁の関係とは区別されるものと考えられる。そこで，債務者は，手形の返還のないことを理由に弁済を拒めるが，しかし，手形の返還がなくても，原因債務の履行期を徒過したときから，債務者は履行遅滞に陥る（最判昭40・8・24民集19巻6号1435頁）。

2.6 手形債権の消滅と原因債権の行使

手形債権と原因債権とが併存する場合に，図Ⅰ-8におけるように，手形債権が時効消滅するなどして消滅してしまうと，原因債権の行使ができなくなる場合がある。すなわち，Aが原因債務の支払いのためBを受取人として約束手形を振り出し，次いでこの手形が，BからCへ，さらにCからDへといずれも原因債務の支払いのために裏書譲渡された場合，Dは手形債権とともにCに対する原因債権とを併有することになる。この場合に，DのAに対する手形上の権利が手形の短期消滅時効により消滅してしまったとき，DはCに対して原因債権を行使できるのであろうか。

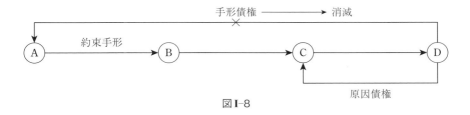

図Ⅰ-8

▶最判昭53・3・28金判555号37頁は，買戻請求権者である割引銀行の権利行使に関して，割引銀行は割引依頼人の買戻債務が発生しても現実に履行されるまでは同時履行の抗弁権によりその手形を保有することができるとする。

この問題に関しては，一般に，DはCに対して健全な手形，すなわち，有効な完全な手形を返還できないために，DはCに対する原因債権を行使できなくなると解されている。そして，DはAに対する利得償還請求権によるしかなくなる（後述285頁）。上の場合に，手形債権を消滅させてしまったために，原因債権を行使できなくなる理論的根拠は困難な問題である[4]。

2.7 原因債権の消滅と手形債権の行使

手形債権と原因債権とが併存する場合に，2.6とは反対に図I-9におけるように，原因債権が時効消滅したとき，手形所持人が手形債権を行使できるかが問題となる。

たとえば，Aが支払いのためにBに約束手形を振り出したが，原因債権が1年の消滅時効期間に服するものである場合に，①手形による支払請求や訴え提起以前に，原因債権の時効が完成する場合，および，②手形による訴え提起後に原因債権の消滅時効が完成する場合に，手形所持人Bは手形債権により請求できるか。

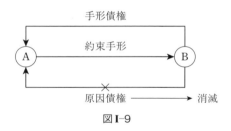

図I-9

---

[4] この理論的根拠は次のように考えるべきである。すなわち，手形の交付者Cから手形所持人Dへの裏書は，契約（手形交付契約）によって行われるものとして構成され，その契約上の附随義務として，Dは手形交付者Cに対し，十分な注意を払って交付者の利益を守るべき義務，すなわち，手形上の権利の保持に必要な行為（たとえば，時効消滅以前にCに対して遡求権を行使すること）をなすべき義務を負う。そして，この注意義務に違反した場合（たとえば，遡求権の喪失，手形上の権利の時効消滅）には，交付者に対して契約不履行（不完全履行）に基づき，Cに対して損害賠償義務を負い，これと原因債権とが相殺される。したがって，DはCに対して原因債権を行使できないことになる。以上によれば，所持人の手形上の権利の喪失によって原因債権の債務者に損害が生ずる場合，原因債権を行使できないことになる。ただし，この場合で，AおよびBのいずれもが支払能力を欠く場合には，DがBに対する遡求権，および，Aに対する手形上の権利を時効消滅させても，それによりCは何ら損害をこうむりはしないから，DはCに対して原因債権を行使できる。

①の場合に関しては，判例（最判昭43・12・12金判148号12頁）・通説は，原因債権の時効消滅は人的抗弁として対抗でき，手形債務者は支払を拒絶できるとしているが，平成29年（2017年）民法改正に伴い，原因債権の消滅時効期間が手形の短期消滅時効期間より短い事例（例として，陸上運送人が荷送人・荷受人に対して有する運送賃債権（商586条））は限定されている。②に関しては，手形債権と原因債権とは別個の訴訟物をなすことを前提とする限り，手形債権による訴え提起により原因債権の時効の完成猶予をすることができないようにみえる。しかし，それでは，①により原因債権の時効消滅が人的抗弁として対抗できるとする以上，手形債権者は，手形金請求訴訟提起中に，別途に原因債権の時効の完成猶予を図らなければならなくなる。そこで，学説においては，債権者の保護に著しく欠けるとの利益衡量から，手形債権による訴え提起により原因債権の時効の完成猶予を生ずるとする見解が一般的である（大隅＝河本・417頁）。

　判例は，手形債権は手形授受の当事者間では原因債権とは別個のものだが，経済的には同一の給付を目的とする原因債権の支払手段であって，原因債権の時効消滅の人的抗弁を対抗して債務者が支払いを免れうるとすれば，簡易な支払決済手段という手形制度の意義が損なわれるとして，時効の完成猶予の効力を肯定している（最判昭62・10・16民集41巻7号1497頁）[5]。

2.8　手形・小切手の資金関係

1. 資 金 関 係 ─────────────────────

資金関係が問題になるのは，為替手形および小切手についてであり，約束手

　5）　学説・判例の立場の前提とされている①の場合に関する通説・判例を否定すべきである。すなわち，手形が原因債務の決済のために授受されている場合，手形債権と原因債権とは経済的には一体をなしており，手形債権は原因債権の手段たる機能を有している。このことから，当事者間では，支払決済という面においては手形の交付により以後原因債権は手形債権によりとって代わられた関係にあり，原因債権の時効消滅にもかかわらず，債権者は残存する手形債権のみを行使して支払を請求できるべきである。したがって，原因債権の時効消滅により手形債権はなんら影響を受けず，手形の当事者間で原因債権の時効消滅は人的抗弁事由とならず，債務者がそれを抗弁として対抗して手形金請求を拒むことはできないと解する。したがって①，②のいずれの場合においても手形所持人BのAに対する手形金請求は肯定されることになる（参照，川村・金判793号40頁以下）。

形については問題にならない。資金関係とは，為替手形および小切手の支払人と振出人との間に存する実質関係を指す。為替手形につき支払人が引受けをしたり支払いをするのは，この資金関係に基づいている。資金関係は多様な形をとる。

たとえば，支払人があらかじめ振出人から現金を交付されている場合や，振出人が支払人に対して売掛金債権を有している等の場合には，支払人は資金を交付されていることになる。資金が存在していても，それだけでは支払人は振出人の振り出した為替手形を引き受け，支払いをなすべき義務を未だ負っていることにはならない。資金関係が存在するというためには，振出人が支払人の元に処分できる資金を有し，かつ，その資金を為替手形の振出しによって処分できる旨の明示または黙示の契約が存在することが必要である。

なお，支払人はあらかじめ資金を交付されていなくとも手形を支払って差し支えないが，その場合には，後に，支払人は振出人から補償を受ける関係が生ずる。これを補償関係という。

小切手においては，振出人と支払人である支払銀行との間に存在する実質関係が資金関係にあたる。それは，当座勘定取引契約の一構成要素である小切手契約である。

2. 手形・小切手関係と資金関係 ─────────

フランス法上では，為替手形・小切手の振出し，移転は，同時に，振出人が支払人に対して有する資金債権（provision）の譲渡，移転を生ずるとされており，これはフランス手形法・小切手法の大きな特色である。

しかし，わが国の手形法・小切手法では，フランスと異なりドイツ法にならって，資金関係を手形・小切手関係から分離する立場がとられている。したがって，手形・小切手関係から分離，独立している資金関係の存否，およびその内容は，手形・小切手関係の効力に関して何ら影響を及ぼさない。何らの資金関係なしに，または，まったく資金なしに為替手形を振り出すときも，その振出し・引受けは完全に有効であり，当事者間に抗弁事由を生ずる場合があるだけである。

2.8 手形・小切手の資金関係   39

3. 準資金関係 ─────────────────────────

　準資金関係とは，為替手形の引受人または約束手形の振出人と支払担当者（支払銀行）との間，手形保証人と被保証人との間，および，参加支払人と被参加者との間に存在する実質関係をいう。この関係は資金関係に準ずるもので，資金関係について述べたことがあてはまる。

3

手 形 行 為

3.1 総　　説

1. 手形行為の種類および概念

　手形行為が，手形に関する法律行為であることには争いがない。手形行為としては，約束手形に関しては，振出し，裏書および保証の三種が，為替手形に関しては，振出し，裏書，引受け，参加引受けおよび保証の五種がある。なお，小切手行為としては，振出し，裏書，保証および支払保証の四種がある。以上のうち，振出しという手形行為は，手形関係の展開の基点をなす手形を創出する行為であるから，基本的手形行為と呼ばれ，その他の手形行為は，振出しを前提としてなされるものであるから，付属的手形行為と呼ばれる。

　手形行為に関しては，その成立の法的構成に関して，すなわち，手形行為の成立のために，証券の作成だけでなく証券の交付をも必要とするか否か，さらには，手形行為を構成する要素である意思表示をどのようなものと解するのかに関して，重要な対立が存する（手形理論）。さらに，その議論ともかかわって，手形行為の概念規定自体に関して争いがあるが，手形行為は，署名を要件とする要式の書面行為であって，原則として手形上の債務の負担を生ずる法律行為であると解する。

　これに対して，手形行為は手形上の債務負担を目的とする行為であるとする立場もあるが，手形行為はすべてが手形債務の負担を目的としているとはいえ

ない。すなわち，裏書は手形上の権利の譲渡を目的とし，裏書人の担保責任は
その意思に基づく責任ではなくて，法に基づく責任であると解され，また，為
替手形の振出しは，直ちに主たる手形債務を生じさせるものではなく，その振
出人の担保責任は法定の責任と解されるのである。

なお，無担保裏書（手15条1項），期限後裏書（手20条），取立委任裏書（手
18条）のように，それにより手形上の責任（担保責任）を生じない裏書も存在
する。

2. 手形行為の特色

手形行為も法律行為ではあるが，一般の法律行為と異なる以下のような特色
を有している。

(1) 書 面 性

手形上の権利は手形証券に表章・化体されており，手形上の権利と手形証券
とは強固な結合関係にある。そこで，手形行為は手形上に記載されることによ
り，とくに，法定の要件をみたす記載がなされることにより成立する。さらに，
手形上の記載内容は，すべての手形債権者，債務者，手形取得者にとって，そ
の権利義務関係のうえで重要な意義を有しており，手形法は，手形証券中に債
務に関する一定の重要事実が表示されるべきことを要求する。

(2) 要 式 性

上の書面性と結び付くが，手形行為は，一定の法定の要件をみたしていなけ
れば，有効に成立しえず，法定の記載事項のいずれかを欠く手形行為は，原則
的に無効である（厳格な要式行為）。この不可欠な法定の要件（必要的記載事項）
は，手形法上有効とみなされる手形行為の基準的類型を構成し，それとの比較
により，ある書面行為が手形行為として認められるか否かが決せられる。

(3) 文 言 性

手形行為の内容は，たとえ，手形外に存する実質関係と異なっていても，も
っぱら手形証券上に記載された文言によって決せられ，手形行為者は，証券上

の文言どおりの債務を負担する。このことは，手形債務者と第三取得者の関係においてだけでなく，手形授受の直接の当事者間においてもあてはまる事柄である。手形上の記載と矛盾する当事者間の合意は，この直接当事者間においても手形外の人的抗弁事由となるにとどまる。

(4) 無因性（抽象性）

　手形関係には常に何らかの意味での原因が存する。手形関係の原因関係に対する関係は，わが国では一般に無因性の観念によって理解されている。そこで，手形行為についても無因であるとされ，手形行為は原因関係（行為）の有効，無効（または不存在，消滅）にかかわりなく有効に成立し，手形授受の直接の当事者間においても，手形債務者は，この原因関係等に基づく人的抗弁を有するにとどまり，手形債務者が原因関係の無効等の主張責任・証明責任を負担する（**I**-2.2）。

(5) 独　立　性

　一通の手形上になされるいくつかの手形行為の間には，通常，引受け・裏書・保証等の手形行為は振出しを前提とするという前後関係が存している。しかし，形式上有効な手形上になされたそれぞれの手形行為の効力は，他の手形行為が実質的に有効か否かにかかわりなく，独立性を有するものであるとされている。これが手形行為独立の原則である（手7条）。

　たとえば，振出しが振出人の制限行為能力のために取り消された場合にも，この手形上になされた裏書・引受け・保証はそれにかかわりなく，有効な手形行為であり，それぞれの行為者は自己の手形債務を負うことになる。なお，手形法32条2項は，手形法7条が手形行為一般に関して規定する手形行為独立の原則が，手形保証の附従性にもかかわらず，手形保証にも及ぶことを明らかにしている。

　手形行為独立の原則の根拠に関しては，主要な二説が対立している。その第一は，この原則は，手形行為が本来的に別個独立の文言的行為であることに基づく当然の結果であるとする（当然説）。その第二は，一個の手形上になされる数個の手形行為にはその間に前後の関係があるが，この原則は，手形流通を

3.1 総　　　説

円滑にするという政策的考慮に基づいて，各手形行為の独立的効力を認めているとする（政策説）。

　振出しにより証券上に作出された表示は，それに基づいた新たな表示（裏書・引受け等による）の不可欠な方式上の要件をなしている。したがって，一般的に，先行する手形行為の有効性は，後からの手形行為の効力に本来的には影響を及ぼすものと考えられる。しかし，手形流通の促進のためには，取得者にとりすべての手形行為の実質的有効性につき調査することを不要として，有効な手形行為の外観に対して信頼できるものとしなければならない。そこで，先行する手形行為の表示につき，外形上からは不明な実質的瑕疵があるにすぎない場合に，手形法7条はとくに善意の取得者を保護すると解されるべきであり，政策説を支持する。

　手形行為独立の原則が適用されるための要件の第一は，先行する手形行為が形式上有効であることである。さらに，第二に，この原則の適用は善意の手形取得者に対してのみ認められるのか否かに関して争いがある。この点に関しては上の二説のいずれに依拠するとしても，手形取得者の善意・悪意を問わないとするのが通説・判例（最判昭33・3・20民集12巻4号583頁）である。当然説によれば自明の結果となるし，政策説では，この原則は善意取得者保護よりも歩を進めて手形行為の確実性を高めるためのものと解する。しかし，この原則の趣旨を前述したように考えれば，先行する手形行為の表示が有する（実質的）有効性の外観に対して信頼する者だけが保護されるべきであって，善意の取得者に対してだけこの原則は適用されると解する。

　さらに手形行為独立の原則は手形の裏書についても適用があるか否かの問題がある。通説はそれを肯定するが，手形行為独立の原則は手形行為の本質に基づき当然の法則であるとしたうえで，裏書は権利移転を内容とする法律行為であり，かつ，裏書人の担保責任は有効な権利移転に基づいて生ずる法定責任であって，それが有効なためには連鎖性が要求され，後の裏書は前の裏書が有効であることを前提とするから，裏書への独立原則の適用は否定されるとする見解がある（田中［耕］・123頁）。

　この説はその際に，前の裏書が無効である場合にも，取得者が手形を善意取得（手16条2項）すれば，後の裏書人に対して遡求権を取得できると解する。

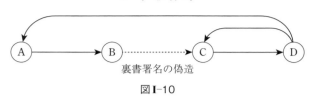

図I-10

たとえば，図I-10のように，A振出しの約束手形の受取人BからCへの裏書署名が偽造であって無効なとき，CがDに裏書をなした場合には，この説によれば，Cの裏書も無効であるが，Dが手形上の権利を善意取得していれば，CはDに対して遡求義務を負う。けれども，Dは善意取得の規定により振出人Aに対する手形上の権利を取得することができるが，それにより裏書人Cが担保責任を負うということまでは引き出せない。

この問題に関しては，裏書人の担保責任を裏書行為に基づく法定責任と解したうえで（後述151頁），先行する無効な手形行為（裏書）の有効性に信頼する取得者の保護は，当然に，その前者の手形行為（裏書）に基づく手形上の責任を生み出すべきであると考えて，裏書人の担保責任については，この者への手形上の権利の実体的な先行的移転は不要であると解したうえで，裏書による取得者に対する有効な権利の移転に基づいて生ずると解すべきであろう。以上のように考えると，この原則の裏書への適用が肯定されるべきである。

3. 手形行為の解釈

手形の文言証券性，手形行為の文言性からは，手形行為が要件を充足しているか否かの評価に関しては，手形に記載された事項が事実に合致していなくても，手形証券，手形上の記載により定まるとの原則が導き出される。これを外観解釈の原則という。

また，手形行為，すなわち，手形上の記載の意味内容の解釈は，もっぱら手形証券上の記載（文言）のみによってなされなければならず，手形外に存する事実，証拠によって記載内容を変更，補充してはならないとの原則が認められている（大判大15・12・16法律評論28巻商27頁）。これを客観解釈の原則という。これもまた手形の文言証券性，手形行為の文言性の一顕現である。

3.1 総　説

　一般の法律行為，意思表示の解釈については，表示行為において用いられた言語や文字に必ずしも拘泥することなく，具体的事情のもとにおける当事者の意思（意図，目的）を探求すべきであるとされているのと違っている。手形行為・手形上の記載の客観的な解釈とは，その表示の意味を，社会通念（一般取引観念，社会的慣習）にしたがって合理的に確定することとして理解されるべきである。そこで，たとえば，平年における2月29日が満期と記載された手形は，2月末日を支払期日とする有効な手形と解される（最判昭44・3・4民集23巻3号586頁）。

　以上のような解釈原則にしたがった手形行為・手形上の記載の意味の確定は，手形が本来的に第三者へと流通する本質を有することと，したがって，手形流通の安全・促進と結び付いている。客観解釈の原則は第一義的には第三取得者のために機能するが，しかし，それは，第三取得者に対する関係においてのみ意義を有するわけではない。それは，直接当事者間の関係を含めてすべての手形当事者に対する関係において意義を有する。そこで，手形行為の意味内容は，すべての手形当事者に対する関係において一義的に定まるけれども，この記載の意味の一義的確定はいたずらに強調されるべきではなく，その結果として弊害が生ずる場合にはその除去が図られる必要がある。

　手形の直接当事者間においては，それ自体として，法に違反したり，公序良俗に反するような合意以外であれば，すべての合意は手形権利義務関係上で効力を有すると解すべきである。したがって，一方では，手形所持人は，手形外に存する事情，すなわち，手形行為を成立させる手形交付契約上の合意に依拠した当該手形表示の意味付けを，手形行為者である債務者に対して主張できる。その際に，客観解釈の原則が働くため，債務者は上の合意の存在を証明しなければならない。

　たとえば，夫が妻の氏名を用いて手形行為をなすときのように，AがBの氏名を用いて自らの手形行為をなした場合には（**図Ⅰ-11**），たとえ一回限りでBの氏名を用いて手形行為をしたのであっても，手形所持人が，それは真実はAの行為としてなされたものであることを証明できれば，Aの手形上の責任を問えると解すべきである（次の**3.2**参照）。

　他方，手形債務者は，手形表示の解釈によって確定された手形行為・手形債

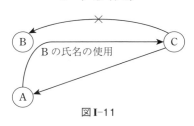

図I-11

権の内容を，手形外に存する事情に基づいて，すなわち，手形交付契約上の合意に依拠する人的関係に基づく抗弁として対抗して，直接当事者間で排除したり，修正することができる。債務者はその際，この抗弁事由の証明責任を負担する（同様な他の例に関しては後述する）。

3.2 手形行為の成立

1. 手形行為の方式
(1) 署　名

（イ）署名の意義　手形行為は一定の方式を必要とする書面行為であり，その方式に関しては，それぞれの手形行為について法定されているが，すべての手形行為に共通して署名が要求されている。手形行為にあっては，手形証券上への署名が不可欠な成立要件である。

このように署名を要求するのは，一方では，手形行為者に自らが手形行為をなすことを認識させ，他方では，手形取得者に対して手形行為者が誰であるかを認識させ，その同一性の認識を可能にさせるためである。手形行為が署名によってはじめて成立することの裏返しとして，原則的に自ら手形上に署名をしていなければ，手形上の責任を負うことはない。

署名とは本来，自署を意味するが，法は，手形法上における署名とは自署のほかに記名捺印を含むものと規定している（手82条，小67条）。判例は，代理人が直接に本人の名称を書きまたは記名捺印をしても，代理行為として有効であるとして，署名の代理を認めているが（大判大4・10・30民録21輯1799頁），自署というものの性質からいっても，また自署に代わる記名捺印の認められていることに照らしても，本人に代理して他人が代わって署名をすることはでき

ないと解される。

（ロ）**署名にあたっての行為者の名称**　署名により表示されるべき行為者の名称は，必ずしも，戸籍簿または登記簿上の氏名あるいは商号である必要はなく，通称，雅号，芸名，ペンネームでもさしつかえない。他人の名義を用いることもできる。この場合には，このような他人名義を用いて手形行為をなす者は，自分の本名でなくて通称，雅号などを用いて手形行為をするのと同様，他人の名義を自分自身を表示するために使用しているだけと考えられ，当然に，この者は自らの手形行為に基づいて責任を負う。

　たとえば，夫が妻の氏名を用いて手形行為をなす場合である。具体的には，不渡手形を出して取引停止処分を受けた夫が，妻の名義（他人の名義）を借りて手形を振り出す場合があるが，この場合に，手形行為者が他人の名義を自己を表示するために用いたと認められるためには，一回限りの手形行為に利用しただけでは不十分であって，平常の取引上でまたは慣用的に手形取引でそれを用いていたと認められることが必要であるとするのが判例であり，学説上も有力である[1]。しかし，たとえ，妻の名義を一回限りで利用して手形行為をなしたのであっても，手形所持人が，その手形行為は真実は夫の行為として行われたものであると証明できる限りで，夫の手形責任を問えると解すべきである。もちろん，手形所持人は，真実は夫の行為であることを知らないで手形を取得している限り，妻の手形行為として手形金を請求できる。

(2)　記名捺印

（イ）**記名捺印の意義**　記名捺印とは，筆記，タイプ，印刷，記名判等によって行為者の名称を表示したうえで（記名），その者の印章を押捺することである。わが国の一般的慣行として，署名をなすときに，押印を伴うことが多

---

1)　大判大 10・7・13 民録 27 輯 1318 頁は，平常の取引で他人名義を使用することを要するとしたが，最判昭 43・12・12 民集 22 巻 13 号 2963 頁は，取引停止処分を受けた会社の代表者が，失対人夫である経済的信用・実績のない実兄の名義で当座勘定取引口座を設け，多数回にわたり実兄名義で手形を振り出したという事案において，この代表者は自己を表示する名称として実兄名義を使用したと認められるとする。この最高裁判決は，上の大審院判決が一般取引上の慣用ある場合に，手形行為者が他人名義を自己の名称として表示するものと認めたのに対して，それを手形取引上の慣用にまで拡大している。同様に，会社において手形振出権限のある者が，慣用的に前代表取締役名義で手形振出しを行っていた場合に，手形振出しの有効性を認める判例がある（最判昭 61・12・19 金判 766 号 14 頁）。

いが，手形行為者自らがその名称を筆記し，押捺する場合は自署に該当し，記名捺印にはあたらない。記名捺印は本人によっても他人によってもなされうる。記名捺印は代理権限や代行権限を与えられた者が，本人に代わって行う場合も多く，これはとくに機関方式の手形行為と呼ばれる。この場合に，この記名捺印を行った者と名義人たる者との間の関係は，代理関係として，または，それに準じたものと理解され，名義人が手形上の責任を負う。

（ロ）　**記名捺印における印章**　　記名捺印の際に押捺されるべき印章としては，実印や銀行取引印である必要はなく，認印でも，三文判でもよい。雅号を表示する印章のように行為者の氏名とは何らの関連性のない印章であっても，他人名義の印章や，他人の印章であってもかまわない。押捺が手形行為者自らの意思に基づいてなされてさえいればよい。なお，拇印をもって押捺に代えるのでは捺印として要件をみたしていない（通説）。

実際には，わが国における手形利用はもっぱら銀行を支払場所（支払担当者）として行われているから，約束手形の振出しや為替手形の引受けにあたっては，あらかじめ取引銀行に届け出てある印鑑（銀行取引印）を用いるのが通常である。支払銀行は，主たる手形債務者の記名捺印と届出印鑑とを照合し同一性を確認したうえで支払うときに，この者との間の当座勘定取引契約上免責されるので（当座勘定規定16条1項（326頁）），約束手形振出人・為替手形引受人は，届出印鑑と同一の印章を使用すべきことを要求される（当座勘定規定14条1項（326頁），約束手形用法2条，為替手形用法7条）。

届出印鑑以外の印章（たとえば実印）を用いて約束手形を振り出しても，手形自体の効力にはかかわりがなく，手形行為の無効にはあたらないが，支払銀行は当座勘定取引契約にしたがって，通常は支払いを拒絶すべきである。例外的に振出人の支払委託意思を確認したうえで支払う場合に免責されうるにすぎない（参照，最判昭58・4・7民集37巻3号219頁）。

(3)　**会社その他の法人の署名**

会社その他の法人が手形行為をする場合には，法人のためにする旨を示したうえで，代表者が署名または記名捺印をするという方式による（通説・判例）。それは，①法人の表示，②代表機関の表示，③代表者の署名または記名捺印と

いう三つの要素に分けられるが，代表関係の表示についてはその方式につき別段の定めがあるわけではなく，法人のためにすると認められるような記載があれば足りると解される（手形用紙の記載例を参照のこと）。たとえば，判例は，「合資会社安心荘　斉藤シズエ」という振出人名義の手形につき，この表示の解釈上，振出人名義は法人とも個人とも解せるとしている（最判昭47・2・10民集26巻1号17頁）。

　これに対して，法人の代表機関が直接法人名義の記名捺印をすれば法人の署名として認められ，代表者の署名・記名捺印は不要であるとする説もある。しかし，会社などの法人の行為は，代表機関たる自然人の行為をとおしてのみ実行されうるものであるから，誰がどのような資格に基づいて法人のために署名したのかを手形面上明らかにしておくことが必要である。したがって，法人の手形行為には代表者自身の署名・記名捺印を欠くことはできず，会社印および代表者印が押捺されているだけで，代表者の署名・記名捺印を欠く場合には，会社の署名とは認められない（最判昭41・9・13民集20巻7号1359頁）。

　会社は，通例，代表者の記名判，印鑑を支払銀行に届け出ておいて，それを用いて約束手形を振り出す。その際に，代表者自らが記名捺印をする必要はなく，経理担当の部長，課長などに記名判，印鑑を保管させておき，その者に指示して，手形を振り出させる場合も多い（機関方式の手形行為）。会社によっては，手形振出しの権限を部長，課長といった下部に委譲している場合もあり，この場合には，手形振出しは代表者名義によってではなく，これらの者の名義で行われる。

　これらの者は会社の代表者ではないから，会社を代表するものとはいえず，代理としてなされることになる。したがって，手形振出しの代理権限が会社から与えられている必要がある。会社の経理部長，財務部長，経理課長，会計課長などに手形の振出し・裏書の権限を認めている場合には，取引銀行にこれらの者の署名を届け出ておく必要がある。ただし，これらの者は，会社の会計事務の委託を受けた使用人にあたるから，法律上は当然に手形振出し・裏書の権限を有しているとみられる（会社14条1項，商25条）。会社の経理担当者として任せられた会計事務の中には当然に手形の振出し・裏書も含まれると解されるからである。したがって，特別な代理権限の授与は不要である。

(4) 法人格のない団体の署名

　民法上の組合である法人格のない組合の手形行為によって手形上の責任を負担するのは，組合ではなく組合員全員である。そうであれば，組合員全員の連名において手形行為をすべきことになりそうだが，それでは組合員が多人数の場合には不適当である。そこで，組合においては，組合契約の定めるところにより組合の業務の決定おび執行を業務執行者に委任することができ（民670条2項3項），業務執行者があるときは，対外関係では，業務執行者のみが組合員を代理することができるから（民670条の2第2項），組合の業務執行者がその代理資格を表示したうえで，業務執行者名義によって署名・記名捺印をすればよいと解される（最判昭36・7・31民集15巻7号1982頁は，「A漁業組合長理事B」名義の約束手形につき有効な組合の手形振出しとし，最判昭50・7・14金判472号2頁は，「C協同組合理事長D」名義による為替手形の引受けを有効とする）。

　法人格なき社団（権利能力のない社団）の署名に関しても，上と同様に，代表者が社団名を表示し，代表資格を記載して署名すればよい。

2. 手形の交付

(1) 手形理論（手形学説）

　通常，手形の振出しは，振出人が手形に必要な事項を記載し，署名をしたうえで，次いでそれを受取人に交付することによって行われる。裏書にあっても，同様に裏書人は記載，署名をなしたうえで被裏書人に手形を交付する。交付以前には，自由に手形振出しをやめて手形を廃棄でき，また裏書を取りやめることができる。したがって，振出し等の手形行為は受取人等へ手形を交付をした段階で完成するといえそうだが，果たしてこのように解するのが妥当であろうか。この問題は，手形行為の成立に関する手形理論にかかわる。

　わが国の手形法学上の理論の多くはドイツ法学に起源を持つが，手形理論に関する議論は，ドイツにおいては概念法学が全盛であった時代に隆盛を極めた。これらの議論はそのままわが国に引き継がれて，現在のわが国手形法学の基盤をなしている。しかし，今日では，手形行為のすべての種類に適合する統一的な法律構成をなすことに対しては一般に懐疑的であり，手形理論の重要性は以前よりも小さくなっている。そこで今日では，それぞれの手形行為の種類に応

じて各別にその成立に関する法律構成をなすのが一般化している。たとえば，振出しに関しては，契約と構成する説も有力だが，為替手形の引受けに関しては，単独行為と解するのが一般的である。

なお，手形理論においては，手形行為・手形債務の成立にかかわる理論構成という問題をより広げて，手形行為者と第三取得者との間の手形債権・債務の成立に関する理論構成をも視野に入れて構成するときには，人的抗弁制限の理論的根拠付けという問題にもかかわりをもってくる。しかし，これは今日一般的に採用されていない視点である。

現在において，手形理論の中心論点は，手形振出しの成立に関する法律構成にある。とくに，それは，図I-12のように，手形が手形作成者（たとえば約束手形振出人）により作成・署名された後に，盗難，紛失などのため，作成者の意思によらずに流通するに至った場合に，作成者（署名者）は，手形取得者，とりわけ，悪意・重過失なき取得者に対して手形上の債務を負うのか否かの問題，すなわち，交付（契約）欠缺の抗弁の問題と密接なかかわりを有している。古くは，この交付欠缺の抗弁は物的抗弁とされていたが，近時は，善意の取得者に対しては制限されるべきものとして人的抗弁とされている。交付欠缺の抗弁は今日の手形抗弁論中で大きな地位を占めており，その意味で，手形理論の今日的意義もまたけっして小さなものではない。

今日のわが国の学説上で，手形理論に関する立場は二分されている。その一方の側には，手形債務負担の根拠をすべて法律行為的意思に還元しようとする立場があり，他方の側には，債務負担の根拠を場合に応じて意思に基づく責任と法に基づく責任とに求める立場がある。

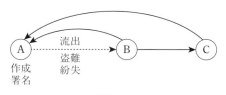

図I-12

(2) 契　約　説

　主要な手形理論の第一は，契約説である。それは，手形行為の成立には署名者と相手方との交付契約による手形の授受が必要であるとする。これは，たとえば，約束手形の振出しについては，振出人が手形に署名して相手方に交付し，相手方がそれを受領することによって，手形債務負担契約が成立し，そこにおいて手形振出行為は完成するとなす。したがって，交付欠缺の場合には，手形署名者は当然責を負わないことになり，手形流通のためにはきわめて不都合である。

(3)　単独行為説

　その第二は，手形行為は行為者の単独行為によって成立するとなす単独行為説である。これには，行為者の署名だけで手形債務が成立するとする創造説と，署名者の意思に基づく手形占有移転（発行）があってはじめて手形債務が成立するとする発行説とがある。

　（イ）　発行説　　発行説は，契約説とは相手方への手形の任意交付により手形債務が発生するとする点で共通するが，手形行為を単独行為と解するため，契約説とは異なり相手方の承諾の意思表示を不要とする。この発行説によっても，交付欠缺の場合にはまったく取得者は保護されないので，さらに，署名者の意思に基づいて手形の占有を手放すだけで（たとえば，他人に手形を預けた場合）手形行為は完成し効力を生ずるとの修正発行説が提唱されているが（田中［誠］・上84頁以下），この説によっても，手形の盗難，紛失の場合には署名者が責を負う余地はない。

　（ロ）　創造説　　創造説によれば，手形行為は手形署名とともに完成するので，その後に盗難，紛失が生じても署名者の債務負担は妨げられることはない。

　創造説の古くから指摘されてきた理論的難点は，この手形行為の成立にあたって手形債権者は誰なのかという事柄であった。わが国において有力な説は，手形行為（振出し）を交付をも含めて構成して，振出しを手形の作成と交付の二段階に分けたうえで，第一段階で，手形の作成・署名により手形上の権利が成立し，同時に，手形所持人である振出人自身がこの権利の主体（債権者）となり，第二段階で，この権利が手形証券の受取人への交付により移転され，こ

れは振出人と受取人との間の契約によって行われると解する。したがって，交付欠缺の場合には，手形取得者は無権利者から取得することとなり，善意取得（手77条1項1号・16条2項）の問題として処理されることになる（二段階説，鈴木=前田・147頁以下）。

　上の創造説の基礎にある意思表示の理論は，契約説が前提としている意思表示に関する一般原則とは明らかに異なっているが，創造説によれば，署名者が交付を思いとどまって自己の手中に手形を保持しているときであっても，表示行為が存することになり，不自然であると批判されている（今井「手形行為と手形の交付」講座1　102頁）。二段階説に対しても，振出しという手形行為を二分割するのは不自然であるし，また，第一段階で署名者自身が自らに対する権利者であるとすることにも無理があると批判されている（田中［誠］・上82頁）。さらに，二段階説は，手形であることを認識しまたは認識すべくして（認識することができた状況の下で）手形上に署名すれば，自分自身に対する債務が発生するとするが（鈴木=前田・142頁，147頁），この観念は，行為者の意思によって法律効果が付与されるとする一般の意思表示の概念を越えるものではないか（すなわち，行為者が自分自身に対する債権を取得するとの意思を有するものとするのは，はなはだしい擬制ではないか）と批判されている（今井・前掲105頁）。

　創造説（二段階説）は交付欠缺の場合には利害の衡平に適合した明快な理論構成を提供すると言えるかもしれない。しかし，それは，法律行為論の修正としての意味を持ち，交付欠缺といういわば例外的な場合を専ら念頭に置くものである。手形行為成立の正常的な場合に関して，原則的に契約説，発行説により，行為者の債務負担の根拠をその意思に還元しようとする考え方からは，支持できない。

(4)　権利外観理論

（イ）　構成　　今日わが国では，基本的な手形理論としては契約説，発行説をとりながら，交付欠缺という例外的な場合には，権利外観理論によって善意の取得者を保護しようとする立場が有力となっている。その中で，このような権利外観理論と結び付く以上は，手形行為の原則的な成立方式を契約とみるのが最も自然と思われることから，最近は契約説を権利外観理論で補完する立場

が有力になりつつある。

権利外観理論は，ドイツにおいて19世紀末に概念法学と対決して抬頭してくる利益法学的思想に依拠するものである。この理論は，手形行為の成立に手形の交付が必要であるとしても，それが欠けている場合に，署名者は証券の作成（署名）によって手形債務を有効に負担したという外観を作り出し，それによって第三者の信頼を惹起させたのであるから，外観の成立に原因を与えた者として，善意の第三者に対して外観にしたがった責任を負わなければならないとする。

通常，作成された手形は交付（契約）によって流通に置かれるから，振出人以外の者の手中にある手形は，振出人が有効に手形債務を負ったという蓋然性を示す。この外観に対して第三者が信頼できるという事柄こそが手形の流通を促進する。他方，この外観の成立に原因を与えた者は，外観にしたがって責任を負うべきである。そこで，権利外観理論の適用が認められるための主要な要件は，第一に，署名者の帰責性の存在であり，第二に，手形取得者の信頼，すなわち，善意である。

この権利外観理論は，手形理論の諸説と異なって，手形の振出しの原則的な構成は契約説，発行説に求めたうえで，例外的な交付欠缺の場合について，手形流通の保護・促進のために，手形取得者に対し保護を与える補完的な理論である。この理論の特色は，手形債務の発生を二つの原因，すなわち，署名者の意思と法とに基づかせている点にある。この理論によれば，手形署名者は，自らの有効な法律行為（手形行為）を欠くときにも，手形法の目的実現のために，自分の作り出した外観どおりの手形債務を負担することになる。

権利外観理論は，法律行為がその瑕疵により効力の発生を妨げられ，私的自治の原則が働かない場合に，法律行為論とはかかわりなしに，当事者の信頼保護を達成しようとするものである。この理論が手形債務を二つの発生原因に基づかせる点は，創造説が手形債務を唯一の原因に基づかせているのと比較して，簡明性においては劣るであろう。しかし，それは現実の法律関係により一層適合し，また不要な意思の擬制を避けることができ，支持されるべきである。

（ロ）　適用要件

①　帰責性の要件　　帰責性という観念の中核にあるのは，人は自己の行為に対して責任を負うとの考え方であるから，帰責の対象と帰責性ある者の行動または行動範囲との間に，何らかの関係が存在することが必要である。また，帰責性は，帰責可能性を前提とするので，絶対的強制，無権代理，署名の偽造，制限行為能力の場合には，帰責性は認められないのが原則である。そして，署名者（作成者）には，署名者自らが手形を作成・署名することを知っていた場合，またはそれを知ることができた場合にのみ帰責性が認められると一般に解されている。

この署名＝作成は，作成者の意思に基づいていることが必要であり，かつ，それで十分であって，それ以上に署名者が手形流通に対し原因を与えたことは不要である。権利外観理論は，手形署名者の有効な手形行為が存在しない場合に，有効な権利の存在の外観に対し信頼する者を保護しようとするが，この理論と，自己の法律行為に基づいて責任を負うべしとする私的自治の原則との対立を解消するのが帰責性の要件なのである。手形流通の促進のために外観に対する信頼の保護を重視するのであれば，作成者が手形上に署名をなすことにより権利の有効な存在の外観が発生させられ，善意者がそれに対して信頼する危険が生じるのであるから，手形に自己の意思に基づいて署名をなしたことだけで帰責性の要件はみたされると解すべきである。

上の署名者の署名＝作成に関する意思は，法律行為的意思ではなく，それとは区別されるべきものなので，民法の意思表示に関する諸規定は適用されず，作成者は民法規定により，錯誤，詐欺，強迫等の存在を理由として，署名の効力を排除し，責任を免れることはできない。

上と同様に，帰責性については，手形に自己の意思に基づいて署名をなすことで十分とするのが一般的だが（今井・前掲書117頁），それに対して，手形の流通に対し署名者自身が原因を与えたことを要するとして，手形の占有離脱の態様を考慮しようとする見解がある（田邊「手形債務の存在に対する人的抗弁」民商67巻2号208頁）。この説によれば，署名をした手形の保管が不十分なため窃取された場合には帰責性が認められるが，厳重に金庫に保管していた者が盗まれた場合や強盗により奪われた場合には帰責性を欠くことになる。

権利外観理論は，手形署名者の有効な手形行為が存在しない場合に，有効な権利の存在の外観に信頼する者を保護しようとするものであり，この理論と，自己の法律行為に基づいて責任を負うべしとする私的自治の原則との対立を解消するのが帰責性の要件なのである。手形の流通促進のために外観に対する信頼の保護を重視するのであれば，作成者が手形上に署名をなすことにより権利の有効な存在の外観が発生させられ，善意者がそれを信頼する危険が生じるのだから，署名をなすことだけで帰責性を認めるべきである（喜多・判例教室商法262頁，福瀧「交付欠缺の抗弁（2）」民商82巻4号483頁）。

② 信頼（善意）の要件　　取得者の主観的要件に関しては，無権利者からの手形上の権利の善意取得に関する手形法16条2項が要求する取得者の「善意」によることで学説は一致している。これは，善意取得の場合と交付欠缺の場合との利害状況の類似性に根拠を求めることができる。すなわち，第一に，交付欠缺の場合にも，手形債務が存在しないために有効に譲渡できず，その限りで無権利者からの取得が問題になり，取得者に要求される主観的要件を同一に解しうる。第二に，有効な手形債務成立のためには手形交付が必要だから，手形債務の不存在の場合における手形取得者の信頼は，無権利者から取得する者の信頼と共通性を有する。

取得者が上の主観的要件を充たさないとき，すなわち，取得者に悪意・重過失があるときには，署名者は責めを免れるが，取得者の悪意・重過失の存在の証明責任は署名者側が負担すべきことで学説は一致している。

（ハ）　実定法上の根拠　　権利外観理論に対しては，それが実定法上での根拠を欠いているとの批判がある。これは，結局，交付欠缺の抗弁が制限されるべき実定法上の根拠を問うものであるが，近時は，一般に，この根拠は，手形法16条2項または同法10条の類推適用に求められている。これらの規定は，手形法17条・40条3項とともに権利外観理論に依拠する規定と解されている。

このうち10条は手形法中で唯一手形債務の成立に関する（手形債務がどのような範囲で成立するのかに関する）抗弁について規定するものであるが，しかし，交付欠缺の抗弁制限の実定法上の根拠を10条に求めることには疑問がある。なぜなら，第一に，手形法10条は白地補充権の濫用に関して，17条に対する特則をなす規定だからである。第二に，ジュネーヴ手形統一法条約の中では，

3.2 手形行為の成立   **57**

10条は留保事項に該当し，同条を国内立法化していない国々も多く，国際的統一法としての手形法の解釈論上きわめて重要であり，かつ，広範囲な展開が考えられる交付欠缺の抗弁制限の実定法上の根拠をこの10条に求めることは不適当だからである。

他方，17条は，前者との人的関係に基づくのではなく直接的に手形債務の存在にかかわる抗弁には適用されえない。また，主観的保護要件の面では16条2項の主観的要件によるのが適当であっても，交付欠缺の抗弁制限の実定法上の根拠を16条2項の類推適用に求めることも不適当である。なぜなら，16条2項は，取得者保護により不利益をこうむる者の帰責性を排除する例外的な権利外観理論を示す規定だからである（手形の保存・保管についての注意義務を認めてその違反に帰責性を求めることは不適当である）。

したがって，私は，実定法上の根拠は，不利益をこうむる者の帰責性を要求する原則的な権利外観理論に基づく規定である17条（債務者は流通を予定されている手形に署名をしたために帰責的である）と，主観的要件の面から，16条2項の規定との同時的類推適用に求めるべきであると解する。すなわち，二つの規定から引き出される，帰責的に惹起された権利外観に信頼する善意・無重過失の第三者は保護されるという上位規範により，交付欠缺の抗弁は制限される[2]。

(5) 判　　例

大審院は当初契約説をとっていたが（大判明44・12・25民録17輯904頁），大判昭10・12・24民集14巻2105頁以降は，発行説に移行したとされている。この判決は，裏書人が署名をしたうえで自己の意思に基づいて手形の占有を移転した場合には，たとえ相手方たる被裏書人に交付したのでなくても，まったく手形を流通に置く意思がなかったと断定すべきではなく，むしろ一種の危険を冒して他人に交付したものにほかならないがゆえに，善意の取得者に対して

---

2)　交付欠缺の抗弁は17条によって制限されず，10条・16条2項の類推適用によって制限されるとする見解に対しては国際的にみれば強い批判がある。ドイツ以外のフランス，オーストリア等のヨーロッパ諸国では，一般に17条はすべての人的抗弁を制限する規定として理解されており，交付契約欠缺の抗弁も17条の「人的関係に基づく抗弁」に含められていると批判される（川村・手形抗弁183頁以下）。

は署名者としての責を負わなければならないと判示した。以後も判例は，何らかの意味で任意に手形交付がなされた場合に，署名者の責任を認めてきた。

　しかし，最判昭46・11・16民集25巻8号1173頁は，「手形の流通証券としての特色にかんがみれば，流通におく意思で約束手形に振出人としての署名または記名捺印をした者は，たまたま右手形が盗難，紛失等のため，この者の意思によらずに流通におかれた場合でも，連続した裏書のある右手形の所持人に対しては悪意または重大な過失によって同人がこれを取得したことを主張・立証しない限り，振出人としての手形債務を負うものと解するのが相当である」と判示した（この判例を踏襲するものとして，最判昭56・2・19金法971号39頁）。この判決の理論的根拠は不明確であって，いずれの手形理論によったものとみるべきかにつき見解が分かれているが，多くの見解は特定の手形理論によったものとは解せないとしている。

　上の46年判決は，振出人の債務負担の前提を「流通におく意思での署名」に求めているが，この46年判決では，約束手形が支払いのために作成された後，交付に備えて保管中に盗取されたという事案において，上の意思の存在が認められている（56年判決では，振出人は約束手形を流通させない意図を有していたが，少なくとも受取手に対しては手形により債務を負う意思を有していたという事案において，「流通におく意思での署名」が認定されている）。

　46年判決は，署名者の当該手形によって債務を負担しようとする意思（債務負担意思）を重視しようとするものであると理解することができる。このような意思の存在は，任意の手形交付があるときにも認定することができるのであり，この署名者の債務負担意思という見地から，46年判決以前の諸判決と46年判決とを比較してみると，このような意思の存在の他に，「手形の交付」を要求するか否かが相違点であるとみられる。したがって，46年判決は，前記大審院判決と共通の基盤のうえに立ちつつ，従来の諸判例に比して，取得者保護の方向にさらに歩を進めたものと評価される。

　以上のように46年判決を理解すると，そこでは，署名者が何らかの原因で手形の占有を失った時点における署名者の「債務負担意思」の存在を決定的基準とみていると解される。それ以後の下級審判決中に，署名後使用する目的もなくまたは廃棄する意図で手形用紙を保管中に盗取された場合に，署名者の流

通におく意思の欠缺を認めるものがある（大阪地判昭 47・12・18 金判 345 号 19 頁，福岡高宮崎支判昭 48・10・3 金判 388 号 7 頁）が，これらは上の見地に合致する。これらの判決は，盗取された時点で流通におく意思があったか否かを，署名者の責任負担の基準としているのである。以上のように判例の動向を理解すれば，それは署名者の債務負担意思を重視している点において，第三者保護の面で不徹底なものというべきである。

3.3 手形行為と民法の意思表示に関する規定

1. 総 説

手形行為は法律行為であるから，意思表示により構成されている。したがって，手形行為が有効に成立するためには，その要素たる意思表示が有効に成立していることが必要である。したがって，手形行為者は，手形権利能力および手形行為能力を有する必要があり，かつ，当該の意思表示について意思の欠缺または瑕疵があってはならない。

2. 手 形 能 力

(1) 手形権利能力

手形能力には手形権利能力と手形行為能力とがある。手形権利能力とは手形上の権利義務の主体となりうる能力を意味するが，手形法上特別の制限はない。民法により権利能力を有する者はすべて手形権利能力を有している。自然人はすべて権利能力を有するから（民3条），当然手形権利能力を有している。会社その他の法人については，法人の権利能力は定款その他の基本約款で定められた目的の範囲内に限られるとの規定（民34条）があるので検討を要する。

会社の目的と手形権利能力に関しては，判例は，会社の権利能力がその定款所定の目的の範囲内に限定され，目的の範囲外の行為は無効であることを認めたうえで（学説上もこの制限肯定説が通説である），目的の範囲内の行為を次第に広く解する傾向にある。そして，会社の目的の範囲内の行為には目的自体に含まれる行為だけでなく，目的を達するのに直接間接に必要な行為も含まれるとし，かつ，定款所定の目的の達成に必要か否かは，現実にそれが必要かどう

かの基準によらずに，客観的，抽象的に必要かどうかの基準によって決すべきものとする（最判昭45・6・24民集24巻6号625頁）。このような判断基準に照らせば，原因行為までも含めることなく手形行為それ自体についてだけ評価する以上は，当然に手形行為は常に会社の目的の範囲内の行為であるということになる。現代社会では，会社の取引活動と手形の利用とは密接不可分な関係にあるからである。

(2) 手形行為能力

手形行為能力についても手形法上特別な規定は設けられておらず，民法の一般原則による。意思能力を有しない者のした手形行為は無効である（民3条の2）。制限行為能力者である未成年者が手形行為をするためには，原則的に法定代理人の同意をえることが必要である。同意をえない手形行為は，未成年者自身または法定代理人が取り消すことができる（民5条1項・2項・120条1項）。

なお，未成年者が単に権利をえまたは義務を免れるべき行為をなすには法定代理人の同意は不要とされているが（民5条1項ただし書），手形行為の性質上この規定の適用の余地はない。ただし，未成年者は，法定代理人が処分を許した財産については許された範囲において，また，営業を許されたときにはその営業に関して，完全な手形行為能力を有することになる（民5条3項・6条）。

制限行為能力者である成年被後見人のなした手形行為は常に取り消すことができる（民9条）。後見人の同意があっても同様である。被保佐人が民法13条1項に列挙される行為を保佐人の同意をえずにした場合には，取り消すことができる（民13条4項）。手形行為はこの規定が列挙する行為に該当するか否かに関して争いがあるが，手形行為により手形上の債務を負担するときには借財（民13条1項2号）にあたると解するのが通説・判例（大判明39・5・17民録12輯837頁）である。

また，無担保裏書のような手形債務の負担を生じない場合には重要な財産に関する権利の得喪を目的とする行為（民13条1項3号）にあたると解される。したがって民法13条の手形行為への適用を認める見解によるべきである。被補助人については，補助人に13条1項2号・3号に該当する行為に関して同意権が付与されている場合（民17条1項・4項）には，被補助人が手形行為を

なすにあたって補助人の同意が必要であるから，この同意を欠く手形行為は取り消すことができる。

手形行為能力は当該手形行為をなす時点において存すればよく，後に至ってそれを失っても手形行為の効力には影響がない。制限行為能力者の手形行為が取り消されると，初めから無効なものとみなされ（民121条），この者は何人に対しても手形上の債務を負わない。制限行為能力を理由とする無効，取消しの抗弁は，すべての者に対して対抗できる物的抗弁である。手形流通や手形取得者の保護よりも制限行為能力者の保護をより重視しているからである。

なお，手形行為が制限行為能力のため取り消されても，その手形に署名した他の者の負った手形債務の効力はそれにより妨げられることはない（手7条）。制限行為能力者が手形を振り出したり裏書したが後に取り消す場合には，何人かが手形を善意取得（手77条1項1号・16条2項）していない限り，その返還を請求できる。無権利者から善意で取得する場合以外にも，広く善意取得の成立を認める見解をとれば（後述171頁以下），取り消された手形行為により制限行為能力者から直接に手形を取得する相手方も善意取得ができそうだが，それは否定すべきである。善意取得の認められる場合を狭く解する説によればもとより，広く解する説によっても，制限行為能力者保護の法的見地に照らせば，この場合には，善意取得を認めるべきではないからである。したがって，この直接の相手方から手形を譲渡される第三者の段階ではじめて善意取得が生じる。

手形行為の取消しおよび取り消すことのできる手形行為の追認も民法の規定（民120条1項・122条）による。取消し・追認の相手方については，見解が対立している。判例は，取消しに関して，相手方はその手形行為の直接の相手方に限る（民123条）とするが（大判大11・9・29民集1巻564頁），手形はその本質上転々流通するものだから，直接の相手方に限られず現在の手形所持人に対しても，取消しまたは追認をすることができると解する。

3. 手形上の意思表示についての意思の欠缺または瑕疵 ────

(1) 総　説

手形行為は法律行為の一種として，意思表示を要素とする行為であるため，

民法の意思表示に関する一般原則が適用されるか否かが問題となる。民法の一般原則をそのまま適用すると，善意の手形取得者の保護には不十分な結果となる場合があり，それは手形の流通性と矛盾する。そこで，心裡留保（民93条），虚偽表示（民94条），錯誤（民95条），詐欺・強迫（民96条）に関する民法の規定がどこまで手形行為に適用されるべきか，さらには，そもそも手形行為に適用される余地はあるのかが争われている。これらの点については以下の諸見解が今日有力である。

(2) 民法の一般原則を修正して適用すべきとする見解（個別的修正説）

この見解は民法規定の一部修正により善意の第三者保護を図ったうえで，民法規定を適用することを認めていたが，平成29年（2017年）民法改正に伴い修正されることになる。すなわち，民法自体が無効・取消しを善意の第三者に対抗できないとしている心裡留保・虚偽表示・錯誤・詐欺の場合にはそのまま適用されるとし，そのような規定のない強迫の場合には，民法の規定は表示主義に基づいて修正されたうえで適用されるべきとする。

手形を振り出す意思がないのに手形を振り出したように，心裡留保による手形行為は有効だが，相手方が心裡留保であることを知り，または知ることができたときには，手形行為は無効である（民93条1項）。この無効は善意の第三者に対抗することができない（民93条2項）。虚偽表示についても，同様にその無効は善意の第三者に対抗することができない（民94条2項）。

手形でないと思って署名したところ実は手形であったというように，意思表示に対応する意思を欠く錯誤に基づくものであって，その錯誤が法律行為の目的および取引上の社会通念に照らして重要な場合には，当該手形行為は取り消すことができる（民95条1項）。したがって，行為者は手形上の責任を負わない（なお，民95条3項）。しかし，この場合にも，この取消しは善意でかつ過失がない第三者に対して対抗できない（民95条4項）。

強迫により手形行為をなすに至った場合には，詐欺の場合と同様に取り消すことができるが（民96条1項），詐欺の場合に準じて，この取消しは善意でかつ過失のない第三者に対抗できないと解され（民96条3項の類推適用），行為者は手形上の責を免れない。

3.3 手形行為と民法の意思表示に関する規定　　**63**

　この見解によれば，民法の規定にしたがい，第三者は善意の場合に保護されるが，取得者の保護は手形法16条2項の主観的要件（悪意・重過失なきこと）によるとする立場もある。

(3) 手形行為への適用を否定する見解（全面適用排除説）

　（イ）　形式的行為説　　手形行為は書面性，文言性，形式的行為性を有する法律行為であるから，それは手形行為者が手形であることを認識しまたは認識することができた状況の下で署名すれば成立するとして，意思表示に錯誤，詐欺，強迫等の瑕疵があっても有効に成立するとする。そして，錯誤等の意思表示の瑕疵がある旨は，人的抗弁事由であるにとどまるとする。このように意思表示の瑕疵に関する民法規定の適用を全面的に排除する。

　（ロ）　創造説（二段階説）による立場　　手形行為を債務負担行為と権利移転行為の二段階に分ける手形理論に依拠して，第一段階の債務負担行為については，（イ）と同様に，手形であることを認識しまたは認識することができた状況の下で署名をすれば成立すると解するから，これによれば，錯誤，強迫等により手形債務を負担する具体的意思のない場合にも，手形債務の成立は否定されない。この手形理論では，第一段階で自分自身を相手方とした債務を負担することになるので，意思表示の瑕疵に関する民法の諸規定が前提とする当事者間の利害の衝突は存在せず，これらの規定の適用の余地はまったくないことになろう。なお，具体的債務負担意思のない場合には，これを知る相手方に対して，一般悪意の抗弁を対抗して支払いを拒むことができるとする。

　この見解は，第二段階の権利移転行為（交付行為）には，民法の一般原則の適用を認める。そこで，行為者に手形の交付につき意思表示の瑕疵ある場合には，手形上の権利は成立しているが，相手方は権利を有していないことになり，署名者は，相手方に対し無権利の抗弁を対抗して支払いを拒み，手形の返還を請求できる。この無権利者たる相手方から裏書により手形を取得する第三者は，善意取得（手16条2項）が成立する場合に保護される。

　（ハ）　権利外観理論に依拠する見解　　権利外観理論においては，不利益をこうむる者の帰責性は，原則的に手形であることを認識しまたは認識することができた状況の下で署名をなすことに認められる。そして，自らの行為に対し

64　　　　　　　　　　　3　手形行為

て責任を負うべしとするのが帰責性の本質だから，署名は署名者自身の意思に
基づいていることが必要である。しかし，ここにいう意思は民法上の意思表示
自体ではなく，帰責性との関係では，意思表示の瑕疵に関する民法の規定の適
用される余地はない。したがって，手形上の意思表示に瑕疵があるときにも，
署名者自身の惹起した有効な手形行為の成立の外観が存し，それに対して善意
の第三者が信頼する場合には，署名者は手形上の責を負う。

　権利外観理論をとり，原則的な手形理論として契約説によるときには，意思
表示の瑕疵ある場合に，当然に有効な手形交付契約は成立しないことになるが，
その場合に成立している権利の外観に基づいて債務の負担が生じうる。そして，
手形債務負担につき意思表示の瑕疵がある場合に，善意の第三者に対しては対
抗できないとの意味で，これは人的抗弁事由にあたるが，それは，交付欠缺の
抗弁と同様に，悪意・重過失なくして（手16条2項参照）取得した手形所持人
に対して対抗できない人的抗弁である。

(4)　判　　　例

　判例には，「見せ手形」（所持人の信用を仮装する目的をもって他に譲渡しない
との約束で振り出される手形）として一週間ほど借用したいと頼まれ，その言を
信じて手形を詐取されたという事由は，人的抗弁事由であるにとどまり，善意
の手形取得者に対しては対抗できないとするもの（最判昭25・2・10民集4巻2
号23頁），および，強迫による手形行為の取消しの抗弁を人的抗弁の一つと解
するものがある（最判昭26・10・19民集5巻11号612頁）。これらの判例は，善
意の第三者がこれらの抗弁についてどのような根拠により保護されると解する
のかは必ずしも明確ではないが，手形法17条但書の適用によるとみられる。

　判例（最判昭54・9・6民集33巻5号630頁）は，裏書について錯誤のある場
合に関して，「手形の裏書は，裏書人が手形であることを認識してその裏書人
欄に署名または記名捺印した以上，裏書としては有効に成立するのであって，
裏書人は，錯誤その他の事情によって手形債務負担の具体的な意思がなかった
場合でも，手形の記載内容に応じた償還義務の負担を免れることはできないが，
右手形債務負担の意思がないことを知って手形を取得した悪意の取得者に対す
る関係においては，裏書人は人的抗弁として償還義務の履行を拒むことができ

るものと解するのが相当である。」としている[3]。

この判例は，手形行為（裏書）について錯誤がある場合に関して，手形行為者（裏書人）が手形であることを認識してその裏書人欄に署名・記名捺印した以上，手形行為として有効に成立するとして，民法の錯誤に関する規定の適用の余地がないことを明示している。しかし，この判例からは，民法の意思表示に関する一般原則（民93条以下）の適用が全面的に排除されるとしているとまでは未だ断定することはできないだろう。

3.4 手形行為の代理

1. 総　　説 ──────────────────────────

手形行為は，本人自らが行うのみならず，他人によっても行われうる。他人による手形行為には，他人がその氏名を表示して他人によりなされる旨が示される場合と，他人の氏名が何ら表示されることなく直接本人名義でなされる場合とがある。前者が代理方式による手形行為であり，後者が機関方式による手形行為である。

---

3)　この事案では，Aが受け取った手形金額150万円の約束手形の金額の記載が，チェックライターの打ち間違いによりゼロが一つ多く，1500万円の表示とみられるものであったが，Aはそれに気づかず，150万円の手形と誤信してBに裏書譲渡したところ（いわゆる表示の錯誤），Bから譲渡を受けたCがAに対して1500万円の償還義務の履行を求めた。手形行為に関する客観解釈の原則にしたがい本件手形は1500万円の手形とみるべきところ，この54年判決は，「Aが金額1500万円の本件手形を金額150万円の手形と誤信して裏書したものであるとすれば，Aの錯誤は，本件手形金のうち150万円を超える部分についてのみ存し，したがって，Aが悪意の取得者に対する関係で錯誤を理由にして手形金の償還義務の履行を拒むことができるのは，本件手形金のうち150万円を超える部分についてだけである」と判示した。この54年判決が150万円を超える部分の裏書についてのみ錯誤があるとして150万円の請求を認める点は，結果的には妥当だが，学説上強い批判がある。金銭債権は可分であっても，一定金額についての債務負担の意思表示は可分ではなく，錯誤があるかどうかは裏書全体に関するのであって，その一部の150万円については錯誤はないということはできないからである。
手形表示の解釈については客観解釈の原則が適用されるけれども，手形行為の直接の当事者間においては，たとえば，裏書を成立せしめる交付契約の内容が，手形表示の内容の確定にとり決定的意義を有するものと考えるべきであろう（前述45頁以下）。したがって，直接当事者間では，このような形で定まる表示内容の存在を直接的な人的関係に基づく抗弁として主張できる。そして，この当事者間の合意（手形表示の事実的理解）は，悪意の第三者に対して対抗することができる。そこで，この事案においては，BはAから150万円の手形として裏書譲渡を受けているから，AはBに対して150万円の償還義務を履行すればよく，それを超える部分については支払いを拒絶できる人的抗弁を有し，Cが悪意の取得者であれば，この人的抗弁の対抗を受けると解すべきであろう（川村・手形抗弁67頁以下）。

2. 代理の方式

(1) 総　説

手形行為の代理に関しては原則的に民法の代理に関する規定が適用される。有効な手形行為の代理のためには，一定の形式的要件をみたさなければならない。代理人が本人のためにする旨を記載して，代理人自身の署名（記名捺印）をすることを要する。それを分けると，①本人の表示，②代理人であることの表示，③代理人の署名または記名捺印の三つが要件である。

手形行為は商行為である（商501条4号）から，民法上の規定（民99条1項）によれば，本人のためにする旨の表示が必要（顕名主義）なのに対して，商法の規定（商504条）により，代理人が本人のためにすることを示さない場合にも，本人に対して効力を生ずる（匿名主義の適用）のであろうか。しかし，手形は文言証券であり，手形上の権利義務関係にとっては手形上の記載のみが決定的であるから，必ず本人のためにする旨が表示されなければならない。したがって，本人のためにする旨を表示しない限りは，手形上の責任を負うのは，本人ではなく他人である行為者自身である。

(2) 代理関係の表示

代理（代表）機関としての表示は，A代理人B，A会社代表取締役Bのように明確に，代理関係，代表関係を示すものでなくてもよい。手形行為が行為者自身のためでなく代理代表により本人のためになされることが認められるような記載がなされていればよい。そこで，A会社支配人，某支店長，某営業所長等の表示のほかに，社長，副社長，専務取締役，常務取締役，取締役，経理部長，営業部長，出張所主任，支店長代理といった表示があれば，本人たる会社等のために手形行為がなされていると解されるから，いずれも代理関係の表示として適法である。

しかし，以上の記載が代理人による手形行為である旨の表示として適法ではあっても，必ずしもそれが直ちに手形行為につき代理権が授与されている旨をも表示していると解されるわけではない。その表示により，手形行為をなすことを法定権限として有する代理人・代表機関自体が指し示されている場合には（たとえば，「A会社代表取締役B」という表示），手形所持人は，個々の手形行

為につき具体的に代理権限の与えられている旨を証明する必要はないが，そうではない場合には，個々の手形行為について代理権の与えられていることを証明してはじめて本人に対し手形行為の効力を主張できる（たとえば，「取締役」といった表示）。この問題については次の(3)を参照のこと。

A寺B，A寺住職B，A協同組合B，A合資会社Bといった代理人・代表者である旨の表示をまったく欠く記載に関しては，判例上，場合により代理人（代表者）の署名であると認定されたときもあるし，単にB個人の職業・勤務先・住所を表示したにすぎないと解されたときもある。最判昭47・2・10民集26巻1号17頁は，「合資会社安心荘　斉藤シズエ」という振出人名義の約束手形につき（「安心荘」の部分がやや大きかった），「手形上の表示から，その手形の振出しが法人のためにされたものか，代表者個人のためにされたものか判定しがたい場合においても，手形の文言証券たる性質上，そのいずれであるかを手形外の証拠によって決することは許されない。そして，手形の記載のみでは，その記載が法人のためにする旨の表示であるとも，また，代表者個人のためにする表示であるとも解しうる場合の生ずることを免れないが，このような場合には，手形取引の安全を保護するために手形所持人は，法人および代表者個人のいずれに対しても手形金の請求をすることができ，請求を受けた者は，その振出しが真実いずれの趣旨でなされたかを知っていた直接の相手方に対しては，その旨の人的抗弁を主張しうるものと解するのが相当である。」と判示して，振出人名義は法人とも個人とも解しうるとし，会社の責任を認めた（この事案では，署名者が会社を代表する権限を有していた点は争われていないから，所持人は会社，個人のいずれに対しても請求できるとされた）。

(3) 代理権（代表権）

手形行為の有効な代理のための実質的要件として，代理人・代表者として署名（記名捺印）する者が，本人のために手形行為をなす権限（代理権・代表権）を有することが必要である。代理人・代表者が手形行為について権限を有することは，請求の原因事実に属する事柄であるから，原則的に，手形行為の効果が本人に帰属すべきことを主張する手形所持人の側で証明しなければならない。ただし，この点に関しては，手形所持人は民法，商法の規定によりさまざまな

68　　　　　　　　　　　3　手形行為

保護を与えられている。また，代理権を欠く手形行為について本人による追認も可能である（民 113 条 1 項）。

　手形行為についての代理権は，個別的に与えられることもあれば，包括的に与えられることもある。後者の例は，会社の経理担当の部長・課長に手形振出しの権限が与えられている場合である。これらの者により行われる手形行為は，会社代表者によるものではないから，代理行為である。そこで，手形行為につき代理権限が具体的に会社から与えられていることが必要である。

　ところで，会社の経理部長，財務部長，経理課長，会計課長といった者は，会社の会計事務の委託を受けた使用人にあたるから，法律上は当然に手形行為の権限を有していると解される（会社 14 条 1 項，商人の営業に関しては，商 25 条 1 項）。会社の経理担当者として任せられた会計事務の中には，当然手形の振出し・裏書等も含まれると解される。したがって，特別な代理権の授与は不要である。また，会社の営業部長，支店長についても，手形行為の権限を有すると認められる。同様に，本店または支店の支配人は，その本店または支店の事業に関する一切の行為をなす権限を有するから（会社 11 条 1 項，商人の営業に関しては，商 21 条 1 項），当然に手形行為の権限を有する。

　これらの者が，会社内部の業務上の取り決めに違反して手形行為をなす場合，または，実際には会社の内部的にまったく手形行為をなす権限を与えられていない場合にも，これらの者の代理権に加えた制限をもって善意の第三者に対抗することはできない（会社 11 条 3 項・14 条 2 項）から，会社は手形上の責を免れない。上の制限に違反してなされた手形行為も有効である。会社の代表者に関しても同様のことがあてはまる（会社 349 条 4 項・5 項・599 条 4 項・5 項）。

(4)　代理・代表権限の濫用

　代理権・代表権を有する者が，外形的にみて権限の範囲内に入る行為であるが，その内実において，自己または第三者の利益を図る目的を有して行為をする場合は，代理権限・代表権限の濫用にあたる。

　代理（代表）行為の直接の相手方が当該行為が権限濫用行為に該当すると知り，または知ることができた場合には，本人（法人）が責任を免れうるという点で判例・学説は一致している。しかし，その理由づけに関しては対立がみら

3.4　手形行為の代理　　　**69**

れた。判例は一致して，心裡留保に関する平成 29 年（2017 年）改正前民法 93 条但書の規定を類推適用して，相手方の悪意または過失を証明したときには権限濫用の法律行為は無効となり，相手方に対して責を負わないとしていた（心裡留保説，最判昭 38・9・5 民集 17 巻 8 号 909 頁，最判昭 42・4・20 民集 21 巻 3 号 697 頁，最判昭 44・4・3 民集 23 巻 4 号 737 頁，最判昭 44・11・14 民集 23 巻 11 号 2023 頁，最判昭 51・10・1 金法 809 号 78 頁，最判昭 53・2・16 金判 547 号 3 頁，最判昭 54・5・1 金判 576 号 19 頁）[4]。

　これに対して，学説は，代理・代表行為成立のために必要な代理・代表意思としては直接本人について行為の効果を生じさせようとする意思があれば足りるとして，判例の立場を批判したうえで，権限濫用の事実を知る相手方が本人に対して権利を行使することは権利濫用または信義則違反として許されないとしていた（権利濫用説）。

　平成 29 年（2017 年）民法改正は，上記判例の趣旨を踏まえて，代理人が自己または第三者の利益を図る目的で権限濫用行為をした場合において，相手方がその濫用目的を知り，または知ることができたときは，その行為は無権代理人がした行為とみなす旨の規定（民 107 条）を新設している。「知ることができたとき」とは，民法 93 条 1 項におけると同様に，気付くのが普通であるのに，うっかりして気付かなかったとき（過失）をいう。代表権限の濫用に関しても，この規定の類推適用が考えられる。

　権限濫用行為について悪意の直接の相手方から手形を善意で取得した第三者は保護されるべきであるが，判例は，その理由を，手形の流通証券性に基づきこの無効は人的抗弁と解すべきことに求めて，手形を裏書により取得した第三者に対して，本人（法人）は，手形法 17 条但書の規定によりその悪意を証明するときにのみ責を免れるとしていた（前掲最判昭和 44・4・3）。これに対して，学説は，権利濫用または信義則違反となるという事柄は手形法 17 条の人的抗弁事由に当たるとしていた。

---

4)　判例は，平成 29 年（2017 年）改正前民法 93 条但書の類推適用を，代理人による権限濫用行為の場合についてだけでなく，株式会社の代表取締役の権限濫用行為について，および，支配人の権限濫用行為について，さらには，表見代表取締役の権限濫用行為についても認めてきたが，これらについても民法 107 条の類推適用が考えられる。なお，会社法上，相手方の過失の認定は慎重に行われるべきと指摘されている（江頭憲治郎・株式会社法七版 431 頁）。

民法 107 条によれば，代理権限の濫用の法律行為は，相手方に悪意または過失がある場合には無権代理行為とみなすとしており，当該行為について本人（法人）は責任を負わない。本人（法人）が相手方に対して代理人の権限濫用の事実を対抗するためには，相手方が当該代理権限の濫用について悪意または過失により不知であることを立証する必要がある。相手方は，民法 117 条により，代理権限を濫用した者に請求することもできる。また，本人（法人）は，当該代理行為・代表行為を追認することができる（民 116 条）。他方，当該濫用目的について善意・無過失である相手方は保護されるから，この者からきれいな手形上の権利を承継取得する第三者は善意・悪意を問わずに当然に保護される（参照，74 頁以下）。

相手方が当該濫用目的について悪意・過失のある者である場合には，本人（法人）は，相手方に対して無権代理の抗弁を対抗できることになる。権限濫用行為が無権代理行為に該当することになると，無権代理行為については，本人は責任を負わず，物的抗弁としてすべての手形所持人に対抗できることになる（無権代理は物的抗弁とされている（71 頁）が，表見代理の規定により保護されるか否かの問題がある（74 頁））。しかし，一般の無権代理行為の場合と異なり，この場合には，外形上は有効な代理・代表行為が存在するというケースである。

代理・代表権限の濫用は，外形的には判別できないものであり，外形上は本人（法人）の利益に反するものであるとはみえないから，手形流通の強化の理念に整合するように，手形の取得にあたり，取得者に無用な実質的な代理・代表権限の濫用の有無についての調査をなすべき義務を課さないためには，悪意・過失ある相手方からさらに手形を取得する第三取得者に対しては，手形法 17 条が適用されて，同条但書の悪意が存するのでなければ，本人（法人）は当該権限濫用の抗弁を対抗することはできないと解して，従来の判例・学説の立場を維持する必要があろう。したがって，この代理権限濫用による無権代理の抗弁は，第三取得者との関係では人的抗弁事由に当たると解すべきである。

3.4 手形行為の代理 **71**

3. 手形行為の無権代理 ────────────

(1) 無権代理人の責任

代理人による手形行為の外形は存しているが，代理人として手形行為をした者が，実際には代理権を有していない場合が，無権代理である。この場合に，本来本人の責任は認められない。本人が追認したり，表見代理の成立が認められる以外には，本人は手形上の責任を負うことはなく，無権代理である旨を物的抗弁としてすべての手形所持人に対抗できる。

他方，手形面上の記載によれば，無権代理人は本人のために手形行為をしており，代理人自身のために手形行為をしているのではない旨が明示されているから，この記載に基づいて代理人自身にその意思に基づく手形上の責任を負わせることはできない。それでは結局，何人も責を負わないことになりそうである。

しかし，それでは，このような手形を有効な代理行為あるものと信頼して取得する者が損害をこうむる危険があり，手形の流通性を害することになるので，手形法は，手形流通の安全のために，代理権限なしに代理人として手形に署名した者は，自らその手形につき手形上の責任を負うと規定する（手8条第1文）。この責任は流通保護のために認められ，あたかも本人が手形上の責任を負うような法的外観を惹起させたことに基づく法定の担保責任であって，代理人の意思に基づく責任ではない。

手形所持人は，本人が無権代理を理由に支払いを拒絶し，代理人が代理権を証明できない場合には，手形法8条にしたがって無権代理人の手形上の責任を追及できる。ただし，この責任は，当然に無権代理人が行為能力を有することを前提としている。また，この規定の趣旨に照らせば，善意の手形所持人のみが保護され，重過失による不知の場合にも保護されると解される（大隅＝河本・118頁）。

なお，この無権代理人の責任は法が認めた特別な責任であるから，善意の取得者から手形を取得する悪意者に対しては，無権代理人は責を負わないと解する。このような手形の流通を保護すべき必要性は認めがたいであろう。

無権代理人の責任は，無権代理（代表）行為について本人の表見責任を問うことができる場合であっても存在する。無権代理人は表見代理の成立を理由に

責を免れることはできない（通説，最判昭33・6・17民集12巻10号1532頁）。その理由は，表見代理の制度は相手方保護を図るものであり，手形所持人がその制度を援用して本人の責任を追及するか否かは自由であって，その制度により無権代理人が保護されるいわれはないこと，および手形法8条は手形流通のため特別に無権代理人の責任を法定していることにある。

　無権代理人の負う責任の内容は，代理人の代理権があったとすれば本人が負担するはずであったと同様の手形上の責任である。それが代理権につき信頼した者の保護という手形法8条の目的と合致する。そこで，本人が約束手形振出人であれば，振出人としての絶対的責任を負い，本人が裏書人であれば，所持人が遡求権を保全することを条件として責を負う。また，無権代理人が手形所持人に対して対抗できる抗弁としては，まずもって，所持人は本人自身に対して請求できる範囲で請求が認められるべきだから，本人が所持人に対して対抗しえたはずの抗弁があげられる。さらに，無権代理人自身の手形責任が問題なのだから，無権代理人自身が対抗できる抗弁があげられる。

　なお，本人が実在していない場合にはそもそも代理関係は存在しえないが，この場合は無権代理の場合と同様に扱って，代理人として署名した者は，本人が実在していた場合に本人が負うべき責任と同様の責任を負うと解すべきであろう。判例も，実在しない会社の代表取締役として約束手形を振り出した者に対し，手形法8条の類推適用により振出人としての責任を負うべきとしている（最判昭38・11・19民集17巻11号1401頁）。これを支持してよい。

(2)　無権代理人の権利

　無権代理人が手形法8条に基づく法定の手形上の責任を履行した場合には，本人が手形を受け戻したときに有するはずの権利と同一の内容の権利を有する（手8条第2文）。したがって，裏書人として手形を受け戻した無権代理人は，自己の前者に対して再遡求権を行使したり，または，約束手形振出人に対して権利行使できるが，手形債務者は自分が無権代理人自身に対して有する抗弁，および，本人により請求されたのであれば自己が対抗できるはずであった抗弁をもって対抗できる。手形債務者の法的地位は，代理人が代理権なしに行為したことにより悪化されてはならないからである。

3.4 手形行為の代理　　　**73**

(3) 越権代理の場合

　手形行為につき代理権を与えられている者が，その権限を越えて手形行為をなす場合（越権代理）についても，手形法8条の適用がある（手8条第3文）。この場合に，少なくとも本人と代理人との間の関係では，本人は権限を付与している部分については当然に責任を負うべきであり，権限を越えた部分については代理人が責を負うことになると考えるべきである。

　しかし，この場合に，手形所持人が本人と無権代理人の双方に対してそれぞれ手形金額の一部につき請求すべきものと考えると，所持人の権利行使ははなはだわずらわしくなる。そこで所持人の権利行使の便宜を考えると，代理人は手形金額全部に対し責を負うべきだが，本人も代理権を授与した金額までは責を負うと解すべきである（多数説）。この場合に，代理人は全額の支払いをすれば，本人に対して本人の負担すべき部分について償還請求できると考えられる。

(4) 無権代理の追認

　無権代理の場合は，本人は原則的に責任を負わないが，本人は，自らこの無権代理行為を追認して手形上の責任を負うことができる。本人の追認によって，無権代理行為がなされた初めに遡って有効な代理行為がなされたのと同様の効果が生ずる（民116条）。したがって，無権代理人の責任の生ずる余地はない。追認の相手方は，直接の相手方，現在の所持人，中間取得者のいずれでもよい。

4. 手形行為の表見代理・表見代表 ────────────

(1) 総　　説

　手形行為の無権代理の場合には，本人は手形上の責任を負わないのが原則である。しかし，代理権・代表権があると信頼した善意の第三者を保護するために表見責任の法理の適用がある。これにより無権代理行為により，本人が手形上の責任を負うことになる。

(2) 民法上の表見代理

　無権代理人による手形行為にあっては，民法109条・110条・112条によっ

て，第三者が表見代理人につき代理権を有することを信頼し，かつ，そのように信頼したことに過失がない（善意・無過失）場合には（代理権授与の表示はされたものの代理権を有しない者が表示された代理権の範囲外の行為をした場合（民109条2項），および代理人であった者が代理権消滅後に過去に有していた代理権の範囲外の行為をした場合（民112条2項）にも表見代理は成立しうる），本人は代理権を与えているときと同様の手形上の責任を負うことになる。

　上の諸規定による表見代理の成立に関しては，それにより保護される「第三者」の範囲について争いがある。通説は，手形流通の保護のために，手形行為への適用にあたっては，この第三者には，直接の相手方のみが該当するのではなく，直接の相手方に表見代理の要件が備わらないときには，その後の取得者も含まれると解すべきとする。それに対して，判例は，手形行為にあっても第三者とは直接の相手方のみを意味し，直接の相手方において表見代理の要件が備わっていることが必要であって，それを具備しないときには，たとえその後の手形取得者において要件を具備しても，本人は手形上の責任を負わないとする（最判昭36・12・12民集15巻11号2756頁，最判昭52・12・9金判541号3頁）。

　直接の相手方に対して表見代理の要件がみたされ，本人が手形上の責任を負うべき場合には，その後の取得者に対しては善意悪意を問わずに常に責を負うことになるとするのが通説・判例（大判大12・6・30民集2巻432頁，最判昭35・12・27民集14巻14号3234頁）である[5]。後者である取得者は，善意の前者の有する手形上の権利を承継取得するからである。この判例の立場によれば，直接の相手方について表見代理が成立しなければ，その後の取得者は常に保護されないことになってしまう。確かに，直接の相手方について表見代理の成立しない場合に，その後の取得者が代理人の代理権限について信頼して取得するという場合は実際にはあまり考えられないだろう。しかし，その後の取得者においてはじめて表見代理の成立を認めうる可能性も排除されるべきではなく，手形流通保護の理念に照らして，通説を支持すべきである。

　5）　判例は，手形行為に表見代理の規定を適用する場合に，直接の相手方である第三者に該当するか否かは，手形面上の記載または手形の移転の経過によって形式的に判断されるべきではなく，実質的な取引関係を考慮して判断すべきであるとする（最判昭39・9・15民集18巻7号1435頁，最判昭45・3・26判時587号75頁，最判昭59・3・29金判709号3頁）。

3.4 手形行為の代理

　民法の表見代理に関する規定の手形行為への適用に関しては，無権限者が機関方式で手形行為をなした場合にも問題になる（後述 85 頁以下）。

(3)　商法・会社法上の表見支配人・表見代表

　(イ)　表見支配人の手形行為　　支店長などの営業所における事業の主任者であることを示す名称を付した使用人は，実際には支配人に選任されていないときであっても，支配人と同一の権限を有するものとみなされる（会社 13 条・商 24 条）。これを表見支配人という。このような表見支配人が本人たる企業主のために手形行為の代理をなした場合には，実際には代理権のないときにも，企業主は善意の取得者に対して手形上の責任を負う（会社 13 条・商 24 条）[6]。

　(ロ)　表見代表取締役の手形行為　　株式会社において会社を代表して会社のために手形行為をなす権限を有するのは代表権をもつ代表取締役であるから，通常，会社の手形行為は，代表者である旨を表示して代表者が記名捺印をすることによって行われる。そこで，会社が代表取締役以外の取締役に社長，副社長，その他専務取締役などの会社を代表する権限を有するものと認められる名称を付した場合には，この取締役が，会社を代表してなした手形行為については，会社は手形上の責任を負わなければならない（会社 354 条，さらに 421 条）。この場合にこれらの者を表見代表取締役という。

　この規定によって保護されるのは表見代表取締役が実際には代表権限を有していないことを知らない手形取得者であり，第三者が重過失によりこの事実につき不知であるときには悪意と同視され，会社は責任を負わない（最判昭 52・10・14 民集 31 巻 6 号 825 頁）。以上は，表見代表取締役が代表権を欠くとともに，会社の内部業務の分掌上，何ら権限の与えられていない場合についてである。

　他方，代表権を有してはいないが，会社内部では経理事務を担当している場合には，会社法 354 条の規定によるばかりでなく，さらに，会社法 14 条の規定によっても，会社は善意の手形取得者に対して手形上の責任を負うべきこと

---

　6)　判例は，会社法 13 条にいう「相手方」についても，表見代理に関してと同様に，直接の相手方に限られるとするが（前掲最判昭 59・3・29），学説はこれに反対し，手形行為については直接の相手方に限らずに，第三取得者も含まれると解する見解が有力である。さらに，学説上，13 条に関して重過失を悪意と同視する見解が有力である。

になる。なお，会社法354条の趣旨に照らせば，表見代表取締役が無権限で代表取締役の記名捺印を代行して手形行為をなす場合にも，会社は善意の手形取得者に対して手形上の責任を負うと解される（最判昭40・4・9民集19巻3号632頁）。

5. 利益相反取引と手形行為

(1) 承認を要する「取引」と手形行為

取締役と会社との間の取引は，その需要が認められる反面，取締役が会社の利益を犠牲にして自己または第三者の利益を図る危険がある。そこで，会社法356条1項2号・3号（取締役会設置会社については365条）は，取締役と会社との間の利益相反取引についてその公正性を確保するために，株主総会の承認（取締役会設置会社においては取締役会の承認）を要するものとしている。直接取引についてだけでなく，いわゆる間接取引についても同様である。これらの規定に関しては（以下では365条として示す），図Ⅰ-13のような手形行為が会社法365条にいう「取引」にあたるか否かについて争いがある[7]。

会社法365条に違反する手形行為の効果は，古くから大きな争点になってきたが，善意の第三取得者の保護とのかかわりで，まず，同条が手形行為にも適用があるか否かが問題になる。手形取引への会社法365条の適用を否定する非適用説は，手形行為の原因関係については取締役会社間に利害相反関係が生じるため，取締役会の承認を必要とするが，手形行為自体は取引の決済手段とし

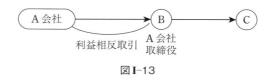

図Ⅰ-13

---

7) 手形取引について会社法365条の適用が問題となった実例のほとんどは，会社がその取締役に対して約束手形・為替手形を振り出し，引き受け，あるいは裏書譲渡し，また，取締役のために手形保証，隠れた手形保証をなすという直接取引にかかわるものである。しかし，代表取締役の個人債務のために振り出した約束手形上になされた会社名義の偽造の手形保証を，この者が会社を代表して追認した場合に，この追認行為は会社法365条の取引にあたるとされた間接取引の例もある（静岡地沼津支判昭56・9・1判時1047号151頁）。

て手段的・無色的性質を有し，それ自体について取締役会社間に利害衝突を生ずる恐れはないため，会社法365条の立法趣旨に照らしてこの規定の適用はないとする。

これに対して，判例は古くから一貫して適用を肯定してきた。判例（最判昭46・10・13民集25巻7号900頁。この判例に関しては川村・会社百選（二版）118頁）および通説は適用を肯定して，手形行為者は手形行為によって原因関係とは別個の手形債務を負担し，かつ，手形債務は挙証責任の転換，抗弁の切断，不渡処分，手形訴訟による追及といった不利益を伴う厳格な債務であって，強い利害の衝突を生むのだから，手形行為に会社法365条の適用がないとするのは，不適当であるとする（田中［誠］・再全訂会社法詳論上618頁，大隅＝今井・新版会社法論中I　216頁）。

他方，手形取引にとどまらずに，直接取引および間接取引全般に関して，善意の第三者の保護を図る見解として，会社法365条違反の取引も有効なものとする有効説，および，取締役会社間でのみ無効と解する後述の相対的無効説がある。有効説に対しては，債務履行後に会社が取引の無効を主張して原状回復を求めることができないという欠点があると指摘され，他方この説も，取締役または悪意の第三者に対しては，権利濫用・一般悪意の抗弁を対抗して請求を拒めるとしており，実質的結果においては相対的無効説に接近する。

(2)　相対的無効説

最判昭43・12・25民集22巻13号3511頁は，間接取引の事例について，取締役と会社との間に直接成立する利益相反取引にあっては，会社は，当該取締役に対して，取締役会の承認を受けなかったことを理由に，その行為の無効を主張しうるが，会社以外の善意の第三者と取締役が会社を代表して自己のためにした取引については，会社はその取引の無効を第三者に対し主張しえないと判示して，相対的無効説をとることを明らかにした。ついで，前掲の最判昭46・10・13は，手形に関する直接取引に関して，同様に相対的無効説をとる旨を示している。相対的無効説は判例上で確立しており，また，学説上も通説となっていると言える。

相対的無効説に対しては，主に有効説の立場から，実定法上の根拠を欠くと

の批判がなされてきたが，会社と第三者の利益調整の面で最も適切な結果を導くとともに，統一的な問題解決を可能にする相対的無効説を，会社法 365 条の解釈として支持してよいと考える。

(3) 手形行為への相対的無効説の適用

相対的無効説による場合に，会社側が第三者の請求を拒むために主張し証明すべき第三者の悪意の内容は，この者が取締役会の承認のないことを知っていたことに加え，さらに，当該取引が会社法 365 条の取引にあたるか否かに関して個別的具体的基準をとる場合には，この取引が取締役会の承認を要する取引であることを知っていたことであると解される（田中［誠］・再全訂会社法詳論上 622 頁，最判昭 46・12・23 金判 300 号 3 頁）。

この場合に，この第三者の保護要件としては，重過失がなければよく，軽過失があっても保護される。なぜなら，会社の利益保護のためには第三者の軽過失は保護されないとすべきだろうが，一方では，会社側については会社自身の機関が違法な行為をなしているのであるし，他方では，取締役は会社に対して忠実義務を負っているので，会社の外部者である第三者は，当然必要な対内的手続はとられているものと考えてよいからであるとされる（西原「商法二六五条と手形行為」金法 636 号 65 頁）。そして，手形取得者は，社会通念に照らして疑念を抱くべき相当な理由のある場合を除き，手形面上取締役の利益相反にあたる取引である旨が分かっても，格別な調査義務を負わないと解してよい。従来，実務慣行上，手形面上に代表取締役の記名捺印のある「取締役会承認済」の記載をしたり，または，その旨の付箋を貼付することが行われてきたが，法律的にはこれにより何ら真実に取締役会の承認が行われたことが担保されるわけではない。反面，これにより利益相反取引にあたることが手形上明らかになるが，しかし，手形取得者は上述のように当然に必要な手続は取られているものと考えてよいから，取締役会議事録を調査すべき義務を負うことはない[8]。

ところで，会社法 365 条に違反する行為はどのような行為として無効なのだ

---

8) この点は，このような会社が債務者になっている手形に対して支払う支払銀行の側にも当てはまる。当座勘定規定 19 条（327 頁）は，銀行は手形行為に取締役会の承認を必要とする場合でも，その承認の有無について調査せずに支払うことができる旨を規定する。

3.4 手形行為の代理

ろうか。この点に関しては，会社法356条2項は直接取引・間接取引について株主総会（取締役会）の承認がある場合には，民法108条の規定を適用しない旨定めているので（会社356条2項），この規定の反対解釈として，承認を受けない違反行為のうち取締役が会社を代表して自分と取引をなす場合（自己契約）のような直接取引の一部だけでなく，取締役が会社を代表して会社と自己の利益が相反すると判断される会社と第三者との間の取引をなす場合のような間接取引の一部については，民法108条が適用され，無権代理行為に当たるものとみなされて無効である。すべての直接取引・間接取引を考慮に入れれば，結局，違反行為は無権代理行為に準じて無効な行為ということになる。

手形行為に相対的無効説を適用するということの意味は，会社法365条違反の手形行為の無効について善意の第三者保護を図るための根拠付けを，人的抗弁の構成に委ねるのではなく，手形行為の無効という物的な抗弁が存在するにもかかわらず，手形流通の保護のために，手形行為者が善意の第三者に対して手形上の責を負うとの構成に依ることを意味する。それは，手形法理上は，無権代理行為に対して，表見代理の法理により本人が手形上の債務を負担する場合と同様である。表見代理におけるとの差異は，表見代理の場合には行為の成立の相手方が保護されるのに対して，この場合には第三取得者が保護されるという点にある。

さらに，会社法365条違反の手形行為について，裏書により善意の第三者から手形を譲り受けた悪意者に対して，会社は手形行為の無効を主張して支払いを拒むことができるかという問題がある。手形法理上，人的抗弁に関して，善意の中間者から手形を取得する者は前者の取得において切断された人的抗弁につきその悪意の有無を問わずに対抗されないとされ（最判昭37・5・1民集16巻5号1013頁），また，物的抗弁である無権代理に関して，直接の相手方に対して表見代理の要件が充たされ，本人が手形上の責任を負うべき場合には，その後の取得者に対しては善意・悪意を問わずに常に責めを負うことになるとされている（最判昭35・12・27民集14巻14号3234頁）。

その理由は，いずれも，後者である取得者は，善意の前者が有している手形上の権利を裏書により承継取得することにある。手形法理上このような広く一般的にとられている価値判断は維持されるべきであり，この場合に，会社はそ

の後の取得者に対して手形行為の無効を主張できないと解すべきである（大隅
=河本・94頁）。

6. 機関方式の手形行為

　手形行為は代理方式によるだけでなく，機関方式によっても他人によりなさ
れうる。それは，他人が自己の氏名を何ら表示することなく直接本人名義の記
名捺印をなす方式である。それには，その他人が本人の指図にしたがいその機
関として（手足として）なす場合（固有の代行の場合である）と，その者が権限
を与えられて自己の決定にしたがってなす場合（実質上の代理であり，代理的代
行といわれる場合である）とがある。

　前者にあっては，本人から代行権限が授与され，後者にあっては代理権が授
与されている。しかし，手形行為の代理権を与えられていれば，当然に機関方
式による手形行為をなしうるというわけではなく，さらに記名捺印の代行権限
をも与えられていることが必要である（最判昭37・7・6民集16巻7号1491頁）。

　いずれの場合であるにせよ，代理の方式とは一致せず，外形的にみれば，本
人自らが記名捺印をして成立したとみられるような手形行為しか存在してはい
ない。けれども，外形にもかかわらず，内実としては代理関係またはそれに類
似した代行関係が存在するから，したがって，有効な代理（代行）関係が存在
する限りでは，当事者間およびそれを知る者との間では代理関係に基づく法律
関係を認めることができる。

　無権限者が機関方式で手形行為をなす場合に関して，判例は，上に述べた以
上に歩を進める。機関方式による手形行為を代理による手形行為の一方式とし
てとらえたうえで，無権代理の場合と同様に本人の追認を認め，また，表見代
理の規定の適用（類推適用）により，本人の手形上の責任を認める。この場合
には本人の記名捺印による手形行為の外観が存在するだけであるから，相手方
による行為者の権限についての信頼の存在を認めがたく，判例の立場には疑問
がある。この問題はI-3.6で取り上げる。

3.5 手形行為と商号使用の許諾

1. 総　説

不渡手形を出して銀行取引停止処分を受けた者が，他の者の商号を借りて手形を振り出すといった事例がある。この場合に，手形行為者は，他の者の商号を使用しているがその名称を自分自身を表示するために用いているのだから，すべての手形取得者に対して，この者が手形上の責任を負うべきは当然である（前述）。たとえ，他人の名称を手形行為者の表示として認定しうるかについて疑問が提起されるとしても，他人からその商号使用の許諾を受けてそれを用いて手形行為をしているのであれば，他の者の商号を自己の名称として使用していると客観的に認定することができる。

ところで，この場合に，商号を貸与（名義貸し）した者にも手形上の責任を負わせるのが適当な場合があるのではないかという問題がある。確かに，この者には自ら手形行為をなす意思は欠けているが，名義貸人自身の手形行為であると信頼して手形を取得する者に対しては，手形上の責任を負うべきではないかと考えられる。

2. 名板貸人の責任（会社9条）

手形行為に関する商号の貸与者（名義貸人）の責任については，会社法9条（商人については商14条）の規定する名板貸人の責任が問題となる（図Ⅰ-14参照）。事業または営業について自己の商号の使用を許諾する場合には，手形行為は事業または営業上の行為中に含まれると解されるから，手形行為に関しても，会社法9条が適用されて，名義借人のなした手形行為について，名義貸人

図Ⅰ-14

は，悪意・重過失なくして名義貸人を事業主であると信頼して手形を取得する者に対して手形上の責任を負う（最判昭42・2・9判時483号60頁）。

3. 手形行為についての商号使用許諾の場合 ────────────

以上と異なり，手形行為をなすことについてのみ商号使用の許諾がある場合に関しては，名義貸人が会社法9条により手形上の責任を負うか否かに関して争いがある。

判例（最判昭42・6・6判時487号56頁）および有力説は，会社法9条の名板貸しに基づく責任は，事業または営業を行うことについて商号の使用許諾をする場合に限られるのであって，この規定にいう「事業または営業を行う」とは事業を営むことを指し，単に手形行為をなすことはその「事業または営業を行う」という語の中には含まれないとして，その適用を否定する[9]。

それに対し，会社法9条の規定は外観責任ないし表見責任に基づくものであると考え，この規定は取引の安全保護という目的をもつものだから，その拡張解釈を認めるべきであると解して，単に手形行為についてだけに名義貸が行われたにすぎない場合にも，その適用を認めるべきとする見解もある。

上の判例・有力説のような見解による場合にも，それにより直ちに，善意の手形取得者は名義貸人に対しまったく手形金を請求できないと考えるべきではない。名義貸人は，商号使用許諾に基づき名義借人のなした手形行為によって，あたかも自らが手形行為をなしたがごとき外観を作り出している。その外観に信頼して取得者が手形を取得するのであれば，名義貸人は善意の手形取得者に対して手形上の責任を負うべきである。これは外観理論に基づく責任である。

---

9) 平成17年（2005年）改正前商法23条は，「自己ノ氏，氏名又ハ商号ヲ使用シテ営業ヲ為スコトヲ他人ニ許諾シタル者」の責任負担を規定していたが，名義貸人がその名称を使用して営業をなすことを許諾したところ，名義借人は営業の範囲内に入る業務内容の自己の営業を自己名義でなして，この営業にかかる手形を，名義貸人名義で振り出したという事案につき，当該商法23条（現在の会社9条・商14条）の類推適用により名義貸人の責任を認める判例がある（最判昭55・7・15金判606号9頁）。判例は，営業につき名義使用を許諾された名義借人がその名義で営業を営んで，そのために振り出した手形につき，名義貸人の責任を肯定するのだから，手形の取得者が名義貸人を営業主であると現実に信頼して取得することまでは要求していないと考えられる。

3.6 手形の偽造および変造

1. 偽　　造
(1) 偽造の意義
　手形の偽造とは，他人の手形署名を偽って手形行為をなし，あたかもその他人が手形行為をなすかのごとき外観を作り出すことを意味する（図Ⅰ-15参照）。手形の偽造は，他人の署名（自署）を真似たり，他人の印章を模造して記名捺印により行ったりする場合だけではない。むしろ，わが国における手形の偽造では，他人から預った印章を勝手に利用して，また，他人の印章を盗用して行われる場合が多い。これをとくに機関方式の偽造と呼ぶ。

図Ⅰ-15

(2) 被偽造者の責任
　手形の偽造により，被偽造者（氏名を冒用された者）は，自らはまったく有効な手形行為をしているのではないから，手形行為の存在の外観はあっても，原則的に何ら手形上の責任を負う余地はない。しかし，機関方式の偽造の場合に関して，今日，判例は，表見代理の規定の類推適用により被偽造者が手形上の責任を負うべき場合があるとする。学説も結果として同様の立場をとっている。

　さらに，権利外観理論の立場からは，手形偽造一般につき，とくに署名の偽造について，被偽造者が手形上の責を負うべき場合が認められる。それは，偽造者が被偽造者と同一人物であるという外観を被偽造者自らが惹起させた場合であり，この外観は単なる怠慢によっても生じさせられる。その具体的例としては，偽造者により作り出された偽造の表示を，通常の努力によって妨げ，ま

たは，手形を流通から回収することができたにもかかわらず，流通するに任せた場合，および，名義をかたられた者が，偽造を知りながら，特別な理由なしに，署名の真否についての問い合わせに対して真実を黙している場合があげられる。

　以上の場合には，本人の帰責性は署名の偽造については認められないけれども，署名は一般的にはその真正性が信頼されてよいものだから，その誤った信頼を放置するとき，および，新たな信頼を生み出したときには，帰責性が認められて被偽造者本人が手形上の責を負うべきである。

　会社の使用人が会社名義の手形を偽造したという場合には，被偽造者である会社の手形上の責任が否定される場合にも，なお，被偽造者である会社には民法 715 条により被用者の不法行為に基づく使用者責任が問われうる。被偽造者に対して手形金を請求する訴訟の実際においては，予備的請求原因として使用者責任に基づく損害賠償の請求が主張されることが多い。民法 715 条の適用要件の中で，被用者が「その事業の執行について」第三者に損害を加えたという要件に関しては，その充足のためには，当該行為が使用者の事業の範囲内に入っており，かつ被用者の職務権限に入っていることが必要であるが，この要件の充足の有無は被用者の行為の外形により客観的に判断される（最判昭 43・1・30 民集 22 巻 1 号 63 頁）。なお，取得者に悪意・重過失ある場合には，民法 715 条の適用は排除され，取得者側の軽過失は過失相殺事由となるが，直接の相手方が悪意であっても，その後の取得者は，被偽造者に対して同条により使用者責任を追及できる。

　民法の規定によれば，無権代理行為については，本人による追認が認められ，それは遡及的効力をもつが（民 116 条），無効行為については，追認は認められない（民 119 条）。しかし，偽造の手形行為については，被偽造者による追認を認めてよいのではないかと主張されている。通説は，従来，偽造手形行為の被偽造者による追認をまったく認めてこなかった。その理由は，以下のようである。すなわち，無権代理にあっては，代理人自身の本人のために手形行為をなす有効な意思表示が存するが，代理権が欠けているために，本人の手形行為が効力未確定な状態にあり，本人の追認により欠けている代理権が補完されて，本人に対して遡及的に効果を帰せしめることができる。それに対して，偽

造の場合には，偽造者自身の手形行為も，被偽造者の手形行為も存在しないのだから，効力未確定の状態の手形行為は存在せず，追認を認める余地はない。したがって，たとえ，被偽造者が追認をなしても，遡及効のある追認は生じえないのであり，単に追認のときから新たな手形行為としての効力を生ずるにすぎないとする（民119条ただし書）。

　しかし，近時は，偽造の手形行為につき一般的に追認を認める見解が有力である。それは，民法119条の規定にもかかわらず，無効行為について，当事者間の関係においても，また第三者に対する関係においても，不利益を与えない限りは，遡及効をもった追認を認めるべきであるとする民法学説にしたがうものである。手形の偽造であっても無権代理であっても，いずれも，名義人本人が手形上の責を負うことを表示する点で同様であり，どちらについても，このような手形行為の有効な存在について信頼して取得した第三者は保護される必要がある。他方，このような追認により遡及的に偽造手形行為を有効な自己の手形行為として認めようという本人の意思に効力を認めることを否定すべき理由はないであろう。したがって，追認を肯定する見解によるべきである。判例は追認を肯定する（最判昭41・7・1判時459号74頁）。

(3) 機関方式の偽造

　無権限者が機関方式で手形行為をなす場合に関して，かつて，判例は，機関方式による手形行為を代理の一方式としてとらえたうえで，当該無権限者が本人のためにする意思を有していたか否かに応じて，無権代理か偽造かを判断して区別する立場をとっていた（大判昭8・9・28民集12巻2362頁，大判昭8・9・28新聞3620号7頁）。これにより，具体的に無権代理にあたるとされれば，表見代理の規定（とくに民110条）の適用によって本人の手形上の責任が認められ，また追認が認められる。他方，偽造にあたるとされれば，本人の有効な手形行為が存していないのだから，本来，被偽造者はまったく手形上の責任を負うことはなく，偽造者の責任だけが問題となる。

　これに対して，学説は，無権限者による機関方式の手形行為を，手形行為の書面行為性を理由として偽造と理解する。手形行為の内容，性質にとっては，手形の書面行為性により，手形上の記載が決定的であり，とくに，手形行為の

内実関係を知らない第三者との関係では，その者の保護は手形の外形にしたがって図られるべきである。したがって，この無権限者の機関方式による手形行為にあっては，他人によって表出された本人によりなされていない記名捺印が存在するだけであり，それは，その他人による偽造の手形行為であると解すべきである。しかし，学説では，このような機関方式の偽造の場合に，被偽造者は表見代理の規定の類推適用により責を負うべき場合があるとする見解が多い。

判例は，上に述べた基準による区分では偽造に該当するケースについても，表見代理の規定の類推適用を認めるに至っている（最判昭43・12・24民集22巻13号3382頁）。これによれば，「約束手形振出しが本人から付与された代理権の範囲をこえてなされたものであり，かつ，手形受取人において右無権限者が本人名義で手形を振り出す権限ありと信ずるについて正当な理由がある場合には，本人は，民法110条の類推適用により振出人としての責任を負う」とされ，したがって，被偽造者から偽造者に対し何らかの代理権または職務権限が与えられており，かつ，手形取得者たる相手方が手形行為者の代理権限または代行権限について信頼している場合に，表見代理の規定の適用要件が充足されることになる[10]。結局，判例上においては，表見代理に基づく手形上の責任負担という事柄との関係では，無権代理か偽造かの区分は，現在では意義を失っているといってよい。

しかし，表見代理の規定の類推適用という立場をとるときには，表見代理の規定により保護される「第三者」の範囲が問題となることは前述したとおりである。通説は，手形流通保護のために，表見代理の諸規定を手形行為に適用するにあたっては，この第三者には，直接の相手方だけでなく，その後の取得者

---

10) 最判昭39・9・15（民集18巻7号1435頁）が，代理人が権限を越えて署名代理により約束手形を振り出したという事例を無権代理としてとらえたうえで，本人自らが振り出した真正な手形と信じた受取人は保護されるとしていることとの関係で，最判昭43・12・24の射程範囲は受取人が署名の真正性に対して信頼するにすぎない場合にも及ぶと見るべきかにつき対立がある。河本・民商61巻4号675頁はこれを肯定する。以後の下級審判決には，43年判決は「署名の真正性」に対する信頼の場合にも表見代理の規定の類推適用を認めると解するものが多い（東京高判昭45・1・21金判214号11頁，東京高判昭52・3・31判時855号102頁）。しかし，表見代理の規定の類推適用としては，相手方の信頼内容の面で疑問である。河本＝田邊・96頁は，交付者の交付権限に信頼する受取人につき表見代理の規定の適用を認めるべきとするが，署名への信頼なくして交付権限に対する信頼は意義をもたず，交付権限に対する信頼は署名の真正性に対する信頼を前提とすると思われ，交付権限に対する信頼にこのような独自の意義を認めるには疑問がある。

3.6 手形の偽造および変造 **87**

も含まれると解すべきとするが，それに対して，判例は，手形行為に関しても第三者とは，直接の相手方を意味するのであり，直接の相手方において，表見代理の要件が備わっていることが必要であって，それが充たされていないときには，たとえその後の手形取得者において要件を具備しても，本人は手形上の責任を負わないとする（最判昭 36・12・12 民集 15 巻 11 号 2756 頁，最判昭 52・12・9 金判 541 号 3 頁）。この判例の立場では，直接の相手方について表見代理が成立しないと，その後の取得者は常に保護されないことになってしまう。

この判例および学説のとる表見代理の規定の類推適用という見解には，表見代理の規定の適用要件の面で疑問があるとともに，これによると表見代理の要件を充足して善意の取得者が保護されるケースは限定されざるをえないのではないかという疑問がある（川村・金判 577 号 56 頁以下）。

本来的な代理方式の場合と異なって，機関方式の手形行為の場合には，代理である旨は手形面上に表示されておらず，手形取得者の信頼も，一般的に手形行為者の代理（代行）権限には向けられていない。手形取得者の信頼は，当該偽造者に代理・代行権限があって手形行為がなされているか，他の正当権限者によって手形行為がなされているか，いずれにせよ，権限のある者により記名捺印がなされたということにある。したがって，相手方の信頼は必ずしも行為者の代理権限にはないのである。

そこで，この場合に被偽造者に手形上の責任を認める根拠は，表見代理の規定の類推適用にではなく，一般的な外観法理または，権利外観理論そのものに求める見解も有力であり，後者の立場をとるべきである。すなわち，無権限者による機関方式の偽造にあっては，有効な手形行為成立の外観発生について，被偽造者にその意思に基づく署名と同視される程度の帰責性が認められ，手形取得者（直接の相手方のみならず，第三取得者も含められる）がその外観に対して信頼した場合には，被偽造者の手形上の責任を認めるべきである。

本来，手形偽造の場合には，帰責可能性が欠けているので，被偽造者には帰責性が認められない。しかし，被偽造者がその意思に基づいて手形行為に利用されうるような印鑑（銀行取引印に限らないし，実印である必要もない）を，保管をさせるためまたは利用させるため等の理由で交付した場合には，自ら偽造の危険を生ぜしめたものとして，帰責性を認めてよい。

(4) 偽造者の責任

　かつての通説は，手形偽造者は手形上にその署名をしているわけではない（その名義を表示しているわけではない）から，「署名なければ責任なし」という手形法の原則にしたがって，偽造者本人の手形上の責任を否定し単に不法行為による損害賠償責任を負うにすぎないと解していた。しかし，その結果は不当であるために，近時は，手形偽造者の手形上の責任負担を認める見解が判例および有力説となっている。

　最判昭49・6・28民集28巻5号655頁は，偽造手形を振り出した者は，手形法8条の類推適用による手形上の責任を負うべきものとする。その法的根拠は，手形法8条による無権代理人の責任は，責任負担のための署名による責任ではなく，名義人本人が手形上の責任を負うかのように表示したことに対する担保責任であると解すべきところ，手形偽造の場合も，名義人本人の氏名を使用することについて何らの権限のない者が，あたかも名義人本人が手形上の責任を負うものであるかのように表示する点においては，無権代理人の場合とかわりはなく，代理表示をせずに直接本人の署名を作り出した偽造者に対しても，手形法8条の規定を類推適用して無権代理人と同様の手形上の担保責任を負わせて然るべきであるということに求められている。手形法8条の類推適用により偽造者は手形上の責任を負うべきとするこの判決の見解は支持されてよく，学説上も，近時有力となっている。

　手形法8条の規定する無権代理人の責任の根拠は，その者が自身の行動によって自分があたかも代理権を有するがごとき外観を，すなわち，本人が有効に責を負うような外観を生ぜしめたことに基づいて，代理権の存在に対し信頼した者を保護するための担保責任であることに求められている。それは，無権代理人の意思に基づく責任ではなく法定責任である。そうであれば，無権代理人の場合と同様に，偽造の場合にも，無権限者が他人の氏名を冒用して，あたかも名義人本人が手形上の責任を負うがごとき表示をなしているのであり，その外観に対する取得者の信頼は保護されるべきものであって，同様に手形法8条の類推適用によって偽造者に表示の真実性に対する担保責任を負わせるべきである。したがって，偽造者の負う責任は意思に基づく責任（法律行為上の責任）ではなく，法定責任であるから，「署名なければ責任なし」との手形行為に関

する一般原則は適用されない。

　以上のように，偽造者の責任は，その者の外観惹起に基づくものと理解するのであれば，手形偽造者は，手形取得者が偽造について不知の場合に，すなわち，善意の場合にのみ，責任を負うと解すべきことになる。したがって，手形偽造者は，悪意の取得者に対しては，手形法8条の規定の類推適用により手形上の責任を負うことはない（最判昭55・9・5民集34巻5号667頁）。なお，この偽造者の責任は自らの偽造行為に基づくものであるから，取得者の重過失はこの責任を排除しないと解すべきである。反面，この善意の取得者からさらに手形を取得する悪意者に対しては，偽造者は責を負わないと解すべきである。

　学説中には，偽造者の責任負担の法的根拠を，以上とは別異に考え，偽造者自身が自己を表示するためにこの他人の名義を用いて自らの手形行為をなしているとみなして，偽造者自身の手形行為に基づき手形上の責任を肯定する見解がある。このように偽造者自身の手形行為に基づいて責任を負わせる見解は，過度に技巧的であり，偽造者自身に手形上の責任を負わせるという点に限れば適切な結果に導くものとはいえるが，偽造者自身の主観的意図をまったく無視しており，手形行為一般にあてはまる議論ではなく，支持することはできない。

2. 変　　　造

(1) 変造の意義

　手形の変造とは，無権限の者によって手形の文言，すなわち，記載内容が変更されることをいう。変造の方法としては，記載事項の付加，変更，塗り潰し，削除等がある。記載内容の変更により手形要件が欠けてしまうと，とくに手形の抹消と呼ばれ，変造と区別される。また，変造は記載内容の変更という点で，他人の手形署名を偽って手形行為をなす偽造とは区別される。しかし，たとえば，AがBに約束手形を振り出したところ，Bが振出人をCと変更して，Dに裏書譲渡した場合には，Aの署名を抹消してCと変更した行為は偽造，変造いずれにあたるのか。通説は，Aの署名の変更は変造にあたるが，Cとの関係では偽造にあたるとし二元的に説明する。したがって，被偽造者Cはまったく責任を負わないが，Aは変造前の署名者として原文言にしたがって手形上の責任を負う（手77条1項7号・69条）。

90   3 手形行為

　手形の受取人欄の記載が無権限で抹消，変更された場合に，それが変造にあたるのか否かが争われている。この点に関しては，手形法69条は，手形債務者がどのような内容の債務をどのような要件で負担するかという意味で債務負担の面についての規定であると解したうえで，受取人の記載は誰が権利者かという意味で権利の帰属に関するものであるから，その記載の変更は手形法69条で予定している変造にはあたらないとする見解がある（前田・174頁以下）。これは，受取人が無権限者によって別の氏名に変更され，その後に裏書により手形を取得した最後の所持人についても，裏書の連続による形式的資格が認められるか否かという問題解決のため，その整合的な理論的根拠として主張された。

　手形法69条によれば変造前の署名者は原文言にしたがって責任を負うから，所持人の形式的資格の基礎たる裏書連続の存在の判定にあたり，本来の受取人名が意義をもつものとすれば，この場合，常に裏書の連続は認められないことになりそうだからである。しかし，前述した変造の定義にしたがえば，受取人名を無権限で変更することも，受取人名を無権限で抹消して受取人白地の手形のごとき外観を生ぜしめることも変造にあたると解すべきである。

　最判昭49・12・24民集28巻10号2140頁は，約束手形の受取人名が別人に変更された後に，順次連続した裏書により手形が所持人にまで移転したという事案に関して，手形法69条の規定は，「手形の文言が権限のない者によりほしいままに変更されてもいったん有効に成立した手形債務の内容に影響を及ぼさない法理を明らかにしたものであるにすぎず，手形面上，原文言の記載が依然として現実に残存しているものとみなす趣旨ではない」とし，手形法16条1項の裏書の連続の有無は形式的に判断され，受取人欄の変造が存在しても裏書の連続性は害されず，所持人は適法な所持人と推定されると判示した。この判決は広く支持されている。

(2) 変造の効果

　手形法69条により，変造後の署名者は，**図I-16**の示すように変造された現文言にしたがって手形上の責任を負う。変造後の署名者は，変造後の現文言を自己の意思表示の内容として手形行為をしているからである。このような変

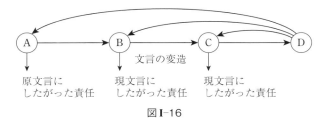

図 I-16

造の効果は手形行為独立の原則の一つの現れといえる。

　変造者自身が変造のうえ署名するときも同様である。他方，変造前の署名者は原文言にしたがって責任を負う。原文言がこの署名者の手形行為の内容をなしているからであり，また，手形上の権利と手形証券の結合関係は，もっぱら権利の流動化という手形制度の目的実現のためのものであって，その有する意義もこの範囲にとどまるから，いったん有効に成立した手形上の権利・手形債務は，手形証券を離れても存在でき，この有効に成立した手形債権・手形債務は権限のない者により記載が変更されても変更，消滅させられることはないからである。

　変造前の署名者が原文言にしたがって責を負うという事柄は物的抗弁であり，原則的に何人に対しても主張できる。けれども，変造前に署名した者であっても，記載の変更に同意したり，協力した者は，変造後の文言にしたがって責を負う。ただし，変造前の取得者に対しては，変造前の文言にしたがって責を負う。

　満期について変造がある場合には，満期の変造前に署名した遡求義務者は，変造前の満期を基準として遡求権保全手続のとられていることを条件としてのみ責任を負う（最判昭 50・8・29 判時 793 号 97 頁）。変造後に署名した者は変更された満期を基準としてなされた遡求権保全手続を条件として責任を負うことになる。同様に，変造前の署名者に対する手形上の請求権の消滅時効は，変造前の満期日から進行することになる（最判昭 55・11・27 判時 986 号 107 頁）[11]。

---

11) 手形の所持人と手形債務者との間で支払いの猶予が合意され，手形上の満期の記載が書き改められる場合がある。手形上の満期日の記載について，有効に変更がなされるためには，裏書人も含めて変更以前に署名したすべての手形当事者が満期の変更に合意したうえで，手形上の記載の変更が

3 手形行為

(3) 変造前署名者の変造後の文言にしたがった責任の負担

変造前の署名者は，変造前の文言にしたがって責任を負い，それは何人に対しても主張できる事由である（物的抗弁事由）。しかし，近時は，変造前の署名者も変造後の文言にしたがって責を負うべき場合があるのではないかと主張されている。この責任負担の理論的根拠は権利外観理論に求められるべきである（同説，鈴木「手形の変造」新商法演習 3 75 頁，木内・193 頁）。

たとえば，金額の記入にあたって，頭につける「¥」や「金」の文字と金額の数字との間に余白を残したり，または，チェックライターや漢数字によらないでアラビア数字で記入するなど，不用意な方法で記載したため，文言の改ざんを容易にした者は，そのような変造の事実を判別できない善意の第三取得者に対しては，変造前の署名者であっても，変造後の文言にしたがって責を負うべきである。

(4) 変造者の責任

変造者は，自ら手形上に署名しているのであれば，変造された文言にしたがって手形上の責任を負う。署名していない場合には，偽造者と同様に，刑事上の責任（刑 162 条），および，民事上の不法行為責任（民 709 条）は別として，手形上の責任は負わないとするのが従来の通説である。しかし，前述のように，近時は，偽造者に対し手形法 8 条の規定の類推適用により手形上の責任を負わせる見解が判例および有力説となっている。

その根拠は，偽造者が，無権代理の場合と同様に，無権限で他人の氏名を冒用し，あたかも名義人本人が手形上の責任を負うかのような表示をなしているのだから，冒用者（偽造者）は本人の負担するはずの責任を負うべきであるということに求められる。そうであれば，変造の場合にも，偽造の場合に倣って，

◥なされなければならない。それに対して，記載の変更はあっても，すべての当事者の合意があるのではない場合には，それは有効な満期の変更ではなく，変造にあたると解すべきである。すべての当事者の合意なき満期の記載の変更も，合意当事者間では満期の変更と認める判例（大判昭 12・11・24 民集 16 巻 1652 頁）は不当であり，単に手形外での支払猶予の合意が存するにすぎないと解すべきである。この場合に，満期の記載の変更に同意した者は，変造後の満期（変更後の満期）にしたがって責を負い，記載の変更に同意せざる者は，変造前に署名した者として，変造前の満期にしたがって責を負うことになる。

手形文言の変更権限者の名義の冒用があるものとみて，手形法 8 条を類推適用して，変造者の手形上の責任を認めるべきである（参照，高窪・現代 420 頁）。

(5) 変造と証明責任

　手形法 69 条により，署名者は，変造前の署名か変造後の署名かで責任内容を異にするので，変造の事実および原文言の証明責任が問題になる。

　従来，通説は，手形面上変造の事実が認められる場合とそうでない場合とを分け，後者の場合には，所持人は現文言により請求でき，債務者が現文言による責任を免れようとするときには，自己の署名後に変造のなされた事実（および原文言）を証明しなければならないとする。前者の場合には，現文言による責任を問うためには，変造後に署名した事実を所持人の側で証明すべきであり，原文言により責任を問うためには，所持人の側で変造前の署名であることおよび原文言を証明すべきであるとする。この通説の立場は，訴訟実務の面から，それは証明責任の問題と証明の必要性の問題とを混同する誤りを犯していると批判されている。そして，手形の変造の抗弁自体については，訴訟法上の厳密な意味における証明責任は問題にならず，手形所持人は，常に手形要件について全部の証明責任を負っていると主張されている（坂井「変造手形の原文言の立証責任・白地補充権濫用の立証責任」判例評論 105 号 21 頁以下，本間・法時 39 巻 10 号 76 頁，近藤・手形百選（新版・増補）73 頁）。

　訴訟法上一定の事実の存否が確立されないときに，不利な法律判断を受けるように定められている当事者の一方の危険または不利益を証明責任というが，手形金請求訴訟においても，証明責任の分配に関する一般原則にしたがって，手形債務の成立および内容といった要件事実の証明責任は，手形金を請求する原告たる所持人の側が負うべきであると解されている。そして，手形法 69 条により，変造前の署名者は原文言にしたがって責任を負うわけだから，所持人は原文言を証明して請求すべきことになる。

　ここにおいて，仮に所持人が変造の事実を知らずに現文言に基づいて請求した場合を考えてみよう。手形上の債務者の署名の真正性が認められると，手形上の記載全体の真正な成立が推定される（民訴 228 条 4 項）から，債務者の側では反証をあげてこの法定証拠を覆さないと，手形の現文言による責任を免れ

ない。そこで，債務者は変造の事実を主張・証明して，所持人主張の手形要件事実に対する否認をなすべきことになる（この変造の主張は，書証として提出された手形についての証拠弁論を含む）。この場合には，手形の記載内容が債務者の意思に基づくものであることにつき，裁判官を真偽不明の心証に持ち込む程度に証明すればよい（これは証明の必要の問題である）。

　手形面上変造の事実が明白であれば，手形上の記載自体が現文言による手形債務負担の証拠として働くことはないが，手形面上明白でない場合には，手形上の記載が有力な証拠として働くので，債務者の側に事実上変造の事実についての証明の負担が課せられることになり，とくに，変造前の原文言をも証明することが必要になる場合が多いであろう（近藤・前掲73頁，木内・189頁）。そして，変造の事実が認められた以上は，所持人は，場合によっては，原文言の主張・証明をしなければならないことになる。したがって，通説を批判する後説を支持すべきである（最判昭42・3・14民集21巻2号349頁も同一の結果を示す）[12]。

12）　この見解に対しては，それでは，手形所持人が原文言を証明できなかった場合には，有効な手形振出しが認められているにもかかわらず，手形債務者に対する手形金請求はまったく認められないことになるとし，所持人が現文言で請求する場合の署名者の変造の抗弁は，この範囲の責任しかないという，請求を減縮する抗弁だから，署名者が原文言までも証明すべきとする見解がある（竹内・法協85巻3号416頁以下）。
　しかし，本書のとる見解によっても，変造が手形面上明らかでない場合には，多くは債務者側で原文言を証明する必要があるし，また，この場合には，不注意な仕方の記載と認められることが多いと思われ，債務者が権利外観理論によって，変造後の文言にしたがって責を負うべき場合も多いだろうから，所持人による現文言にしたがった債務者の責任追及は容易であろう。

II

約束手形

1

約束手形の振出し

1.1 約束手形の記載事項

1. 手形・小切手要件

手形・小切手行為は，手形・小切手上に法定の要件を充たす記載がなされることによって成立する（書面行為性）。すべての手形債権者，債務者および取得者にとって，手形上の記載内容は，その権利義務関係上で重要な意義をもっている。そこで，手形行為は一定の法定の要件を充たさなければ有効に成立せず，法定の記載事項のいずれかを欠く手形行為は原則的に無効である（厳格な要式行為性）。

この不可欠な法定の要件（これを必要的記載事項という）は，手形法上有効とみなされるべき手形行為の基準的類型を構成するのであり，それと比較をして，ある書面行為が手形行為として認められるか否かが評価される。この評価にあたっては，手形に記載された事項が事実に合致していなくとも，形式的要件を具備するものとして，当該手形行為の効力が認められるとの原則，すなわち，外観解釈の原則が適用され，手形・小切手の有効性は，手形証券，手形上の記載にしたがって決まる。これは手形の文言証券性の一つの現われである。

手形上には，手形行為の有効な成立に不可欠な要件である必要的記載事項が記載されるほかに，法が定める基準的な手形行為の内容を補充したり，変更するための記載が付加されることも多い（これを任意的記載事項という）。付加的

な記載事項は，形式的に有効な手形の存在を前提とする有益的記載事項（これを任意的記載事項ということも多い）と無益的記載事項，および，手形の形式的有効性にかかわる有害的記載事項とに分けられる。法は一定の有益的記載事項，無益的記載事項，有害的記載事項について定めている。

以上のうち，手形法上の効力を有している記載である必要的記載事項および有益的記載事項は，手形権利義務関係の内容を確定する効力を有し，すべての手形行為者，手形取得者がその記載を具体的に認識したか否かは問題にされる余地はない。他方，無益的記載事項は，手形行為者，手形取得者によって事実的に認識される可能性はあるけれども，手形法上の効力はなく，「記載せざるものと看做」される。有害的記載事項は，その記載が効力を有さないだけでなく，手形自体を無効とする。

前述のように，手形上の記載の意味内容の解釈は，客観的基準によってなされなければならず（客観解釈の原則），そこで，手形上の記載は社会通念にしたがって合理的に理解されるべきである。したがって，手形証券上の記載が手形法上の効力を有するためには，手形取引において手形取得者に対して通常的に要求される理解力（認識力）に対応した明瞭性を文言的に有していなければならない。この記載の明瞭性を分説すると，①当該手形行為者がそれを記載したことの明瞭性，②当該の事項が記載されていること自体についての明瞭性，③記載されている事柄の内容についての明瞭性が要求される。

2. 約束手形の必要的記載事項

(1) 総　　説

約束手形にかかる法律関係は，振出しによって作成された手形の記載を内容的基礎としてその上に次々と展開されていく。この振出しにより作成された手形をとくに基本手形という。基本手形には法定の要件を充たす記載がなされなければならず，手形要件である記載事項，すなわち，必要的記載事項を一つでも欠くときには，原則的に，約束手形としては無効とされてしまう（手75条・76条1項）。ただし，手形法は，重要度の低い記載事項については，それが欠けるとき，他の記載による補充を認めて，手形の無効の救済をしている（手76条2項・3項・4項）。

1.1 約束手形の記載事項

約束手形振出しにあたっては，通常，振出人は手形記載事項をすべて自分で記載してから受取人に手形を交付するが，ときには，記載事項の一部を振出し後に手形所持人に記載させるために記載しないままにしておく場合がある。これを白地手形という。

手形法の原則に照らせば，白地手形は未完成な手形であって，本来は無効な手形であるが，しかし，実際取引上の需要に基づき，手形法上，完成した有効手形と一定程度同視して取り扱うことが認められているものである。未完成手形である白地手形と完成した不完全手形，すなわち無効な手形とを分ける決定的な要素は，白地手形を発行した者が，白地の手形要件を後に手形所持人に補充させる意思をもって手形を交付したか否かである。ただし，統一手形用紙では，いくつかの手形要件はあらかじめ印刷され，その他の要件の記載欄が設けられているので，そこへの記入がない場合には，原則的に白地手形として取り扱われる（後述116頁）。

以下順次，必要的記載事項を説明する（約束手形の用紙例（329頁）を参照のこと）。

⑵ 約束手形文句（手75条1号）

約束手形には，証券中にその証券の作成に用いる言語をもって，約束手形なることを示す文句（約束手形文句）を記載することを要する。「証券の文言中に」とは，本文中に記載すべきことを意味する。統一手形用紙中では，印刷された支払約束を示す文章中に約束手形文句が含まれる。

⑶ 手形金額（手75条2号前段）

手形金額の記載は一定していなければならない。この金額の一定性の要求は，手形流通と手形取引の円滑化の要請に基づく。したがって，「金百万円ないし金百五十万円」との記載や，「金百万円または金二百万円」との記載は，金額の一定性に反し無効である。

全国銀行協会制定の手形・小切手用法（328頁）は，金額の記載につき，所定の金額欄に，アラビア数字で記入するときは，チェックライターを使用し，金額の頭には¥を，終りには※または★を印字して行い，金額を文字で記入す

るときは，文字の間をつめ，漢数字を使用し，金額の頭には金を，終りには円を記入して行うべき旨を規定している。用法は，さらに，金額について，「文字による複記はしないでください」と規定する。しかし，実務上は，手形金額の改ざんを防止するなどの目的で，金額欄に記入したうえで，さらに欄外に重複して記載される場合がある。

　手形法6条1項は，重複して記載された手形金額に差異があるときに，手形金額の不確定のため手形が無効となるのを救済する趣旨で，文字および数字をもって重複して記載されている場合には，数字よりは慎重に記載され書き誤りを生ずるのが少ないと考えられる文字による記載をもって手形金額とみなしている。また，6条2項は，文字をもってまたは数字をもって重複して記載されている場合には，手形債務者に有利なように最小金額をもって手形金額とみなしている。この規定は法的取扱いを明確化して，それにより手形取引の安全性，迅速性を確保しているといってよい。

　なお，銀行の当座勘定規定上では，複記のいかんにかかわらず，また，文字，数字のいずれによるかを問わず，所定の金額欄の記載によって取り扱うとされている（同規定6条（325頁））が，手形法上では，所定の金額欄に記載された金額が当然に優先的意義を有しているというような関係はまったくない。また，6条にいう数字とはアラビア数字を意味し，文字とは全部数字で記載したもの以外を指し，「壱百万円」，「百万円」，「一〇〇万円」，「100万円」などの記載は，文字をもって記載された金額にあたる。

　最高裁判例には，金額欄に「壱百円」と文字で記載され，その上段に「¥1,000,000-」と記載されている約束手形の手形金額は，一〇〇円が手形金額としてはほとんどありえない低額であり，かつ，この手形に一〇〇円の収入印紙が貼付されているとしても，一〇〇円と解すべきであると判示し，手形法6条1項は厳格に適用されるべきものと明言して，百円の記載は百万円の誤記であって手形金額は一〇〇万円であるとした原審判決を退けているものがある（最判昭61・7・10民集40巻5号925頁）。

　手形法6条の適用という面では，「百円」という手形金額の記載を誤記と解して同条1項の適用を排除することはできない。なぜなら，手形法6条の趣旨は，そもそも手形金額の重複的記載に誤記のあることを前提として，その場合

についての一律的，画一的な取扱いを規定することにあるからである。それに対して，意図的に重複して相違する金額記載がなされる場合は，本来，手形を無効とすべき場合にあたり，6条は誤って相違する金額を重複的に記載した場合にこの結果を回避しようとするものである。6条は，単に「推定ス」としないで，「手形金額トス」と規定するが，それは単なる解釈規定ではなくて，反証することのできない推定または強行的な解釈規定であると解される（大隅=河本・36頁）[1]。

(4) 単純なる支払約束文句（手75条2号後段）

単純な支払約束というのは，支払約束の効力を手形外の事実にかからしめないことをいう。手形の流通力強化のために，手形行為は単純でなければならず，条件を付してはならないのが原則とされている。単純性に反する支払約束は，支払いの確実性および手形の流通性を害するので，約束手形の振出しを無効とする。たとえば，「売買目的物を受領したときに」支払うとか，「目的物の引渡しと引換えに」支払うといった支払約束は，単純性に反するものである。統一手形用紙には支払約束文句が印刷されているから，それにこのような文句を挿入するときには，支払約束の単純性が害されることになる。

(5) 満期（手75条3号）

満期は満期日または支払期日ともいわれ，手形上に記載された手形金額の支払いのあるべき日をいう。実際に手形金の支払われるべき日である「支払ヲ為スベキ日」（手77条1項3号・38条1項）とは区別される。満期が法定の休日にあたるときは，これに次ぐ第一の取引日が支払いをなすべき日に相当するこ

---

1) 手形法6条の存在を前提とするとき，この場合に手形上の文字による記載はそれが明白な誤記であるか否かはさておき，外観解釈上一〇〇円以外ではありえない。そして，手形法6条は，当事者の意思が明白でないときに適用される解釈規定ではなく，重複的に相違する金額記載があるときに直ちに適用されるのであって，いずれの金額が正しいとか当事者の意思に合致するとかいうことは，当事者間で人的抗弁としてのみ主張できる事柄であるにすぎない（大隅=河本・36頁）。ところで，以上のような議論を離れて，振出人と受取人との間では，この手形を一〇〇万円とする旨の合意が存し，その合意の存在を所持人側で証明できる場合には，所持人は合意事実に依拠した手形の記載の解釈に基づいて，一〇〇万円の手形金を請求できる余地があると考える（前述45頁以下，65頁注3）参照）。

とになる（手 77 条 1 項 9 号・72 条 1 項）[2]。

満期の種類は，手形法 33 条 1 項に規定するものに限定され，それと異なる満期や分割払の手形は無効である（手 77 条 1 項 2 号・33 条 2 項）。

（イ）　確定日払　　確定日払手形とは，平成 30 年 10 月 1 日のように，特定の日を満期とする手形であり，最も一般的なものである。

暦日として存在しない 9 月 31 日や平年における 2 月 29 日を満期とした手形は，無効と解すべきでなく，表示の社会通念にしたがった合理的な解釈により，いずれも 9 月末日，2 月末日を満期とする有効な手形と解する（最判昭 44・3・4 民集 23 巻 3 号 586 頁）。

振出日よりも前の日（不能の日）が満期として記載された手形は，一般にこれを無効と解すべきであるが[3]，意思に反して不注意でこのような満期を記載してしまった場合には，直接当事者間ではその真意にしたがい，有効な手形として取り扱ってよいと考える。

（ロ）　日付後定期払　　日付後定期払手形とは，振出日付から，手形に記載された一定期間を経過した日を満期とする手形である。「日付後 3 カ月」とか，「日付後 6 カ月」というように記載する。したがって，満期日が計算できるか

---

2)　たとえば，満期日が昭和 52 年 10 月 9 日の手形は，その日が日曜日であり，翌 10 月 10 日は体育の日であって，いずれも法定の休日にあたるから，支払呈示期間は 10 月 11 日から 10 月 13 日までとなる（最判昭 54・12・20 金判 588 号 3 頁）。

3)　A が B に対して満期日を平成 3 年 11 月 22 日，振出日欄と受取人欄を白地とする約束手形を振り出し，後に支払いの延期を求めて書き換えのためこれに代えて新手形を交付したが，旧手形の返還を受けなかったところ，平成 3 年 11 月 25 日に，B は旧手形に振出日を同日と補充した上で，満期を平成 4 年 6 月 22 日と変造して，C に割引のため裏書譲渡し，さらに D はこの手形の裏書譲渡を受けたという事例について，最判平 9・2・27 民集 51 巻 2 号 686 頁は，「手形の文言証券としての性質上，手形要件の成否ないし適式性については，手形上の記載のみによって判断すべきであり，満期の日として振出日より前の日が記載されている確定日払の約束手形は，手形要件の記載が相互に矛盾するものとして無効であると解すべき」と判示した。この手形にあっては，満期が変造された上で，振出日が補充された結果，変造前の満期は振出日より前の日となっている。本件控訴審判決は，本件手形の変造前の支払呈示期間は平成 3 年 11 月 26 日までであり，振出日である同月 25 日の後にも支払呈示期間内に呈示することが可能であるから，本件手形は有効であると判示したが，本最高裁判決は，たえ支払呈示が可能であったとしても，本件手形は無効というべきとしたものである。

手形の文言性に基づく外観解釈の原則に照らし，かつ，満期が変造されたとの抗弁は物的抗弁であって，手形取得者保護よりも債務者保護が優先すべきケースであることに照らせば（ただし，本件では振出人側に満期の記載方法に不用意な点があり，文言の改ざんを容易ならしめた事情があるのではないかとも推測される），本最高裁判決を支持すべきである。手形取得あるいは手形割引に際して，満期日と振出日のように対比されるべき記載相互間の不整合の有無についても注意を払って，手形上の記載をチェックする必要がある（川村・金法 1492 号 10 頁以下）。

1.1　約束手形の記載事項　　**103**

ら，実質的に確定日払と異ならない。手形法は期間の計算に関して規定をおいている（手77条1項2号・36条・77条1項9号・72条2項・73条）。

　（ハ）**一覧払**　一覧払手形とは，一覧の日，すなわち，手形所持人が支払請求のために手形を呈示した日を満期とする手形をいう。

　満期の記載なき約束手形は一覧払手形とみなされる（手76条2項）。しかし，振出人が所持人に白地補充権を授与して，後日所持人をして満期日を補充させるつもりで満期を記載せずに振り出す場合には，白地手形と認められ，一覧払手形と解すべきではない。統一手形用紙の「平成　年　月　日」との支払期日欄に記入することなく振り出された場合に，当事者間での白地補充権授与の有無が不明であるときには，満期白地の手形と認めるべきである（大判昭11・6・12新聞4011号8頁，大判昭18・4・21新聞4844号8頁参照）。この手形を取得する者は，これを白地手形と信頼して取得することができる。ただし，この手形は一覧払手形とも白地手形ともいずれにも解釈できるのだから，所持人はその選択によりいずれの手形としても取り扱うことができると解され，白地を補充しないまま一覧払手形として手形金を請求することもできる。

　（ニ）**一覧後定期払**　一覧後定期払手形とは，手形所持人が一覧のために手形を呈示した後，手形に記載した期間を経過した日を満期とする手形である。

⑹　**支払地（手75条4号）**

　支払地とは，支払いをなすべき地であるが，支払場所とは区別される。支払場所は支払地の中にあるより限定された支払いのなされるべき場所である（手4条参照）。

　支払地というのは満期において支払いをなすべき地であるから，支払呈示期間中以外の期間，すなわち，満期前および支払呈示期間経過後においては，支払地の記載の効力は及ばず，振出人に対する請求は，支払地の内外を問わずに，振出人の営業所・住所において行うべきである（参照，民520条の8）（最判昭42・11・8民集21巻9号2300頁は，支払場所の記載は，支払呈示期間内における支払いについてのみ効力を有するが，支払地の記載は，支払呈示期間経過後にも及ぶとするが，後者の点は支持できない）。

　支払地としては，最小独立行政区画を記載することを要する。最小独立の行

政区画とは，市，町，村であるが，特別区である東京都の区については，東京都何々区と記載する必要がある。実際には，約束手形については，統一手形用紙上に，当該用紙を交付している振出人の取引銀行の店舗名が支払場所として印刷され，かつ，その所在地が支払地として印刷されている。

支払地の記載が欠缺するときには，振出地の記載により補充され（手76条3項），振出地の記載もないときには，振出人の名称に付記された肩書地が振出地とみなされ（手76条4項），その結果，支払地も補充されて，手形の無効が救済される。

(7) 受取人（手75条5号）

受取人とは，支払いを受ける者または裏書をなして支払いを受ける者を指示する者をいう。

為替手形にあっては，振出人は自己を受取人として振り出すこと（自己指図手形）ができる（手3条1項）が，約束手形にあっては，このような資格兼併を認める必要はなく，振出人が自己を受取人とする手形は無効である。

(8) 振出地（手75条6号）

振出地とは，手形上に手形が振り出された地として記載されている地をいう。支払地と同様に，最小独立行政区画を記載すべきである。統一手形用紙では，振出地は振出人の住所と兼ねて記載するようになっている（手76条4項参照）。

(9) 振出日（手75条6号）

振出日とは，手形上に手形が振り出された日として記載されている日をいい，実際に振り出された日を意味せず，また，実際に振り出された日を記載すべき必要はない。

振出日の記載は，日付後定期払手形にあっては，その記載により満期が確定され，また，一覧払手形および一覧後定期払手形にあっては，その記載により支払呈示期間が定められる（手77条1項2号・34条・78条2項・23条）。これに対して，確定日払手形にあっては，振出日の記載はこのような手形上の権利の内容を確定する実質的な意味を有してはいない。

1.1 約束手形の記載事項

ところで，実務では，振出日の記載なき（白地の）確定日払手形（さらに，振出日白地の小切手），および，受取人白地の手形が広範に利用され流通している。当座勘定規定ひな型では，「小切手もしくは確定日払の手形で振出日の記載のないものまたは手形で受取人の記載のないものが呈示されたときは，その都度連絡することなく支払うことができるものとします」と規定する（当座勘定規定17条1項（326頁））。他方，当座勘定規定1条2項（325頁），普通預金規定2条2項等は，「手形要件，小切手要件の白地はあらかじめ補充してください。当行は白地を補充する義務を負いません」と規定する。そして，これらの規定に対応して，手形交換所の規則上は，資金不足等の場合において，振出日および受取人の記載のないものは，形式不備による適法な支払呈示なき不渡手形として，不渡届の対象から除外されることはないとされ，そして，振出日，受取人名白地のまま交換決済されるものとされている。そこで，一部の学説および一部下級審判決は，確定日払手形の振出日の記載について，振出日白地の手形を流通に置いた振出人の責任が否定されうることの不合理，および，この記載には手形上の権利の内容を確定する実質的な意味のないことを理由に，その手形要件性を否定する。

しかし，手形法はその1条および75条で，手形の満期の種類を問わずに一律に手形要件を定め，手形法2条・76条は，その要件を欠く手形の原則的無効を明定しており，手形は厳格な要式証券であると考えるべきである。この要式証券性に依拠して手形取引の安全は図られているのである。また，国際的統一法である手形法の解釈として，上の明示的諸規定に矛盾する解釈は許されるべきではない。通説および判例は，確定日払手形の振出日，小切手の振出日，手形の受取人の記載が手形・小切手要件であることに疑問を持っていない（最判昭41・10・13民集20巻8号1632頁，最判昭42・8・25金判76号18頁，最判昭46・6・10民集25巻4号492頁，最判昭58・3・31金判670号3頁，小切手の振出日に関して，最判昭61・11・7金判759号17頁）。

⑽　振出人の署名（手75条7号）

約束手形を振り出して手形金額の支払いを約束する者が，自らの意思に基づいて，自署することにより，または，記名捺印の方法によって行うことを要する。

3. 任意的記載事項

(1) 総　　　説

　手形法はいくつかの有益的記載事項を法定している。法定の事項以外にも有益的記載事項が認められるか否かに関して，有益的記載事項を法定のものに限定する厳格主義と，法定以外にも広く一般的に有益的記載事項を認める自由主義とが対立する。自由主義は，私的自治の原則，契約自由の原則を重視して，手形行為者は自己の責任についてどのような取り決めもできるべきだとする。さらに，厳格主義が手形面上に記載があり，手形取得者の認識できる手形上の記載を無視するのは不当であると指摘する。これに対して，厳格主義は，自由主義によれば手形法上にその内容・効力についての明示の規定のない多くの記載に法的効力を認めることになるが，それは，手形の内容および効力を不明確にし，手形の流通性および支払いの確実性を損なうと批判する。

　判例上，とくに問題となった記載は，支払遅延の場合における損害賠償額予定文句，および，合意管轄文句である。

　賠償額予定文句に関して，判例は，一方では，その手形上への記載に対して手形上の効力を否定するが，他方では，直接の当事者である記載者とその相手方との間には，民法上の契約を生ぜしめる効力を有し，この文句は契約成立の証拠としての価値を有するとしている。しかし，民法上の契約が第三者との間でも成立しうることは否定する（大判大 13・5・21 民集 3 巻 293 頁，大判昭 15・2・20 法律評論 29 巻商法 278 頁，最判昭 39・4・7 民集 18 巻 4 号 520 頁）。合意管轄文句に関しても同様に手形上の効力は否定するが，しかし，この文句に記載者の合意管轄の申込の効力を認め，この申込に対して，直接の相手方だけにとどまらず，所持人が承諾をなすことによっても合意が成立すると解している（大判昭 5・12・6 新聞 3210 号 7 頁）。

　思うに，手形は，その制度の本質上，一般公衆とのかかわりをもつものだから，厳格な定型性が要求されるべきであり，それが手形の容易な流通，手形支払いの迅速性にとって有益と考えられる。法定の事項以外に広く有益的記載事項を認めれば，手形の記載内容および効力の不明確性が，手形流通と迅速な支払いを阻害する結果となろう。したがって，有益的記載事項は法定のものに限定されるべきと考える。自由主義は，「事実上手形上の記載を認識できる（ま

たは認識すべき）」という問題と，「手形上の記載に手形上の効力を認める」という問題とを単純に結び付けているにすぎない。この二つの問題は厳格に区別される必要があり，認識されるけれども無益的な記載というものを考えることができる。

損害賠償額予定文句，支払呈示免除文句といった手形上の効力なき無益的記載事項の記載に関しては，直接の当事者間における民法上の契約の証拠としての意義だけでなく，その事実的な認識が推定される手形取得者に対する意義も認められよう。すなわち，記載者はこのような記載のある手形の交付により契約の申込をなし，手形取得者の承諾により民法上の契約が成立する。この承諾の存在は明示的な場合だけでなく，記載の趣旨にしたがった請求中に認めることができ，さらに，所持人にとり有利な記載事項については，請求のなされる以前にも承諾の存在を推定できると解する。なお，以上のように解するとしても，この記載に基づき手形行為をする後者（裏書人等）が直ちにこの記載によって民法上拘束されると解するわけではなく，自ら同一の文言を記載したような場合にのみ，この記載に当該行為者の申込としての効力を認めうる。

(2)　有益的記載事項

（イ）　**法定の有益的記載事項**　　手形法によって規定されている有益的記載事項の例として以下のものがある。

①　利息文句（手77条2項・5条）　　手形金額に対して所定の利率により利息を付して支払う旨を約する記載である。利息文句は確定日払手形および日付後定期払手形には付けることはできず，一覧払手形および一覧後定期払手形についてのみ認められる。前二者については振出しにあたって満期までの利息額を計算して手形金額に加えればよいからであり，記載したとしても記載のないものとみなされてしまう（手5条1項）。利息文句の記載には利率をも付記する必要があり，その記載がないときには，利息の約定の記載全体が記載なきものとみなされる（手5条2項）。

②　第三者方払文句（手77条2項・4条）　　約束手形の振出人は，その住所地以外の指定した場所において自分で支払う趣旨で当該場所を記載することもできるし，第三者によってその住所で支払いをしてもらう趣旨で当該第三者を

記載することもできる。前者の場合が文字どおりの支払場所の記載であり，後者の場合は支払担当者の意味での支払場所の記載である。

支払場所は，支払地として記載された地域の中にある特定された地である必要がある。実際には，統一手形用紙には，振出人が支払事務処理を委託している取引銀行の店舗名が支払場所として印刷されており，その所在地が支払地として印刷されている。

本来，手形は支払呈示期間内における手形金額の支払いをたてまえとし，それを予定して振り出され，手形債務者は支払呈示期間中は，支払場所に支払資金を準備しておくものであるから，支払場所の記載は支払呈示期間内にのみ効力を有し，支払呈示期間経過後は，振出人の営業所または住所において支払呈示されるべきである（最判昭 42・11・8 民集 21 巻 9 号 2300 頁）。同様に，約束手形の振出人の破産，支払停止，強制執行の不奏功の場合に，所持人が満期前に遡求をしようとして（手 43 条後段 2 号の準用），遡求権保全のために振出人に対し支払呈示をなすべき場所は，振出人の営業所または住所である（最判昭 57・11・25 金判 663 号 3 頁）。すなわち，支払場所の記載の効力は支払呈示期間経過後のみならず，満期前にも及ぶことはない。

③　裏書禁止文句（手 77 条 1 項 1 号・11 条 2 項）　手形の本質に照らして，手形の譲渡性を全面的に排除することはできないが，振出人は裏書による譲渡を禁止することができる。このような趣旨の指図禁止の文句またはこれと同一の意義を有する文言の記載が裏書禁止文句・指図禁止文句であり，そのような手形を裏書禁止手形または指図禁止手形という。この文句の記載があるときには，手形は民法の債権譲渡に関する方式にしたがいかつその効力をもってのみ譲渡できるにすぎず（11 条 2 項）[4]，この譲渡には人的抗弁の切断の法理は適用

---

4)　平成 29 年（2017 年）手形法改正前 11 条 2 項および小切手法 14 条 2 項について，「指名債権ノ譲渡ニ関スル方式ニ従ヒ且其ノ効力ヲ以テノミ」とされていた箇所が，平成 29 年民法改正に伴う同年手形法・小切手法改正により，それぞれ「民法（明治二十九年法律第八十九号）第三編第一章第四節ノ規定ニ依ル債権ノ譲渡ニ関スル方式ニ従ヒ且其ノ効力ヲ以テノミ」とされ，同様に，手形法 20 条 1 項および小切手法 24 条 1 項についても，それぞれ「指名債権」が「民法第三編第一章第四節ノ規定ニ依ル債権」と改められた。これらの条文は条約第一附属書の統一規定に依拠するものだが，たとえば，手形法 11 条 2 項については，条約原文では，"according to the form, and with the effects of ordinary assignment" とされており，各国法の「債権譲渡の方法および効力をもって」を示す文言であった。平成 29 年改正前民法中には，証券的債権といわれる，証書に記載された指図債権・記名式所持人払債権・無記名債権に関する規定が置かれ（平成 29 年改正前民 469 ～ 473 条），これらと対比するもの↗

1.1 約束手形の記載事項 **109**

される余地がない。振出人が裏書禁止文句を記載する意図はまさに受取人に対するすべての抗弁の留保，すなわち，後者に対しても対抗できる可能性を確保することにある。反面，裏書禁止文句の記載は当該手形の流通力を減少させることは明らかである。

指図禁止文句としては，ほかに，「裏書禁止」，「裏書譲渡禁ず」，「第三者への譲渡は一切認めません」，「甲殿に限り支払うものとする」といった記載，さらには，「甲殿限り」という記載（最判昭 56・10・1 金判 637 号 3 頁）も十分なものである[5]。なお，統一手形用紙に印刷された指図文句を抹消することなく，指図禁止文句を記載したため，手形面上に指図文句と指図禁止文句とが併存する形になっている場合には，指図禁止文句が優先すると解される（最判昭 53・4・24 判時 893 号 86 頁）[6]。

◥として「指名債権」（平成 29 年改正前民 467 条）が存していたが，平成 29 年改正民法では，証券的債権に関する規定を削除して，有価証券に関する規定（第三編第一章第七節有価証券の 520 条の 2 以下）を置いている。この民法改正により，その際に，民法 467 条から証券的債権と区別するために用いられていた「指名債権」という用語が削除されて，これに伴い，手形法・小切手法の改正において，「指名債権」という用語が削除された結果，上記のように改正された。したがって，この手形法・小切手法の改正は，手形・小切手統一法条約の第一附属書の統一規定の原文となんら抵触するものではなく，条約自体が統一規定の国内法化に当たって許容している範囲の改正である。

平成 29 年改正民法は有価証券に関して，指図証券等の有価証券の譲渡方法・効力を規定していること，さらに，手形法上で裏書は手形債権に関する同法の定める固有の効力を有する譲渡の方法であることを踏まえて，以下では，「民法の債権の譲渡に関する方式」，すなわち，「民法の債権譲渡に関する方式」と表示することとする。

5) 本事案は，喫茶・レストラン経営者の A が，サラ金業者の甲に元従業員 B を紹介したところ，B が借金を返済せずに行方不明になったとして，甲から B の債務を支払うよう強要され，約束手形を振出すことにしたが，第三者に裏書される事態をおそれて電話で乙弁護士に相談したところ，同弁護士に受取人欄に「甲殿限り」と記入して振出せばよいと助言されて，受取人欄の受取人氏名に続けて，それよりも小さな文字で「限り」と記載して振出したというものである。

6) 前述のように手形上の記載には明瞭性が要求されるが，判例でみると，振出人の記載したことの明瞭性に関して，第一裏書欄に裏書禁止の記載があるにすぎない場合（大判昭 10・11・28 新聞 3922 号 16 頁），および，裏書人欄全部がボールペンによる 2 本の赤線により抹消されている場合（東京地判昭 46・3・26 判時 636 号 82 頁）に，手形の記載上振出人のなしたものと認むべき表示が欠けるとして指図禁止手形であることを否定するものがある。

「甲殿限り」との記載においては，記載の内容についての明瞭性が問題になる。記載自体の明瞭性（物理的明瞭性）に関しては，振出人欄の 1 行目に「甲株式会社」，2 行目に「代表取締役乙」と横書きされ，この 1 行目と 2 行目との間に約 3 ミリメートルくらいの大きさの文字で，「裏書禁止」と幅約 1.55 センチメートルにわたり記載されていたが，そのうち「書禁止」の三文字は甲会社代表者印の印影の中に書かれていて不明瞭であったという場合に，裏書禁止文句の記載の存在を認める判例（最判昭 53・4・24 判時 893 号 86 頁），および，手形表面の振出日と振出地の記載の行間に，ゴム印様のもので押捺したと思われる約 2 ミリメートル大の不動文字からなる「裏書譲渡禁ず」との文言が幅約 1.2 センチメートルにわたり横書きで記入されていた場合に裏書禁止文句の記載を認める判例（最判昭 57・3・12 金判 644 号 3 頁）がある。 ◹

④ 振出人の肩書地（手76条4項）

⑤ 振出人の住所地（手76条3項）

⑥ 一覧のための呈示期間の変更文句（手78条2項・23条2項）

⑦ 一覧払手形の支払呈示期間の変更または支払呈示の禁止（手77条1項2号・34条）

⑧ 準拠暦の指定（手77条1項2号・37条4項）

⑨ 外国通貨換算率または外国通貨現実支払文句（手77条1項3号・41条2項・3項）

⑩ 戻手形振出禁止文句（手77条1項4号・52条1項）

（ロ） その他の有益的記載事項　　手形法の規定の趣旨に基づく有益的記載事項として，以下のものがあげられる。

① 為替手形振出人，裏書人の担保責任を一部に制限する旨の記載　　担保責任を全面的に排除できることから（手9条2項・15条1項），当然にこの記載も有益的記載事項といえる。

② 振出人が一部の裏書性を奪う旨の記載（裏書の相手方の制限，期間を限っての裏書禁止）　　指図禁止文句が許されることから，当然に可能である。

③ 約束手形振出人の拒絶証書作成免除文句　　為替手形振出人は，自己の遡求義務についてだけでなく，全手形署名者の遡求義務についても作成を免除できるのだから（手46条3項），この免除文句の効力は単に振出人が遡求義務者であることだけに基づくのではなく，この者が手形作成者であることにも基づくと考えられる。したがって，約束手形振出人にも，免除文句記載の権限を認めてよい。

◥　これらの記載の仕方は適切とは思えないが，これら広く指図禁止文句の記載の存在を認める判例に照らせば，実務上，手形の取得，取立銀行における受入れ，および，支払銀行における支払いにあたって，手形面上の記載については十分な注意を払うことが要求される。

1.1 約束手形の記載事項 111

(3) 無益的記載事項

無益的記載事項の例として以下のものがあげられる。

① 法定の無益的記載事項　利率の記載のない利息文句（手77条2項・5条2項），為替手形振出人による支払無担保文句（手9条2項）。

② 記載しなくとも手形法の規定上当然に認められる事項　古くからの慣用的文句である指図文句，引換文句など。

③ 記載されても本来的に効力のない事項　資金文句，対価文句，通知文句などの実質的に手形上の効力の認められない記載である。資金文句，委託手形文句（手3条3項），および支払指図に付加される通知文句は，為替手形振出人と支払人との間の法律関係上意義を有するにとどまる。対価文句，担保手形文句（担保手形なる旨の文言）は，振出人と受取人の間の法律関係上の意義を有するにとどまる。

4. 有害的記載事項

有害的記載事項の具体例としては，分割払の記載や，法定以外の満期の記載（手77条1項2号・33条），および，手形金の支払いに条件を付したり，支払いを反対給付にかからしめる記載などがあげられる。

内容的に有害的記載事項を必要的記載事項から完全に分けて考えることは一般には困難である。なぜなら，不適当な必要的記載事項が存在すると考えられる場合が多いからである。しかし，判例は，一応必要的記載事項とは区別され，内容的にはそれに付加されたとみられる記載，または，内容的にはそれと矛盾する記載について，しばしば，そのような記載を，有効な必要的記載事項の存在と切り離して，無益的記載事項とみなしている。

たとえば，「保証手形である」旨の支払約束の単純性を害するとも思われる文言は，必要的記載事項とは内容的に切り離された付加的記載事項とみなされ，それは手形授受の縁由を示したものにすぎないと解されている（大阪地判昭41・7・28金判22号2頁）。さらには，その文句の日常的意味と相違して理解されることもあり，いわば読み替えが行われることもある。たとえば，確定日払性を害するとも思われる「此の手形はAが上棟式と同時に支払うものである。したがって，第三者への譲渡は一切認めません」という付記につき，前段は振

出人と受取人間の支払猶予の特約であると解し，後段は裏書禁止文句であると解する判例がある（東京地判昭45・6・30判時596号80頁）。また，手形の表面欄外に記載された手形の本質に反するとも思われる「本手形は取立てしない」という記載につき，この記載文言ならびに記載位置からみて，振出人と受取人との間において支払いを猶予する趣旨ないしは支払場所たる銀行に呈示して支払いを求めない旨の特約と解すべきであるとした判例（東京地判昭41・2・23金判5号9頁）などがある。

　以上のように，手形の本質に反するとみられる記載の存する場合にも，有効な必要的記載事項が存在し，それを害する記載はなく，手形は有効とする諸判例においては，手形行為は，手形制度の上で認容され，手形の要式性と矛盾しない限りで，できるだけ有効に成立したものと解すべきだとの考え方が働いているといえる。

1.2 白 地 手 形

1. 総　　論

(1) 白地手形の意義

　必要的記載事項の記載を欠く手形は無効である（前述97頁）。通常は，約束手形の振出人は，すべての記載事項を自分で記載して，手形を受取人に交付する。しかし，記載事項の一部を振出しの後で手形所持人に記載させるために記入しないでおく場合がある。このような手形を白地手形という。とくに必要的記載事項を欠く場合には，本来その手形は無効であるが，白地手形であれば，未完成な無効な手形であるにもかかわらず，完成した有効な手形と一定程度同視して取り扱われることになる。なお，手形要件を完備したうえで，有益的記載事項について白地とする手形は，白地手形に準ずるものとして，準白地手形といわれる。

　白地手形は実際の必要に応じて次のような形で利用されている。すなわち，たとえば，継続的な商品の供給取引において，一定期間を区切って商品代金を支払う必要性から，手形金額を記載しないで（白地にして）振り出す場合や，手形で金融を得ようとするときに，手形金額を白地にしておいたり，割引先の

決まるまで受取人名を白地にしておく場合がある。さらに，将来成立する債務の支払担保のために手形を振り出す場合に，満期を白地にしておくことがある。

　上のうち，手形金額，満期の白地は，手形所持人により勝手に不当な補充をされるおそれがあり，取引上ははなはだ危険を伴う。白地手形の中で代表的な広範に流通しているものは，受取人白地の手形と振出日白地の確定日払手形である。金融界では，振出日から満期日までの手形期間（これを手形サイトという）が長い場合には，手形の信用性に疑問がもたれて，手形割引に不利になる。そこで，振出日を白地にして振り出し，後日手形所持人が適当な日付を記入できるようにしておくことが広く行われている。他方，受取人白地の手形には，裏書によらずに交付だけで譲渡できるという便宜がある。

(2)　白地手形の特異性

　白地手形，とくに必要的記載事項を欠く白地手形は，未完成な手形であって，本来は無効な手形である。そこで，白地未補充のままでは，流通に関する取得者の保護（手77条2項・10条）の面を除いては，本来手形としての効力を欠き，それにより主たる手形債務者に対して請求できず，また，この白地手形による支払呈示は無効である。白地手形は実際取引上の慣行・需要に基づいて法的に認容されるに至ったが，1930年のジュネーヴ手形統一法会議においては，白地手形の容認それ自体について多数の諸国が反対して，結局白地手形に関する10条を排除する権限が各国に留保されるに至っている（第二附属書3条）。

　このような事実と手形要件を定める1条・75条，および，その要件を欠く手形の原則的無効を定める2条・76条の存在とを考え合わせると，白地手形はあくまでも未完成な手形であって，白地補充前には法的にはただの紙切れにすぎず，手形として無効であり，そして，手形上の権利は発生しておらず，未補充白地手形は何らの手形上の権利も表章していないと考えるべきである。このような前提の下で，白地手形の流通という現実，流通の需要に対応してその流通保護を図ろうとするのが手形法10条である。

　手形法10条に関する立法者の意図は，第一に，白地手形の存在の認容にあり，第二に，未完成な手形である白地手形が手形法的流通方法によって移転されうることを前提として，流通保護，すなわち，補充権の濫用の抗弁の制限を

規定することにある。後者の抗弁制限の点において，10条は17条の特則をなすといわれる。白地手形は未完成な本来は無効な手形であり，未補充の間は手形行為は未だ有効に成立してはいないけれども，白地手形関係というべき関係がその振出しにより発生している。そして，手形法上，権利関係が未だ確定していない未補充のままの間にも，白地手形は，手形流通の面では，将来において権利が発生しうる関係を前提として，完成した有効な手形と同一視して取り扱われるのである。このことは，手形法10条に法的根拠を求めることができる。すなわち，白地の補充により将来成立しうるが，未だ存在しない手形上の権利が，一定範囲において権利として取り扱われる関係を認める商慣習を，手形法は10条により追認したわけである。

　白地手形に関する手形法の規定は10条しか存しないため，一般に，白地手形に関する多くの点は判例・学説にゆだねられているといわれるが，手形法は10条の立法趣旨に立ち戻って考察するのを要求していることを忘れてはならない。

　記載の一部が欠けた不完全な手形が，方式を欠くまったく無効な手形と区別されて，白地手形と認められる決定的な基準は，白地手形の発行者が後にその白地を手形所持人に補充させるつもりであったこと，すなわち，白地補充権を手形所持人（受取人および将来の手形取得者）に授与していることである。白地手形にあっては，手形行為者は自己の意思により，自己の債務の成立の有無を後日における白地の補充にかからせているのであり，未完成手形を白地手形と認定する決定的な基準は，発行者の当該手形を白地手形として成立せしめる意思に，すなわち，白地補充権の授与に求められるのである。この点は，しかし，白地補充権の授与が不明確な場合に，補充権の授与の有無を知らないで手形を取得する者の保護という問題と区別して考える必要がある（後述2.）。

　白地補充権は，白地手形発行者と相手方との当事者間における手形外の契約によって授与され，発行者の補充権授与の意思は将来の手形所持人にも向けられる。そこで，白地補充権は白地手形とともに手形取得者に移転されていく。

　白地補充権は，白地手形と表裏一体の不可分な関係にあるものであり，白地補充権と切り離された白地手形を考えることは通常困難であって，白地手形の実際的意義も，白地補充権との通常的一体性においてこそ認められる。したが

1.2 白地手形 **115**

って，一般に，第三取得者は，白地手形とみられる手形について，白地補充権の授与に信頼できるのである。白地補充権は白地手形に付着して，それとともに，手形法的流通方法にしたがって，一体的・統一的に流通していく。手形法10条は，白地手形とともにそれに付着する白地補充権についても，手形法的流通を認めるのである。そして，白地補充権のみの譲渡は認められるべきでなく，白地補充権を留保した白地手形の譲渡は，当事者間の明示の合意がある場合を除いて認められない。

　白地手形が手形法的流通方法によって譲渡され，手形取得者が手形法上の流通保護を受けられるという点，および，白地補充により成立する手形上の権利との継続性，一体性を説明するために，白地手形が何らかの権利（潜在的権利，条件付権利）を表章すると説かれたり，また，白地補充権が白地手形証券とともに一体的に移転され，手形法的流通保護原則に服する点を説明するために，白地補充権は白地手形上に表章されていると説かれるのが一般である。しかしこのような考え方には疑問があり不要な構成である（後述 2.）。

(3) **白地手形の成立要件**

（イ）　白地手形行為者の署名があること　　手形要件の一部を欠く手形が，まったくの無効手形と区別されて，白地手形と認められるための要件は三つある。その第一は，少なくとも一人の白地手形行為者の署名があることである。振出人の署名があるのが普通であるが（白地振出し），それに限らず，裏書人だけがまず署名したり（白地裏書），手形保証人だけがまず署名して（白地保証），白地手形を発行する場合もある。

　白地手形に白地補充がなされてはじめて，行為者は有効な手形行為をしたことになる。白地手形行為者の債務負担はその意思に基づくものであることは，通常の手形行為と何ら変わらない。そして，白地補充の効果は当然遡及することはない。けれども，行為者は白地補充の時点で現実に行為をしたことになるわけではなく，行為者自身の行為はすべて白地手形発行段階でなされている。白地手形という法的に認容された制度は，白地手形行為に白地補充により，その時点において，有効な手形行為を成立せしめる効力を認めているのであるから，行為者の権利能力，行為能力，代理権の有無は，白地手形行為をなした時

点を基準にして評価されるべきである（通説）。

　（ロ）　**いずれかの手形要件が白地であること**　　第二の要件は，全部または一部のいずれかの手形要件が白地であることである。手形法は手形用紙に関しては何の規定もおいていないから，白紙に何らの手形要件も記載せずに何人かが署名するだけで白地手形を作出することも可能である。他方，統一手形用紙には，いくつかの手形要件が印刷されており，残りの手形要件の記載欄が設けられているが，それへの記入が欠けている場合には，一般的にその手形は白地手形であるとみられる（後述（ハ）参照）。

　（ハ）　**白地補充権の授与があること**　　第三の要件は，白地手形発行者が後にその白地を手形所持人に補充させるつもりでいたこと，すなわち，白地補充権を授与していたことである。この要件は白地手形と無効手形とを区別する決定的な基準である。白地補充権の授与は，白地手形行為者と相手方との手形外の補充権授与契約により行われる[7]。学説上，この補充権の授与がどのような場合にあるとみるべきか，すなわち，白地手形はどのような場合に成立しているとみるべきか，どのような手形を白地手形とみてよいかに関して，主観説と客観説とが対立する。

　主観説は，要件欠缺の手形を無効手形ではなく白地手形とする根拠は，白地手形行為者が，後に他人をして白地を補充させる意思をもっていることにあると解する。そして，白地補充権は手形外の合意によって発生するとする。私見は既述のように基本的にこの主観説に立つ。これに対して，客観説は，署名者の具体的な意思を問わず，外観上署名者が補充を予定して署名したと認められる証券は白地手形とみるべきであるとする。これによれば，白地補充権は行為者が白地手形となりうる証券に署名し交付することにより，証券外の補充権授与契約を要さずに，無限定な内容をもって成立することになる。客観説は，主観説によれば，手形の外観からみて白地補充を予定していると認められる証券について，発行者に補充権授与の意思がなかった場合や，補充権を自己に留保

---

　7)　当初確定日払として振り出された手形の満期到来前に，手形関係の全当事者の間で，支払猶予の目的で満期を白地に変更する合意が成立して，手形上の満期の記載が抹消された場合には，この時点において有効に満期白地の手形に変更され，振出人から所持人に対して白地補充権が授与されたとみてよい（参照，最判平5・7・20民集47巻7号4652頁）。

1.2 白 地 手 形

している場合には，白地手形とみることができず，それでは，白地補充後に何ら事情を知らないで手形を取得する第三者を保護できなくなると批判する。

客観説は，統一手形用紙を用いて発行されている場合には，常に白地手形とみられるとする。主観説に立つとしても，この場合には一般に白地手形として取り扱ってよいと考える必要がある。それは，白地補充権の授与が不明確な振出日白地の確定日払手形についても同様である。この振出日白地の手形にあっては，補充権授与の意識は手形授受の当事者間で欠けている場合が多いと思われる。もっとも，この場合には，特別の事情がない限りは，黙示の補充権授与の合意があったものと認めるべきだろう（最判昭 35・11・1 判時 243 号 29 頁参照）。

しかし，上のような諸事例において取得者がこのような手形を白地手形として取り扱いうる一般的な理論的根拠は，主観説の権利外観理論による補完に求めるべきである。すなわち，手形の外観上，白地補充を予定されたものと認められる場合には，第三取得者はそれを白地手形として取り扱うことができる。たとえ，署名者に補充権授与の意思が欠けていても，白地補充後の手形を有効に振り出された手形と信頼して，または，白地手形であるという外観に信頼して（悪意・重過失なく）取得する第三者は保護され，外観にしたがった権利（有効な手形としての権利または白地手形としての権利）を取得できると解すべきである。署名者の帰責性は，白地手形としての外観をもった手形に署名したうえで交付した点に認められる（同説，田邊・334 頁）。実定法上の根拠は手形法 10 条の類推適用に求められる（後述 3.(2)参照）。

白地手形として作成署名された約束手形が振出人のもとから盗取され，何人かにより白地が補充された後に流通した場合には，交付欠缺の一事例にあたるが，白地が補充されることなく未補充のまま流通した場合にも同様に交付欠缺の一事例にあたる。この場合に署名者は悪意・重過失なき取得者に対して，外観どおりの手形債務を負担するのであるから，白地手形の振出人としての責めを負い，したがって，白地補充権も付与しているものとして責めを負うことになる。

他方，金融依頼の目的で要件一部白地の約束手形用紙を作成・署名し，これを金融ブローカーに交付したが，その際，金融先が具体的に定まったときに，

白地部分を署名者自らが記入する旨を約していたところ，この手形が流通して他の者により要件が補充され請求されたという事例において，判例は，「かかる手形を白地手形と呼べるかはしばらく措き」，悪意・重過失なき手形取得者に対して署名者は補充された文言にしたがって責を負うとしている（最判昭31・7・20民集10巻8号1022頁）。このように補充権を自分に留保する場合には，主観説によれば，白地補充権の授与を欠くために，白地手形は成立していないことになる。しかし，この場合にも，上と同様に権利外観理論に依拠した手形法10条の類推適用により，善意の第三者に対して，署名者は白地手形を振り出したと同様の責任を負うべきである。

　他方において，客観説に対しては以下のような問題点がある。第一に，前述のように，白地手形にあっては，行為者は白地補充がなされれば，その文言にしたがって責任を負うことになるが，その責任は意思表示に基づく責任であって，行為者自身の債務負担の意思に基づくものであることは明らかである。したがって，客観説が行為者の意思を度外視することには無理がある。第二に，客観説によれば，主観説によるのと異なり，白紙に署名をして白地補充権を授与する場合には，白地手形とみることができない。しかし，手形法上では，手形用紙に何らの限定もないのだから，この用紙を白地手形として取り扱うことができなければならない。第三に，客観説は白地補充権は内容無限定的に付与され，補充内容に関する当事者間の合意は当事者間の人的抗弁事由にしかすぎないとする。

　しかし，手形法10条が規定する白地補充権濫用の抗弁の制限は，本来，手形所持人は補充権授与の枠内でのみ補充可能であることを前提とするものであって，無限定な補充権の付与には疑問がある。また，10条の規制対象とする白地補充権の濫用は，手形債務がどのような形で成立するかについての抗弁，すなわち，手形債務の成立そのものについての抗弁であり，それは場合によっては手形債務の全面的否定にまで及びうる抗弁である。この意味で，この抗弁は単純に当事者間の人的関係に基づく抗弁としてよりも，むしろ交付欠缺の抗弁に類似した抗弁としてとらえるべきものである。客観説は白地補充権の濫用の抗弁を当事者間の人的関係に基づく抗弁としてとらえることになり，それは，手形法10条と17条とで手形取得者保護の主観的要件が相違することを見落と

している。

　さらに，未補充白地手形の取得者も手形法 10 条により保護されるとするとき，客観説によれば，手形取得者は完全な無限定な補充権を有することになるので，悪意でない限り，常に補充内容に関する合意を何ら調査しなくとも保護されることになってしまう。しかし，金額白地の手形にあっては取得者は場合によっては補充できる金額について署名者に確認すべき義務があると解されるのであり（後述 123 頁），上の結果はこれと矛盾する。

2.　白地手形の本質 ────────────────────

　前述したように，白地手形は未完成な手形であって，本来，白地未補充の間は法的にはただの紙切れにすぎず，手形として無効である。手形上の権利は未だ発生しておらず，証券上には何らの手形上の権利も表章されていない。しかし今日，一般に，白地手形の手形法的流通に際して流通保護原則が働くこと，および，白地補充により成立する手形上の権利との継続性・一体性を説明するために，白地手形は潜在的権利，条件付権利あるいは生成中の権利を表章するといわれる。いずれにせよ，未だそれにより権利行使はできないのだから，それら表章される権利は手形上の権利それ自体ではないが，白地の補充によって成立する将来の手形上の権利を考えるとき，これらの権利の表章という観念は受け入れやすいものであろう。しかし，それにより白地補充前には何らの手形上の権利も発生していないという事実を見誤ってはならない[8]。

　さらに，白地補充権が証券とともに移転し，流通保護原則に服することを説

───────────

　8)　白地手形は何らの手形上の権利も表章してはいないという見解に立つときにも，手形法上，白地手形の流通保護を図る 10 条が示すように，未補充白地手形は，将来において権利が発生する関係を前提として，一定範囲で手形上の権利が存在するのと同視して取り扱われることを認めるべきである。名古屋高決昭 56・7・14 金判 630 号 19 頁は，受取人欄を白地とする約束手形の所持人につき，この者が白地を補充したときに，振出後補充前における振出人の法律行為に対しても民法 424 条による取消権を行使することができるとする。

　この場合に，民法 424 条の適用上，債務者の行為当時未補充の白地手形の所持人は，詐害行為以前に発生した債権を有する者といえるかという点が問題になる。白地手形に何らかの手形上の権利が表章されているとの見解に立ち，そのうえで，詐害行為取消権について被保全債権の範囲を弾力的に解する判例・学説にしたがえば，所持人の取消権を認めることは容易であろう（参照，民 424 条 3 項）。しかし，白地手形は何らの手形上の権利も表章しないとの立場からも，詐害行為取消権の制度の趣旨に照らして，所持人の取消権を認めることができよう（参照，筒井＝村松・一問一答民法（債権関係）改正 101 頁注 (2)，川村・手形百選（四版）214 頁以下）。

明するために，白地手形は条件付権利，潜在的権利とともに，白地補充権をも，または単に白地補充権のみを表章すると説かれるのが一般である。

主観説に依拠したうえで，白地補充権の表章を語るときには，第一に，その手形証券への表章の仕方は，手形上の権利の表章にならうべきものと考えられるにもかかわらず，当事者間の手形外の合意により成立する白地補充権が，手形証券上に何らの記載なしに表章されることになってしまい，表章がいかにして行われるのかが不明であるとの疑問がある。第二に，白地補充権が手形証券上に表章され，手形法的流通に服するとすると，そこでは，手形上の権利にならって白地補充権にも本来，無因性が働かなければならないと思われる。しかし，主観説に立つとき，白地補充権というものは，その行使されるべき補充内容と切り離されえず，その内容と一体化してとらえられるべきものであって，本来有因的なものとして理解されるべきものである。そこで，証券への表章という観念をとることにより，白地補充権と補充権授与契約との結合関係が切断されてしまうという疑問がある。

これに対して，証券への署名により，白地補充権は無限定的なものとして発生すると理解する客観説では，白地補充権の白地手形への表章という観念は容易に根拠付けられるように思われる。しかし，この説においては，手形法10条の規定との間に重大な矛盾を生じることは前述したとおりである。

白地補充権は白地手形に付着して，それとともに，手形法的流通により，一体的・統一的に流通され，白地手形を取得する悪意・重過失なき第三者は，手形法10条の流通保護を受ける。この関係を説明するために，白地補充権の白地手形への表章を語ることは不要であるばかりか，いたずらに誤解を生むものである。

3. 白地手形の流通

(1) 白地手形の譲渡

流通の面において，白地手形は完成された手形と同視される。ここに白地手形の意義がある。したがって，未補充のままの白地手形も手形法的流通方法により譲渡されることができ，裏書によって，または，受取人白地手形については交付によって譲渡されうる。そして，善意で白地手形を取得する者に対して

は，流通保護の原則が働き，善意取得による保護（手16条2項），および，人的抗弁の制限による保護（手17条）が認められる。

(2) 白地補充権の濫用（不当補充）

　白地手形について，補充内容に関する発行者と受取人の間の取り決めに違反して不当な白地補充がなされた場合に，善意の取得者は手形法10条により保護される。たとえば，図Ⅱ-1のように，金額白地の白地手形の振出しにあたって，手形金額は百万円以内とするとの補充権授与契約があるにもかかわらず，受取人が合意に違反して補充権を行使して一千万円と補充したうえで，第三者に譲渡した場合に，手形法10条によれば，振出人は善意・無重過失の手形取得者に対して補充権濫用の抗弁を対抗できず，補充された文言にしたがって一千万円の手形債務を負わなければならない。

　白地手形行為者は，本来，白地補充権授与の合意の範囲内で債務を負うべき関係にあり，そこで，この合意の範囲を越える限りで，有効な手形交付契約が欠けることになり，行為者は手形債務を負わないことになる。しかし，手形法10条は，白地手形の流通性を前提として，善意の第三取得者の保護を規定する。10条は，権利外観理論に依拠する規定の一つと考えられ，白地手形行為者は，白地手形の発行により，白地補充権濫用の可能性を生ぜしめたがゆえに帰責的であって，有効な手形行為の外観に対して信頼する第三者に対し責を負う。

　また，10条は，手形債務がどのような形で成立するかに関する抗弁，すなわち，手形債務の成立に関する抗弁を対象とする手形法中の唯一の規定である。白地補充権濫用の抗弁は，手形債務の成立に関する抗弁である点において交付欠缺の抗弁と共通し，取得者の主観的保護要件を善意・無重過失とする点で共通する（正確には，10条の規定が，交付欠缺の抗弁に関して，主観的保護要件を善意・無重過失とする立場を正当化する）。さらに，白地補充権濫用の抗弁は，10

図Ⅱ-1

条により善意の取得者に対して制限されるという意味において人的抗弁の一種であり，手形法10条はいわば17条の特則ということができる。この二つの規定の間には，主観的保護要件の面で相違がある。

手形法10条は，規定の文言上は明らかに，白地手形が不当に補充された後に，善意・無重過失で取得する第三者を保護する規定である。しかし，この規定はさらに，未補充のままの白地手形を一定範囲の白地補充権があるものと信頼して取得した者が，自らこの範囲において補充して請求する場合にも適用があるか否かが争われている。手形流通の面からみれば，手形取得者は白地手形とみられる手形を補充権とともに有効に取得できるのでなければならず，補充権の範囲に対する信頼も保護されなければならない。

手形法は，白地手形を認容したうえで，補充権濫用の抗弁を10条により制限して，取得者の外観信頼を保護している。この点から考えれば，白地手形を認容する以上，未補充白地手形の流通が当然に生ずるわけであり，手形法が上のような10条の本来的場合と利益状況の共通する場合における取得者の保護を積極的に排除しているとは考えられない。したがって，上の場合において，手形法10条の類推適用を認めてよい（これを認める判例として，小切手法13条に関して，最判昭36・11・24民集15巻10号2536頁，手形法10条に関して，最判昭41・11・10民集20巻9号1756頁）。

未補充白地手形の取得に手形法10条を具体的に類推適用する場合，取得者が保護されるための信頼要件の面において以下のような区分を必要とする。

①　確定日払手形の振出日白地，および，受取人白地の場合　　これらについては一般に補充されるべき内容に関して，当事者間で特別な合意がないのが通常である。したがって，手形所持人は，振出日白地については，満期以前の自由な日付を，受取人白地については，いずれの取得者の氏名でも自由に記入することができると考えてよく，白地手形取得にあたって，譲渡人から補充すべき内容について伝達されると否とにかかわりなく，署名者に対し問い合わせる等の何らかの調査を尽くさなくても，手形法10条の重過失にはあたらない（振出日白地の小切手につき，前掲最判昭36・11・24。受取人白地の約束手形につき，前掲最判昭41・11・10）。

②　満期白地および金額白地の場合　　満期について，譲渡人から著しく不

相当な補充内容を伝達された場合，内容について何ら伝達されない場合，および，手形金額について，譲渡人の従来の取引に照らして不相応な補充内容を伝達された場合，何らの伝達もない場合には，白地手形取得者は外観に信頼することができない。このように取得者が譲渡人の権限に疑念を抱くのが当然な場合には，白地手形署名者に対して問い合わせる等の調査をすべきであり，それを怠るときには，手形法10条の重過失にあたると解される（同説，木内・316頁。広島高判昭47・5・1下民集23巻5-8号209頁は，金額白地手形につき，補充権の存否内容につき振出人に照会しなかったときは，特別の事情のない限り，重過失があるとする）。

4. 白地手形にかかる権利の行使 ─────────────

(1) 白地手形による権利行使

白地手形は未完成手形であり，白地補充前には権利は発生しておらず不存在である。したがって，白地未補充のままでは手形上の効力を欠き，主たる手形債務者に対して請求できず（最判昭41・6・16民集20巻5号1046頁，最判昭43・10・8判時540号75頁，最判昭58・3・31金判670号3頁），また，この白地手形による支払呈示は無効であって，それによっては裏書人に対する遡求権を保全できない（最判昭41・10・13民集20巻8号1632頁，白地小切手振出人に対する遡求権保全について，最判昭61・11・7金判759号17頁）。

未補充の白地手形による支払請求によっては，有効な支払呈示にならないので，手形債務者を未だ遅滞に附することはできないから，債務者は未だ遅延利息支払いの義務を負わない。訴訟係属中に白地を補充した場合に，いつから被告である債務者が遅滞に陥るかが問題となるが，白地補充の効果は遡及しないので，口頭弁論において白地を補充した場合には，そのときから被告は遅滞に陥る（大阪高判昭30・1・28高民集8巻1号48頁）。同様に，白地を補充して完成手形を証拠として口頭弁論に提出し，それによる手形金請求を維持するときにも，その時点から被告は遅滞に陥ることになる（大判昭10・3・28新聞3830号16頁，大阪高判昭44・1・31金法537号35頁）[9]。

---

9) 手形債務者を遅滞に附するためには，手形の呈示証券性の故に有効な支払呈示をする必要が ⬀

(2) 白地手形の支払い

　上述のように，白地未補充のままでは，白地手形により手形債務者に請求できず，債務者は完成された手形に対して支払うべきものとされている。銀行と顧客との間の当座勘定取引契約上の支払委託にあっても同様に，本来は有効な手形・小切手について支払委託がされているものと解される。

　ところで，前述（105頁）のように，当座勘定規定のうえでは，銀行は小切手もしくは確定日払の手形で振出日の記載のないものまたは手形で受取人の記載のないものが呈示されたとき，有効に支払うことができると規定され（当座勘定規定17条（326頁）），他方，手形・小切手の受け入れに関係する当座勘定規定1条2項（325頁）等では，銀行は白地を補充する義務を負わない旨規定されている。そして，これらに対応して，手形交換所の規則上は，振出日および受取人の記載のない手形は，白地のまま交換決済されるものとされ，これらにより，実際には，白地手形・小切手による支払呈示に対して支払が行われている。

　実際においてはこのような振出日白地の確定日払手形，受取人白地の手形が多く流通している。確定日払手形については，しばしば，手形の長期のサイト（振出日から満期日までの期間）を隠すために振出日が白地にされる。そして，このような必要がなくとも，振出日の記載をしないで手形を振り出すことは今日では一般的になってしまっている。また，手形の移転にあたり裏書という方法を避け流通を容易化する目的で，受取人欄が白地にされる。このような状況の存在，および，銀行実務上の取扱に依拠して，一部学説は，確定日払手形の振出日，小切手の振出日，受取人の記載の手形・小切手要件性を否定しているが，この見解をとることができないことは前述のとおりである（前述105頁）。

　上の当座勘定規定17条は，未完成な白地手形に対する支払いを規定するた

あるのが原則だが，裁判上の請求に関しては，判例は，附遅滞のために手形の呈示は必要ではなく，訴状の送達だけで十分とする（最判昭30・2・1民集9巻2号139頁）。この立場によれば，訴え提起後に白地を補充した場合にも，白地補充の旨を記載した準備書面が被告に送達されたときにこの者は遅滞に陥ることになる（福岡高判昭47・2・10判タ277号332頁）。

　同様に，被告が不出頭の口頭弁論で補充された場合にも，被告に準備書面が送達されたときにこの者は遅滞に陥ると解される（京都地判昭40・8・28判時430号44頁）。そこで，原告である手形所持人は，被告を遅滞に附した翌日から法定利率による遅延利息を請求できることになる（民520条の9・404条）。

め，手形法・小切手法上の強行規定と矛盾するのではないかとの疑問がある。しかし，この規定は，顧客と支払銀行との間の支払いの委託にのみかかわるものであって，顧客が白地手形であっても支払うべき旨を委託する以上は，そのような支払いの委託についての特約，および，それに基づく支払と銀行の免責も有効と解される。他方，当座勘定規定1条2項等は，実際上，大量の振出日，受取人白地の手形・小切手を補充のうえ交換に回すことの困難，補充すべき内容の不明，誤った記入の恐れといった理由から，銀行の過重な事務負担を避けることを目的とする。

　しかし，白地手形のまま交換に回され，不渡となった場合には，このような支払呈示は手形法上有効なものではないので，所持人は遡求権保全のために呈示期間内に再度債務者に対し呈示しなければならないが，それは通常，時間的に困難であって，結局は，遡求権を失う結果になるという不利益が顧客である所持人に生じるおそれが大きいという問題がある。これに対し判例は，振出日白地手形について，取立委任を受けた銀行の白地補充義務，白地補充を促すべき義務の存在を否定している（最判昭55・10・14金判610号3頁）。けれども，銀行と顧客との間に存する継続的な取引関係の性質に照らせば，銀行は顧客に対し，本来的に一定範囲で顧客の利益を守るべき義務を負うと解され，取立てを委任された手形・小切手について，白地補充を促すべき義務を取立委任契約上の義務の一つとして負担していると解すべきである（参照，川村「銀行の白地手形補充義務」田中誠二先生米寿記念論文集　現代商事法の重要問題491頁以下）。

(3)　白地手形による訴え提起と時効の完成猶予

　白地手形は未完成手形であるから，白地手形によって訴えを提起しても，口頭弁論終結時までに補充がなされなければ，白地手形に基づく請求は当然に棄却される[10]。ところで，たとえば，振出日白地の未補充白地手形による手形金

---

10)　最判昭57・3・30民集36巻3号501頁は，振出日が白地の白地手形の所持人が，手形金請求の前訴において，事実審口頭弁論終結前に白地補充権を行使できたのにこれを行使しないため手形要件を欠くとして請求棄却の判決（手形判決）を受け，これが確定したときは，その後に白地部分を補充して再度手形金を請求する訴えを提起しても，前訴と後訴とでは，所持人の手形上の権利の主張内容において異なるところはないから訴訟物は同一であるとしたうえで，後訴において手形上の権利の存在を主張することは，前訴判決の有する既判力によって遮断されるから許されないと判示する。↗

請求の訴えが提起された場合（すなわち，裁判上の請求がなされた場合であり，裁判上の請求は時効の完成猶予事由とされ（民 147 条 1 項 1 号），その事由が終了するまでの間（訴訟が係属している間）は時効の完成が猶予される）に，この手形上の権利の消滅時効期間が満期から 3 年であるため，白地補充も 3 年以内に行われる必要があるところ（後述 5.），白地補充が満期から 3 年の時効期間を経過した時点で行われた場合には，訴えの提起の段階で，その訴えの提起に対し補充により成立する手形上の権利について時効の完成猶予の効力[11]が認められるか否かが問題になる。

判例は時効の完成猶予の効力を認める（積極説。受取人白地の手形につき，最判昭 41・11・2 民集 20 巻 9 号 1674 頁，振出日白地の手形につき，最判昭 45・11・11 民集 24 巻 12 号 1876 頁）。他方，学説上は消極説をとるものがあり，白地手形は未完成な手形だから，白地補充前には手形上の権利は発生しておらず不存在であって，その時効の進行，完成猶予の問題が生ずる余地はないとする。そ

◤ 原告たる所持人としては前訴の事実審の口頭弁論終結時以前に存在し，かつ，行使しえた白地補充権を行使することなく請求を棄却されたのであるから，手形判決に異議を申し立てるとともに速やかに白地部分を補充して審理を受けるべきであった。とりわけその補充がきわめて簡単な振出日白地補充という一挙手一投足の労を惜しむ原告の再審を認めて保護を図るべき必要性はないと思われる。なお，訴訟手続中において，白地未補充である点に当事者が気付いていないときには，裁判所側で白地未補充であることに気付いて釈明権を行使して白地補充を促すのが通例であるから，上の事例の前訴におけるように未補充を理由とする請求棄却がなされることはあまりないであろう。

訴えの相手方が振出人であるときには一般にこれにより救済されるが，訴えの相手方が遡求義務者であるときには，適法な支払呈示による遡求権の保全がないので，裁判官は釈明権行使により訴えを取り下げさせることになる。この事案におけるように，釈明権が行使されないままで請求が棄却されてしまった場合には，求釈明権不行使の点で手形判決には責められるべき点があったというべきである（この判決に関しては，伊藤・法曹時報 38 巻 10 号 147 頁以下，高橋・法協 100 巻 11 号 179 頁以下参照）。

11）平成 29 年（2017 年）民法改正に伴う同年手形法改正により，同条 71 条から「時効ノ中断」という用語が削除され，「時効ノ完成猶予又ハ更新」という用語に改められている（小切手法 52 条についても同様）。他に関連して，統一条約の留保事項に関わる手形法 86 条および小切手法 73 条の訴訟告知制度に関して改正が行われた。手形法・小切手法は，訴訟告知を除き，時効障害事由について何ら規定を置いていないので，民法の規定に従うものと解されてきた。

手形統一法条約第一附属書の統一規定 71 条の原文は，"interruption of the period of limitation" としているが，手形条約第二附属書 17 条・20 条および小切手条約第二附属書 26 条は，時効の中断・停止，時効の完成猶予などの原因を各国法の規定に委ねている。さらに，手形統一法会議の議事録によれば，同会議は時効という術語がどのような意味を持つのか，時効によりどのような法的効果が生ずるのか，時効の中断，停止等の効果はどのようなものかという諸点をも明確にしてはおらず，これらすべての事柄が各国法に委ねられていることになる（川村・金判 606 号 54 頁以下）。平成 29 年民法改正に伴う手形法 71 条・小切手法 52 条の改正は，留保事項を定める第二附属書の規定に依拠した，統一規定の国内法化に当たって許容される範囲の改正である。

1.2 白 地 手 形   **127**

れに対し，積極説をとる判例・学説は，未補充の白地手形にも何らかの権利または法的地位が表章されており（潜在的権利，条件付権利），それと補充によって生ずる手形上の権利との一定程度の同一性を認めうるのだから，未補充の白地手形によっても時効の完成猶予を生じさせることができるとの考え方をとる。さらに，この理論的理由を前提として，満期の記載ある白地手形は，未補充のままでも満期から時効が進行するのだから，それとの比較均衡上，白地手形の所持人がその未完成のままで時効の完成猶予の措置をとれるべきであるという実質的理由をあげる。これに対して，消極説は，このような関係は，手形の文言証券性に基づくものにすぎず，白地補充により補充前に遡って手形上の権利が存在していることを意味するものではないと批判する。さらに，実質的にみて，白地補充権の行使を失念したり，補充の労を惜んだ者を保護する必要は認められないと批判する。

　消極説の説くように，手形法上，白地手形は未完成手形であり，未補充の間は手形上の権利は未だ存在していないということは議論の出発点とされなければならない。しかし，手形法上，未補充白地手形について，一定の範囲で，手形上の権利が存在する場合と同視して取り扱われることが認められている。すなわち，前述のように，白地手形も通常の完成手形と同様な方法で流通され，また流通保護が図られている。したがって，時効の完成猶予の制度の趣旨を検討する必要がある。消滅時効制度の目的は，権利の上に眠れる者は保護されないとすることにあって，権利行使の意思が明らかになりさえすれば時効の完成猶予として十分であるという点を考慮すると [12]，時効の完成猶予事由について

---

12)　前田・131頁以下は，そのままでは権利を行使できない証券である白地手形による訴訟提起によって，権利の上に眠っていないということが客観的に表現されているかは疑問であるとして，時効制度の趣旨に照らして，時効消滅前に，訴訟提起によって対象となる権利の存否について公に確認される手続きがとられた以上は，その後は，その権利については，時効による解決はなされるべきではなく，その手続において，公にその存否が確認されるべきであることに，時効の完成猶予の効力を認めるべき根拠があるとする。

　手形の請求には支払呈示が不可欠ではあるが，時効の完成猶予との関係での支払呈示に関しては，時効制度の趣旨の考慮の下で，訴訟の中で権利者資格，手形の真正性，さらには手形の有効性の確認といった呈示証券性の基礎にある債務者保護のための要請が満たされれば，時効の完成猶予を認めてよいとの考え方が判例を中心にとられてきたと思われる。

　時効の完成猶予の一事由である裁判上の請求の場合（民 147 条 1 項 1 号）には，手形の呈示も，訴状の送達も要さずに，訴えの提起があれば時効の完成猶予の効力を生じる（民訴 147 条）とされ，手形を所持しない実質的権利者による訴え提起も時効の完成猶予の効力があるとされており（最判昭 ↗

弾力的に解することができると思われる。さらに，満期の記載ある白地手形の消滅時効が満期を起算日として計算されることとの比較均衡を考慮すれば，積極説を支持すべきである。

5. 白地補充権の行使

(1) 白地補充権の行使時期

白地補充権の行使時期に関して合意がある場合には，その期限内に補充権は行使されなければならない。この期限経過後は白地補充権は消滅するから，それ以後の補充は不当補充に該当する。しかし，このような不当補充も，善意・無重過失の第三者に対しては，手形法10条の規定により対抗できないと解される。

満期が記載されている手形については，支払呈示期間内に白地を補充して請求しなければ，遡求権が保全できないので，遡求をなすためには，これまでに

◢ 39・11・24民集18巻9号1952頁），訴訟提起段階では，手形を所持していることは未確定だが，口頭弁論終結時点でそれが認められれば，遡って，訴訟提起時点で有効な支払呈示があったものとして取り扱われる。

白地未補充手形による訴え提起に時効の完成猶予の効力を認めるという立場をみてみると（以下，図Ⅱ-2参照），この白地手形に基づく請求が認容されるか否かは，口頭弁論終結時までの有効な白地補充の有無にかかっており（前述125頁），その有効な白地補充権の行使の可否は，訴えの提起による時効の完成猶予の有無にかかっている。これは白地手形は未完成手形であり未補充のままでは有効に請求できないとする立場からは認めがたい結果である。

判例はこの点に関して，未補充の白地手形にもすでにして何らかの権利が表章されているとして根拠づけようとするが，私は，白地手形は未完成手形であり，未補充の間は手形上の権利は未だ存在していないとしたうえで，手形法上，手形上の権利が存在する場合と同視して取り扱われることが認められていることから（10条による流通保護），権利の上に眠れる者は保護しないとの時効制度の趣旨に照らしてみれば，時効の完成猶予事由に関して弾力的に考えることができ，手形上の権利が成立していなくともこの場合に時効の完成猶予を認めることができると考える。このように考えると上述の見解と異なり，消滅時効制度の趣旨に照らして，権利行使の意思が明らかになりさえすれば時効の完成猶予として十分であるということが根拠となるといってよい。

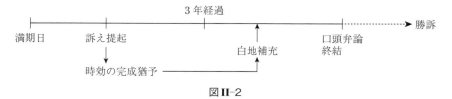

図Ⅱ-2

白地を補充することが必要になる。

白地補充権は一般に取消権や解除権と同様に形成権の一種と解されている[13]。この白地補充権の行使時期に関しては，白地補充権の消滅時効による制限が問題になる。しかし，満期の記載がある白地手形については，満期後3年で主たる手形債務者に対する権利が消滅時効にかかるから，それまでに白地補充権を行使しておかなければならない。これについては，補充権それ自体が別個独立に時効消滅するのではなく，手形上の権利が消滅しない限りこれを行使できるのであって（最判昭45・11・11民集24巻12号1876頁），補充権それ自体の消滅時効を問題にする実益はない[14]。

(2) 白地補充権の時効

満期が白地の手形については，上と異なり，形成権の一種である補充権自体の消滅時効が問題とされる。古い判例には，白地補充権は形成権であるから，その時効期間は20年である（民166条2項）とするものもあったが，現在主張されているこの問題に関する見解の第一は，5年の時効期間によって消滅する

---

13) 倉澤・127頁は，白地補充権を欠缺要件を記載する権限と解する。同様に，大塚［龍］・ジュリ1046号（平成五年度重要判例解説）130頁は，補充権を代理権と同様の権限ないし権能であるとみる。補充権を権限と解するにしても，その行使・存続期間の限定が問題になるが，権限は消滅時効制度とはなじまず，権限授与行為または当該権限の性質によって行使期間が定まるとする。しかし，権限といっても，代理人の権限とは異なり，この白地補充権は権限者がそれを行使して，それにより自分自身が，代理関係の本人に対比される当該手形の振出人に対する権利を有するに至るためのものである。

民法108条1項では，本人の利益を保護するために，同一の法律行為につき相手方の代理人となることが原則的に禁止され（自己契約の禁止），本人があらかじめ自己契約を許諾するときは有効とされているが，上の見解は，このような許諾がある場合と解すると思われる。しかし，白地補充に関してはその補充内容に関する合意の存在が前提とされ，それに反する不当補充の抗弁の対抗が善意の第三者に対して制限されることに照らせば，債務者自身の認識にとって，白地補充権を単に債務者の意図どおりに補充させるという権限とみることは無理があるというべきであろう。白地補充権は代理権限に対比されるべきものと解するよりも，やはり権利としての性格を認めるべきではないだろうか。

14) 最判平5・7・20民集47巻7号4652頁は，次項に述べる5年説に立ったうえで，満期日と振出日，受取人名を白地として振り出された手形に関して，白地補充権の授与の時点から5年以内の時点で満期日が補充された場合には，その他の手形要件の白地補充権は，手形上の権利と別個独立に時効によって消滅することなく，手形上の権利が消滅しない限り行使できるとして，その記載された満期から3年の手形債権の消滅時効期間内に振出日・受取人名が補充された場合に，所持人の権利行使を認めている。これに対して，その控訴審判決（大阪高判平3・7・30金判934号6頁）は，白地補充権は，満期日および振出日・受取人名のいずれについても，白地補充権授与の時点から5年以内に行使されるべきとしていた。

とする5年説である。平成29年（2017年）改正前民法と同改正前商法の下では，形成権であってもその行使によって債権が発生する場合には，債権としての時効期間を問題にすべきであるとして，この場合は白地補充権の授与は「手形に関する行為」に準ずるものであり，したがって，白地補充権は「商行為により生じた債権」（商501条4号・旧商522条）に準じて考えられるから5年で消滅時効にかかると主張された。最高裁判例はこの見解をとっていた（最判昭36・11・24民集15巻10号2536頁，最判昭44・2・20民集23巻2号427頁）。

　平成29年改正前の民法・商法の下では，商行為によって生じた債権の消滅時効の期間は5年とされていたが，しかし，同年民法改正に伴い，商法においても消滅時効期間に関する規律は民法の規定に従うことになった。民法166条1項は，「権利を行使することができることを知った時から5年」または「権利を行使することができる時から10年」としているが，商行為によって生じた債権については，通常は，「権利を行使することができる時」に「権利を行使することができることを知った」ということができるから，旧商法522条を削除しても，規律の実質に大きな変更はないとされる（大野・商事2154号5頁）。

　上掲の最判昭和44年2月20日は，白地補充権の時効の始期について，「これを行使しうべきときから」（この事案では手形交付時とする）としていた。満期白地の白地手形を取得した者は，取得時においてその手形が満期白地の手形であることを当然に認識していると解され，その手形上の権利を行使するためには，満期の白地を補充する必要があることは知っているはずであり，かつ，通常はいつでも白地補充権を行使できる地位にある。したがって，民法166条1項の適用に関しては，判例は，白地補充権の授与は商行為である「手形に関する行為」（商501条4号）に準ずるものであり，白地補充権は商行為によって生じた債権に準ずる権利であるとしたうえで，白地手形を取得後，いつでも白地補充権を補充できる通常的場合を前提として，白地補充権の時効期間について，「権利を行使することができることを知ったときから」（白地手形取得時から）5年が適用されるとしているものと，現行法に合わせて解することができ，判例の5年説をとる立場は維持されうるだろう。なお，当事者間の合意により手形所持人が後の一定の時点まで白地補充権を行使できないとされている場合にあっても，その時点から，手形所持人は，白地補充権を行使できることを知

1.2 白地手形

ったことになると解することになる。第二は3年説であって，所持人はいつでも白地を補充して請求できるから，満期の到来している手形と同様に，主たる手形債務者に対して3年で時効消滅し，補充権もこれにより消滅するとする。この説は，補充権自体の独立した時効消滅を問題にするのではなく，補充権は手形上の権利自体の消滅時効に服するものとしている。

学説上は理由付けはさまざまであるが3年説をとるものが多い。この中で上記の説は，形成権（補充権）の存続期間に関する近時の民法上の議論（下記）が，形成権自体の存続期間を考えるべきではないとするのと結果において一致している。この3年説は，このような白地手形を満期の到来している手形と同視して，3年の消滅時効の起算点を振出交付の時点としているが，それでは，3年以内に補充しても主たる債務者の責任は3年の経過によって当然に消滅すると考えないと一貫しないことになるから（鈴木=前田・224頁。たとえば，約1年後を満期とする合意がある場合を考えてみよ），満期の記載ある白地手形との均衡を失することになるし，かつ，満期白地の白地手形としての本来の機能を果せなくなってしまうという難点がある。

近時の学説上は，形成権それ自体の存続期間は考えられるべきではなく，形成権（補充権）の存続期間は，その行使によって発生する本体的な権利（手形上の権利）の消滅時効期間によって定まるとする民法学説に依拠して，補充権それ自体の独立した時効消滅を問題にすべきではないとし[15]，補充権は手形上の権利自体の消滅時効期間に服するものと解し，白地補充権の存続期間（消滅時効期間）を3年と解する見解が有力である。

しかし，この立場によると，その行使期間の始期（起算点）をどの時点として理解するかに関して問題を生じ，白地補充をして手形上の権利を行使することが白地手形授受の当事者間の実質関係上法律的に可能になった時と解して，必ずしも振出交付時とは一致しないとする見解が主張されている（上柳・492

15）このような民法学説は，解除権や取消権とそれに基づいて生じる現状回復請求権や損害賠償請求権とを一体として行使期間をとらえる。現状回復請求権等については10年の時効期間の定めがあるから，両者の行使期間を合わせて消滅時効期間を10年とみるべきとするが（幾代・民法総則［第二版］524頁），しかし，満期白地手形の場合には，その満期の補充により権利の内容（記載できる満期の幅があることを見落してはならない）が確定することになるため，白地補充権と解除権等を同一に取り扱えない面もあることは認識されるべきである。

頁以下）。このような立場では，合意された満期（弁済期）が起算点としての意義を有しているが，最近ではさらにこの点を徹底して，補充権の行使時期は，当事者間での合意または合理的意思解釈によって決まり，この期間経過後の補充の問題は，補充権の時効消滅の問題ではなく，手形法 10 条の不当補充の問題となるとする見解も主張されている（後藤・142 頁以下，同・金法 1396 号 17頁以下）。

　この満期補充に関する合意の存在を重視し，合意に反する満期補充を不当補充と解する見解に対していえば，補充権授与契約の実体において，満期に関する合意といっても確定的に特定の日が定まる場合だけでなく，いつ以降は請求できるという意味の場合も多いと考えられ，債権者側に一定時期以後であればいつ請求するかの選択権が与えられていると解すべき場合も多いと思われる。さらに，手形債権を行使できる時期の到来自体が明確でないような場合も考えられる。

　そもそも，一定の時点が到来すれば請求できると合意されていても，手形については，その請求権行使可能な時期以後は債権者がいつを満期として記載して手形債権を行使するかは原則的に自由であるといってよいだろう。そうなると，補充権を行使すべき時期の始期はある程度確定できても，手形債権の消滅時効の完成時期確定が困難となってこないだろうか。このような補充権をいつまでに行使すべきか，いつを満期とすべきかを確定できない場合をも，当事者の意思の合理的解釈として一定の期間で区切って，以後は不当な白地補充の場合にあたると解することができるのであろうかという疑問がある。

　白地手形に関して積み重ねられてきた判例が，白地補充権を形成権とみて，満期白地の手形について白地補充権独自の消滅時効という考え方をとってきたのは，白地手形に関する法律関係の早期決着のため，および，白地補充権行使期間の明確な確定のためであると解されることから，むしろ，当事者の意思とはかかわりなく，白地補充権を手形の満期と無関係に消滅させるという構成がとられるべきであろう。白地補充権の消滅時効の起算点は，満期が白地の手形にあっては，実際の振出日よりはもう少し遅らせて，当事者の合意に基づいて満期として記載しうる時から（この時点以降は請求できるという時から）と解し，そのうえで，この手形をこの時点において直ちに請求できる満期の到来した手

1.2 白 地 手 形

形とみて，この時点から 3 年間が補充権の消滅時効期間と考えるべきであろう。

上にみたように，白地補充権の消滅時効の起算点は当事者の合意に大きくかかわっていると認められる。ところで，補充権の消滅時効が完成した後で補充された手形を善意で取得したり，未だ補充されていない手形を善意で取得してこれに補充をした場合には，取得者は保護されるだろうか。時効による手形債務の消滅は証券上から明らかであるか否かにかかわりなく物的抗弁にあたると解されていることとの関係上取得者の保護は困難であろうか。

しかし，補充権の消滅時効の起算点が当事者の合意にかかるとする点はこれらの場合に白地補充権の消滅時効を，白地補充に関する合意内容についてと同様に人的抗弁と解して，白地補充権の時効消滅後の補充を不当補充の一場合とみることを可能としよう。下級審の判決には，白地補充権の時効消滅を物的抗弁と解することは手形・小切手取引の安全を不当に害するとして，手形法 10 条・小切手法 13 条の類推適用により，善意の取得者の保護を図ろうとするものがあるが（札幌高判昭 44・8・13 下民集 20 巻 7・8 号 580 頁，大阪地判平元・11・30 判時 1363 号 147 頁），妥当である。その理由として，手形・小切手の記載上からは補充権の時効の起算点，完成を知らないという事柄に求める考え方もあろうが（田邊・ジュリ 980 号（平成二年度重要判例解説）106 頁以下），これは単に実質的理由であるにとどまり，理論的理由とはできない[16]。

白地補充権の時効消滅を物的抗弁でなく人的抗弁として解することは，このような実質的理由とともに，白地補充権の消滅時効の起算点が当事者の合意に帰せられるという理由によって初めて正当化されるだろう[17]。

---

[16] なぜなら，一覧払手形や一覧後定期払手形の時効についてのように，時効の始期・完成が手形面上から分かるか否かということは時効消滅を物的抗弁と解することとは何らかかわりがなく，時効消滅の抗弁の物的抗弁性は，もっぱら時効制度が法律関係の画一的確定を図るという一般の利益のための法制度であることに基づいているからである。

[17] 札幌高判昭 44・8・13 は，満期が白地で振出日の記載がある約束手形を白地補充がなされた後に，不当補充の事実を知らずに時効消滅後に取得したケースに関するものであるが，大阪地判平元・11・30 は，未補充の振出日白地の小切手を取得した者が交付日より 5 年以上を経過した時点で自ら補充をしたケースについてである。手形法 10 条の解釈に関して指摘されているのと同様に，手形取引の安全の面から，白地補充権の時効消滅に対して善意の第三者を保護すべき必要性は，白地補充後に取得した第三者であろうと，白地未補充の手形・小切手を取得する第三者であろうと変わりはないと解される。

(3) 白地補充の訂正

　白地手形の所持人がいったん白地を補充した後であっても，手形がこの補充権者の手許にあり，第三者に移転していない間で，かつ，手形債権および白地補充権について時効が成立していない間は，白地補充の訂正が可能である。その訂正は訴訟継続中においても可能であり，補充権者は，事実審の最終の口頭弁論終結以前であれば，訂正をなしうると考えてよい。

　通説・判例も白地補充の訂正を認める（名古屋高判昭59・9・27金判707号27頁）。白地補充権の中には，当然に，誤った補充について，補充権授与者と補充権者との間に合意された正しい内容に合致する訂正をなしうる権限が含まれていると考えられるが，さらに，本来の補充権の範囲に属する正しい補充がなされることにより，補充権は完全に行使されたことになるといってよい。

2

約束手形の流通

2.1 裏　　書

1. 裏書の意義

(1) 手形上の権利の移転と裏書

　手形債権も通常の債権と同様に，他人に譲渡することができる。たとえば，約束手形の受取人は，他人に対して負っている債務の支払いのために手形を譲渡し，また，手形を割引くために譲渡する。手形の譲渡・移転の方法としては，通常的な民法の債権譲渡の方式によることも，相続，会社の合併，包括遺贈や，転付命令，競売によることも可能だが，最も一般的な方法が，手形法的流通方法である裏書である。なお，白地式裏書のなされた後または受取人白地の手形については交付による移転が可能である。

　手形が支払いの手段および信用利用の手段としての経済的機能を果しうる基盤として，手形の流通性が保障されなければならない。流通性は手形にとって不可欠な本質的要素であって，手形の流適性・移転可能性を完全に排除することはできない。そこで，手形上に第三者への一切の譲渡を禁止する旨の記載がなされたときには，このような記載は手形の本質に反する有害的記載事項として手形を無効にする。

(2)　裏書の法的性質

　手形・小切手制度の発展のうえでみれば，裏書制度の出現と発展により，同一の手形証券によって複数の債務を決済することが可能となり，手形の支払手段的機能が発展することとなった。裏書は16世紀末から17世紀初頭にかけてイタリアにおいて発生したとされている。それは商取引界の需要に基づいて，商慣習上で徐々に形成されてきたのであり，この制度の直接的前身がどのような制度であったかは明確に確定されていない（裏書の歴史に関しては，大隅「手形裏書の史的概観（1）」法学論叢24巻3号388頁以下，川村・前掲一橋論叢84巻4号126頁以下）。裏書制度は1610〜1640年の間にネーデルランドのブリュージュ，アンベルスといった当時の商取引の大中心地であった諸都市で大きな普及をみて確立されるに至った。

　今日，裏書は，特殊な債権譲渡であると一般に認められている（通説）。かつては，手形抗弁制限の制度の法的根拠付けとの関係において，裏書の債権譲渡効力を否定する見解（それは裏書に関する理論により，手形の取得者に前者の有する権利から独立した固有の手形上の権利を付与しようとする試みである）もあったが，今日では，手形法14条1項が裏書により一切の手形上の権利が移転されると規定し，この規定は裏書の債権譲渡性を認めるものと一般に解されている。

　上のように現在のわが国の通説は，裏書の本質を債権譲渡にみている。民法上の債権譲渡にあっては，債権はその同一性を失うことなく譲受人に移転される。したがって，債権譲渡一般にあっては，抗弁はその債権に付着したまま承継的に移転され，譲受人に対しても対抗できる（nemo plus iuris transferre potest quam ipse habet（誰も自分の有する以上の権利を移転することはできない）の原則の妥当，民468条1項参照）[1]。しかし，手形法においては，通常の債権譲渡の場

---

　1)　民法468条1項は，「債務者は，対抗要件具備時までに譲渡人に対して生じた事由をもって譲受人に対抗することができる。」とし，かつ，平成29年（2017年）改正前民法の同項から，「債務者が異議をとどめないで債権譲渡の承諾をしたときは，譲渡人に対抗することができた事由があっても，これをもって譲受人に対抗することができない。」旨の規定（異議をとどめない承諾の制度）を削除している。これにより，債権譲渡に当たっては，債務者が抗弁を放棄する旨の意思表示をしない限り，抗弁は承継されることになるから，債権譲渡に当たり，抗弁の承継が原則であることを明言しているといえる。

合と異なって，手形流通の強化という経済的目的のために，裏書による手形債権の承継取得において，手形譲受人に対して抗弁の対抗が制限され（手77条1項1号・17条），善意取得がなされうる（手77条1項1号・16条2項）といった効果が生じるのである。そこで，手形流通保護の制度が作用するという意味において，一般に裏書は特殊な債権譲渡であるといわれる。そして，裏書というときには，通常は上のような効果を伴って手形債権を譲渡する効力をもった譲渡裏書を意味するが，裏書には特殊な効力を伴うものがあり，それが取立委任裏書（手77条1項1号・18条）および質入裏書（手77条1項1号・19条）である。

(3) 裏書譲渡性の排除

手形は，指図式で振り出されている場合はもとより，記名式であって指図文句の記載のない場合にも，裏書によって譲渡することのできる指図証券であって，法律上当然の指図証券である（手77条1項1号・11条1項）。けれども，手形の振出人が手形上に「指図禁止」という文字またはこれと同一の意義を有する文言を記載したときは，このような手形を指図禁止手形といい，裏書によって譲渡することができない。指図禁止文句としては，「裏書禁止」「裏書譲渡禁ず」「A殿に限り支払うものとする」といった記載でも十分である。さらに，受取人の氏名に続けて「限り」と記載した「A殿限り」という記載も，指図禁止文句の記載として十分なものである（最判昭56・10・1金判637号3頁）。統一手形用紙に印刷された指図文句が抹消されておらず，手形面上指図文句と指図禁止文句とが併記されている場合には，指図禁止文句の効力が優先する（最判昭53・4・24判時893号86頁）（前述109頁）。

指図禁止手形は民法の債権譲渡の方式にしたがってかつその効力のみをもって譲渡できるにすぎない（手11条2項）。民法の債権譲渡の方式による場合には，裏書による場合とは異なり，その効果として人的抗弁の切断が生じないから（参照，民468条1項），振出人は受取人（譲渡人）に対して有するすべての抗弁を譲受人にも対抗できることになる。そこで，たとえば，将来負担するかもしれない債務の担保のために手形を振り出すといった場合には，勝手に第三者に裏書譲渡されて振出原因に基づく抗弁が切断されてしまうことのないよう，

指図禁止手形が利用される。

指図禁止手形は，通常の手形が指図証券であるのと異なり，記名証券に属する。しかし，手形法 11 条 2 項の趣旨は，指図禁止文句により裏書譲渡性が排除されるという点以外では，この手形をできるだけ通常の手形と同様に取扱うということにあると考えるべきである。そこで，指図禁止手形は，呈示証券性・受戻証券性を有するのみにとどまらず，その譲渡に手形の交付が必要である（通説）。指図禁止手形の民法の債権譲渡の方式による譲渡にあたっては，手形の交付の他に，債務者への譲渡の通知または債務者による譲渡の承諾という対抗要件の充足が必要と解される（最判昭 40・4・1 判時 411 号 79 頁，最判昭 41・11・10 民集 20 巻 9 号 1697 頁）。なお，この方法による譲渡には裏書という流通方法による譲渡に特有な譲渡人の担保責任の負担という効力が認められないのは当然である（手 77 条 1 項 1 号・15 条 1 項，77 条 1 項 4 号・43 条参照）。

指図禁止文句の記載のない通常の手形を民法の債権譲渡の方式によって譲渡できるかに関しては，法が裏書以外の方法による譲渡を禁止しているとは考えられないことから，通説・判例（最判昭 49・2・28 民集 28 巻 1 号 121 頁）はそれによる譲渡を認める。そして，指図禁止手形の場合と同様に，この方式による譲渡にあたっては，手形の交付と民法的対抗要件の充足とが要件である[2]。

なお，一部裏書の禁止を規定する手形法 12 条 2 項の趣旨に照らして（後述 142 頁以下），手形債権の一部を民法の債権譲渡の方式により譲渡することは許されないと解される（最判昭 60・7・2 金判 735 号 12 頁）。

2. 裏書の方式

(1) 裏書行為の成立

裏書は，手形行為の一種である。裏書行為は，裏書という書面行為と，手形の任意の手放し（交付）とからなる。裏書は，通常は手形の裏面になされ，統

---

2) 指図禁止手形は民法の債権譲渡の方式によってのみ譲渡でき，その譲渡には手形の交付のみならず，民法 467 条の規定する譲渡人から債務者への譲渡通知または債務者の承諾という対抗要件の充足が必要だが，この場合に，指図禁止手形に記名式裏書がなされたうえで譲受人に交付され，この手形が債務者に対して支払呈示されるときには，この裏書の中に譲渡人による債権譲渡の意思の表示および債務者への譲渡通知の意思を認めて，手形の支払呈示により右通知が債務者に到達したものと考えることが可能である（参照，大阪高判昭 55・12・2 金判 614 号 12 頁）。

一手形用紙（329頁）はそれを予想して裏面に裏書欄を設けている。しかし，裏書は手形の表面になしてもよく，また，裏書欄が一杯になったとき，また余白をもっても足りないときには，手形に結合した紙片（補箋）にしてもよい（手77条1項1号・13条1項）。ただし，被裏書人名および裏書文句を記載しない白地式裏書の場合に限っては，手形の裏面または補箋にしなければならないとされている（手77条1項1号・13条2項）。これは，上のような裏書人の署名だけによる手形行為が手形の表面になされていると，手形の表面になした単なる署名は保証とみなされてしまうことから（手31条3項），それとの混同をさけるためである。なお，手形の謄本を作成した場合には，それに原本と同一の方法にしたがいかつ同一の効力をもって裏書をして，手形を流通させることができる（手67条）。

(2) 裏書の方式

裏書の方式は被裏書人名の記載の有無にしたがって，記名式裏書と白地式裏書とに分けられる。持参人払式の裏書は，白地式裏書と同一の効力を有する（手77条1項1号・12条3項）。

（イ）　**記名式裏書**　　通常，裏書は，統一手形用紙の裏面に印刷されている裏書欄に，裏書人が必要な事項を記入して，署名をすることにより成立する。その場合に，被裏書人名を記入する裏書の方式が記名式裏書である。法律上有効な記名式裏書であるための要件は，第一に，裏書文句の存在，第二に，裏書人の署名（記名捺印），第三に被裏書人名の記載である（手77条1項1号・13条）。以上のうち，第一の要件に関しては，統一手形用紙裏面に印刷されている裏書欄には，「表記金額を下記被裏書人またはその指図人へお支払いください」といった文句が挿入されており，これが裏書文句に相当する。したがって，裏書人が，被裏書人欄に譲受人である被裏書人の名称を記入して（記名式裏書）または記入しないで（白地式裏書）自らの署名（記名捺印）をして，譲受人に手形を交付すれば，裏書は有効に成立することになる。第二の要件である裏書人の署名（記名捺印）は，手形行為であることからいうまでもなく不可欠な要件である。手形の受取人が複数であるときには，共同受取人全員が共同して裏書署名をして譲渡することが必要となる。そのうちの一人だけが裏書をした場合に

は，形式的に裏書の連続を欠くことになる（後述のように，裏書をした共同受取人に他の者が権利の持分を移転済であるという実質関係や実際にはこの裏書が共同の裏書であったことの実質的な証明によって連続を架橋することができる）。

（ロ）　**白地式裏書**　　裏書は，被裏書人名を記載しないことも可能であり，それが白地式裏書である（手77条1項1号・13条2項）。白地式裏書には二種類あり，その一は，裏書文句を伴うものであり，その二は，それを欠いて，裏書人の署名（記名捺印）だけによるものである（後者のものはとくに簡略白地式裏書と呼ばれる）。統一手形用紙には，裏書欄に裏書文句が印刷されているので，手形裏面に裏書人の署名だけによる白地式裏書がなされることはない。

　白地式裏書もその効力において記名式裏書とまったく異なることはない。この白地式裏書により手形を譲り受けた者は，当然に適法な手形上の権利者として推定される（手77条1項1号・16条1項）。この譲受人である手形所持人は，手形上の権利を行使する場合に，自己の名称をもって白地を補充することもできるが（手77条1項1号・14条2項1号），未補充のままで権利を行使することもできる。この手形所持人が，他の者に手形を譲渡しようとする場合には，自らの裏書をしないで直接その譲受人の名称を補充して，手形を引き渡すだけでもよく（手77条1項1号・14条2項1号），または，自己の名称を補充したうえで，もしくは補充しないまま，譲受人に対して記名式裏書もしくは白地式裏書をなすこともできる（手77条1項1号・14条2項1・2号）。さらに，白地を自己の名称あるいは他人の名称で補充することをしないまま，裏書もなさずに，単に譲受人に手形を引き渡すだけで譲渡することもできる（手77条1項1号・14条2項3号）。

　白地式裏書のなされた場合と記名式裏書のなされた場合との効果面での相違は，主に白地式裏書により手形を取得した者について認められる。この譲受人は，単なる引渡しだけで譲渡ができ，手形上の記載からは裏書人ではないから，以後の手形所持人に対して担保責任を負うことがない。そこで，白地式裏書の効用として，以下の諸点をあげることができる。すなわち，第一に，いったん白地式裏書がなされると，以後は，裏書によるよりも簡便な引渡しだけで譲渡が可能となり，また，譲渡人が担保責任を負わないから，手形の流通力が増大

2.1 裏　　　書　　　141

する。第二に，手形の不渡により遡求が開始されても，遡求義務者が少数であるため遡求金額の増大を防ぐことになる（遡求は繰り返されるほど支払われるべき金額が増大する結果になる）（参照，手77条1項4号・49条）。第三に，白地式裏書のある手形の譲受人は，無担保文句の記載（手77条1項1号・15条1項）や裏書禁止文句の記載（手77条1項1号・15条2項）の場合のように，以後の手形取得者に手形の信用力について疑念を抱かせることなく，自己の担保責任を排除して譲渡することができる。

(3)　要件以外の記載事項

（イ）　**有益的記載事項**　　記載しなくても裏書の有効性にはかかわりがないが，裏書に付加して記載をすれば効力の認められる有益的記載事項としては，以下のものがあげられる。

① 　無担保文句，裏書禁止文句（手77条1項1号・15条）。

② 　裏書の日付（手77条1項1号・20条2項）。

③ 　一覧後定期払手形について一覧のための呈示期間の短縮（手78条2項・23条3項）。

④ 　一覧払手形の呈示期間の短縮（手77条1項2号・34条1項）。

⑤ 　裏書人の住所（手77条1項4号・45条3項）。

⑥ 　拒絶証書作成免除文句（手77条1項4号・46条）。

以上のうち，裏書の日付および裏書人の住所は，統一手形用紙の裏書欄中に記入のための欄が設けられているので，記入するのが普通である。裏書の日付の記載があれば，その日に裏書がなされたものと一応推定され，裏書が支払拒絶証書作成期間経過前になされたものかどうかの判断基準となる。日付を欠く場合には，この期間経過前に裏書されたものと法律上推定されるから（手77条1項1号・20条2項），期限後に裏書する場合には，裏書日付を記載しておくのが裏書人にとり有利である。また，日付は，裏書人が裏書の時点で行為能力や資格を有していたかどうかを判断する際の一応の基準になる。

しかし，裏書日付は本来裏書の要件ではないから，記載された日付が手形要件と矛盾したり，無意味なものであれば，その限りで記載がないものとみなせばよく，裏書の日付が暦にない日であっても，振出日付より前であっても，裏

書の効力に影響せず，また，正しい日付が記載されている必要もない。他方，裏書人の住所を記載しないでおくと，手形が不渡になったときに，遡求の通知を受けられないという不利益が裏書人に生じうる（手77条1項4号・45条3項）。

拒絶証書作成免除文句は，統一手形用紙の裏書欄にはあらかじめ印刷されているから，わが国においては通常は遡求の要件から拒絶証書の作成という要件は除かれている関係にある。無担保文句・裏書禁止文句に関しては後述 3.(3) を参照のこと。

（ロ）　**無益的記載事項**　　手形行為一般と同様に，裏書は単純でなければならず，裏書に条件をつけることは許されない。裏書に条件が付されていると，裏書自体が無効となるのではなく，裏書に付した条件だけが記載せざるものとみなされる（手77条1項1号・12条1項）。

（ハ）　**有害的記載事項**　　手形金額の一部の裏書は無効である（手77条1項1号・12条2項）。手形上の権利は手形証券と不可分な形で結合されており，一つの手形証券に対しては，その表章する手形金額の支払いを内容とする一つの手形上の権利（手形債権）しか存在しない。したがって，手形債権は本来的に分割できないものであって，それを分割して，裏書人が手形金額の一部についての権利だけを他に譲渡し，残りの部分を自己が保有したり，さらに別の者に譲渡しようとして，手形金額の一部のみを裏書譲渡することは，手形債権の不可分一体性と衝突するので，一部裏書は禁止されているのである。このような理論的根拠に加えて，一部裏書禁止の実質的理由として，一部裏書により手形金額の単一性・一定性が崩され，複数の者がそれぞれ独立した権利者となり，手形上の権利の行使関係，譲渡関係はきわめて複雑になるのみならず，本来一つに確定するはずの支払期日が，一覧払手形・一覧後定期払手形については複数存在することになり，はなはだ複雑な法律関係を生ずることがあげられる。

なお，上のような一部裏書禁止の趣旨に照らせば，数人に共有的に手形が譲渡される場合や，裏書は手形金の全額についてなされるが，一部は被裏書人の計算において取り立て，残額は裏書人の計算において取り立てるという手形外の合意がある場合（たとえば銀行が手形の一部割引をなす場合）には，一部裏書にあたらないと解されている（大隅=河本・152頁）。

手形法上では，所持人・遡求義務者の利益を配慮して，上の手形債権と手形

証券の一体性の例外として一部支払の制度（手77条1項3号・39条2項），および為替手形の一部引受けの制度（手26条1項）が認められている。そこで，一部支払のなされた後で一部支払済の記載（手77条1項3号・39条3項）のある手形により，所持人が支払われていない残額分を裏書譲渡する場合や，為替手形の一部引受けがなされたときに，手形金額の引受けのない部分につき満期前に遡求権を行使した後で（手43条1号），その支払済の旨の記載のある（手51条）手形を裏書譲渡する場合がありうる。これは，一部裏書が例外的に有効な場合とみることもできるが，一部支払が手形上で明らかな限りは，手形金額がそれだけ減少した手形の譲渡裏書として，この裏書を一部裏書と解する必要はない。

3. 裏書の効力

通常，譲渡裏書には，権利移転的効力，資格授与的効力，および担保的効力の三つの効力がある。ただし，特殊の裏書については，それぞれの裏書により効力を異にし，以下の三つの効力を必ずしも伴うわけではない。

(1) 権利移転的効力

裏書は手形より生ずる一切の権利を移転する（手77条1項1号・14条1項）。裏書によって裏書人が有している手形債権が被裏書人・譲受人に承継的に移転される。それは債権譲渡の一種といえるが[3]，前述のように，裏書による手形債権の承継的な移転においては，民法の債権譲渡におけるのと異なって，抗弁の切断や善意取得といった流通保護の制度が作用するので，それは特殊な債権譲渡であるといわれ，このような裏書は譲渡裏書と呼ばれる。

このような譲渡裏書によって移転されるのは手形上の権利である。したがって，主たる手形債務者に対する手形金請求権だけでなく，裏書人に対する将来の遡求権および手形保証人に対する権利などがそれに含まれる。なお，通常，手形上の権利の移転・取得とともに，手形に関する権利（手形所有権）も移

---

3) 手形法の歴史の中で，裏書は債権譲渡効力を有するものとして確立されており，今日，裏書の債権譲渡効力は広く一般に認められているが，この点に関しては，川村・手形抗弁206頁以下参照。

転・取得されるが，それは，手形証券が手形上の権利のための手段にしかすぎず，原則的に手形上の権利と手形所有権とは一体としてみられ，手形上の権利の移転にしたがい手形所有権も移転されるという事柄の結果によるものであって，譲渡裏書に特有な現象でもなければ，その権利移転的効力自体に含められることでもない。

　手形債権に付随する質権や抵当権，民法上の保証債権といった担保権が，手形上の権利に伴って同時に移転するかに関しては争いがある。手形法14条1項が移転するとなしているのは手形上の権利に限定されているから，それ以外の手形外の権利が裏書そのものの効力によって移転すると考えることはできないと解すべきである（通説）。しかし，当事者の意思は，手形債権の強化のために担保権を設定することにあるので，反対の意思が明らかでない限り，担保権の随伴性に依拠して，裏書の基礎たる実質関係において手形債権に付随して移転することを認めるほうが適当であるとする有力な少数説もある（田中［誠］・下503頁，伊沢・383頁。鈴木＝前田・247頁は，この立場をとりつつも，より厳格に，移転排除の特約のある場合はもちろん，被裏書人が担保権の存在を知らない場合にも，移転を認める必要はないとする）。

(2)　資格授与的効力

　（イ）　意義　　手形面上で，受取人が第一裏書の裏書人となり，第一裏書の被裏書人が第二裏書の裏書人となるというように，裏書が受取人から最後の被裏書人（現在の所持人）にまで間断なく続いていることを裏書の連続があるというが，このような裏書の連続している手形の所持人は，手形上の権利者として推定され，自分が真の権利者であるということを証明しないでも，手形上の権利を行使する資格を有している（手77条1項1号・16条1項）。すなわち，このような手形の所持人には権利者としての形式的資格が与えられる。そして，この被裏書人たる所持人を権利者と信じて手形を取得する者は，たとえこの被裏書人が無権利者であっても有効に権利を取得できる（手77条1項1号・16条2項）。さらに，手形債務者は，このような被裏書人たる所持人に対して支払いをすれば所持人が無権利者であっても，免責される（手77条1項3号・40条3項）。裏書はこのような資格を被裏書人に付与するものであることから，こ

2.1 裏　　　書　　　　　　145

れを裏書の資格授与的効力と呼ぶ。

　手形は裏書という簡易な流通方法により流通に置かれ，振出人と受取人との間の関係を抜け出す。そこで，手形債務者および手形の取得者にとって誰が債権者かは不明確となり，それは，所持人・債務者・取得者にとって不都合な事態を生ぜしめるが，手形法は，裏書の連続する手形を所持する者がもっている権利者らしさ，すなわち権利者としての外観が，通常は真実に合致するものであるという蓋然性に依拠して，外観的権利者である手形所持人に権利者資格を付与する。そして，この外観に対して信頼する手形債務者および取得者の保護を図ることによって，手形の迅速な取立てと手形流通の確保を実現しようとしている。

　手形法16条1項の権利推定は，その条文中の「看做ス」という文字にもかかわらず，反証を許さない擬制ではなく，推定の意味であるとして一般に理解されている（最判昭36・11・24民集15巻10号2519頁）。この推定の性質は，法律上の権利推定である（参照，民188条）と解されており（大隅=河本・166頁），この規定による推定を覆すためには，手形債務者は，その者の無権利，無権限の主張と証明だけでは足りず，さらに善意取得の生じていないことをも主張し証明しなければならない（最判昭41・6・21民集20巻5号1084頁）。そこで，手形上の権利に関する訴訟においては，当事者にとって所持人が権利推定を認められるかどうかは重大な問題であるが，判例は，裏書の連続ある手形を書証として提出した者には，手形法16条1項1文による権利推定が働き，この規定の適用に必要な要件事実の明示的な主張は不要であるとする（最判昭45・6・24民集24巻6号712頁）[4]。

　4）　最判昭45・6・24は，「手形法16条1項の適用を主張するには，連続した裏書の記載のある手形を所持する事実を主張することを要するとするのが判例（最判昭41・3・4民集20巻3号406頁）であるが，およそ手形上の権利を行使しようとする者は，その所持する手形の裏書の連続が欠けているような場合は格別，裏書が連続している限り，その連続する裏書に基づき権利者となっていることを主張するのが当然であって，この場合，立証が必ずしも容易でない実質的権利移転の事実をことさらに主張するものとは，通常考えられないところである。それゆえ，原告が，連続した裏書の記載ある手形を所持し，その手形に基づき手形金の請求をしている場合には，当然に，16条1項の適用の主張があるものと解するのが相当である。そして，これにより被告がその防御方法として16条1項の推定を覆すに足りる事由を主張立証しなければならない立場に置かれるとしても，原告の所持する手形に連続した裏書の記載があることは容易に知りうるところであるから，被告に格別の不意打ちを与え，その立場を不安定にするおそれがあるものとはいえないのである。」と判示する。

（ロ）　裏書の連続　　手形法 16 条 1 項による形式的資格は，裏書の連続による手形所持人の権利者としての外観が通常は真実に合致しているという蓋然性に依拠するものだから，社会通念上，この蓋然性を認めることができる場合には，裏書の連続を肯定することができる。裏書の連続があるというためには，それぞれの裏書が適法性の外観を有し，外観上裏書が連続していることが必要であり，かつそれで足りる。裏書の実質的有効性は問われず，偽造の裏書，無権代理人による裏書が介在していても差支えない。このように裏書の連続の有無は外形的，形式的に判断されるから，たとえ直前の被裏書人と同一人物が裏書をしたのであっても，表示上から同一人と認められない場合には，裏書の連続が中断する一場合となる。

　ところで，手形受取人欄の記載の無権限での抹消・変更がある場合に，これを変造とみる限り（前田・手形百選（新版・増補）69 頁は，受取人の記載の変更は手 69 条にいう変造ではないとする），手形法 69 条によれば，変造前の署名者は原文言にしたがって責任を負うから，手形債務者（振出人）にとり本来の受取人名が意義をもつものとすれば，受取人名の変造がある場合には，常に裏書の連続は認められず，所持人は，実質的に権利を有することを主張・立証しなければならなくなりそうである。しかし，前述（90 頁）のように，判例は，手形法 69 条は，「手形の文言が権限のない者によりほしいままに変更されても一旦有効に成立した手形債務の内容に影響を及ぼさない法理を明らかにしたものであるにすぎず，手形面上，原文言の記載が依然として現実に残存しているものとみなす趣旨ではない」とし，形式的に判断して裏書の連続を認めた（最判昭 49・12・24 民集 28 巻 10 号 2140 頁）。

　今日，判例・学説は，相当広範に裏書の連続を肯定する方向にある。裏書の連続が認められるためには，前の被裏書人の表示と後の裏書人の表示とが一字一句同じである必要はないとされ（大判昭 10・1・22 民集 14 巻 31 頁），二つの記載の間に多少の相違があっても，社会通念上同一性が認められる場合には，裏書の連続を肯定すべきであるとされる。そして，このような考え方は，まずもって誤字・脱字の場合に示されている。たとえば，受取人「日田産林」と裏書人「日田山林」（名古屋高判昭 35・5・25 判時 230 号 30 頁），受取人「高田」と裏書人「高田鉄」（京都地判昭 45・9・7 金法 599 号 35 頁），受取人「青柳酒店」

2.1 裏　　　書　　　147

と裏書人「株式会社青柳酒店」（千葉地判昭46・7・19判時647号83頁）などの例では，裏書の連続が認められている。

さらに，上の考え方は，裏書の連続の有無の判定上，最も問題になる法人（会社）の裏書，とくに，記載が法人（会社）を指すとも個人を指すとも解しうる場合にも示されている。最判昭30・9・30民集9巻10号1513頁は，受取人「愛媛無尽会社岡支店長」，第一裏書人「北宇和郡泉村岡善恵」なる記載に関して，「第一裏書における裏書人は明らかに岡善恵個人名をもって為されているから，第一裏書の記載と対照して，「愛媛無尽会社岡支店長」なる受取人の記載は，むしろ個人たる岡善恵を指称すると解するのは妥当である」と判示した。この判決は，受取人（被裏書人）の記載と裏書署名（記名捺印）との両者の対照関連付けにおいて，社会通念に照らして二つの記載の解釈をなし，もって裏書の連続を判定するという基準を確立したものとして，広く支持されている。以下では，裏書連続の認定の具体例に即して，この基準の具体的適用をみてみよう。

①　A会社とA会社代表者（代理人）B　　受取人「静鉱業部池野鉱業所」と裏書人「池野鉱業所長後藤房三」（大判昭10・1・22民集14巻31頁），受取人「株式会社宇和島造船所」と裏書人「株式会社宇和島造船所東京出張所所長中村省三」（最判昭29・6・8民集8巻6号1029頁）の間には連続が認められている。

②　A会社BとA会社代表B　　第一裏書被裏書人「万代食品工業株式会社鹿取久三郎」と第二裏書裏書人「万代食品工業株式会社取締役社長鹿取久三郎」（最判昭27・11・25民集6巻10号1051頁）との間には連続が認められる。

③　A会社とA会社B　　受取人「有限会社栄華飯店」と裏書人「有限会社栄華飯店呂煥栄」（東京地判昭47・1・29判時663号91頁），受取人「ミツワ商品株式会社」と裏書人「ミツワ商品株式会社黒田知弘」（最判昭56・7・17金判630号15頁）との間には連続が認められた。この場合には②の場合と異なって，裏書人の記載においても代表・代理関係が不明である。

ところで，会社その他の法人が裏書をする場合には，当該法人の代表機関が法人のためにすることを明らかにして，自己の署名（記名捺印）をすることが必要である（最判昭41・9・13民集20巻7号1359頁）。したがって，代表資格の表示（代理資格の表示についても同様である）を欠く裏書署名は，法人の署名

とは認められないことになりそうである。また，裏書の連続を肯定する前提としては，各裏書が形式上有効なものであることも要求される。

確かに，法人の代表者が法人のために手形行為をなす場合に，法人の表示，代表機関の表示，代表者の署名（記名捺印）の三要素を満たすことが必要だが，代表機関の表示についてはその方式につき別段の定めがあるわけではなく，法人のためにすることが認められるような記載があれば足りると解される。A寺B，A寺住職B，A協同組合B，A合資会社Bといった代理人・代表者である旨の表示をまったく欠く記載に関しても，判例上，代理人（代表者）の署名として認定された場合もあるし，単にB個人の職業・勤務先・住所を表示したにすぎないと解された場合もある。最判昭47・2・10民集26巻1号17頁は，「合資会社安心荘　斉藤シズエ」という振出人名義の約束手形について（「安心荘」の部分がやや大きかった），この表示の解釈上は，振出人名義は法人とも個人とも解せるとしている（なお，この事案では，署名者が会社を代表する権限を有していた点は争われていない）。

手形上の表示において，それが，手形行為をなすことを法定権限として有する代理人・代表機関自体を指し示している場合には（たとえば「A会社代表取締役B」という表示），個々の手形行為につき代表権限を与えられている旨を，請求をする所持人の側で証明する必要はないが，それ以外の場合には，個々の手形行為について代表（代理）権限の与えられている旨を証明して初めて会社に対して効力を主張できることになる（前述66頁以下参照）。しかし，裏書連続の有無の判定にとっては，裏書が代表（代理）権限ある者によってなされ，裏書人が真実有効に当該裏書により担保責任を負ったか否かは問題ではなく，あくまでも社会通念に照らして，形式的外形的に判定されるわけであるから，A会社Bなる記載を会社の代表者もしくは代理人による裏書として評価することが可能である以上は裏書連続を肯定してよい。

④　BとA会社B　受取人「B」と裏書人「南洋殖産株式会社B」（東京地判大11・10・28評論11商622）との間に個人の資格として連続が認められた。

⑤　BとA会社代表者（代理人）B　受取人「王利鎬」と裏書人「三越通商株式会社専務取締役王利鎬」（京都地判昭44・5・16判タ238号181頁），受取人「夏原幸一」と裏書人「夏原アルミサッシュ製作所代表者夏原幸一」（京都

地判昭44・7・1判時590号85頁）とは，それぞれ個人の資格において裏書の連続が肯定された。

（ハ）　**被裏書人欄の抹消と裏書の連続**　　抹消された裏書は，裏書の連続の判断の関係では記載せざるものとみなされる（手77条1項1号・16条1項3文）。抹消した者の権限の有無，理由の正当性は問わない。

裏書の連続の判断との関係では，記名式裏書の被裏書人の名称だけが抹消されている場合に，これを白地式裏書と認めるべきか，裏書全部の抹消と認めるべきかに関して争いがある。第一説（権限考慮説）は，権限のある者が抹消したときは白地式裏書となるが，無権限者により抹消されたときには変造にあたり，その抹消は無効であって，抹消前の記載にしたがって記名式裏書になるとする（山尾・256頁，伊沢・378頁）。第二説（全部抹消説）は，被裏書人の表示は重要な事項だから，その抹消は裏書全部の抹消と同視すべきであるとする（鈴木＝前田・284頁，石井＝鴻・232頁，木内・167頁）。第三説（白地式裏書説）は，抹消された部分だけの記載がないものとされて，白地式裏書と認められるとする（田中［誠］・下494頁，大隅＝河本・176頁，前田・173頁，田邊・116頁，中西「戻裏書と裏書の抹消」講座3　130頁など）。

以上のうち，権限考慮説は，裏書の連続の有無はもっぱら形式的外形的に判断すべきだから，抹消権限の有無という手形外の実質的事情にそれをかからせている点で取引の安全を害して不適当である。そして，被裏書人の名称のみが抹消されている外観を社会通念に照らしてみれば，抹消された部分だけが抹消されていると認めることが最も自然であること，手形流通の保護の面からは，被裏書人の名称の抹消を白地式裏書とみるほうが有益であること，さらには，被裏書人の氏名を抹消して，そのかたわらに別人の氏名を被裏書人として記載してある場合には，新たに記載された者を被裏書人とする有効な裏書と解するのが，わが国の取引通念による解釈と合致することから，白地式裏書説をとるべきである。

これに対しては全部抹消説の側から，これを白地式裏書とみるときには抹消者に容易に連続を作り出す手段を与え，不正利用の危険が大きいと批判されている。確かに，全部抹消説による場合には，どこかに白地式裏書があるか，どこかに不正使用者の氏名が被裏書人として記載されているか，または，裏書を

偽造するかによってのみ，裏書の抹消により不正に形式的資格を作り出しうるにすぎないのに対して，白地式裏書説の場合には，最終の被裏書人名の抹消だけで容易に形式的資格を作り出せることになってしまう。

しかし，手形取引の実際に照らせば，白地式裏書の付されている手形の流通も多く，とくに全部抹消説が不正利用の排除の面で優れているともいえず，かえって，被裏書人名の氏名の抹消を白地式裏書とみなすことの便宜の方が大きいであろうから，やはり白地式裏書説をとるべきである[5]。これは多数説といってよい。最高裁判例も白地式裏書説をとる（最判昭61・7・18民集40巻5号977頁）。

（ニ）　**裏書連続の中断とその架橋**　　裏書の連続が外見上中断しているけれども，真実には連続がある場合には，手形法16条1項の形式的資格の付与が手形所持人に権利の承継の証明を省かせ，権利行使を容易にする意図に基づくものであることから，所持人はその実質的な権利の承継の証明によって裏書の連続の断絶を架橋して権利行使できると解されている。そして，所持人の形式的資格は，個々の裏書の有する資格授与的効力の集積に基づくものであり，前後の連続する部分についてまで証明する必要はなく，断絶部分の証明だけで足りると解される（通説）。

裏書人に対する遡求権保全のためには，手形所持人による適法な支払呈示が必要であるが，この支払呈示をなしうる者は，原則的に，裏書の連続する手形を所持する（形式的資格を有する）実質的権利を有している者である。すなわち，遡求権保全のための要件である適法な支払呈示であるためには，主たる手形債務者が免責力をもって支払えるような形式的要件を充足した支払呈示であることが原則的に必要である。そして，実質的権利を有するが裏書の連続を欠く手形の所持人は，その実質的権利を証明して支払呈示すれば遡求権を保全できる

---

5)　全部抹消説によれば，被裏書人の氏名が抹消されたうえ，そのかたわらに新たな被裏書人の氏名の記載がある場合には，そのような抹消・訂正権限のある者によってなされていようとも，形式的資格は認められず，所持人の権利行使のためには，実質関係上の権利移転を証明することが必要になる。この点は全部抹消説が実際に適合しない問題点というべきであるが，この説においては，被裏書人の氏名の抹消された裏書が全部抹消されたものとみなされても，物理的には裏書人の署名は消滅したのではないから，この残存する署名を利用して，被裏書人名を抹消したまま，または，新たに被裏書人名を記入して裏書をなすことができると説かれる（鈴木＝前田・284頁）。しかし，このような形での裏書の効力を認めるべきとすることは，全部抹消説の本来の主張とはなはだしく矛盾しよう。

2.1 裏書 151

が，その証明なしに手形を支払呈示しても，その呈示は適法な支払呈示ではないと解される（大隅=河本・282頁）。

(3) 担保的効力

（イ）意義　裏書人は，被裏書人およびその後者に対して引受けおよび支払いを担保する（手77条1項1号・15条1項）。それらの者が引受け・支払いを受けられない場合には，遡求義務を負担する（手77条1項4号・43条）。これを裏書の担保的効力という。この裏書人の遡求義務は，為替手形の引受人，約束手形の振出人の責任や他の遡求義務者の責任，手形保証人の責任とは合同責任の関係にある（手77条1項4号・47条1項）。

裏書人の担保責任は，裏書による権利移転の結果，法によって生ずるものである。学説中には，裏書人の担保責任の根拠を，裏書人は裏書をなすことにより担保責任を負うとの意思表示をなしているということに求める見解もあるが（鈴木=前田・114頁・256頁），通説は，裏書の本質が債権譲渡にあることから，担保責任は，手形流通力の強化のために，手形法がとくに認めた法定責任にほかならないと解する。この担保関係は，被裏書人による再度の裏書により移転されることはない。この被裏書人は裏書にもかかわらず，担保に対する権利を保有している。この担保に対する権利の行使は手形の受戻しによる手形上の権利の再取得と遡求権（再遡求権）の取得とにかかっている。

裏書人は裏書に担保責任を排除する旨の記載，たとえば「無担保」「支払無担保」（無担保文句）を付記することができる（手77条1項1号・15条1項）。これを無担保裏書という。なお，担保責任を手形金額の一部に限定することもできる。さらに，裏書人は，以後の新たな裏書を禁ずる旨（裏書禁止文句）を付記して裏書することができる（手77条1項1号・15条2項）。これを裏書禁止裏書（禁転裏書）という。この規定の法文によれば，この記載により，裏書人は直接の被裏書人に対しては当然担保責任を負うが，被裏書人の後者に対しては担保責任を負わないことになりそうである。通説は，この規定の法文を忠実に理解して，以後の被裏書人はこの裏書人に対して直接遡求することはできないと解しているが，この以後の被裏書人も裏書人に対する遡求権を取得でき，手形法15条2項は，単に，直接の被裏書人に対して対抗できる人的抗弁は切

断されずに，この被裏書人に対しても対抗できることを示すにすぎないと解するのが裏書禁止裏書の制度の趣旨に合致するとする見解も有力である（田中〔誠〕・下531頁，大隅=河本・159頁）。

（ロ）　**隠れた手形保証**　　裏書により裏書人は主たる手形債務者の債務を担保することから，手形法の規定する手形保証をなす代わりに，保証の目的で裏書が利用される場合がある。同様の目的は，振出し・引受けによっても達せられるが，裏書を利用するのが代表的である。これを隠れた手形保証という。実際には，手形保証が用いられるのはまれであり，隠れた手形保証によるのが一般的である（詳しくは，後述4.2）。その手形上の効力は，もっぱら手形上に表示された行為の性質によって決まる。保証の目的は当事者間の人的抗弁事由であるにとどまる。

2.2　特殊の裏書

裏書には通常の譲渡裏書と異なり，特殊の方式と効力とをもった特殊の裏書がある。そのような裏書としては，無担保裏書（手77条1項1号・15条1項），裏書禁止裏書（手77条1項1号・15条2項），戻裏書（手77条1項1号・11条3項），期限後裏書（手77条1項1号・20条），取立委任裏書（手77条1項1号・18条）および質入裏書（手77条1項1号・19条）があげられる。このうち，後の二者を除いた裏書は，その本質において譲渡裏書であることで共通する。ここでは，すでに前述した無担保裏書・裏書禁止裏書を除き，戻裏書および期限後裏書について述べることとする。また，後の二者の取立委任裏書および質入裏書は，譲渡裏書とはその有する特殊な経済的目的において区別される。

1.　戻　裏　書

(1)　戻裏書の意義

戻裏書とは，すでに手形債務者となっている者，すなわち，引受人，振出人，裏書人，手形保証人に対してなされる譲渡裏書をいう。譲渡裏書としての本質においては，通常の裏書といささかも異ならず，これにより被裏書人は裏書人の権利を承継取得する。手形債務を負担していない無担保裏書人への裏書は本

来の戻裏書にはあたらない。手形債権も金銭債権であるから，戻裏書により権利と義務とが同一人に帰した形になれば，手形債権は混同によって消滅する（民520条）とも考えられるが，手形法は，混同による消滅がない旨を明示する（手77条1項1号・11条3項）。手形がいったん有効に振り出され，手形証券上に手形債権が表章されるに至ると，手形は有価証券として一個の客観的な財貨となり，手形債務者もそれを当然に有効に取得できるからである。

(2) 戻裏書の効力

戻裏書により手形を再取得した手形債務者は，さらに手形を裏書できる（手77条1項1号・11条3項）。戻裏書の特殊性は，その被裏書人の遡求権に関して生ずる特別な効果にある。すなわち，この被裏書人が約束手形の振出人である場合には，中間の裏書人に対して遡求することは当然できない。このような遡求を許しても，支払いをして受け戻した裏書人は，再び振出人に対して請求できるので，まったく無意味だからである。

同様に，**図Ⅱ-3**において，一人の裏書人Bが戻裏書により手形を再取得した場合に，自分が以前にした裏書から再取得した戻裏書までの中間に介在する裏書人に対し遡求権を行使することはできない。遡求権を行使しても，再びこの者から遡求されてしまうからである。しかし，約束手形の受取人Bがいったん C に裏書して，C が振出人の手形債務を保証する趣旨で B に戻裏書をしたような場合には，BはCに対しては償還を拒める関係にあり，Cに対して遡求権の行使ができると解される。

戻裏書により手形を再取得した裏書人は，主たる手形債務者および自己の以前の裏書より前の者に対して，手形上の権利を行使できるが，この場合に，手形債務者が対抗できる人的抗弁の範囲がどのようなものかが問題となる。再取得者が以前に裏書してから戻裏書により再取得するまでの間に，中間の裏書人

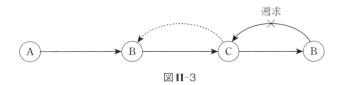

図Ⅱ-3

に関して生じた人的抗弁は，すでに切断を生じているか，または善意で取得した限りは（手77条1項1号・17条但書），再取得者に対抗されえない。再取得者が以前手形上の権利者であったときに，前者がこの者に対し対抗できた人的抗弁に関しては，その後善意の中間者が介在していったん切断されている場合にも，戻裏書により再取得する者に対して再対抗される。

この抗弁の再対抗の法的根拠に関しては，かつては，戻裏書により以前自分が有していた権利を再取得して，再取得者は裏書前の地位を回復すると解する見解もあったが，今日においては，戻裏書をその効力において通常の裏書とまったく異なって考えることには無理があり，戻裏書の被裏書人は裏書人の有している権利を取得すると考えるのを理論的な前提とするのが一般的である。この再対抗の理論的根拠に関しては，後述（3.6）する。

(3) 裏書の抹消

裏書の抹消とは，いったん手形上になされた裏書が，塗抹・削除などの方法で抹消されることをいう。手形を再取得する場合に，戻裏書に代えて，再取得者が以前になした裏書から譲渡人に至るまでのいったんなされた裏書を抹消したうえで，手形を返還するという方法も利用される。

判例・通説は，この方法による手形の再取得の有効性を認めている。これは，消極的裏書とも呼ばれているが，その法的本質は民法の債権譲渡の方式による手形債権の移転であると考えられる。民法の債権譲渡の方式による手形の譲渡も認容される以上，裏書の抹消の方法による手形の譲渡も有効と解される。裏書の抹消は，実質的権利に合致した形式的資格，すなわち，裏書の連続を整えるという意味をもち，その抹消は，手形の返還者だけでなく，返還を受ける者にもできると解される。抹消された裏書の裏書人は，完全に手形債務を免れることになる。

2. 期限後裏書

(1) 期限後裏書の概念

期限後裏書とは，支払拒絶証書作成後または支払拒絶証書作成期間経過後の裏書をいい，単なる満期後の裏書をいうのではない（手77条1項1号・20条1

2.2 特殊の裏書 155

項)。これは手形が遡求の段階に入ってからの裏書は流通過程を終了した段階での裏書であるから，通常の強度の流通力をもった裏書に比して制限された効力しか有さず，民法の債権譲渡の効力しか有さないとされている。手形債務者の側では，支払拒絶証書作成期間経過後には手形の流通がやむことを予測しているであろうし，手形取得者の側にも，流通期間の終了していることは手形面上から明らかであり，この段階でもさらに取得者を保護すべき必要性は認められないからである。

　手形になされている裏書が期限後裏書にあたるか否かの判断にとっては，裏書日付の記載ではなく，真実に裏書のなされた日が基準とされるべきである。しかし，裏書の日付が記載されている場合には，一応その日に裏書がなされたとの事実上の推定が働くが，手形法は，裏書日付の記載がない場合には，支払拒絶証書作成期間経過前になされた裏書と推定するとしている（手77条1項1号・20条2項）。

　支払拒絶証書作成期間の経過の有無は，期限後裏書か否かの判断にとって決定的基準をなしている。この期間内の裏書は，支払拒絶証書が作成されない限りは，期限前裏書にあたり，単なる支払拒絶後の裏書は期限後裏書ではない（最判昭31・12・21裁判集民事24号545頁）。支払期日に手形交換に付された手形が不渡となり，手形裏面に交換スタンプが押捺され，契約不履行を理由として支払いを拒絶する旨の支払銀行の付箋（不渡付箋）が貼付されて返還された後に，支払拒絶証書作成期間経過前に裏書譲渡された場合には，不渡の付箋等により満期後の支払拒絶の事実が手形面上明らかであるが，期限前の裏書であると解するのが判例である（最判昭55・12・18民集34巻7号942頁）。

　学説上は，支払拒絶証書作成期間経過前の裏書は，支払拒絶証書の作成なき限り，不渡付箋等により支払拒絶の事実が手形面上明らかとなった後のものでも，期限後裏書ではなく，満期前の裏書と同一の効力を有すると解して，上記判例と同一の立場をとる見解（大隅＝河本・241頁，佐藤「手形小切手の譲渡」講座3　31頁注(1)）と，支払拒絶証書の作成がなくとも，不渡付箋等により支払拒絶となったことが手形面上明白となった後の裏書は，期限後裏書にあたるとする見解（石井＝鴻・240頁，田中［誠］・下533頁，大塚［市］「満期と呈示期間」講座4　95頁）とが対立している。

手形法 20 条 1 項は流通過程を終了し遡求の段階に入った裏書か否かの判断基準を拒絶証書の作成または支払拒絶証書作成期間の経過という形式的に明確な基準に求めているということは，その法文上明白であるというべきである。手形法上，支払拒絶の事実を証明する法定の唯一の手段は支払拒絶証書であり（小切手については，正規の支払拒絶の証明手段として，支払人の支払拒絶宣言が認められているが（小 39 条），手形法はこのような証明方法を排除している），その作成が免除されている場合に，手形法 20 条 1 項は，拒絶証書作成期間経過後をもって，それに代えているのである。したがって，判例の立場が支持されるべきである。

(2)　**期限後裏書の効力**

期限後裏書は民法の債権譲渡の効力のみを有するとされている（手 77 条 1 項 1 号・20 条 1 項）。したがって，期限後裏書には権利移転的効力が認められるが，しかし，この裏書には通常の譲渡裏書についてのように強力な流通力が認められず，民法の債権譲渡の場合と同じく，被裏書人は裏書人の有する権利それ自体を承継取得することになるから，この裏書により抗弁の切断や善意取得が生じる余地はない（参照，民 468 条 1 項）。その結果，手形債務者は，被裏書人の善意・悪意を問わず，裏書人に対抗できる一切の抗弁をもって対抗できる。ただし，期限前裏書によってすでに切断されている人的抗弁は，期限後の被裏書人に対し，たとえこの者が悪意であっても対抗できない。後でなされた期限後裏書により，通常の期限前の裏書が有する人的抗弁制限の効力が排除されることはないのが当然だからである（最判昭 29・3・11 民集 8 巻 3 号 688 頁，最判昭 37・9・7 民集 16 巻 9 号 1870 頁，最判昭 49・11・14 金法 743 号 31 頁，最判昭 57・9・30 金判 658 号 9 頁）。

期限後裏書が権利移転的効力を有することに対応して，それは，当然に被裏書人に権利者としての資格を付与し，裏書の資格授与的効力が認められる。したがって，手形債務者は，この期限後の被裏書人に対して，通常の裏書の場合と同様に有効に支払うことができ，それにより免責される。しかし，期限後裏書は民法の債権譲渡の効力しか有していないから，裏書という流通方法による譲渡に特有な効力である担保的効力は有さない。

2.2 特殊の裏書　　157

3. 取立委任裏書 ─────────────────────────────

(1) 取立委任裏書の意義

裏書に「回収のため」「取立てのため」「代理のため」などの単なる委任を示す文字を付した裏書を取立委任裏書という（手77条1項1号・18条1項）。この裏書は，被裏書人に，裏書人の有する手形上の権利を行使する代理権を授与することを目的とするものである。この裏書は単に資格授与的効力のみを有するにすぎない。このように取立目的が明示されている裏書と異なり，取立目的の明示がないが，取立委任の目的で行われる裏書があり，前者を公然の取立委任裏書，後者を隠れた取立委任裏書という。

取立委任裏書は通常記名式でなされるが，白地式でもよい。指図禁止手形にも取立委任裏書をなすことができる（通説）。これを否定する見解（鈴木＝前田・289頁注（二））もあるが，振出人が指図禁止とするのは，人的抗弁の切断や償還金額の増大を防ぐためであり，権利移転的効力も担保的効力もない取立委任裏書にはこのようなおそれがまったくなく，また，取立委任裏書を認める実益も少なくないと思われるので，これを肯定すべきである。

(2) 取立委任裏書の効力

取立委任裏書は，手形上の権利を移転する効力を有さず，被裏書人たる所持人は，手形から生ずる一切の権利を行使する包括的な代理権を取得するにすぎない（手77条1項1号・18条1項本文）。したがって，取立委任裏書は，権利行使の代理権授与の効力を有するが，権利移転的効力・担保的効力を有さず，単に資格授与的効力のみを有するにすぎない。被裏書人は，適法な取立委任裏書の外観を付与されている限り，取立代理権を有するとの形式的資格が認められ，実質上代理権を有することの証明をしないで当然に手形上の権利を行使でき，手形債務者もこの外観に信頼して支払う限り免責される（手77条1項3号・40条3項）。この場合には，取立委任裏書の資格授与的効力といっても，取立代理権に対応する範囲に限られ，裏書人は依然として手形上の権利者にとどまるから，いつでも手形を回収できる関係にあるので，手形法16条1項の裏書の連続に関しては，介在する取立委任裏書の記載は無視して評価される。

取立委任裏書の被裏書人は裏書人の代理人として権利行使をするにとどまる

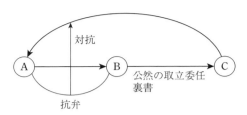

図II-4

のだから，当然に，手形債務者は所持人である被裏書人の権利行使に対し，裏書人に対して対抗できる抗弁のみを対抗できる（手77条1項1号・18条2項）（図II-4参照）。被裏書人は，当然に，譲渡裏書をなしえないが，取立委任裏書をして，代理権をさらに他人に授与することができる（手77条1項1号・18条1項但書）。この場合に取立委任の旨の記載は必要ではなく，この記載なきときも裏書は取立委任の効力しか生じない（通説）。

取立委任裏書は権利移転的効力を有さないため，裏書人は依然として手形上の権利者であり，取立委任を撤回して手形を回収するときには，取立委任裏書を抹消しなくても，そのまま手形上の権利を行使でき，裏書譲渡することができる。なお，取立委任裏書の当事者間で当該手形を譲渡する旨の合意がなされ，裏書に付加された取立委任文言が抹消された場合には，その抹消の時から通常の譲渡裏書としての効力を生ずる（最判昭50・1・21金法746号27頁，最判昭60・3・26金判723号3頁）[6]。

---

[6] 通常の譲渡裏書としての効力が生じるのは，手形譲渡の合意が成立した時点ではなく，実際に取立委任文言が抹消された時点である（最判昭60・3・26）。手形行為および手形上の記載の意味の確定は，手形が本来的に第三者へ転々流通される性質を有し，かつ，手形法上，手形流通の促進が図られるべきことから，当事者の具体的意思いかんにかかわらず，もっぱら，手形証券上の記載（文言）だけに依拠して，したがって，行為の外形にしたがって解釈することにより行われなければならない。そうであれば，取立委任裏書を譲渡裏書に変更するためには，裏書当事者間で合意が成立しただけでは足りず，取立委任文言の抹消が必要である。実務上も，いったん取立委任を受けた手形をその後割り引いたり，担保に取得することがあるが，その場合には，取立委任裏書を抹消したうえで，新たに譲渡裏書を受けるか，または，取立委任文言をすみやかに抹消しておくことが必要である。

4. 隠れた取立委任裏書

(1) 隠れた取立委任裏書の概念

隠れた取立委任裏書とは，取立委任の目的で，通常の譲渡裏書の形式をもってなされる裏書をいう。形式が簡便なこと，手形所持人が公然の取立委任裏書の方法を知らないこと，満期に取り立てるほか満期前に手形割引により対価を収めうる便宜があることなどから，実際上広く利用されている。とくに，銀行を通して手形交換により取り立てる場合に隠れた取立委任裏書が利用される場合がある。

(2) 隠れた取立委任裏書の法的性質

隠れた取立委任裏書は，外形上は通常の譲渡裏書とまったく異ならないので，その法的性質に関して争いがある。通説である信託裏書説は，この裏書も形式上通常の譲渡裏書と異ならず，隠れた取立委任裏書によって手形上の権利は完全に被裏書人に移転し，取立委任の合意は単に手形外での合意として当事者間の人的抗弁事由であるにとどまり，この裏書は，手形債権の取立てのため，手形上の権利を信託的に（参照，信託法3条1号）被裏書人に移転するものであると解する。

それに対し，資格授与説は，手形上の権利はこの裏書にもかかわらず被裏書人に移転せず，依然として権利者は裏書人であって，被裏書人にはその名をもって権利を行使する資格ないしは権限が与えられるにすぎないと解する（これをとるものとして，大隅「手形の隠れたる取立委任裏書」法学論叢25巻5号698頁以下，同6号866頁以下，河本「隠れた取立委任裏書と手形抗弁」別冊ジュリ続学説展望108頁，北沢「隠れた取立委任裏書の性質と効果」法学教室第二期2　58頁）。

さらに，信託裏書説から出発して，隠れた取立委任裏書の効果としては，一応手形上の権利が移転することになり，裏書当事者の側から第三者に対して，手形上の権利が移転していないと主張することはできないが，それは，裏書当事者間の関係では権利が移転しないことを否定するものではなく，第三者の側から当事者に対して権利の移転していない旨を主張することを妨げるものではないと解する説（新相対的権利移転説）がある（鈴木・商法演習Ⅲ「隠れた取立委任裏書と人的抗弁」237頁）。判例は信託裏書説をとる（大判昭9・2・13民集13

巻133頁，最判昭31・2・7民集10巻2号27頁，最判昭44・3・27民集23巻3号601頁）。

　以上の諸説中，有力な二説，すなわち信託裏書説と資格授与説をみると，前者は隠れた取立委任裏書の形式面を重んずる立場であり，後者は実質面を重んずる立場である。資格授与説は，信託裏書説それ自体によれば不当な結果となる場合がある点を批判するが，信託裏書説は付加的理論により不合理な結果を回避しており，今日，両説の実質的対立は小さなものとなっている（後述(3)）。信託裏書説は，資格授与説に対し，形式を重んずべき手形関係中に実質関係をそのまま持ち込むという不当を犯していると批判する。最判昭31・2・7も，「手形行為の効力は原則として，当事者の意思いかんにかかわらず行為の外形にしたがって解釈せられるべきであるから，隠れた取立委任裏書の場合にあっても，手形上の権利は，通常の裏書におけると同様，裏書人から被裏書人に移転し，取立委任の合意は単に当事者間の人的抗弁事由にとどまるものと解す」べきであるとする。

　なお，新相対的権利移転説に対しては，そのように考えうる法的根拠が不明確であると批判される（田中［誠］・下561頁，富山「取立委任裏書」講座3 256頁）。

(3) 隠れた取立委任裏書の効力

　隠れた取立委任裏書の効力との関係で，以下の主要論点について，信託裏書説と資格授与説の二説がそれぞれどのように解するかを説明する。

　（イ）　**手形債務者の対抗できる人的抗弁**（図II-5参照）　資格授与説によれば，手形上の権利者は依然として裏書人であるから，手形債務者は公然の取

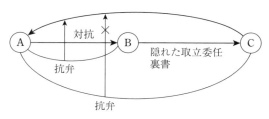

図II-5

2.2 特殊の裏書

立委任裏書の場合と同様に，当然に裏書人に対して有する抗弁のみを対抗できることになる。それに対し，信託裏書説によれば，手形上の権利は被裏書人に移転するから，手形債務者は，被裏書人自身に対する抗弁を対抗できるが，裏書人に対する抗弁は被裏書人に悪意の抗弁の成立なき限り，対抗できないことになりそうである。

しかし，信託裏書説は，隠れた取立委任裏書の被裏書人には，人的抗弁切断の効力を享受することができる固有の経済的利益が欠けることを理由に，被裏書人の善意・悪意を問わずに，裏書人に対する抗弁をもって被裏書人に対抗できると解している（判例上も，被裏書人はその善意・悪意を問わずに，人的抗弁の制限の保護を受けないということが確立している（最判昭39・10・16民集18巻8号1727頁））。信託裏書説がこのように解するのは，この裏書の実質的目的が取立委任にあることに基づくが，それは，権利の移転を認める前提と論理的に矛盾するとの指摘がある（鈴木・前掲239頁）[7]。

信託裏書説に立つときには，さらに，第一に手形債務者は被裏書人に対する抗弁を対抗できるか，裏返していうと，被裏書人が実質関係を主張し証明するときには，この抗弁を対抗できなくなるかということが問題となる。自ら選んで通常の譲渡裏書の方式をとった以上，抗弁を対抗されてもやむをえないとする見解もあるが（鴻・法学教室2号176頁），この場合には，実質的に請求しているのは裏書人であり，手形債務者は，実質関係の証明がなされるときにも，被裏書人に対する抗弁を対抗しうるといった有利な地位を認められる必要性がないと批判される（河本・前掲109頁，富山・前掲書250頁，竹内「隠れた取立委

---

[7] 詐害行為取消しの訴えの認容判決による取消しの効力は相対的であって，取消訴訟の当事者である債権者と受益者または転得者との間で詐害行為を無効にするにとどまり，訴訟に関与しない債務者，受益者，転得者にとって何ら影響を及ぼさないとするのが判例の立場であり（大判明44・3・24民録17輯117頁，最判昭39・7・10民集18巻6号1078頁），通説であるが，隠れた取立委任裏書の裏書人甲に対してなされた裏書の効力が詐害行為取消しの判決の認容により排除されたときには，この隠れた取立委任裏書の被裏書人乙に対しても取消判決の効力が及び，手形債務者は，認容判決により甲に対する裏書の取り消された旨の人的抗弁を，乙の善意・悪意にかかわりなく対抗できるとする判例がある（最判昭54・4・6民集33巻3号329頁）。

なお，甲に対する裏書が取り消され無効になったという抗弁は，本質において，甲が無権利であるという抗弁（無権利の抗弁）にあたると解されて，この人的抗弁の制限は手形法17条によるのではなく，16条2項によることになりそうである（後述231頁以下）。しかし，詐害行為取消しの効力が相対的なものであることに照らせば，その取消しは手形法17条の人的抗弁事由として取り扱うのが適切であろう。

任裏書と人的抗弁」商法の判例三版 224 頁)。

第二に手形債務者は裏書人・被裏書人の双方に対して抗弁を有するときには，手形債務者は双方の抗弁を対抗できるのかが問題となる。上に述べた信託裏書説の主張によれば，それを肯定することになりそうだが，手形債務者としては，一方で隠れた取立委任裏書だと主張して，裏書人に対する抗弁を被裏書人に対抗しながら，同時に被裏書人に対する抗弁を対抗することはできないと説かれる（鴻・前掲 177 頁）。

（ロ）　**裏書人が取立委任を解除した場合**　　資格授与説によれば，取立委任が解除されれば，被裏書人は無権限となるから，手形債務者はその無権限を主張して請求を拒むことができる。信託裏書説によれば，解除により被裏書人は裏書人に手形を返還すべき義務を負うにすぎず，返還前は依然被裏書人が手形上の権利者であって，債務者は取立委任の解除を理由に被裏書人の請求を拒めないことになりそうであるが，権利濫用・信義誠実の原則により請求を拒みうると解すべきである（参照，大隅=河本・233 頁）。

（ハ）　**裏書人または被裏書人の破産**　　資格授与説によれば，手形上の権利者は裏書人であるから，裏書人が破産すれば手形はその破産財団に属し，被裏書人が破産すれば，裏書人は取戻権（破 62 条）を有することになる。信託裏書説によれば，手形上の権利は被裏書人に移転しているため，裏書人が破産しても手形はその破産財団に属さず，被裏書人が破産したときには裏書人は取戻権を有さないことになる。しかし，信託裏書説中でも，利益の公平な分配を目的とする破産法の下では，むしろ実質的利益の帰属にしたがってその関係が定められるべきであるとして，資格授与説による場合と同一の結論を認める見解も有力である（小橋・145 頁，竹田・115 頁，鈴木=前田・292 頁）。

（ニ）　**第三者による手形取得の場合**　　被裏書人が裏書人との間の取立委任契約に違反して裏書譲渡した場合に，譲受人たる第三者は手形上の権利を取得できるか。資格授与説によれば，この裏書は無権利者による裏書にあたるから，悪意・重過失なき取得者は善意取得できることになる。これに対し，信託裏書説によれば，譲渡人たる被裏書人は手形上の権利者なので，取得者は有効に手形上の権利を取得でき，人的抗弁事由たる取立委任の合意に関して悪意の抗弁（手 17 条但書）の成立の有無だけが問題となるにすぎない。

⑷　私　　見

　私見は，隠れた取立委任裏書の法的性質に関しては，それを信託裏書と解するのが適当であると考えるが，しかし，従来の信託裏書説はその本来の意義の認識において不十分なものであって，以下に述べるようにその意義を画定することが⑶において検討した諸問題に妥当な解答を与えると考える。

　隠れた取立委任裏書という場合には，当事者間での手形上の権利の移転はなく，もっぱら手形金の取立てのみを目的とする取立授権の場合に加えて，手形上の権利の移転のある信託的譲渡の場合が考えられる。前者の例としては，通常的な手形金の取立てのみを目的とする場合があげられ，後者の例としては，一種の譲渡担保として裏書譲渡される場合があげられる[8]。後者の場合には，信託法2条1項および3条1号の規定の趣旨に照らして，隠れた取立委任裏書は，まさに信託裏書として性質付けることができる。他方，前者の場合には，当事者間での手形上の権利の実質的な移転がないわけだから，信託法にいう信託の概念には合致しないことになる。

　ところで，手形上の記載の解釈に関しては，それはもっぱら手形上の記載（文言）のみに依拠してなされるべきであるとの客観解釈の原則が認められている。これは手形の文言証券性の一顕現である。この原則は手形法および手形制度は強度の手形流通を前提とするという事柄とかたく結び付いているが，この基盤の上に立って考えれば，手形行為の法的性質はすべての手形当事者に対する関係においてその外形にしたがって評価されるべきである。この点を資格授与説は見誤っている。この見地に立てば，隠れた取立委任裏書も通常の譲渡裏書と同様に評価されるべきであり，また，この場合に，外形上，手形上の権利の移転があるものとみえることに基づき，これを本来の信託的譲渡の場合に準ずるものとして，信託裏書として示すべきであると考える。

　8）手形・小切手による預金口座への入金がある場合に，かつては学説上の対立があったが，今日の通説・判例は，銀行と顧客（預金者）との間にそれにより手形・小切手の取立委任契約が成立すると解している（最判昭46・7・1金法622号27頁）。そして，当座勘定規定2条1項（325頁）は，「当店で取立て，不渡返還時限の経過後その決済を確認したうえでなければ，支払資金としません」とするが（普通預金規定3⑴も同様），その交換決済を待たないで顧客にその払戻しをする場合，すなわち，他手見込払が行われる場合には，消費貸借関係が成立し，手形について顧客から銀行に対してなされる裏書は隠れた取立委任裏書と解すべきであるが（田中［誠］・新版銀行取引法［四全訂版］88頁），この場合には一般に被裏書人である銀行には固有の経済的利益が認められる。

しかし，この場合に，同時に，当事者間に生ずる不合理を除去するために裏書当事者間の関係においてはもとより，第三者との関係においても，この裏書の実質的目的が取立委任であるという事柄が意義を有することを認めるべきである。したがって，この裏書により手形上の権利は一応被裏書人に移転すると解すべきだが，それと異なる真実の実質関係，すなわち，取立委任の関係が立証される場合には，その実質関係にしたがって，当事者間の法律関係を考えてよい。前出の三説はいずれも以上の点の認識において不十分である。

そこで，上の考え方に依拠して，(3)でとりあげた具体的諸問題について，取立授権の場合を中心に検討してみよう。

（イ）　**手形債務者の対抗できる人的抗弁**　　隠れた取立委任裏書の実質的目的が取立委任であることが証明される以上は，手形債務者が裏書人に対して有する人的抗弁の所持人たる被裏書人への対抗は，公然の取立委任裏書の場合に倣って肯定されると解すれば十分である。なお，手形債務者が裏書人に対する抗弁を対抗する以上，被裏書人たる所持人に対する抗弁を対抗できないのは当然である。信託的譲渡の場合にあって初めて，人的抗弁の対抗・制限にとって被裏書人たる所持人についての固有の経済的利益の有無が問題となるにすぎないと考える。他方，手形債務者が被裏書人に対して有する抗弁に関しては，被裏書人が取立委任の目的を証明すれば，手形債務者は抗弁を対抗できない。

（ロ）　**裏書人が取立委任を解除した場合**　　手形債務者は，被裏書人たる所持人に対して無権限・無権利の抗弁を対抗できる。

（ハ）　**裏書人または被裏書人の破産**　　実質的権利移転がない以上，裏書人が破産すれば手形はその破産財団に帰し，被裏書人の破産の場合には，裏書人は取戻権を有する。

（ニ）　**第三者による手形取得の場合**　　第三者たる手形取得者との関係では，裏書当事者間の取立委任の合意という人的抗弁事由に関する悪意の抗弁の成否だけが問題となる。

(5)　隠れた取立委任裏書と訴訟信託

隠れた取立委任裏書は，被裏書人の名義で訴訟行為をさせることを主たる目的とする場合には，信託法 10 条の「信託は，訴訟行為をさせることを主たる

目的としてすることができない。」との規定に違反する訴訟信託に該当する。手形金取立ての過程で付随的に訴訟を提起するに至ることは何らこの規定により禁止されていない。

信託法10条に関しては，一般に，非弁護士の訴訟行為禁止規定の潜脱防止や，濫訴健訟の弊害の除去がその立法目的としてあげられている。そして，この規定の違反は公序良俗違反または強行法規違反として信託行為を無効とすると解され（通説），信託法10条違反の裏書は無効と解するのが確立した判例の立場であり（大判昭6・4・23評論20巻諸法316頁，最判昭44・3・27民集23巻3号601頁），学説上も，それを支持するものが多い（参照，川村・金判749号48頁。この問題に関しては，さらに後述203頁以下参照）。

5. 質入裏書

(1) 質入裏書の意義

質入裏書とは，手形上の権利のうえに質権を設定する目的で，「担保」「担保のため」「質入のため」「質入」「質権設定」などその他質権の設定を示す文言を記載してなす裏書をいう（手77条1項1号・19条1項）。ただし実際には，質入裏書はあまり用いられていない。質入の目的で通常の譲渡裏書がなされることがあり，これを隠れた質入裏書と呼び，手形法の認めた方式のものを公然の質入裏書と呼ぶ。

(2) 質入裏書の効力

質入裏書の目的は，手形上の権利のうえに質権を設定して，それにより被裏書人が被担保債権につき優先的弁済を受けるというものである。その目的のために，被裏書人は手形より生ずる一切の権利を行使できるが（手77条1項1号・19条1項），被裏書人は手形上の権利を取得するわけではなく，この裏書には権利移転的効力は欠けている。しかし，この場合には，取立委任裏書の場合と異なり，被裏書人は裏書人のために権利を行使するのではなく，自己の名において質権者である自己のために権利を行使する。そして，被裏書人自身が固有の経済的利益を有するため，手形債務者の裏書人に対抗しうる人的抗弁に関しては，譲渡裏書の場合と同様に，抗弁制限則が働く（手77条1項1号・19

条2項)。

　手形上の権利の行使については，質入債権の取立てに関する民法366条の適用がないとするのが通説である。すなわち，被裏書人は，手形金額の全額について，手形の満期において，権利行使することができる。しかし，被担保債権額が取立金額より少ない場合には，債権の弁済に充当した残額は裏書人に返還しなければならず，また，被担保債権の弁済期前に手形を取り立てた場合には，取立金額を供託しなければならないのは当然である。したがって，その超過部分については，被裏書人は固有の経済的利益を有するものではないから，隠れた取立委任裏書の被裏書人と同様の地位にあり，手形債務者が超過を証明できるときは，その限りで裏書人に対する抗弁を対抗できる。

　被裏書人は，手形の取立権限を有するが，手形上の権利を有するわけではないから，取立委任裏書だけをすることができるが，譲渡裏書や質入裏書をすることはできない。通常の譲渡裏書をなしたときにも，取立委任裏書としての効力しかないものとされている（手77条1項1号・19条1項但書）。

　質入裏書ある手形を所持する所持人は，正当な質権者と推定され，その形式的資格に基づき，実質関係の証明を要さずに権利行使できる。手形債務者もこのような形式的資格ある手形所持人に支払えば免責される。このような意味において，質入裏書にも資格授与的効力が認められる。

　質入裏書にも担保的効力があるか否か，すなわち，質入裏書の裏書人が被裏書人に対して担保責任を負うか否かに関しては争いがある。質入裏書により被裏書人は取り立てた金額で優先弁済を受けようとするのであり，手形は裏書人により支払いの確実性が担保されて質入れされるものと解すべきであって，この裏書にも担保的効力が認められるべきである（多数説）。

6. 隠れた質入裏書

　隠れた質入裏書とは，実質的には質入の目的をもって，形式的には通常の譲渡裏書を行うものである。隠れた質入裏書の法的性質に関しては，隠れた取立委任裏書に関してと同様に資格授与説と信託裏書説の対立があるが，ここでも基本的には信託裏書説が支持される。隠れた質入裏書は，実質的に質入れを目的とするが，従来の信託裏書説の説くような意味で手形上の権利の移転を認め

れば，それは譲渡担保の一種と解されることになる（大隅=河本・239頁，本間「手形の質入」講座3　281頁）。

実質的には質入れを目的とすることは，裏書当事者間の手形外の関係にすぎないが，被裏書人は実質関係上固有の経済的利益を有する者であるから，隠れた取立委任裏書におけるほどの形式と実質の食違いによる困難な問題は生じてこない。すなわち，被裏書人は，被担保債権の金額の範囲内において，手形債務者が裏書人に対して有する人的抗弁に関して抗弁制限則により保護され，裏書人が破産した場合には，被裏書人は取戻権を有し，被裏書人が破産した場合には，裏書人は取戻権を有さない。

被担保債権額を超過する部分については，被裏書人は固有の経済的利益を有さず，その部分は隠れた取立委任裏書の性質を有するから，手形債務者は隠れた質入裏書であること，および被担保債権超過額について証明できる限りで，この超過額部分について，裏書人に対して有する抗弁を対抗することができる。

2.3　手形の善意取得

1.　手形上の権利の取得

(1)　手形上の権利と手形に関する権利

手形上の権利（Recht aus dem Wechsel）とは，手形上に表章されている手形金支払請求権およびそれに代わるべき権利（遡求権および手形保証人に対する権利等）を指す。それは，手形証券の所有権（手形所有権）である手形に関する権利（Recht an dem Wechsel）とは区別されなければならない。手形所有権を取得することを手形上の権利取得の要件と解する立場（所有権理論）があるが，今日，これは一般的に否定されている。手形は代表的な有価証券であるから，その本質的特色を証券上への権利の表章にみることができるが，権利と証券との結合関係はきわめて緊密である。手形証券は，手形上の権利行使のための不可欠な資格付けの機能を有しており，証券の所持を欠くときには原則的に権利行使は不可能となる。また，手形の流通力の獲得はまさに手形証券上への手形権利の表章によって達成されたのである。

確かに，通常，手形上の権利の移転・取得とともに，手形に関する権利（手

形所有権）も移転・取得され，手形上の権利者は同時に手形所有権者でもある。手形法の目的に照らせば，手形上の権利に資するために，権利者に手形証券に関する処分権限は帰属しなければならない。しかし，手形証券への手形債権の表章は，手形証券の無価値性を前提としており，手形証券は手形上の権利のための手段にしかすぎず，例外的に証券の所有権を別個に考えることができる場合を除いては，手形上の権利と手形所有権とは一体としてみられ，手形上の権利の取得にしたがって手形所有権は移転されるのである。

　手形法は，法的意味での手形に関する「所有権」を原則的に考慮していない。これは，有価証券一般に通ずる特色である。この意味で，原則的には，手形上の権利のみを問題とすればよく，手形所有権の観念を考慮する必要はない。まれには，手形上の権利と手形証券に関する所有権とが分離され，手形所有権の帰属が問題となる場合があり（たとえば，他人の所有権に属する紙片を無権限で手形として利用した場合），手形上の権利者は証券を返還すべき義務を負うことになるが，特別な場合（たとえば，他人所有の名画の裏を手形用紙として利用した場合）を除けば，信義則上，その返還を拒みうると解される（田中［誠］・上214頁，石井＝鴻・116頁）。

　けれども，手形上の権利にとって，手形証券の有している意義は，手形証券が目にみえない権利のシンボルとしての機能を果していることにある。手形上の権利の保有・取得にとっては，物である証券の占有，さらには，証券に関する権利が，事実上その基準となっている。そこで，手形法上，手形を所持する者，すなわち手形所有権者として資格付けられている者は，さまざまな関係において，手形所有権者として，すなわち手形上の権利者として取り扱われ（権利の外観の作用），このような非所有権者から手形を取得する者は，手形所有権を，すなわち手形上の権利を有効に取得できる。これが手形の善意取得の制度である。

(2)　承継取得と原始取得

　手形上の権利の取得は，承継取得と原始取得とに大別される。

　（イ）　**承継取得**　　手形上の権利の承継取得は，通常，手形法的流通である裏書により，または白地式裏書のなされた後もしくは受取人白地の手形におい

ては交付によりなされる。さらに非手形法的流通である民法の債権譲渡の方法による場合，および相続，合併，包括遺贈，転付命令などによる場合がそれにあたる。

（ロ）　原始取得　　手形上の権利の原始取得として重要なのは手形法 77 条 1 項 1 号・16 条 2 項の規定する善意取得（即時取得）である。

2. 手形の善意取得

(1) 手形の善意取得制度の趣旨

手形法 16 条 2 項の善意取得の制度は，人的抗弁の制限（手 17 条），および白地補充権濫用の抗弁の制限（手 10 条）と並んで，手形流通の強化という手形法の理念を実現するために設けられた代表的な制度である。

手形法 16 条 1 項によれば，裏書の連続する手形の所持人には，手形上の権利者としての形式的資格が認められる。この形式的資格は，このような連続する裏書のある手形の所持が付与する権利者としての外観は，通常は真実に相応しているものであるとの蓋然性に依拠している。そして，手形流通力の強化のためには，この権利者資格の外観に信頼して手形を取得する者は保護されるべきであり，たとえこの形式的資格者が真実は無権利者であっても，取得者は手形上の権利を取得できるべきである（図 II-6 参照）。

流通性をその本質とする手形に関しては，動産の取引におけるよりも動的安全の保護の要請はより強いものであり，したがって，民法 192 条の即時取得の規定に比較して，手形法 16 条 2 項はその要件を緩和している。この規定は，第一に，手形の占有が盗難・遺失等により所有者の意に反して喪失された場合にも即時に善意取得を認め，第二に，民法 192 条では軽過失があれば保護要件を欠くのに対し，悪意・重過失なき取得を保護要件としている。

図 II-6

(2) 善意取得の要件 1——手形法的取得

　手形法 16 条 2 項の適用の前提要件として，まずもって手形取得者は裏書または引渡し（交付）という手形法的流通方法によって取得するのでなければならない。相続・合併等の非手形法的流通方法により承継取得した場合には，善意取得は認められない。また，この制度は手形流通力の強化のために設けられているから，裏書による取得であっても，民法の債権譲渡の効力のみしか有さない期限後裏書による取得の場合（手 77 条 1 項 1 号・20 条 1 項）や，手形上の権利を移転しないで単に取立権限を授与するだけの取立委任裏書（手 77 条 1 項 1 号・18 条 1 項），およびそれと同一の実質的意義を有する隠れた取立委任裏書による取得の場合においては，善意取得は認められない。

　指図禁止手形（手 77 条 1 項 1 号・11 条 2 項）については，民法の債権譲渡の方式によりかつその効力をもってのみ譲渡されうるから，善意取得は認められない。なお，白地手形は白地補充前は未完成手形であり，白地補充前には手形上の権利はいまだ存在してはいないが，手形上の権利の存在する場合と同様の方法で流通し，またその流通の保護が認められている。したがって，当然にこれについても善意取得が認められる。

(3) 善意取得の要件 2——裏書の連続

　（イ）　裏書の連続の意義　　手形面上で，受取人が第一裏書人となり，次いでその被裏書人が第二裏書人となるというように，裏書が受取人から最後の被裏書人（現所持人）にまで，間断なく続いていることを裏書の連続があるという。このような裏書の連続する手形の所持人には権利者としての形式的資格が与えられている（手 77 条 1 項 1 号・16 条 1 項）。手形取得者には，このような譲渡人から裏書・交付により手形の譲渡を受ける場合にのみ善意取得が認められる。裏書の連続があると認められる評価基準に関しては前述した（146 頁以下）。

　（ロ）　権利推定の効力　　裏書の連続に基づいて手形所持人には権利者としての外観が付与され，権利者であると推定されるが，この推定の効力，すなわち権利外観の効力は，それ以上に，手形を所持する者が最後の被裏書人の代理人であること（代理権の存在）や，最後の被裏書人と手形所持人との同一性に

まで及ぶものではない（大隅=河本・166頁）。

善意取得の制度および手形法40条3項の善意支払いによる免責の制度は，いずれも手形法16条1項の所持人の形式的資格を前提として，手形取得者・手形債務者の保護を図る制度であるが，これらにおいて権利の外観が作用する範囲は，手形法16条1項の権利外観によって直ちに確定されうるわけではない。一般に，支払いの安全を確保するとの見地から，手形法40条3項は手形法16条1項を超えた権利外観の作用を規定すると解されており，手形法16条2項に関しても手形流通力の強化の見地から同様に考える見解が有力である（後述(4)参照）。

（ハ）　**裏書連続の中断と善意取得**　　裏書の連続が外見上中断しているにもかかわらず，真実には連続がある場合には，手形法16条1項の形式的資格の付与が手形所持人に権利の承継の証明を省かせ，権利行使を容易にする意図に基づくものであることから，所持人の実質的な権利の承継の証明により裏書の断絶を架橋できると解されている（前述150頁）。そして，通説は，所持人の形式的資格は個々の裏書の有する資格授与的効力の集積に基づくものと解して，前後の連続する部分についてまで証明する必要はなく，断絶部分の証明だけで足りると解する。この立場によれば，断絶後の裏書による善意取得も認められる（鈴木=前田・272頁注（三一），豊崎「善意取得」講座3　155頁，大隅=河本・174頁など。反対，木内・202頁以下）。

(4)　善意取得の要件3──善意取得によって治癒される瑕疵の範囲

（イ）　**制限説と無制限説**　　善意取得の第三の要件は，この制度によって治癒される瑕疵の範囲とかかわっている。従来の通説は，その範囲を狭く解して，無権利者からの取得のみに限定する（制限説）。これによれば，無権利者からの手形取得が善意取得の第三の要件である。

この説は，手形法16条2項の「事由ノ何タルヲ問ハズ…占有ヲ失ヒタル者」との文言を，譲渡人以外の者を指すものと解し，「所持人ガ前項ノ規定ニ依リ其ノ権利ヲ証明スルトキハ」との文言は，譲受人たる所持人が裏書により手形を取得し，さらに譲渡人が裏書連続により形式的に資格付けられている場合を前提としている趣旨であると解する。したがって制限説によれば，手形法

16条2項は，譲渡人（前者）と譲受人（所持人）との間の裏書行為が有効なことを前提としたうえで，真実はこの譲渡人が無権利者である場合にのみ，手形取得者の善意取得を認めていることになる。そこで，譲渡人が権利者であるが，制限行為能力，無権代理の場合や，譲渡行為が無効または取消しうる場合には，善意取得は認められないことになる。

それに対して，近時有力な見解（無制限説）は，取得者の善意によって治癒される瑕疵の範囲は，譲渡人の無権利に限定されず，裏書人の制限行為能力，意思の欠缺，意思表示の瑕疵，代理人の代理権の欠缺といった裏書行為が無効または取消しうる場合や，裏書人の人違い（同一性の欠缺）の場合にも広く及ぶと主張する（鈴木＝前田・269頁，豊崎・前掲書144頁以下，河本＝田邊・172頁，田邊・135頁など）。無制限説は，ドイツでは旧ドイツ手形法の時代から通説であった。この説は，「事由ノ何タルヲ問ハズ…占有ヲ失ヒタル者アル場合」には，旧所持人自身が無効または取消しうる裏書により手形の占有を失った場合が含まれると解し，「所持人ガ前項ノ規定ニ依リ其ノ権利ヲ証明スルトキハ」との文言は，現所持人が連続ある裏書の最後の被裏書人であれば足りる趣旨であると解する。

　（ロ）　両説の対立点　　上の二説は，まずもって，手形の善意取得制度の趣旨の理解をめぐって対立している。無制限説は，善意取得制度は，原権利者・譲渡人側の事情に依拠した返還（回復）請求権の制限という原初的形態から，取得者側の事情（善意）の重視へと歩を進めて，近代的な公信原則へと発展してきたものであって，それに照らせば，一般の動産よりも動的安全の保護が一層強く図られるべき手形等の有価証券においては，善意取得制度のより一層の展開として，取得者の善意によって治癒される瑕疵の対象範囲は拡大されて理解されるべきであるとする。そして，手形取引の安全確保，すなわち手形流通の強化のために，裏書人の無権利の場合についてのみならず，広く善意取得は認められるべきであって，手形法16条2項もその文言上で，「事由ノ何タルヲ問ハズ」と規定して，外形上不分明な裏書人の同一性・能力の欠缺，無権代理等に関しても広く善意の手形取得者の保護を図る趣旨を示しているとする。

　これに対して，制限説は以下のように説く。すなわち，ローマ法上では，「何人も自己の有する以上の権利を移転できない」との原則にしたがい，所有

2.3 手形の善意取得 **173**

権の移転に関し公信力は全面的に否定されていた（取得時効制度による所有権取得は可能であった）。他方，ゲルマン法上では，所有権者が自由意思によりゲヴェーレ（Gewere：動産の取得行為によって生じた事実的支配状態）を与えた場合（たとえば寄託）には，所有権者はその受寄者（保管者）に対してだけ返還請求をすることができるにとどまり，この者からさらに譲り受けた第三者に対しては返還請求ができないものとされていた（Hand whare Hand の原則）。これに対して，自由意思によらないゲヴェーレの喪失の場合（盗取・遺失）には返還請求は無制限に認められていた（豊崎・前掲書 135 頁）。その後にローマ法の継受により「善意」・「誠実」の観念が導入されて，取引安全の保護を図るための制度として，近代的な動産の善意取得の制度が成立するに至った。

　上のゲルマン法的な自由意思による占有喪失か否かの区別のなごりは，日本民法 193 条に認められる。制限説は以上のような沿革に依拠して，手形の善意取得制度は所有者の占有喪失原因の面では取得者を広く保護するものだが，その沿革に照らせば，善意取得制度は譲渡人・譲受人間の譲渡行為の有効性を前提としていると解すべきであるから，取得者の善意により治癒される瑕疵の範囲は，日本の民法 192 条についてと同様，無権利の一点に限られるべきであるとする。これに対して，無制限説の側からは，ドイツ学説は旧ドイツ手形法上治癒される瑕疵を広く解していたのであり（この範囲については何ら規定されていなかった），手形に関する善意取得制度の発展として，無制限説のような流通保護の強化の方向への発展も沿革上許容されうるものであると反論する。

　制限説は，以上に加えて以下のように無制限説に対して批判する。すなわち，①無制限説によるときには，行為能力，意思表示の瑕疵，無権代理に関する規定は適用のないのと同一結果になり，無意味化すると批判する。これに対し無制限説は，制限行為能力者等は善意取得により手形上の権利を失い，手形の返還請求が制約されるが，それにより直ちに自らが手形上の責任を負うことにはならないから，静的安全はそれほど害されはしないと反論する。

　②無制限説に属する見解の中には，その一つの論拠として，手形法 16 条 2 項と同様に同法 40 条 3 項も，16 条 1 項の規定する権利の外観を前提とする規定であるが，この両者をパラレルに考えてよいということをあげるものがある。手形法 40 条 3 項によれば，制限行為能力者等への支払いによっても手形債務

者は免責されるから，これを論拠としなくとも，無制限説をとる限りこれら二つの規定による保護範囲は結果的に同一になる。これに関しては，制限説は，手形法40条3項の場合においては，支払人は支払いに強制された地位にあり，それに対し手形法16条2項の場合の取得者は，任意的取得者の地位にあるから，両者の地位の相違に基づいて二つの規定における保護範囲の相違は合理性を有するものと認められると批判する。

③制限説はさらに手形法16条の構造面から批判する。すなわち，規定の構造からみれば，明らかに2項は1項を前提としている。1項の規定する裏書の連続に依拠した取得者の外観に対する信頼は，譲渡人の権利者資格にしか及ばず，譲渡行為には及びえないから，1項の規定によって導き出されるのは権利者の外観だけにしかすぎない。2項は，この権利者の外観に対して信頼する者を保護する規定であるから，譲渡人が無権利者である場合にのみ，手形取得者は2項によって保護される。

無制限説によれば，1項と2項との内的関連性が失われてしまう。さらに，権利の外観は，取得者自身のなした行為（取得行為）ではない以前の行為の結果について作用すべきものであって，このことは手形法16条の1項・2項の共通的前提をなすと認められる。したがって，2項は，手形流通に際して生ずる危険に対して取得者を保護しているのであって，取得者は自らの取得行為の瑕疵については自らが危険を負担しなければならない。このような批判に対して，無制限説は，手形法は16条2項により手形流通強化のため，裏書人の形式的資格を超えて手形取得者を保護していると反論する。

（ハ）**判例**　最高裁の判例には，無制限説に立つようにもみえるものがある。最判昭35・1・12民集14巻1号1頁は，**図II-7**のように，A会社の架空の名古屋出張所取締役所長と自称する者Cが，B会社からA会社名古屋出張所を受取人とする約束手形の振出し・交付を受け，これに「A会社名古屋出張所取締役所長」と裏書署名してDに譲渡したという事案につき，CがA会社を代理・代表する権限を有していなかった場合であっても，裏書が形式的に連続している限り，裏書により悪意・重過失なくして取得したDが善意取得できるとしている。

図 II-7

　しかし，この事案がはたして A 会社の無権代理人 C から D が裏書譲渡を受けた場合として構成できるものであったかに対しては強く疑念が示されており，この判決は，無権代理という譲渡行為の瑕疵が善意取得の規定によって治癒されうるとしていると理解することはできないとする見解が有力である（その後の最判昭 41・6・21 民集 20 巻 5 号 1084 頁も，無権代理人からの手形取得に善意取得が認められることを前提としているが，この判決に対しても同様の疑念が指摘されている）。

　(二)　私見

　① 実質的考察　　学説上，意思表示の瑕疵の場合に広く第三者を保護すべきとされ，また，無権代理行為に関しては表見代理の規定によって第三者は保護される。したがって，譲渡人自身の裏書行為にこれらの瑕疵がある場合，無制限説に立てば，善意取得の成立の有無とともに，他面で行為者自身の手形上の責任の負担の有無が問題とされることになる。制限説に立つときにも，上のような形で取得者が保護される場合には，行為者または本人は有効な手形行為をした者として責任を負うから，善意取得を認めるのと同様の結果となる。

　なお，意思表示の瑕疵に関する取得者の主観的保護要件をどのように解するかにより，手形法 16 条 2 項の適用とは相違が生じうる。また，譲渡人の手形意思表示に瑕疵ある場合に相手方が学説により保護されるケースとして問題となるのは，部外者による強迫の場合や，行為者自身が一方的に錯誤した場合であろう。これらの場合および部外者による詐欺の場合以外に，無制限説によっても善意取得による保護が認められる可能性はないから，無制限説・制限説のいずれによるかの差は実質上ほとんどない。

他方，裏書人の制限行為能力という瑕疵は，無制限説によれば取得者の善意によって治癒されることになる。しかし，制限行為能力という瑕疵が手形行為自体のみならず，その原因行為についても存在する場合には（そのような場合は少なくないだろう），相手方たる取得者に善意取得を認めても，裏書人が原因行為を制限行為能力を理由にして取り消せば，善意取得した被裏書人は裏書人との関係で不当利得をしたことになり，裏書人は不当利得を返還請求できることになる（上柳「手形の善意取得によって治癒される瑕疵の範囲（一）」法学論叢80巻2号12頁）。

同様に，原因行為につき意思表示の瑕疵，無権代理のある場合には，不当利得が生じている限り，無制限説により被裏書人である取得者に善意取得が認められても，手形の返還を請求できることになる。この限りでは，両説の実質的相違は消滅してしまう。さらに，取得者は善意取得により主たる手形債務者に対して請求できることにはなるが，主たる手形債務者は，この者に対して権利濫用の抗弁の対抗などに依拠してその権利行使を拒むことができる（後述3.7）。

このようにみていくと，両説の実質的相違は消滅してしまう。なお，制限行為能力者保護の法制度に照らせば，制限行為能力という瑕疵が善意取得によって治癒されるということは支持できない（大隅=河本・181頁）。たとえ，それにより手形債務を負担することはないとしても，約束手形振出しの場合との比較均衡上，行為者には手形の返還請求が認められるべきである。

両説の対立が実質上も明確なのは，記名式裏書ある手形の最終の被裏書人と所持人との同一性が欠缺する場合である。制限説は，手形法16条1項の形式的資格は同一性にまで及ばず，同条2項により同一性の欠缺は治癒されないとするから，裏書取得に際しては，身分証明書等によりその同一性を確認しなければならないとする（田中［誠］・上234頁）。これに対して，無制限説によれば，たとえ面識のない未知の者から手形を取得するのであっても，当然に取得者には上のような同一性の確認を要求されることはない。実際においては，取得者は，裏書により手形の譲渡を受ける場合には，担保責任を追及する可能性を考慮すれば，裏書人の身元を確認しないわけにはいかないだろう。しかし，手形流通の促進・保護の面からは，同一性の確認は不要であると解すべきである（河本=田邊・172頁）。ただし，未知の者からの取得にあたっては，善意取得の

2.3 手形の善意取得

第四の要件である取得者の保護要件（善意・無重過失）の面で，実質上注意義務が強化されるであろう。

② 理論的考察　手形の善意取得制度成立の沿革に照らすとき，必ずしも制限説の説くように無権利の瑕疵一点のみが治癒されると解すべきことになるわけではないと考えられる。手形法16条2項と同様にこの範囲につき何ら規定のなかった旧ドイツ手形法上で，学説は治癒範囲を広く解し，取得行為の瑕疵にも及ぶものとしていたのであり，善意取得制度が治癒範囲拡大の方向へ発展させられる可能性は全面的に排除されてはいないとみるべきである。

手形法16条1項の形式的資格，すなわち推定の効力は，譲渡人が権利者であることにしか及ばず，その行為能力，代理権，同一性等には及びえないことは明らかである。そこで，同条1項と2項との関連性を強調する限りは，2項は，1項による権利者たる外観を信頼する者を保護する規定と理解すべきことになり，制限説が正当と解されることになる。しかし，手形法16条2項の立法過程に照らしてみれば，本規定がこのような整合性をもった規定であるかは疑問であって，その成立過程からは1項と2項との間に内的関連性の存在をみることは，根拠付けられない（田邊・手形流通83頁以下）。むしろ，ジュネーヴ手形統一法会議では，手形法の統一を危うくしないために，各国の民法規定にかかわりかつ相違のある治癒される瑕疵の範囲については明確な規制がされなかったのである。

そうであれば，①の検討とあいまって，手形法16条1項と2項の文言上でのつながりにもかかわらず，手形流通力の強化のために，権利者の外観に対する信頼保護に準じて考えることができる限りでは，無権利者からの取得の場合以外にも善意取得の適用を拡大することが可能であり，制限行為能力という瑕疵の点は別として，基本的に無制限説をとるべきと考える。手形法は，形式的に資格付けられた手形の所持に依拠した流通にあたって，単なる占有に基づく動産の移転におけるよりも広汎に流通利益を保護しているのである。手形法16条2項の法文は，単に普遍的に保護の認められる無権利者からの取得を前提として規定されたにすぎず，その適用範囲，すなわち，取得者保護の範囲は取引の需要に応じて拡大される余地があると認められる。

以上のように解すると，手形法16条2項は同40条3項とともに，いずれも

16条1項を超えた権利外観に対する信頼保護を規定すると考えることになる。しかし，それにより手形取得者と支払人との地位の相違に基づく差異は消滅してしまうわけではなく，主観的保護要件の相違として維持されている。上のような地位の相違を離れても二つの規定の間には次のような相違がある。治癒される瑕疵の範囲を広く解しても，被裏書人の善意取得による手形上の権利の取得，すなわち，裏書人の権利の喪失という問題と，行為者である裏書人の手形上の責任負担という問題とは区別されなければならない。場合によっては，行為者自らは手形上の責任を負わないが，手形上の権利を失うこともある。それに対して手形法40条3項においては，このような問題を生ずる余地はなく，支払人は一義的に免責される。

(5) 善意取得の要件4——善意・無重過失

（イ）　悪意・重過失なき取得　　善意取得の第四の要件は，所持人が手形を悪意・重過失なくして取得したことである。悪意・重過失の概念は，(4)にみたように善意によって治癒される瑕疵の範囲をどのように解するかに応じて異なってくる。無制限説に立てば，悪意とは自己への手形の譲渡に瑕疵（譲渡人の無権利が代表例）のあることを知っていることを意味し，重過失があるとは，手形取引上通常必要な注意を著しく欠いたために，このような瑕疵を知らないで取得したことをいう。したがって，社会通念に照らして，譲渡人の手形取得または譲渡権限につき相当の不審がある場合には，取得者には一定の調査（注意）義務があり，それにもかかわらずそれを尽くすことなく，漫然と手形の譲渡を受ける場合には，重過失ある取得にあたる。

取得者の悪意・重過失の有無は，手形取得の時点を基準として判定する（通説，大判昭2・4・2民集6巻118頁）。後日に瑕疵を知るに至っても，善意取得の効力にはかかわりがない。自己の直接の譲渡人が善意取得をして権利者となっているものと信じて取得した場合には，たとえ譲渡人の前者が無権利者であることを知っていても，善意取得が認められる（豊崎・前掲書156頁，石井=鴻・53頁等）。

裏書の連続する手形の所持人は権利者として資格付けられているから，手形の占有を失った者は，手形の返還を求めようとする場合には，所持人の悪意・

2.3　手形の善意取得　　　179

重過失の主張責任・証明責任を負う。さらに，所持人以前の何人も善意取得していないことを証明しなければならない（最判昭 41・6・21 民集 20 巻 5 号 1084 頁）。

　（ロ）　**重過失の認定**　　　取得者が手形を面識のない者から取得するというだけでは，いまだ格別に調査義務は負わない。社会通念に照らして疑念を抱くべき相当な事情がある場合にのみ，相手方の権利，権限について確認すべき注意義務が生じて，それを怠れば重過失にあたることになる。

　手形の流通性に照らせば，銀行等の金融機関や金融業者は，手形取得にあたり特別な注意義務を負っていると解すべきではない（最判昭 47・11・10 判時 689 号 103 頁）。これらの者は，新聞の手形無効広告や盗難広告，公示催告の公告・除権決定の速報等を掲載した業界新聞，さらには官報上の公示催告の公告等を調査すべき義務を負ってはいない。警察の盗難被害品に関する「品触れ」についても同様だが，それが配付・回覧されている場合に調査をしないで取得すれば，重過失ありと解される（大隅＝河本・183 頁）。もちろん，社会通念に照らした，当該事情のもとで疑うべき相当な理由があったか否かの判定にとっては，取得者が金融機関・金融業者であることはその一要素をなすものとして考慮されねばならない。

　具体的に疑いを抱くべき相当な理由があると解される事情の存在が認められるか否かは，多くの場合種々の要素を総合して判断すべきことになるが，ここでは判例上重過失の認定された比較的明快な代表例として，以下のものをあげておく。

　①第一裏書欄の裏書人の住所とその代表取締役の氏名が誤記され，その名下に判読しにくい字体のきわめて粗末な彫りの印判の印影が押捺されていた場合（大阪高判昭 44・6・28 判タ 239 号 272 頁）や，振出人名下の印影と貼付された収入印紙に押捺された印影とが相違しており，かつ，必ずしも少額とはいえない手形の裏書人の住所として「飯場」という表示がなされていた場合（東京地判昭 42・1・17 判タ 205 号 158 頁）のように，手形面上から一見して疑念を抱くべき場合であるにもかかわらず，何らの調査をしなかったときに，重過失が認定されている。

　②１年ほど前に解雇した 20 歳代の元従業員が突然やってきて，「電気工事関

係の取引先からもらった確かな手形だ」と称して割引を依頼したところ，譲受人が振出人と裏書人の信用照会はしたが，その入手先について調査せず割引取得した場合（東京地判昭36・10・18手形研究51号10頁）や，振出会社の代表者個人名義の盗難小切手を直前に交付した前歴のある同一人物から，その小切手の代替物として当該約束手形を交付されたにもかかわらず，手形振出名義人または支払担当銀行に照会することもなく取得した場合（最判昭52・6・20判時873号97頁）のように譲渡人の素姓・信用に不審があり，譲渡人自体に適法な手形所持人であることに疑念を生ぜしめる事情が認められる場合に，重過失が認定されている。

　さらに，③近年，上場企業ないしこれに準ずる優良企業から商取引に基づいてその振出手形を受け取った会社が，会社事務所の金庫中に保管しておいたところ，事務所荒らしに手形を盗取され，偽造の裏書がなされて流通して（しばしば印鑑も同時に窃取されている），手形割引業者等に持ち込まれるという事件が多発している。これらを手形割引により，または，貸付の担保として取得した手形割引業者等の手形金請求に対して，その善意取得を否定するという判決が多数出されている（東京地判平7・6・27判タ918号237頁，東京地判平11・5・27判タ1017号222頁，東京地判平11・5・28判タ1017号219頁，東京地判平11・6・30判タ1015号238頁，東京地判平11・8・26判時1708号162頁，大阪地判平12・2・25判タ1050号235頁，大阪地判平12・2・29判時1739号129頁，東京高判平13・4・23金判1117号21頁。さらに，東京高判平12・8・17金判1109号51頁では，手形取得者の有償取得自体も疑問とする）。

　これらの事例では，上場企業等の優良企業が振り出した手形であれば，本来容易に銀行等で手形割引が受けられるのに，それをしないで，町の金融業者や個人に高率の割引料で割引いてもらうという不自然な状況が認められ，信用の不確かな会社や個人の裏書が付されていたり，所持人自身の信用も疑わしいという事情もあるという点で共通する。そこで，取得者は取得に際して，所持人の権利について疑念を持って当然であり，その入手の経緯を確認したり，振出人や支払銀行に照会するなどの確認をすべきであったから，それを怠った点に重過失があると判示されている。優良企業発行の手形である以上，手形受取人であるその取引先もそれ相応の信用を有しており，銀行で手形割引を受けられ

2.3 手形の善意取得

ることは社会通念ということができる。これらの事例においては，このような事柄を振出人・受取人等の手形記載から認識でき，かつ，手形所持人にこの事実との関係で疑念を抱くべき相当な事情があるというべきであり，そこで，振出人への問い合わせ，および，所持人が通常の商取引に依拠して手形を取得したか否かについて調査すべき義務を怠っているから，重過失があるとして善意取得は認めないことは妥当である[9],[10]。

(6) 善意取得の効果

手形法 16 条 2 項の法文からは，善意取得の効果は，取得者が単に「手形を返還する義務を負わない」ことに，すなわち所有権者からの返還請求権の制限にあることになる。しかし，このような規定の仕方は，即時取得制度の沿革に由来するものにすぎず，その本来の意味は，取得者の手形上の権利の取得，お

---

9) 通常は，手形の盗難に遭った所持人は直ちに振出人等に連絡して，振出人が支払銀行に対して連絡して事故届けを出すことになる。この場合には，支払銀行は当該手形について支払委託の取消しがあったものとして取り扱い，支払銀行は支払うことができないことになる。手形金の請求があったときには不渡返還をすることになり，銀行は手形交換所に不渡届を提出するが，盗難，紛失の場合には，第 2 号不渡事由に該当する（251 頁注 4））。したがって，手形取得者は手形取得にあたり振出人や支払銀行に照会すれば，事故手形であるか否かは通常は容易に判明する。なお，小切手の支払委託の取消しについては，313 頁以下。

10) 手形法理論では，手形は転々と流通するものであることを前提として理論構成がなされている。しかし，相当以前から，実際には，手形流通保護に関する理論上で前提とされているような再度の支払いのために流通する，あるいは担保のために裏書譲渡されるというように回り手形として利用される事例はごくわずかであり，手形裏書のなされる典型的な例は，手形金取立のため取立銀行に対して裏書される場合，または，手形割引を受けるため裏書譲渡される場合であって，一般的に第三者に裏書譲渡される例はまれであると指摘されている（ドイツにおける実証研究をふまえた松山「手形裏書の機能の変遷―担保的効力のみを有する裏書に関する一試論」法学新報86巻7・8・9合併号295頁以下，高窪・現代 200 頁，近時のわが国における実証分析を示すものとして，関・327 頁以下）。この点は事実であり，また，手形・小切手の利用が大きく減少していることもあいまって，さらに，第三者への手形の転々流通を前提に理論構築をして，善意の手形取得者保護を広範に認めようとする手形法理論に対して疑問が提起されている（関・362 頁以下，森本「手形法小切手法の理論と実務 (3)」法学教室 183 号 69 頁，豊田「最近の東京地裁手形訴訟事件について―盗難手形事件を中心に―」金法 1613号 10 頁以下）。傾聴に値する議論であるが，しかし，手形流通保護の理念は手形・小切手制度の存在意義と堅く結び付いて展開されてきたのであり，経済社会の中で手形・小切手制度が有してきた価値はこの点にあったことも事実である。

確かに，手形・小切手利用の減少とともに，手形・小切手制度の意義，理念も変化してくることはあるかもしれない。けれども，流通保護の理念の重視のために不当な結果に到達してしまうという弊害があるのであれば，それは具体的な適用にあたって，当事者間の利害の衡平を図るために回避されるべきであり，これは近時の判例・学説が努力してきたところであって，現時点においては，手形流通保護の理念自体は維持されるべきである。

およびその結果たる原権利者の権利喪失にある。

　この手形上の権利の取得を，手形所有権を取得することによって手形上の権利を取得すると構成する見解がある（たとえば，竹田・37頁）。この見解は，権利の物である証券上への表章が手形上の権利への動産法の適用を可能にしたことに相応して，債権自体の善意取得という動産法と矛盾する構成によることなく，まずもって手形所有権の善意取得を考え，それとともに手形上の権利（債権）自体が善意取得されると解するのである。しかし近時は，手形所有権を観念する必要性を否定して，手形債権それ自体を善意取得すると解するのが通説である。

　手形上の権利を善意取得した所持人から，悪意で手形を取得する者は，前者たる所持人の有する権利を承継取得するのだから，当然に，その善意取得の有無は問題にならない。したがって，いったん，善意取得が成立すれば，原則的にその後の取得者はその善意・悪意にかかわらず保護されることになる。しかし，以前の取得当時悪意であったため善意取得できなかった者が，いったん善意の第三者に譲渡した後に，この者から手形を再取得した場合には，手形法16条2項による保護は受けられず，この者は，手形上の権利を取得できないと解すべきである（大隅＝河本・186頁，高窪・現代256頁）。

3

手形抗弁の制限

3.1 手 形 抗 弁

　手形金の請求を受けた手形債務者が，支払いを拒絶する理由として主張できる一切の事由を手形抗弁という。現在のわが国の通説は，裏書を特殊な債権譲渡とみている。民法の債権譲渡においては，ローマ法上の nemo plus iuris transferre potest quam ipse habet（誰も自分の有する以上の権利を移転することはできない。以下，nemo plus…と略記）の原則にしたがって，債権はその同一性を失うことなく譲受人に移転されるので，債務者は譲渡人に対して有しているすべての抗弁を譲受人に対して対抗できる（参照，民468条1項）。しかし，手形法上では，手形流通の強化という目的のために，手形譲受人に対する抗弁の制限（切断）の制度が認められている（手17条）。この制度は手形法的権利移転の大きな特色をなしている。

　ただし，手形法上においても，すべての手形抗弁が制限されるのではなく，制限されうる抗弁（人的抗弁）と制限されえない抗弁（物的抗弁）とに分けられる。人的抗弁の制限は手形法17条により明定されているが，今日，手形法17条はすべての人的抗弁の制限を規定するものと考えないのが一般的であり，人的抗弁の種類に対応して，その制限の根拠をなす規定は異なって理解されている。それに対応して保護される手形取得者に要求される主観的保護要件も異なってくる。

184 3 手形抗弁の制限

　手形法上では，手形流通の強化と支払いの確実性の確保という手形制度の主要理念実現のために，多くの善意者保護の規定が定められているが，手形法17条は，善意取得に関する同法16条2項および白地補充権濫用の抗弁の制限という抗弁制限の特別な場合に関する同法10条とともに，主要な手形流通強化のための規定である。手形債務者は，抗弁の制限によって通常の債務者よりも厳しい債務を負担させられることになるので，手形債務の無因性および合同性とともに，これを実質的手形厳正と呼ぶことがある（これに対比される用語である形式的手形厳正とは，手形に特有かつ簡易迅速な制度であり，手形債務者が通常の債務者より不利な地位に立つ手形訴訟手続を指す）。

3.2　人的抗弁制限の制度

1. 抗弁の制限前史

　ゲルマン法においては，元来，債権譲渡は許されていなかった。しかし，そのことは持参人払式証券の使用を妨げはしなかった。ゲルマン法では，債務関係成立の主体は債務者であり，債務者の一方的な表明により，債権者の承諾なくして債務は生じえたのであり，ここに証券に特別な意義が付与されるに至った。債務者の債務は証券中に化体され，その所持人は証券の交付によって債権を譲渡できたのである。さらに，債務者は，あらかじめかつ直接的に後の証券所持人に対して債務を負うのであり，所持人は最初の債権者のまたは前者の権利から独立したかつ固有の権利の債権者なのである。したがって債務者は，前者に対抗できた抗弁を，当然に現在の所持人に対して対抗できなくなる。債務者の直接的債務負担の結果，抗弁の制限が生ずる。

　しかし，16世紀末におけるローマ法継受によりまったく事情は変わった。ローマ法においては，債務は特定の債権者と債務者との間の堅固な関係であり，債権者が債務関係の中心的人物であった。そして，ローマ法上では債権の譲渡は許されていなかった（委任などの方法がそれに代わって用いられたが，この場合には当然に抗弁が引き継がれた）。このローマ法原則によれば，債務者の直接的債務負担および所持人の固有かつ独立的な権利といった概念は否定された。そして，誰も自分が有する以上の権利を移転できないとの原則（nemo plus…原

則）があてはまり，同一の権利が移転され，所持人は前者が有していたのと同一の債権の債権者となる。したがって，当然に譲受人には前者に対する抗弁が対抗されることになる。

ところでドイツにおいては，一方において裏書の効力に関しては，それは債権譲渡であると一般にみなされ，他方において，抗弁の制限の原則は，学説上も立法上も古くから承認されてきた。そこで，ここにおいて抗弁の制限とnemo plus…原則の対立が生じた。抗弁の制限は，実際的な取引の需要に基づいて必要なものであった。そこで，18 世紀以来，抗弁制限の原則の根拠付けは学説上の争点の中心となった。そして，債権者の固有のかつ直接的な権利を基礎付けるために，たくさんの理論（手形理論）を生み出すに至った。

2. 人的抗弁制限の法的根拠

抗弁制限の根拠は，明らかに経済的理由にある。善意の手形取得者が，取得にあたって自己の知らない抗弁を債務者によって対抗されることがないと期待できるときにのみ手形の流通は促進される。しかし，法律論としては，これ以上の理論的根拠に関して争われてきたのである。

今日，抗弁制限の理論的根拠を権利外観理論に求める見解が有力である。通説は手形の譲渡・裏書による移転を手形債権の譲渡とみなしてきたが，通常の債権譲渡にあっては，債権はその同一性を失うことなく移転されるから，抗弁は債権に付着したまま移転され，譲受人に対しても対抗される（nemo plus…原則の妥当）。手形法上では，手形法 17 条により nemo plus…原則は排除されうる。そこで，抗弁制限の法現象に関しては，手形上の権利に付着する抗弁は，本来的には譲受人に対しても承継され対抗されるべきものだが，抗弁の制限の原則の機能により，善意の譲受人には抗弁の除去された，いわばきれいな権利が移転され，以後はこのきれいな権利があたかも有体物であるかのように移転されるというのが伝統的な一般的立場である。そこで，権利外観理論に依拠する立場からは，本来承継されるべき抗弁が例外的に善意の第三取得者に対して制限され，取得者が悪意の場合には本則に戻って抗弁が承継されると説かれる。

権利外観理論適用の主要な要件は，債務を負担すべき者の帰責性と取得者の主観的要件，すなわち善意である。手形法 17 条にあっては，債務者が自ら流

通を予定されている証券を作成（署名）した点に帰責性が認められる。その手形証券は抗弁を免れた完全な権利を表章するかのごとき外観を有しているから，手形取得者がその外観に信頼する（善意）限り保護される。取得者がその証券に信頼できるのでなければ，手形流通は保障されない。

　以上に対して，原因関係に基づく人的抗弁の制限の理論的根拠を無因性に求める見解がある（田邊「人的抗弁制限後の手形取得者の地位」ロー・スクール18号22頁以下，倉澤・金判381号2頁以下など）。これによれば，裏書譲渡の際には，手形債権と切り離されている人的抗弁の制限があるのが本則であって取得者が悪意の場合には，特別に悪意の抗弁が成立すると解され，第三取得者は手形の移転により自己固有の権利を取得することになる。

　ドイツにおいては，19世紀の手形法学上で無因性の観念が支配的力を振るった。それは，無因性が原因関係からの抗弁の制限の根拠として働き，手形流通を促進すると考えられたことに基づいている。しかしその後，無因性に基づいて抗弁の制限を根拠付けることは否定されるに至った（わが国の上の見解は，人的抗弁の属人性の主張と結び付いている（後述218頁））。なぜなら，無因債権の移転にも債権譲渡の一般原則が働くからである。すなわち，無因性に基づいて抗弁の直接の相手方も完全な手形債権を有すると観念しても，裏書によりこの債権とともに，この直接当事者間では抗弁を対抗できるという関係，すなわち，いわば付着する抗弁も，本来的に，譲受人へ移転されるはずと考えられるからである（河本「手形法における悪意の抗弁」民商36巻4号49頁）。

　手形法上では，手形法17条・16条2項の存在により，nemo plus…原則，抗弁の承継の原則はまったく排除されているとの反論も考えられるが（田邊・前掲21頁），説得力を欠く。なぜなら，抗弁の制限の原則が妥当する場合にはこれらの諸原則は確かに排除されるとしても，上の諸原則を議論の出発点とするのは，それらが，裏書を債権譲渡の一態様と認め，そのうえで手形流通力の強化のために，抗弁制限の原則が成立するに至ったという手形法の歴史的展開の過程上で形成されてきた法的諸観念だからである。

　無因性による抗弁制限の根拠付けに対しては，さらに，手形法17条の規定は原因当事者間での手形債権の無因性を認めない国（フランスなど）の手形法中にも重要な規定として存しているのだから，国際的統一手形法上の主要な規

定である手形法17条の根拠は，より普遍的な基盤の上に求められるべきではないかという疑問がある。

3.3 手形法17条の適用要件

1. 手形法的流通方法による取得

手形法17条の適用要件の第一は，取得者が手形法的流通方法により手形を取得することである。裏書・振出しおよび交付（受取人名白地の手形や白地式裏書ある場合）によって手形を取得した場合にのみ，手形所持人は人的抗弁切断の利益を享受できる。したがって，民法の債権譲渡の方式（民467条）によって取得する場合（たとえば指図禁止文句のある手形の場合）や，相続，合併，競売などにより取得する場合には，抗弁の制限は認められず，債権譲渡の本則に戻って，手形債務者は所持人の前者に対して有する抗弁を所持人に対して対抗することができる。裏書による手形取得の場合でも，手形の流通力が著しく減少している，民法の債権譲渡の効力のみしか有さない期限後裏書の場合，取立権限を授与するにすぎない取立委任裏書の場合，同様に隠れた取立委任裏書の場合には，抗弁の制限は認められない。

2. 悪意の抗弁

(1) 悪意の抗弁の意義

第二の適用要件は，取得者が善意で手形を取得したことである。人的抗弁制限の制度は，手形流通の強化という目的を有するものだから，手形取得者が取得の時点において，抗弁の存在を知っていて保護に値しないという場合には，抗弁の制限は認められない。手形法17条但書は，「所持人ガ其ノ債務者ヲ害スルコトヲ知リテ」手形を取得する場合には，債務者は所持人に対し前者に対して有する人的関係に基づく抗弁を対抗できるとする。この場合には，請求を受けた債務者は，悪意の取得者に対して対抗できる抗弁を直接的な抗弁として有することになる。これを悪意の抗弁（exceptio doli）という。

悪意の抗弁の対抗とは実質的には前者に対する人的抗弁の対抗を意味する。取得者が悪意の場合には，債権譲渡の本則に立ち戻り，nemo plus…の原則が

適用されて，手形債権に抗弁が付着して移転され，抗弁は承継されることになる。

(2) 「債務者ヲ害スルコトヲ知リテ」の意味

手形法17条但書の「債務者ヲ害スルコトヲ知リテ」の意味内容に関しては争いがある。ジュネーヴ手形統一法会議では，単なる抗弁の存在の認識（悪意）では広すぎ，裏書人と被裏書人との間に詐害的合意が存することでは狭すぎるとされて，現行の法文が採用されたという経緯がある。そこで現在では，それは手形取得者が抗弁の存在を認識して取得するだけでは足りず，それ以上に債務者の損害の認識を要すると解することで一致している。「債務者を害する」とは，債務者が取得者の前者に対して対抗できる抗弁の主張が取得者の手形取得により妨げられるという点において，すなわち抗弁の喪失（切断）によって債務者に損害が生ずることを意味すると一般的に解されている。

この法文の解釈に関する主要な見解をみると，第一説（単純認識説）は，通常は抗弁の存在の認識だけで「害スルコトヲ知リテ」にあたるが，例外的に抗弁の存在を知るも害することの認識を欠く場合がありうるとする。この説は以前の通説である（伊沢・215頁以下，鈴木＝前田・260頁・263頁註（二四）など）。判例は基本的にこの立場によっていると考えられる。この説によれば，①取得時に存在する抗弁が将来排除されることをまったく期待できない場合には，例外的な「特別の事情」がなければ，抗弁の存在の認識だけで悪意の抗弁は成立するが，②取得時には抗弁（瑕疵）が満期までに成立するかどうかが不明な場合，および，③抗弁（瑕疵）が取得時には存在しているが満期までには消滅すると期待できる場合については，取得者が手形取得にあたって，満期における抗弁の存在の認識（予見）を有しているか否かが悪意の抗弁成立にとり決定的要素と考えることになる。

②のケースでは，抗弁（瑕疵）が将来成立すると知る取得者こそが悪意者であって，取得者が抗弁（瑕疵）を生じうる事情にとどまらず，それ以上の事情，すなわち抗弁（瑕疵）が将来成立するという事情を知ることが決定的である。③のケースにあっては，瑕疵の排除を取得者が信じるにつき正当な理由を有する場合には，悪意にはあたらない。この単純認識説に対しては，現実の判例上

に現われた諸事案に照らせば、例外的ケースにあたる上の②に該当するもの（多様なケースが含まれる）が多いため、具体的争訟において裁判官の判定に委ねる部分が大きく、それは抗弁の成立の仕方の多様性および抗弁事由の多様性に対応しきれないのではないか、および、手形法17条の「悪意」の表式を理論的に十分解明したといえないのではないかと批判されている。

そこで、上のような多様性に対応するために、より明確な一般的基準を与えるようにするのが、いわゆる河本フォーミュラである。それは、「債務者ヲ害スルコトヲ知リテ」とは、取得者が手形を取得するにあたり、満期において、手形債務者が取得者の直接の前者に対し抗弁を主張することは確実であるとの認識を有していた場合を指すとする。そして、抗弁事由の種類（内容）に応じて、単なる原因事実だけで、債務者が満期において前者に対して抗弁を主張するのは確実であるとの認識の形成されうる場合と、原因事実についての認識以外に付加的事実についての認識が付加されて初めて、抗弁対抗の確実性についての認識が形成されうる場合とに分けられるとする（河本「手形法における悪意の抗弁」民商36巻4号28頁以下）。この説は今日の通説といってよい（大隅=河本・215頁、田中［誠］・上247頁、石井=鴻・131頁など）。

具体例でみると、東京高判平元・4・12金法1235号35頁は、図II-8に示す次のようなケースにおいて、手形取得者の悪意の存在を否定している。すなわち、A会社はB会社から品物を仕入れ、その代金の前渡し金の支払いのためB振出しの為替手形に引受けをなし、Bの主力取引銀行であったC銀行がこの手形を取得した。Bはその後倒産しAは結局商品の引渡しを受けられなかったが、Cより手形金の請求を受けたので、その悪意の取得を主張して支払

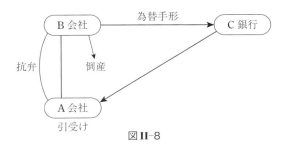

図II-8

いを拒んだ。この判例では，Cは手形の取得時にBの財務内容が悪化して，その容易ならざる状態にあることは知っていたが，なお営業を続行して商品取引を継続しつつ経営の安定化を図るものと認識していたのであるから，納品義務が履行されない懸念を払拭しきれなかったとしても，悪意があったということはできないとされた。

(3) 私 見

通説である河本フォーミュラに対しては理論的にいくつかの疑問がある。第一に，ジュネーヴ手形統一法会議の議論に照らせば，手形法17条但書の立法趣旨は，信義誠実に反する手形取得を排除しようとすることにあり，そうであれば，原則的にまずもって抗弁の存在を認識するだけで，信義誠実に反すると考えるべきであろう。第二に，抗弁制限の原則の理論的根拠を権利外観理論に求めるのであれば（前述），17条は手形上の権利に瑕疵の付着していないことを信頼する者を保護するのであって，実際に債務者を害する（実際に抗弁の切断が発生する）ことがないことを信頼する者を保護しているのではないと考えるべきである。取得者の信頼の面において河本フォーミュラは不自然である。第三に，この説によれば，満期においても抗弁が存在することを知っているが，債務者がそれを主張するか否かについてまで知らない取得者は，この場合には債務者による抗弁の主張があるのは自明の事柄であるとして，悪意者と認定されるのであれば，この河本フォーミュラにあっても，手形取得時における満期の時点での抗弁存在の予見が決定的なものということになり，結局，抗弁の存在の認識の問題に還元されて，「満期においての抗弁主張の確実性の認識」という表式は実質的意義を失ってしまう。

河本フォーミュラは，単純認識説では具体的争訟の判定に委ねざるをえない点が多いと批判するが，河本フォーミュラにあっても，抗弁対抗の確実性をいつ認めるべきかに関して，程度の差こそあれ，同様の批判を免れえないであろう。手形法17条の「悪意」の表式は，抗弁の存在の認識が存していてもそれは必ずしも「抗弁の切断による損害」の認識とは結び付かないということを示そうとし，具体的事情の多様性に対応しようとするものである。河本フォーミュラは，悪意の表式をより明確なものにしようとする意図から出発しながら，

3.3 手形法 17 条の適用要件　191

かえって，信義誠実に反する取得を排除するという 17 条の本来の目的を見失うに至っていると言うべきである。この目的にしたがい具体的事由に対応して，「悪意」の成立要件を明らかにしていくことが必要である。

私見は基本的に単純認識説に近い立場を取る（以下の私見の詳細に関しては，川村・手形抗弁 41 頁以下）。17 条の信義誠実に反する手形取得の排除という目的に照らせば，「悪意」の有無の判定基準としてはさまざまな要素が考えられるが，手形取得者の「債務者を害するという意識」を重視すべきであると考える。このような「害する意識」は，おおむね抗弁の存在を知りつつもあえて手形を取得するという点において成立するから，原則的に抗弁の存在の認識において成立するが，例外的にそれだけでは不十分な場合が存するのであって，17 条但書の「悪意」の表式はそれを示すものである。具体的事情における判定にあたっては，私見は，一般的に単純認識説と同一の結論に到達するが，「害する意識」が取得者の保護を排除すると考えると，以下のような点で独自の結論が導き出される。すなわち，①抗弁が存在すると認識しているが，実際にはそれとは別の抗弁が存在する場合にも，この取得者は悪意にあたる。なお，債務者の損害は不存在だが，取得者に害する意識が存する場合には取得者は悪意ではない。この場合には，債務者が対抗できる抗弁が不存在だからである。②「害する意識」にとっては，抗弁の存在の確実性の認識は不要であろう。抗弁存在の蓋然性が高いことを認識していること（いわゆる未必の悪意）で十分である。前者の有する権利に関して疑念を有する取得者は取得を中止できる。それにもかかわらずあえて取得する者は，不誠実な取得者にあたる[1]。

1）　ドイツにおいては，17 条但書の悪意について，未必の悪意（dolus eventualis, bedingter Vorsatz）だけで，すなわち，抗弁存在の確実性の認識には達していないが，抗弁存在の蓋然性が高いことを認識しているにもかかわらず，あえて取得することだけで十分であるとする見解が有力である。この場合に，手形取得者は手形流通の過程において抗弁の切断が生じることは当然に一般的抽象的には認識しているのであり，それ以上の抗弁存在についての疑念を有する場合が問題になる。ドイツ学説と同様に，私見が，17 条但書の「悪意」にとり，未必の悪意でも十分であるとの見解をとる場合に，具体的判定にあたり 17 条の悪意の認定のためには重過失でも十分であるとするのと，結果的に接近するときがあるのではないかとの疑問があろう。すなわち，取得者の「抗弁存在の認識」の認定は客観的事実に基づいて行われるため，相当程度の認識であれば，抗弁を知りまたは抗弁を生じるであろうとの認識があったと認定されることになる。

　他方，16 条 2 項において重過失にあたるとされる場合を参考にして考えれば，社会通念に照らして，取得者が一定の事情の認識から譲渡人に対する抗弁の存在につき相当の不審を抱いて抗弁事由の有無を調査すべきであったにもかかわらず，漫然と手形の譲渡を受ける場合が重過失ある取得にあたる ↗

他方,「害する意識」は抗弁の存在を認識しつつもあえて手形を取得するという点において成立するのだから, 抗弁の認識が重過失で欠ける場合には, 取得者は誠実な取得者であって保護されるべきと解される。ただし, 手形法17条但書については所持人の悪意の証明責任は債務者が負担すると解するのが一般であり, また, 取得者の内的な認識（悪意）は証明がはなはだ困難であることに照らせば, 取得者の悪意の認定にあたっては, 取得者の内的な悪意の証明それ自体が問題とされるべきではなく, その認定は, 客観的基準によってなされなければならない。そうであれば, 当該の具体的事情に照らして知っていたに違いないと認められる場合には悪意と認定されることになるので, その限りで重過失も悪意認定にとって意義を有することになる（後述196頁）。

(4) 具体的適用

具体的に以下の事例によって各説がどのように解するかをみてみよう。図II-9のように, AはBに対し, 売買代金支払確保のため, 約束手形を振り出

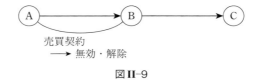

図 II-9

───────

と解されるだろう。これに対して, 未必の悪意は抗弁が存在するであろうとの蓋然性が高いことを認識しているべき場合にあたる。17条の「悪意」では, 結局は, 客観的事実に照らして「知っていたはず」ということが問題にされる。以上のような区分によれば, 未必の悪意のケースにおいては, 抗弁存在の確実性の認識に達していないのだから,「満期における債務者の抗弁対抗の確実性」の認識を取得者が有する場合が悪意にあたるとする河本フォーミュラでは, 当然に抗弁存在の確実性の認識が前提であると解されるため, 未必の悪意では不十分と解すべきであり（大隅＝河本・226頁）, 論理的にこれで筋道が通っている。

上に述べたように未必の悪意と重過失とは一応区別されるが, 客観的基準による認定を問題にする以上, とりわけ抗弁の存在の認識だけで悪意であると認定されるべき場合には, 未必の悪意と重過失とが接近してくることは間違いない。しかし, 満期における抗弁存在の予見が問題となるようなケースでは両者は区別される。なぜなら, 重過失でも十分とするならば, 抗弁が存在するであろうと考えるべき場合に調査を怠れば重過失にあたるとするのに対して, 未必の悪意の場合には, 抗弁の存在について疑念があるが, 抗弁存在の確実性の認識にまでは達しておらず, 多分抗弁が存在することになろうが, それでもかまわないとしてあえて取得する場合がそれに該当するからである。このケースでは, 17条の悪意につき未必の悪意でも十分とすることは悪意概念の拡大を意味し, 依然として重過失概念とは区別される。

3.3 手形法 17 条の適用要件

し，B はこれを C に裏書譲渡した．その後に売買契約は，B が商品引渡しを履行しないため，または，契約締結時にはすでに製造元でその商品の生産を中止していたので，引渡しが原始的に不能であったため，無効となりまたは解除されるに至った．C は手形取得にあたって，手形振出しの事情と商品が結局は満期までに引き渡されないだろうということ，または売買契約が原始的履行不能に基づき無効であるかまたは解除されるだろうということを熟知していた．

単純認識説および私見によると，手形振出しの原因関係である売買契約が原始的に履行不能なものであるときには，いまだ無効と主張されたり解除権が行使されていない間にも，売買契約上の瑕疵の存在だけで抗弁事由が存在すると考えるので，上述 188 頁の①のケースにあたることになる．したがって，手形債務者は，取得者の抗弁事由の存在の認識を証明すれば，悪意の抗弁を対抗できる．①のケースでは，取得者はその対抗を免れるためには，抗弁事由が後に排除されることを信じるについて正当な理由があったという「特別の事情」を証明しなければならないが，これはここでの例のケースでは不可能である．他方，B の債務不履行に基づいて契約が解除されるときには，上述 188 頁の②のケースにあたる．ここでの設例では，取得者は抗弁（瑕疵）が将来成立すると知っている悪意の取得者といえる．債務者は悪意の抗弁対抗のためには，取得者が抗弁を発生せしめる事実関係を認識していたこと，および，この抗弁を成立せしめる付加的事情を認識していたことを証明しなければならない．

次いで河本フォーミュラによると，売買契約が原始的に履行不能なものであるという原因事実の認識だけで，債務者が満期において前者に対し抗弁を主張するのは確実であるとの認識が形成される場合にあたる．そこで，C の手形取得の時点ですでに売買契約が無効と主張されまたは解除権が行使されていたか否かにかかわりなく，AB 間の売買契約が履行不能なものであると C が認識していたことを証明すれば，A は C に対して悪意の抗弁を対抗できる．この場合には，C は反証によって悪意の抗弁の対抗を免れることは不可能である．AB 間の売買契約が B の不履行に基づいて解除された場合に関しては，通常は売主は商品引渡しを履行すると考えられるので，手形が売買代金債務の支払確保のために振り出されたとの事情を知るだけでは，取得者はいまだ悪意にあたらない．これは，河本フォーミュラによれば，原因事実についての認識以外に

付加的事情についての認識が付加されて初めて，満期における債務者の抗弁対抗の確実性の認識が形成される場合に該当する。ここでの設例のように，売買契約が売主の不履行により結局は解除されることを熟知している場合には，手形取得時にはいまだ解除権は行使されていなくとも，また，取消権または解除権などの成立についての認識がなくても，悪意の抗弁は成立する。

　単純認識説および河本フォーミュラのいずれによっても，上記の②にあたるケースにおいて決定的な事柄は，手形取得者が取得時点で満期までに抗弁が成立するという予見を有していたかどうかである。社会通念に照らして取得者がそのような認識（予見）を有すると評価されるべき場合に悪意とされる。たとえば，原因関係について，取得時点ですでに解除・取消しがなされていた場合だけでなく，解除権・取消権が成立しているがまだ行使されていない場合，さらには，解除権，取消権はまだ成立していないが，必然的に解除・取消しがなされると評価される場合に，取得者が社会通念に照らして理解すれば，債務者が満期においてこれらの抗弁事由に依拠して支払いを拒むとの予見を引き出しうる事実を知りながら手形を取得するときは悪意にあたると解される（参照，河本・民商 34 巻 3 号 158 頁，浜田・民商 42 巻 2 号 81 頁）。ただし，債務者が抗弁援用に先立って解除権・取消権を行使する必要があることは別の問題である。債務者が最終的に解除権・取消権を行使しないときは，抗弁は存在しないことになる。

(5)　主要判例の分析

　手形法 17 条但書に関する主要な判例をみると，それは二つのグループに分けられる。第一は，抗弁の存在，抗弁を成立させる原因事実の認識だけで「害スルコトヲ知リテ」にあたるとされるケースである。手形金額の一部に相当する債務の支払確保のために手形が交付されたことを知って取得した場合（大判昭 16・1・27 民集 20 巻 25 頁），詐欺によって締結された売買契約の保証金として振り出された手形と知って取得した場合（大判昭 19・6・23 民集 23 巻 378 頁）には，特別な事情のないかぎり悪意にあたるとされる（なお，詐欺に基づく手形交付の抗弁が 17 条の人的抗弁にあたるかには疑問がある）。これらの場合には，債務者は満期において当然に支払いを拒絶すると考えられ，すでにして抗弁

3.3 手形法 17 条の適用要件

（瑕疵）の認識が悪意にあたる。

　第二のグループは，手形取得時には抗弁が満期までに成立するか不明であるが，満期における抗弁の存在を予見しもしくは予見すべきであった場合が悪意にあたるとされるケースである。手形が売買契約の代金内払いのために振り出されたことを知るだけで，後に契約が解除されるとは知らなかった場合（大判昭 16・8・26 民集 20 巻 1125 頁），手形が請負契約の前渡金として振り出されたことを知るだけで，請負契約が後に合意解除されるとは知らなかった場合（最判昭 30・11・18 民集 9 巻 12 号 1763 頁），手形が売買契約の支払確保のために振り出されたことを知っていたが，契約に従って履行がなされると信じて取得した場合（最判昭 34・8・18 民集 13 巻 10 号 1275 頁）には，取得者は悪意にあたらないとされ，木材買受代金債務の支払確保のために振り出された手形を，右売買は後に解除されると熟知しながら取得した場合（最判昭 30・5・31 民集 9 巻 6 号 811 頁），建築工事請負契約の前払金支払いのために振り出された手形を，請負人の財産状態が悪化して仕事の完成が見込めないと知って取得した場合（最判昭 48・3・22 金判 529 号 152 頁）には，取得者は悪意にあたるとされている。

　さらに最高裁判決として，最判平 7・7・14 判時 1550 号 120 頁・金判 985 号 3 頁があげられる。この事件の事実の概要は次のようである。すなわち，A 有限会社（代表者 B）は，平成 3 年 10 月 2 日，金融業者の C 有限会社から，弁済期日を平成 4 年 10 月 1 日として，6,000 万円の貸付を受け，その際に，借入金に対する 3 カ月分ごとの利息の支払いのために，額面 450 万円の約束手形 3 通を振り出したが，本件手形はそのうちの平成 4 年 7 月 2 日から同年 10 月 1 日までの利息支払いのための手形であり，B の妻である Y と B とが保証の趣旨で裏書をしたうえで C 会社に交付された。C 会社の金主で，この貸付の資金を提供した X は，平成 3 年 11 月 28 日，本件手形がその取得当時いまだ発生していない利息の支払いのために振り出されたことを知りながら，これを C 会社から裏書により取得したが，A 会社は，弁済期前で右利息発生前の平成 4 年 2 月 12 日に，貸付金元本全額を弁済したため，上記利息債権は発生しないことが確定した。X は，支払期日に支払いを拒絶され，A 会社，B, Y に対して，手形金の支払いを求めて本訴を提起した（A 会社および B に対する訴は，上告審

において取り下げられた）。原審は，Xは悪意の取得者にあたるとして請求を棄却したので，Xは上告した。

　これに対して，本最高裁判決は，「手形所持人が，手形を取得する際に，当該手形が貸付債権の未発生の利息の支払いのために振り出されたものであることを知っていても，貸付債権の約定利息は時の経過により発生するのが通常であるから，貸付債権の元本が弁済期前に弁済され利息が発生しないであろうことを知っていたなど特段の事情がないかぎり，手形法17条但書にいう「債務者ヲ害スルコトヲ知リテ手形ヲ取得シタルトキ」にはあたらないものというべきである。」と判示して，原判決を破棄して原審に差し戻した。

　本判決の事例は，上記の第二グループのケースに該当するが，本判決は，貸金債権の約定利息は時の経過により発生するものであり，貸金債権の元本が弁済期前に弁済されるという事態は例外的な場合であろうから，未発生の貸付利息の支払いのために振り出された手形であることを知るだけでは，取得者はいまだ悪意にはあたらず，それ以上に貸金債権の元本が弁済期前に弁済され当該利息が発生しないことを予見していたなどの特段の事情のないかぎり，悪意の抗弁の対抗は認められないとする。第二グループの諸判例と一致し妥当である（本判決の解説として，川村・ジュリ臨時増刊・平成7年度重要判例解説98頁以下）。

(6)　重過失による不知

　重過失による抗弁（瑕疵）の不知の場合には，悪意の抗弁の成立は認められないとするのが通説・判例（最判昭35・10・25民集14巻12号2720頁）である。手形法17条但書は重過失についてふれていないが，ジュネーヴ手形統一法会議においては，取得者の抗弁の認識が悪意の抗弁成立の前提的要件とみなされていたため，それが欠けるときにはまったく悪意の抗弁が成立する余地はないと解されて，それが今日の手形法17条但書の規定となったと考えられる。

　ただし，手形法17条但書については所持人の悪意の証明責任は債務者が負担するものと解するのが一般であり，また，取得者の内心的な認識（悪意）は証明がはなはだ困難であることに照らせば，取得者の悪意の認定にあたっては，取得者の内心的な悪意の証明それ自体が問題とされるべきではなく，その認定は，客観的基準によってなされるべきである。そこで，当該の具体的事情に照

らして知っていたに違いないと認められる場合には悪意と認定されるから，その限りで重過失は悪意認定の一資料としての意義を有することになる（大隅=河本・225頁）。上述の「悪意」の意義に関する私見によっても，「害する意識」は抗弁の存在を認識しつつもあえて手形を取得するという点において成立するのだから，抗弁の認識が重過失で欠ける場合には，取得者は誠実な取得者であって保護されるべきと解する。

(7) 悪意の認定時期

　取得者の悪意の有無は手形の取得時を基準にして決せられる。手形取得後に抗弁（瑕疵）の存在を知った場合にも悪意にはあたらない。旧手形を善意で取得した者は，その後に抗弁の存在を知って，手形の書替えを受けても，書替え後の新手形につき悪意の取得者として人的抗弁の対抗を受けることはない（最判昭35・2・11民集14巻2号184頁）。

3.4　人的抗弁と物的抗弁

1.　緒　　論

　手形法17条は，「前者ニ対スル人的関係ニ基ク抗弁」の制限について規定するが，この抗弁制限の根拠付けをどのように解するかにしたがって，この規定を善意の取得者保護のためのものとみるかどうかについて結論を異にすることになる。すなわち，本条の抗弁制限を手形流通の当然の結果とする立場によれば，悪意の取得者を排除するために手形法17条但書が設けられている点のみに意義があるにすぎないと解することになる。

　今日，一般に手形法17条はすべての人的抗弁を排除しているのではないと解されている。1912年のハーグ草案では，所持人に対抗できる抗弁の列挙は見落しが避けられないとの理由から断念され，否定的な表現の仕方が採用されて（1912年草案16条），その立場がジュネーヴ手形統一法17条に引き継がれた。しかし，17条の反対解釈として，17条にあげられていない抗弁はすべて絶対的に対抗できると解することは，手形法自体が手形抗弁をどのように分けているかが不明な以上，説得力を欠くとともに，まったく現実にも適合しない。

人的抗弁という概念には広狭二義がある。狭義には，手形法 17 条にいう「前者ニ対スル人的関係ニ基ク抗弁」を意味するが，広義には「制限されうる抗弁」を意味する。この意味での人的抗弁は，その内容・種類に応じて，その制限の根拠をなす規定を異にすることになる。そして，それに対応して保護されるべき取得者の主観的要件も異なる。

手形抗弁は一般に，制限されうる人的抗弁と制限されない物的抗弁とに分けられる。手形法上，この二つの抗弁の区分の定めはなく，理論によって決するほかはない。抗弁制限の趣旨を踏まえて，手形流通の強化の理念に基づく取得者の利益の保護と，手形債務者の利益の保護とを比較衡量して，具体的な抗弁事由について個々的にいずれの抗弁にあたるかを決定するほかない。通常，初めに物的抗弁を定めたうえで，それ以外のものはすべて人的抗弁とする。

2. 手形抗弁と訴訟

手形抗弁は，訴訟法上で，被告が主張責任・証明責任を負担する訴訟上の抗弁とは区別される。手形抗弁は，特定の事由の有無が手形債務者と第三取得者との間で手形金請求を否定することになるか否かを問題にしているが，主張責任・証明責任を考慮して定められているものではない。手形抗弁の多くは，訴訟上の抗弁の性質を有するが，すべての手形抗弁がそうではなく，訴訟上は単なる否認にすぎないものも含まれている。

たとえば，原告は，振出人である被告に対して手形金の請求をするためには，証明責任の分配に関する一般原則に従って請求原因事実に関して証明責任を負い（前述 93 頁），被告が自己の印鑑を用いて真正に振り出した，手形要件を完備し，かつ裏書の連続している約束手形を所持していることを主張し，これを証明しなければならない（この点に関しては，前述 145 頁）。

これに対して，被告が偽造・変造の抗弁，手形要件欠缺の抗弁，裏書不連続の抗弁を提出するとき，これらの抗弁は原告が証明責任を負う事実を否定したり，これと相容れない事実を陳述するものであるから，これらは訴訟上の否認（とくに積極否認）にあたることになる（下出・辻・川鍋・東・手形・小切手訴訟の手びき（1986 年）200 頁，村重編・裁判実務体系 2　手形小切手訴訟（1984 年）162 頁［松津］）。他に，無権代理の抗弁，権利の保全手続を欠く旨の抗弁，満

3.4　人的抗弁と物的抗弁　　　**199**

期未到来の抗弁があげられる。

　たとえば，偽造の抗弁については，被告としては，手形行為をしたという原告の主張を争って，この点について裁判官を真偽不明の心証に持ち込めばよい。手形行為が無権代理行為によるものであると主張する無権代理の抗弁については，原告側で被告が代理権を授与したことを請求の原因事実として主張し証明しなければならない。

　上記以外の物的抗弁や人的抗弁（原因関係上の抗弁は代表例であり，署名後未交付の手形を盗難・紛失した旨の抗弁も含まれる）については，被告側が証明責任を負い，訴訟上の抗弁にあたる（下出他・前掲書290頁以下）。さらに，後述257頁注9）・269頁以下[2]を参照のこと。

3.　物 的 抗 弁

　物的抗弁とは，特定またはすべての手形債務者がすべての手形所持人に対して対抗できる抗弁をいう。物的抗弁の例としては以下のものがあげられる。

(1)　手形の記載（形式）に基づく抗弁

　手形上の権利の内容・効力は手形上の記載によって確定され，また，手形の外観から知ることができるものであることから，手形の記載・形式に基づく抗弁は物的抗弁である。物的抗弁と解しても取得者を害することはない。基本手形の必要的記載事項の欠缺の抗弁（手76条1項・2条1項），手形上明瞭な支払済・免除・相殺の抗弁（手77条1項3号・39条1項），一部支払の記載がある旨の抗弁（手77条1項3号・39条3項），満期未到来の抗弁，有害的記載事項の記載がある旨の抗弁，呈示場所が異なる旨の抗弁，裏書禁止手形であるとの抗弁（手77条1項1号・11条2項）などがこれに属する。

　人的抗弁（たとえば支払猶予の合意）を手形上に記載する場合には，この抗弁事由の記載が取得者の信頼の基礎を排除して，悪意が認定されるため，原則的に常に取得者に対抗されうる（河本「手形抗弁」講座3　174頁）。しかし，これによりこの記載された人的抗弁が物的抗弁化されるわけではない。この記載は

---

2)　原因関係の消滅・無効等の抗弁の主張責任・立証責任に関しては，後述202頁。

取得者の悪意認定をなすうえでの一つの根拠を与えるにとどまる。このような記載があっても，手形外の事情によりその記載に反する事実に対する信頼が生じる場合には，取得者は善意であり抗弁は制限されうる。

　為替手形振出人の記載した支払無担保文句は無益的記載事項として「記載セザルモノト看做ス」（手9条2項）とする。このような手形上に記載された抗弁事由としての意義をもつ無益的記載事項は，取得者に対してその記載に基づいて直ちに対抗されるものではないと解されている（河本・前掲書174頁以下，石井＝鴻・127頁）。その根拠は，このように解さないと記載なきものとみなすとの法の趣旨が没却されるという点に求められている。しかし，それは当該の無益的記載事項の内容および無益的とされる趣旨にしたがって，抗弁として対抗されえないか否かが決せられるべきである。この支払無担保文句に関していえば，手形の有効性を害するものであるため，第三取得者に対抗されえない。ただし，このような事項も，直接当事者間では抗弁事由として対抗できるものだから，手形外でこの事由を知る取得者に対しては対抗されるべきである。

(2)　手形上の権利の有効に存在しない旨の抗弁

　これは手形面上の記載からは明瞭でない抗弁であるため，取引安全の見地からは広範に認めるべきではないが，債務者の利益保護のために物的抗弁とされる。しかし，人的抗弁との限界は微妙であって，時代とともに制限される傾向がある。意思能力を欠くとの抗弁，制限行為能力による取消しの抗弁，権利保全手続欠缺の抗弁（手77条1項4号・53条），無権代理による旨の抗弁（手77条2項・8条），偽造手形の抗弁，変造手形の抗弁（手77条1項7号・69条）などがこれに属する。

　以上のうち，無権代理の場合には表見代理の規定により取得者は保護され，被偽造者および変造前署名者が取得者に対して外観にしたがった責を負う場合があることは前述のとおりである。

(3)　供託・除権決定・時効消滅の抗弁

　供託による手形債務の消滅の抗弁（手77条1項3号・42条），除権決定によって手形が無効となった旨の抗弁（非訟118条1項）は，手形上の記載からは

分からないが物的抗弁である。時効による手形債務消滅の抗弁（手 77 条 1 項 8 号・70 条）は，手形の記載上明らかとなるか否かにかかわりなく物的抗弁である。

4. 人的抗弁

人的抗弁は，特定またはすべての手形債務者が特定の手形所持人に対してのみ対抗できる抗弁である。手形抗弁中，上の物的抗弁以外のすべての手形抗弁は人的抗弁にあたる。

人的抗弁の中心は，特定の手形債務者と特定の手形債権者との間の実質関係（原因関係）に基づいて生じた抗弁である。これは，手形法 17 条の規定する「人的関係に基づく抗弁」にあたるものである。主要なものとして，これ以外にも，手形上の権利の成立に関する抗弁も含まれる。これは本来的には物的抗弁に含められるべきものとみえるが，手形流通強化のために人的抗弁とされている。人的抗弁の例としては以下のものがあげられる。

(1) 原因関係に基づく抗弁

特定の手形債務者と特定の手形債権者との間の実質関係（原因関係）に基づいて生じた抗弁である。これは手形法 17 条の規定する「人的関係ニ基ク抗弁」に該当し，人的抗弁の中心をなすものである。手形行為の原因関係に基づいて生ずる抗弁としては，原因関係の無効，不存在または取り消された旨の抗弁，対価が欠缺する旨の抗弁（たとえば売買の目的物の交付がない旨の抗弁），割引金不交付の抗弁などがあげられる。以上はすべて手形法 17 条によって制限される人的抗弁である[3]。

(2) 直接当事者間における抗弁の対抗

人的抗弁の制限の問題の前提をなすのは，直接当事者間における人的抗弁の

---

3) 手形債務者が，受取人に対して原因関係の無効・不存在・消滅の人的抗弁を有する場合に，この手形とともに原因債権をも同時に取得した者に対しては，この者が悪意で取得した場合は別として，原因関係上の抗弁を対抗することはできない（名古屋地判昭 61・9・11 判時 1215 号 132 頁）。所持人に移転された手形債権と原因債権とは牽連性を有せず，お互いに切り離されて，別個独立性を有しているから，前者の地位一切を引き継いだような場合を除いて，抗弁の対抗は認められない。

成立の問題である。これは，まずもって，手形債権と原因関係との間を有因性でとらえるのか，無因性でとらえるのかに関係する。わが国では，無因性でとらえる。手形債権は原因債権から分離された，別個独立の権利であって，そのことは直接当事者間でも機能し，原因関係の消滅・無効等の抗弁の証明責任は債務者側が負担すると考えられている[4]。

ところで，ドイツの通説的立場は，直接当事者間における抗弁の対抗を，不当利得の抗弁の成立・対抗として理解している。すなわち，民法規定により不当利得に基づき手形返還請求権が成立する場合には，手形債務者は直接の相手方に対して不当利得の抗弁を対抗できると構成して，直接当事者間で対抗しうる抗弁の範囲は，この不当利得・不当利得の抗弁成立の範囲によって確定されるとする。わが国の一部学説はこれと同様の立場をとる（木内・209頁，大塚［龍］「原因関係の時効消滅は人的抗弁となりうるか」北大法学論集38巻5・6号下巻1670頁以下）。

上の見解はこのような構成を無因性という概念の必然的要素とみるが，しかし，それは特殊ドイツ法的構成であるにすぎない。今日，ドイツでは，不当利

4）　手形の無因性に依拠すれば，手形関係は原因関係の有効，無効，不存在又は消滅にかかわりなく有効に成立する。しかし，無因性の構成においても，原因関係上の当事者間では原因関係は意義を有すべきとされ，原因関係の無効等の場合に，手形授受の直接の当事者間において，手形債権者は有効な手形債権を有するが，手形債務者は無効等に基づき反対権である抗弁権を有するものと解される（前述I-2.2)。右の抗弁権の本質は，請求権の存在を前提としたうえで，その効力（請求力）を排除することにある。この場合に，通常の債権行使の場合と異なり，原因関係等の無効等についての主張責任・証明責任を手形債務者側が負担することになる。これに対して，直接当事者間における抗弁対抗の根拠を後述する不当利得の抗弁の成立に求める見解に立っても，証明責任の負担に関して同様の結果に到達しうるが，あえてこのような不当利得の抗弁の構成を介在させる必要性は認められない。

さらに，裁判実務上，手形債務者が原因関係の欠缺を主張するには，特定の原因関係の不存在を主張するだけでは足りず，手形債権者の積極否認事実等弁論の全体に顕れた事実から原因関係となりうる事実についてもその不存在を主張立証する必要があるとされている（京都地判昭61・6・19判タ625号213頁）。明らかに，手形債務者が単に自己の手形行為について原因関係のないことのみを主張するだけでは抗弁としての要件事実を欠き，失当な主張ということになる（東京地判昭45・4・16判時599号88頁）。実際の訴訟においては，債務者は，ある一つの特定の原因関係を指定して，その不存在を主張することになろう。債務者がある原因関係の不存在を主張することは，同時に当該手形行為はその他の原因によるものではなく，したがって，すべての原因関係は存在しないとの主張を含んでいるといえよう。

債権者の側としては，債務者の主張に反論するか，あるいは，手形行為の原因関係は債務者が指定するものとは別であると主張する必要が出てこよう。後者の場合は，債務者の抗弁に対する再抗弁ではなく，債務者の抗弁事実の積極否認としての意味を持つ（坂井・64頁）。そこで，今度は債務者側で自己の主張する原因関係以外には原因の存在しないこと，または，債権者の主張する原因関係となりうる事実の存在しないことをも主張・立証することが必要となる。

得の抗弁の構成によると不必要な範囲で抗弁の排除を生じて，それでは対応しきれない領域が存在すると指摘され（たとえば，原因関係において，双務契約上，同時履行の抗弁が成立する場合に，無因性のもとでは，手形債務の存在はそれにより影響を受けないから，手形債務は法律上の原因なくして給付されたことにならないため，不当利得の抗弁は成立しえない），不当利得の抗弁という回り道は不要であると有力に主張されている。わが国では，不当利得の抗弁という概念は実定法上に存在せず，また，ことさらに利用されてこなかったといってよく，今日，不当利得の抗弁の構成を導入すべき必要性はないであろう。

　また，すでにして手形法 17 条は，直接当事者間での抗弁の対抗に関して，抗弁の制限は第三取得者のためにだけ機能し，原因関係の当事者間では当然に原則的にすべての抗弁が対抗されるべきことを示している。直接当事者間での抗弁の成立については，手形・小切手の機能，法的性質を考慮しつつ，当事者間の利害の衡平を図るという見地から，具体的に抗弁の成立の有無が決定されるべきである（参照，川村・金判 793 号 45 頁以下）[5]。

(3)　原因関係不法の抗弁

　この抗弁は，原因関係の法令違反・公序良俗違反に基づく抗弁である。原因関係が賭博に基づく債務であること，金融商品取引法に違反する取引所外における先物取引であること，利息制限法違反にあたる高利の支払いのための手形行為であること（利息制限 1 条），信託法 10 条違反の訴訟信託に該当する裏書譲渡であること等の抗弁があげられる。この原因関係不法の抗弁が成立する場合に手形行為自体は有効か無効かは一つの論点である。

　信託法 10 条違反の場合には裏書自体が無効となり，当該所持人は無権利者となるとするのが判例（最判昭 44・3・27 民集 23 巻 3 号 601 頁）および多数説であるが，その他の場合に手形行為（裏書）自体が無効となるか否かに関しては，

---

　5)　最判昭 62・10・16 民集 41 巻 7 号 1497 頁は，手形金請求の訴えは原因債権に基づく裁判上の請求に準じて，原因債権の消滅時効の完成を猶予する効力を有するとするが（この判例に関しては前述 37 頁)，この判例は債務者は原因債権の時効消滅を人的抗弁として対抗できるということを前提としている。不当利得の抗弁の構成では，原因債権の時効消滅の場合には手形所持人の権利行使に不当利得・権利濫用は成立しないということを理由として，原因債権の時効消滅の抗弁の対抗性を否定する。しかし，前述のように，その理由は，手形債権と原因債権との経済的一体性に求められるべきである。

判例は事由により異なって決している。学説は公序良俗違反の瑕疵は原因関係のみにかかわるにすぎないとして，手形行為自体は有効とするが（通説），判例は事由に応じて個別的に判断して定まらない。瑕疵の性質にしたがいそれが原因関係のみならず手形関係にもかかわると解すべきか，および，公序良俗違反行為の排除の趣旨に照らして，それが手形行為にも及ぶと解すべきかの二点を検討して決すべきである。

　訴訟信託目的の裏書に関しては，信託行為の性質に照らして，訴訟信託目的で信託行為をなすという法律関係と裏書行為とはかたく結び付き，信託法10条違反の行為が無効であるという効果は，裏書の原因関係のみならず，裏書自体にも及ぶと解するのが，信託法10条の趣旨に適うと考える（川村・金判749号48頁以下）。裏書自体が無効となれば，当該所持人に対して無権利の抗弁が成立し，それは手形法16条2項によって制限される（後述(10)）。手形行為を有効と解すれば，この原因関係不法の抗弁は手形法17条によって制限される。

(4) 融通手形の抗弁・交換手形の抗弁

　(イ) 融通手形の抗弁の特殊性　　融通手形とは，何ら現実の商取引がないのに手形を交付し，被融通者をしてこれにより他から割引により金融を得させようとするものである（図II-10）。融通手形が相互に交換的に振り出され，両者が双方的に第三者から割引を得ることにより金融を得ようとする場合に，これらの手形を交換手形（書合手形）という（図II-11）。

　融通目的で約束手形を振り出して被融通者である受取人に交付した者は，この受取人自身が手形金を請求する場合には，融通手形である旨の抗弁を対抗して当然に支払いを拒みうる。この抗弁を融通手形の抗弁という。しかし，融通手形の抗弁は，単に融通手形であることを知って取得する第三者に対しては原則的に対抗できない。融通手形振出しの目的は，振出人の信用により受取人が第三者から金融を得られることにあるから，融通手形であることを知る者によっても有効に割り引かれ，また，融通手形の抗弁が割引人に対抗されないときにのみ，金融の実効を上げることができるからである。したがって，融通手形の抗弁は，被融通者以外の第三者に対しては原則的に対抗できない（通説，最判昭34・7・14民集13巻7号978頁）。

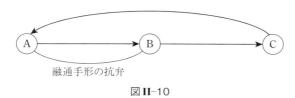

図Ⅱ-10

図Ⅱ-11

　融通手形の振出しに際しては，振出人に金銭上の負担をかけないとか，支払期日までには資金を供給するといった約束を伴うのが普通である。しかし，このような当事者間の合意は融通手形の性質上当然のものであって，このような合意も融通手形の抗弁中に包含されるものとして，同様にそれを知る第三者に対抗されえないと解されている（通説）。

　融通手形の抗弁が単に融通手形であることを知って取得する第三者に対して対抗できないことの法的根拠は，かつては，融通手形の抗弁が一般の人的抗弁と異なり，もともと手形の譲受人に承継される余地のない特殊な性格をもった生来的に人的な抗弁であることに求められていた。しかし，①被融通者が満期までに融通者に対して支払資金を供給しないこと，または，その供給がなされえないことを知りながら手形を取得する場合，②融通当事者間にその手形利用期間の定めがあることを知りながら，その期間経過後に手形を取得する場合，③資金を一定期日までに供給すべき合意があり，いまだその供給なきことを知りながら，その期日経過後に取得する場合，④割引によってではなく無償で融通手形であることを知りながら取得する場合などは，債務者はこの取得者の手形金請求を拒むことができると考えられている。

　満期以後は，融通手形授受の当事者間で満期以後の利用の特約がない限りは，融通手形はその性質を失い，期限後に被融通者から手形を譲り受けた者に対しては，その善意・悪意を問わずに，融通手形の振出人は融通手形の抗弁をもって対抗できると解される（大隅＝河本・222頁）。

交換手形の場合にも，各自が振り出した約束手形はそれぞれ振出人が支払うが，一方が支払いをしなければ他方も支払いをしない旨の合意を伴う場合が多く，このような特約にもかかわらず一方が支払いをしなかった（不渡りとなった）場合に，その事実を知りながら（または不渡りになることを知りながら）他方の者が振り出した手形を取得する第三者に対しては，この他方の手形の振出人は支払いを拒むことができると認められる（最判昭 42・4・27 民集 21 巻 3 号728 頁）。反対に，一方の約束手形振出人が手形金の支払いをしたうえで，他方の約束手形振出人に対して請求してきたときには，その一方の支払いにより，融通手形の抗弁は消滅し，他方の振出人は支払いを拒むことができなくなる。

（ロ）　**抗弁対抗の根拠**　　上のように原則的に第三者に対し対抗できない融通手形の抗弁を，取得者が一定の付加的事情を知る場合には対抗できるとする法的根拠に関しては争いがある。融通手形の抗弁が生来的な人的抗弁であることを前提としたうえで，第一説は，このような場合には一般悪意の抗弁が成立するとし（大隅「融通手形の抗弁」法時 34 巻 10 号 76 頁），第二説は，融通手形であること以外の付加的事情に基づいて，融通手形の抗弁とは別の人的抗弁が成立し，悪意の抗弁の対抗が認められるとする（竹内・法協 85 巻 4 号 166 頁以下，深見「交換手形」商法の判例三版 191 頁）。

第一説に対しては，一般条項の利用はできる限り限定されるべきとの批判がある。第二説に対しては，後者に対抗されうる抗弁事由は，融通手形であるという事柄と不可分な関係にあるから，当初から当事者間に対抗されえた融通手形の抗弁の第三取得者に対する対抗を考えるべきではないかとの疑問がある。

さらに，これら二説に対しては，裏書を債権譲渡とみる通説的立場とは合致しないと批判されている。すなわち，通説は裏書により手形債権に付着した人的抗弁は後者に移転するのが本則であるとし，抗弁制限の原則によりそれが除去されると解しているが，これらの説が融通手形（交換手形）である旨の抗弁だけが裏書により後者に移転しない生来的に人的な抗弁であると解するのは，理論上疑問があると批判される。

以上二説と異なり，第三説は，融通手形の抗弁も一般の人的抗弁と異なりはせず，譲受人に承継されうるということを前提としたうえで，融通手形であることを知るだけでは悪意の抗弁は成立しないが，付加的事情の認識により悪意

の抗弁が成立するとする（山口「いわゆる融通手形の抗弁について─融手抗弁の多様性と悪意抗弁の成否─」ジュリ374号93頁）。この説に対しては，それが基本的に手形法17条の悪意の意味内容を河本フォーミュラに求めるため，それでは融通手形の抗弁は振出人にとり被融通者に対しては常に対抗が確実なものとなって，第三取得者が融通手形である旨を知っていれば，悪意の抗弁が成立してしまうことになるはずであると批判される。

　以上三説は，融通手形の抗弁の存在を融通当事者間に認める一般的立場によるものである。これらと異なり，そのような抗弁を融通当事者間で認めることの必要性を否定する見解がある。融通者は被融通者との融通契約にしたがって手形が融通目的に利用される場合には支払いを拒めないのであって，融通契約違反のときまでは当事者間にも何ら抗弁事由が存しないと考え，この融通契約違反の抗弁につき悪意の抗弁が成立するとする（木内・金判349号5頁，田邊・手形流通141頁）。しかし，この第四説に対しては，悪意の抗弁の対抗により，直接当事者間に存する人的抗弁が手形取得者にも引き継がれるとの考え方を貫徹しようとすると，融通当事者間に融通手形の抗弁を認める必要があるのではないかとの疑問がある。融通当事者間での受取人の支払請求に対しそれを拒む根拠として，融通手形の抗弁を観念すること自体はきわめて自然であり，また，融通契約の中核をなすのは融通手形であることだから，融通当事者間における融通手形の抗弁の成立を議論の出発点とすべきである。

　（ハ）　私見　　融通手形の抗弁は，手形債権に付着して裏書により後者に移転すべきものではあるが，融通当事者間でしか対抗できない抗弁であり，本来的に手形法17条但書の規定の適用領域外のものである。この場合には，取得者がこの抗弁の存在を認識していても悪意とはならず，悪意の抗弁が成立する余地はない。17条本文は前者との人的関係に基づくすべての抗弁の切断を規定するが，その反対に，それら切断されるべきすべての抗弁が但書によって対抗されうるわけではない。なぜなら，対抗されうる抗弁は，第三取得者に対して本来的に対抗されうる性質を有したものでなければならないはずだからである。前述の諸事情が付加される場合には，それをも知る第三取得者に対して，この抗弁は対抗されうる性質を有するものになり，取得者は悪意と認められて，悪意の抗弁が成立すると解する（参照，大隅＝河本・219頁以下）。

(5) 手形上の権利の成立に関する抗弁

交付欠缺の抗弁，通謀虚偽表示，錯誤・詐欺・強迫による手形行為である旨の抗弁，手形面上に記載なき支払い・一部支払・免除・相殺・支払猶予の抗弁，白地補充権の濫用の抗弁などがこれに属する。

以上のうち交付欠缺の抗弁の有する意義は手形理論に対応して異なっている（後述(7)参照）。手形上の意思表示の瑕疵の抗弁については，前述したが，権利外観理論に依拠すれば，交付欠缺の抗弁と同様に，悪意・重過失なくして取得した所持人に対しては対抗できない人的抗弁として取り扱われる。白地補充権濫用の抗弁は，手形法17条の特別規定である同法10条によって制限される。

支払いの抗弁は，後述するように近時は異なる見解も有力だが，従来は手形法17条によって制限される抗弁と解することで一致していた。相殺の抗弁は，前述の融通手形と類似した性格を有している。反対債権の存在することだけを知って取得する取得者に対しては，この事由は対抗されえない。しかし，すでに相殺がなされたこと，もしくは，裏書人が破産していることを知っている場合（参照，破67条1項），または裏書人との間に共謀が存する場合には，債務者は相殺の抗弁によって取得者の請求を拒むことができる。

(6) 支払いの抗弁

手形は受戻証券であり，手形債務者は支払いをするにあたり所持人に対して受取りを証する記載をした手形の交付を請求できるが（手77条1項3号・39条1項）[6]，手形債務者が手形を受け戻さないで支払った場合に手形債務は消滅す

---

6) 振り出された手形は，通常，手形交換の手続をとおして支払銀行によって支払われるから，手形債務者が手形を受け取らないで支払うという事態は滅多に生じるものではないが，支払拒絶後の請求・遡求における支払いの場合を中心に生じうる。実務においては，支払い前にあらかじめ手形金全額を受領した旨を記載しておく場合があるので，受領した旨の記載があっても，手形が所持人の手中にある限りは支払済みの推定は生じないと解せるかという問題がある。このような手形上の支払済の記載は，支払いを期待してあらかじめなされることがあること，および，全部支払いのときには手形が回収されるのが通常であることから，手形が所持人の手中にある限り，支払済みの推定を生ぜしめないとして，この記載は物的抗弁とはならないとする見解が有力である（大隅=河本・187頁・307頁）。しかし，手形上への支払済みの記載が法的に認められている以上（39条3項），このような有効な権利の存続に対する取得者の信頼を排除する記載は物的抗弁と解すべきである。取得者は取得にあたり債務者に確認すべきであり，それが事実に反する場合にはそれを主張し証明して初めて請求できると解すべきである。

3.4 人的抗弁と物的抗弁 **209**

るのかに関しては，わが国では，かつては，受戻しなき支払いによっては手形
債務は消滅せず，17 条の人的抗弁を生じるのみであるとする見解も有力であ
ったが（田中［誠］・下 604 頁，鈴木＝前田・309 頁など），判例は，受戻しなき支
払いを有効な支払いとし（大判明 39・5・15 民録 12 輯 750 頁，大判大 11・11・25
民集 1 巻 674 頁，最判昭 43・12・6 判時 545 号 79 頁），今日の通説も同様にこの
支払いを有効とする（大隅＝河本・310 頁，木内・260 頁，田邊・192 頁ほか）。

　手形の受戻しなき支払い（代物弁済，相殺，免除の場合も同様）によっても，
手形債務は完全に消滅すると解すべきである。そして，手形債務者は，支払い
を受けた所持人から裏書譲渡を受けた悪意の取得者に対して，この支払済みの
抗弁，すなわち，支払いの抗弁を対抗できる（福岡高判昭 61・12・25 金判 760
号 8 頁）。支払いにより手形債務は完全に消滅し，手形証券に関する所有権は
支払いをなした手形債務者に帰属する。しかし，支払いを受けた者による手形
証券の所持が，権利の存在の法外観を生じ，この法外観に信頼する者は保護さ
れるべきである。証券の破棄，引渡しがあるまでは，有効に成立した手形債務
の存続の法外観が第三取得者のために働いて，17 条が適用されると解する。

　後述のように，手形抗弁中に「手形債務の有効性に関する抗弁」という範疇
を認める立場（新抗弁論）からは，交付欠缺の抗弁と同様にこの支払いの抗弁
もそれに属する人的抗弁とされ，これによればその制限の根拠は，手形法 17
条ではなく，16 条 2 項または 10 条の類推適用に求められる。しかし，支払い
の抗弁とその他の有効性にかかわる抗弁とでは取得者の保護要件の面で相違が
認められる。人的抗弁の制限の根拠規定は抗弁の内容に基づく分類から直ちに
決せられるべきではなく，利害の比較衡量に照らして決せられるべきである。
関係当事者の利害の比較衡量をしてみると，この場合には，手形債務者の過失
は明らかにきわめて大きい。手形債務者は，手形を受け戻さなかったために，
第三者が有効な権利の存在を信頼する危険を生ぜしめている。したがって，取
得者は，支払いの事実を重過失により知らない場合にも保護されてよい。

　権利外観理論は，交付欠缺の抗弁に関しては，責任を負うべき署名者に過失
があるか否かでは区別しないのが一般であり，保護されるべき取得者の悪意・
重過失なきことを要求するのだから，支払いの抗弁を交付欠缺の抗弁と同一的
に取り扱うことは，利害の衡平からみて，不当に債務者を保護することになる。

権利外観理論の適用要件の面では，受戻しなしに支払った手形債務者の帰責性は，すでにして手形に署名したことに求められる。この債務者は署名により惹起された外観どおりの権利が存在するとの法外観を消滅させることができたのに，それを怠って法外観を存続させたのである。ここにおいてはじめて帰責的なわけではない。支払いの抗弁も，重大な内容の瑕疵といえる点では，交付欠缺の抗弁と同様だが，この場合には，上の懈怠は主観的保護要件の軽減として働く。

　手形法 17 条の「人的関係に基づく抗弁」と対比されるのは，「前者に対する人的関係」を顧慮することなく主張されうる直接的に手形債務の存在にかかわる抗弁である。しかし，何らかの形で人的関係に基づくすべての抗弁を 17 条の対象とする抗弁と解するのは明らかに不当である。したがって，人的関係に基づく場合であるが，その抗弁の有効性にとって，誰に対してその抗弁が成立したかということが意義を有さない抗弁は，17 条の対象とする抗弁中には入らないと解すべきである。たとえば，振出人が受取人により肉体的強制によって署名させられた場合，受取人の詐欺・強迫に基づいて手形を振り出した場合には，抗弁にとって相手方が行為をなさしめた者であるということは意義を有さず，「前者に対する人的関係に基づく」抗弁には入らない。反対に，17 条は前者との人的関係に基づく抗弁のみを対象としており，手形債務の有効性にかかわる抗弁には 17 条は適用がないというべきでもない。

　この支払いの抗弁は，手形債務の有効性にかかわるとともに，明らかに人的関係に基づく抗弁でもあり，上述のようにこの抗弁は 17 条の対象とする人的抗弁の一つと考えるのが適切である。

(7)　交付欠缺の抗弁

　手形が手形作成者（たとえば約束手形振出人）により署名された後に，盗難，紛失などのため作成者の意思によらずに流通するに至った場合に，交付（契約）欠缺の抗弁が成立する。その善意の手形取得者に対する対抗の制限は，作成者（署名者）のこの者に対する手形上の債務の負担を意味する。古くは，この交付欠缺の抗弁は物的抗弁とされていたが，近時は，善意の取得者に対しては制限されるべきものとして人的抗弁とされている。この抗弁の制限の問題は

前述のように，手形行為が有効に成立するためには，証券の作成のほかに署名者の意思に基づく手形の交付も必要か否かの理論構成（手形理論）にかかわる。

(8) 有効性の抗弁

近時，権利外観理論を前提としたうえで，手形抗弁中にその一類型として，「手形債務の有効性に関する抗弁」を認めて，統一的取扱を主張する有力な見解（新抗弁論）がある（福瀧「手形抗弁の分類について（ドイツ新抗弁理論）」関西大学法学論集 25 巻 4・5・6 号 431 頁以下，同「手形法学にいわゆる新抗弁理論について」関西大学法学論集 28 巻 4・5・6 号 173 頁以下，田邊・手形流通 161 頁以下，木内「手形債務の有効性に関する抗弁―いわゆる新抗弁理論と呼ばれるものについて―」法学新報 85 巻 1・2・3 号 81 頁以下）。これによると交付欠缺の抗弁，支払いの抗弁，相殺の抗弁，意思表示の瑕疵の抗弁などは，手形債務の存在・消滅にかかわる抗弁として，手形債務の有効性に関する抗弁に属する人的抗弁であって，それらは手形法 17 条の適用により制限される「人的関係に基づく抗弁」と対比されて，手形法 16 条 2 項もしくは同法 10 条の類推適用によって制限される抗弁であるとする（いずれの範疇に入るかは，主観的保護要件の相違に帰着する）。

この新抗弁論は，債務の有効性を排除する抗弁と，債権の存在を前提としてその効力を阻止する抗弁権たる所持人との直接的関係に基づく抗弁の区別をなしていたドイツ旧手形法時代の議論を引き継ぐものと考えられる。現行の手形法 17 条が上のような区分を前提とするとはにわかに認めがたい。手形法 17 条が前者との人的関係に基づく抗弁のみについて規定するため，直接的に手形債務の存在にかかわり，かつ前者に対する直接的な人的関係に基づくのではない交付欠缺の抗弁について適用がないことは正当である。この点は主観的保護要件の側面からの検討と並んで，交付欠缺の抗弁を手形法 17 条の適用範囲外と解することを正当化する。

同様に，人的関係に基づく場合でも，その抗弁の有効性にとり，誰に対してその抗弁が成立したかが意義を有さないような抗弁，たとえば，詐欺，強迫によって手形を振り出したという抗弁は，17 条の対象とする抗弁ではなく，交付欠缺の抗弁と同様と考えられる。しかし，支払いの抗弁，相殺の抗弁は，手

形債務の有効性に関する抗弁であると同時に，人的関係に基づくものであることが明らかであり，とくに，後者の性格に大きな意義が見出されるから，従来の通説のように 17 条の対象とする人的抗弁と解すべきである（前述 210 頁）。新抗弁論の説くように手形債務の成立，存在にかかわるすべての抗弁は 17 条に服さないという形で手形法 17 条の適用範囲を限定して考えることができるかは，17 条の解釈論上も疑問である（詳しくは，川村・手形抗弁 173 頁以下）。

(9)　すべての手形債務者が特定の所持人に対して対抗できる人的抗弁

　弁済受領能力欠缺の抗弁（所持人が破産者であるとか，手形債権が差し押さえられているとの抗弁），裏書の連続が欠ける旨の抗弁（手 77 条 1 項 1 号・16 条 1 項），無権利の抗弁（無権利者の抗弁）などがこれに属する。

(10)　無権利の抗弁

　（イ）　無権利の抗弁の意義　　手形所持人が連続する裏書による形式的資格に依拠して請求してくる場合に，当該の所持人が無権利者であれば，手形債務者はその実質的無権利を主張し証明して支払いを拒むことができる。このような抗弁が成立する場合としては，所持人が盗取，横領，拾得によって手形を所持するに至ったという無権利の場合以外にも，所持人に支払受領資格が欠ける場合，受領代理権の欠ける場合，手形上で最終の所持人とされている被裏書人と所持人との同一性が欠ける場合等がある。さらに，裏書の原因関係が不法なものであるため，手形行為自体も無効となる場合，とくに，当該裏書が，訴訟行為をなさしめることを主たる目的とした信託行為を無効とする信託法 10 条に違反するものであるため，それ自体が無効であって，被裏書人たる所持人が無権利者である場合（最判昭 44・3・27 民集 23 巻 3 号 601 頁）があげられる。手形債務者は，これらの場合に当該所持人に対して，無権利の抗弁（無権利者の抗弁）を対抗して支払いを拒むことができる。

　当該所持人の手形取得行為に，裏書人の制限行為能力，無権代理等の瑕疵がある場合にも，無権利の抗弁の対抗がありうるが，前述（171 頁以下）の無制限説による場合には，善意・無重過失で取得した限りで所持人は善意取得しているから，無権利の抗弁の成立する余地はない。この者から手形を悪意で取得

した所持人に対しても無権利の抗弁は対抗できない。しかし，この場合に所持人の前者が悪意で取得している場合には，所持人は無権利者から手形を取得することになるから，無権利の抗弁の制限が問題になる。

無権利者から善意・無重過失で手形を取得する者は善意取得できる。そこで，善意の第三取得者が無権利の抗弁を除去されて，有効に手形上の権利を取得するという点，すなわち抗弁の制限という点において，それは人的抗弁と共通性を有しており，この無権利の抗弁を人的抗弁として分類することができる（高窪・通論 379 頁，木内・216 頁，無権利の抗弁の詳細に関しては，川村「善意取得と抗弁・制限の関係─無権利の抗弁」別冊法セ　法学ガイド 14 商法Ⅲ 211 頁以下）。

（ロ）　無権利の抗弁の特色　　人的抗弁としての無権利の抗弁は，手形上の権利の有効な存在を前提とする点において，手形法 17 条の「人的関係ニ基ク抗弁」と共通し，手形上の権利の成立・存在それ自体にかかわる抗弁であるいわゆる有効性の抗弁とは相違する。しかし，無権利の抗弁は手形法 17 条によって制限されるのではない点において，有効性の抗弁と共通する。

通常，人的抗弁は，特定のまたはすべての手形債務者からある特定の手形所持人に対してのみ対抗できる抗弁として定義されるが，無権利者に対しては，すべての手形債務者は自分が直接的に有する抗弁として，無権利の抗弁を対抗して支払いを拒みうる。すべての手形債務者が対抗できる点において，無権利の抗弁は通常の人的抗弁とは相違する。人的抗弁については一般に，特定の手形債務者が有する人的抗弁はその者だけしか主張できず，他の債務者はそれを援用できないという人的抗弁の個別性の原則（後述 226 頁）があてはまるのに対して，無権利の抗弁は，すべての手形債務者各人にとり当該無権利者に対して直接的に有する抗弁であるため，人的抗弁の個別性の原則の働く余地はない。

かつては無権利の抗弁を単純に人的抗弁の一種とだけ考えていたために，その制限は手形法 17 条によるのか，同法 16 条 2 項によるのかに関して，両規定の主観的保護要件の相違に基づいて議論の混乱がみられた（庄子「無権利の抗弁と抗弁制限」ロー・スクール 18 号 29 頁，高窪・現代 377 頁）が，無権利の抗弁は手形法 16 条 2 項によって制限される。これはまさに善意取得の問題そのものである。しかし，この無権利の抗弁が善意の第三取得者に対し制限されるという意味で，手形法 16 条 2 項も，同法 17 条とならんで人的抗弁の制限を定め

る規定としての意義が付与される[7]。

3.5 善意の中間者の介在と人的抗弁の対抗

図Ⅱ-12のように，善意の手形所持人Cから手形を取得したDがAB間の人的抗弁の存在を知っている場合について，通説・判例（最判昭37・5・1民集16巻5号1013頁）は，債務者Aはこの抗弁を対抗できないとする。また，この善意者Cから期限後裏書により手形を取得した悪意者Dに対しても同様に抗弁を対抗できないとする（最判昭37・9・7民集16巻9号1870頁）。

このような悪意の取得者も保護されるという一見して不合理な結果はどのような根拠に基づくのか。その理論的根拠は以下のようである。すなわち，手形の裏書，引渡しによる手形上の権利の移転を特殊な債権譲渡とみる通説を前提とする場合には，譲渡人に対する抗弁は本来，手形上の権利の移転に伴いそれに付着して移転し，譲受人にも対抗されるべきところ，その移転に際して人的抗弁の制限の原則が働き，善意の譲受人に対しては抗弁が除去されて，手形上の権利はいわばきれいな権利となって移転されると考えられることになる。そこで，善意の前者の有するきれいな権利を取得する後者は，人的抗弁の存在について知ると否とを問わずに，当然に抗弁を対抗されないということになる。

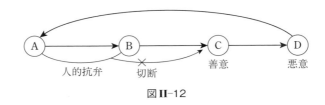

図Ⅱ-12

---

[7] 手形行為を債務負担行為と権利移転（交付）行為との二段階に分け（二段階説），そのうえで前者を無因行為，後者を有因行為と解する立場によれば，裏書の原因関係の無効，消滅，不存在の場合には，それにより手形上の権利は裏書人に戻り所持人は無権利であると解することになる。そこで，手形債務者は所持人に対し無権利の抗弁を対抗して支払いを拒みえ，この所持人から手形を取得する者の保護は，手形法16条2項によることになる。したがって，手形法17条の機能による裏書の原因関係上の抗弁の制限が働く余地は狭められ，抗弁制限の領域で無権利の抗弁の占める意義，すなわち，16条2項の占める意義が拡大する。この点は，権利移転行為有因論が理論的に不当である根拠の一つであると指摘される（後述225頁）。

3.5 善意の中間者の介在と人的抗弁の対抗 **215**

　さらに，実質的根拠として以下の事柄があげられる。すなわち，善意の手形取得者が保護されるのであれば，この取得者は，自己の取得した手形を完全にかつ迅速に利用できなければならず，他の者に手形を完全に有効に譲渡できるのでなければならない。この相手方が瑕疵の存在を知る場合には，この権利を有効に取得できないのであれば，結局，善意の取得者は自己の有する権利を自由に処分できず，その権利行使を制限されてしまう。また，譲受人が有効に取得できない場合に，譲渡人が対価を保有できないのであれば，善意の取得者はまったく権利を有効に取得したことにならなくなってしまう。反対に，譲受人は対価を譲渡人に保有させ自分はまったく請求できないことになるのであれば，この譲受人は，最初の受取人が惹き起こしたすべての損害を負担することになってしまう。この損害は彼の取得によってではなく，善意の取得者の手形取得によってすでにして生じているのである。このような結果は手形流通を害するだろう。このように，善意の取得者保護の反射的効果として，譲渡の相手方は抗弁の存在について知ると否とを問わずに，完全な権利を有効に取得できるとされることが必要となるわけである[8]。ただし，悪意の後者が，善意の中間者を傀儡として介在させたにすぎない場合には，上の一般原則の適用は排除され，債務者はこの者に対して悪意の抗弁を対抗できる。

　以上の通説に対しては，それでは手形債務者は所持人に対し抗弁を対抗するためには，所持人の前者すべての悪意を証明しなければならないから，悪意の主張，証明はきわめて困難になってしまうとの批判がある（安倍「手形所持人の前者の善意と人的抗弁——属人性理論の実務的再認識」判タ274号46頁以下）。しかし，私は，上の通説の結果は一般原則として維持されるべきだが，一定の場合には悪意の後者が保護されないケースがあることを認めるべきと考える。

　すなわち，手形法17条但書の悪意の抗弁は，取得者が債務者を「害する意識」を有している場合に成立するが（前述190頁），この場合に取得者が保護に値するのは，抗弁の存在を知るも害する意識が存在しない場合であって，それは，取得者が前者の善意の取得を信頼しており，その意識が信義誠実に反して

---

8) 前述74頁・182頁のように，このような善意の取得者の保護の反射的効果として譲渡の相手方が善意・悪意を問わずに保護されるという価値判断は，手形法上広く一般的にとられている。

いない場合である。そこで，事実において前者が善意であり，かつ，後者がそれに関して信頼を有している（前者が悪意であったとの認識を有していない）場合には，この後者の主観にとり前者は善意者なのだから，後者は抗弁の存在について知ると否とを問わずに保護されると解する。けれども，このように考え方を改める前提として，善意の前者の権利取得をどのように理解するかについて再検討することが必要である。すなわち，裏書による手形上の権利の有体物的移転という観念が放棄される必要がある。この点に関しては後述する。

3.6 人的抗弁と戻裏書

1. 緒 論

3.5において示した一般理論にもかかわらず，具体的には所持人の権利行使を認めるのが不当ではないかと思われる場合がある。通説・判例は，図Ⅱ-13において，善意の第三取得者Cから，再び戻裏書によって手形を取得した手形所持人Bに対して，手形債務者は，以前に対抗できた人的抗弁を再対抗できると解する。

2. 戻裏書による再取得と人的抗弁の再対抗

最判昭40・4・9民集19巻3号647頁は，「手形の振出人が手形所持人に対して直接対抗し得べき事由を有する以上，その所持人が当該手形を善意の第三者に裏書譲渡した後，戻裏書により再び所持人となった場合といえども，その手形取得者は，その裏書譲渡以前にすでに振出人から抗弁の対抗を受ける地位にあったのであるから，当該手形がその後善意者を経て戻裏書により受け戻されたからといって，手形上の権利行使について，自己の裏書譲渡前の法律的地

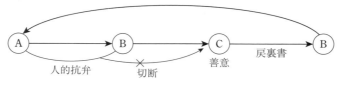

図Ⅱ-13

位よりも有利な地位を取得すると解しなければならない理はない。それ故，振出人は，戻裏書により再び所持人となった者に抗弁事由を対抗できるものといわねばならない」と判示した。

上の判例にみるように，通説・判例は，**図II-13** において，善意の取得者 C から，戻裏書により手形を再取得した所持人 B に対して，手形債務者は以前に対抗できた人的抗弁を再対抗できると解している。これは 3.5 で示した一般理論と矛盾するが，このような善意の中間者の介在の場合と，戻裏書による再取得の場合との取扱の相違は，手形流通の促進という理念に照らしても適切なものである。なぜなら，前者の場合にあっては，新たに手形を取得する者に対する抗弁の制限の有無が手形の流通性にとって意義を有するといえるので，前述の通説・判例のとる一般理論が支持されるべきであるのに対して，後者の場合にあっては，すでに抗弁を対抗されるはずだった者への権利の移転が問題なのであって，抗弁の再対抗は手形流通にとりまったく影響を及ぼさないからである。

3. 再対抗の理論的根拠

通説は，手形の譲渡裏書による移転を手形債権の譲渡とみるが，民法の債権譲渡にあっては，抗弁は債権に付着したまま移転され，譲受人に対しても対抗される（nemo plus…原則があてはまる）。手形法上では，手形法 17 条の抗弁制限によって，この nemo plus…原則は排除されうる。そこで，抗弁制限の法現象に関しては，手形上の権利に付着する抗弁は，本来的には譲受人に対しても承継されて対抗されるべきものだが，抗弁制限の原則の機能により，善意の譲受人には抗弁の除去されたいわばきれいな権利が移転され，以後は，このきれいな権利があたかも有体物であるかのように移転するというのが伝統的な一般的観念である。以上のように，この一般的観念は，裏書による手形債権の承継的な移転と，nemo plus…原則の本来的妥当，および抗弁制限原則の作用によるその排除という観念に基づいている。これにしたがうと，戻裏書による再取得者は，善意の前者である裏書人が有するきれいな権利を取得して，これにより債務者に対して請求することになるから，抗弁再対抗を認めるべき理論的根拠に疑問を生ずる。

裏書により手形上の権利が承継的に移転されると解する一般的見地による場合に，戻裏書における人的抗弁の再対抗の根拠は，次の二つの見解に求められている。その一は，戻裏書により以前自分が有していた権利を再取得して，再取得者は裏書前の地位を回復すると考える。しかし，戻裏書の効力を通常の譲渡裏書のものとまったく異なって考えることには無理があり，被裏書人は，戻裏書人の有している権利を取得すると考えるべきであって，今日ではこの見解はまったく棄てられてしまった。

その二は，再取得者自身に対する人的抗弁は権利者その人に付着する個人的なものと考えられ，再取得により当然に復活するとする「人的抗弁の属人性」の理論であり，現在の有力説である（大隅＝河本・350頁，蓮井・手形百選（新版・増補）93頁，安倍・前掲45頁以下）。しかし，この属人性理論は，前述した裏書による承継的権利移転（nemo plus…原則）および付着する抗弁の除去されての権利移転という伝統的な一般的観念から，どのような根拠によって離れようとするのかが一般に不明確であった。

4. 人的抗弁の属人性 ────────────────────

そこで，近時では，手形行為の無因性に基づいて，原因関係上の抗弁は当然に，裏書にもかかわらず原因当事者間に残存するということに属人性理論の根拠を求める見解が有力となっている（上田「手形所持人の前者の善意と人的抗弁─人的抗弁の反省の契機として」手形研究240号6頁以下，田邊「人的抗弁制限後の手形取得者の地位」ロー・スクール18号22頁以下など。属人性説自体をとるものではないが，倉澤・219頁）。この見解は，原因関係に基づく人的抗弁の制限の理論的根拠を無因性に求め，裏書の際には手形債権と切り離されている人的抗弁の制限があるのが本則であるとして，一般的見解と対立する。けれども，前述（186頁）したように，無因性による抗弁制限の根拠付けに対して疑問がある。

5. 一般的観念に依拠する理論構成 （私見）────────────

裏書による手形債権の承継取得と抗弁の権利に付着した本来的な移転，および，抗弁制限の作用による抗弁の除去された移転に関する一般的観念に依拠す

3.6 人的抗弁と戻裏書

る場合に，陥りやすい危険は，原因関係に基づく抗弁について，原因当事者間で初めから債権者が有している完全な権利が，裏書により後者にあたかも有体物であるかのように移転され，善意の後者の取得によりこの有体物である権利に付着する「よごれ」である抗弁が洗い落とされて，以後，この権利はきれいになった有体物として転々流通するかのように考えてしまうことである（無因性の作用により裏書において，人的抗弁とは切り離されて手形債権が移転するとするわが国の属人性の理論の基礎にも，この手形債権を有体物とみる考え方が存している。また，原因関係の抗弁と交付欠缺の抗弁等との異なる取扱いの議論にも，手形債権を実在的な有体物的なものとみる考え方が基礎になっている）（図Ⅱ-14参照）。

この場合に，手形上の権利自体が真の有体物であると考えることは誤りである。手形上の権利は本来的には債権的性質を有するものであり，当事者間の債権債務関係にほかならないのであって，手形証券に表章された手形上の権利が，その帰属，行使に関して広範に物と同様に取り扱われうるという事柄は，何ら権利の有体物視を正当化するものではない。したがって，手形の債務者と所持人との間には，やはり，手形債権債務関係が見出され，直接当事者間においても，債権者の有する権利内容は，抗弁の対抗がなければ有していたはずの手形上の権利と抗弁との対比において確定されるべきものとなる。その際に，手形上の権利を実在的な有体物的な権利と考えるべきではない。さらに，裏書による権利の承継取得と抗弁の制限との関係では，前者が抗弁の対抗がまったくなければ有していたはずの非実在的なあるべき権利を取得すると解すべきである。

このように解すれば，裏書譲渡により前者の有する手形上の権利が後者に移転する場合に，移転される権利の同一性，すなわち，前者の有すると同一の権利が後者へ抗弁を除去されて移転するという考え方に拘束される必要はなくな

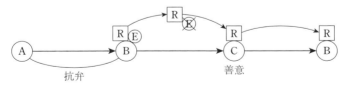

図Ⅱ-14

る。ここにおいて，前者に対し以前に対抗できた人的抗弁が，裏書にもかかわらず残存すると解することができるようになり，戻裏書による再取得の場合に抗弁が復活し，再対抗されることを根拠付けうる。

その法的根拠は手形法17条に求めることができる。17条本文は，「人的関係に基づく抗弁」の第三者に対する制限を規定するが，その反対解釈として，それは直接当事者間ではすべての抗弁（人的抗弁）を対抗できると規定すると解せる。そのうえで，善意の第三取得者によるあるべき権利の取得を認めれば，すでにして抗弁が手形債権に付着して移転することはないのだから，この直接的に対抗できる抗弁に関しては，善意の後者が抗弁を対抗されない権利を有することになっても，このことは抗弁の消長には無関係であり，この抗弁は当事者間で存在し続け，戻裏書による再取得により再対抗される。手形法17条は，この直接的抗弁は当事者間では消滅しない限り常に対抗される旨をも規定すると解される（私見の詳細に関しては，川村・手形抗弁91頁以下，149頁以下，同「戻裏書による抗弁の再対抗と人的抗弁の制限原則」私法42号179頁以下，同「人的抗弁と戻裏書」法学演習講座7 139頁以下）。

6. 戻裏書と同視された事例 ─────────────

(1) 信義則による戻裏書との同視

判例上では，善意者である銀行から，手形割引に関する銀行取引上の連帯保証人として買戻義務に基づき手形を買い戻した所持人に対して，手形債務者による割引依頼人に対する人的抗弁の対抗が認められるかに関して対立があるが，最判昭52・9・22金判536号15頁は，戻裏書と同視される場合にあたるとして，受取人に対する人的抗弁の対抗を認めている。

この事案は図II-15にみるように次のようなものであった。すなわち，A会社はX等のワンマン会社ないしは同族会社であったが，Xおよび実質上も経済上もXと一体とみられるその三女は，A会社の債務について連帯保証をしていた。Y会社はA会社に対して約束手形を振出交付し，A会社はこの手形をB銀行からの手形貸付による借入金の担保として差し入れ裏書譲渡したが，振出しの原因関係が消滅したため，Y会社の申請により，AB間における当該手形の引渡しを禁ずる仮処分命令が発せられた。そのため，B銀行は当初貸付金

3.6 人的抗弁と戻裏書

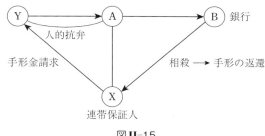

図 II-15

をA会社から回収する方針だったが，X等の預金との相殺により回収して，手形に無担保裏書をしてX等に返還した。このような事案において，上の判決は，B銀行からX等への裏書は信義則上B銀行からA会社への戻裏書と同一に評価すべきであって，振出人Y会社はA会社に対する抗弁をもって善意のB銀行の介在にもかかわらず，X等に対しても対抗することができるとした。

(2) 割引手形の連帯保証人による買戻し

善意者である銀行から連帯保証人が義務に基づいて割引手形を買い戻した場合に，この所持人に対して手形債務者が割引依頼人に対する抗弁を対抗できるかに関して，従来の判例は対立していた。一方の判例は，保証人は手形割引を受けた裏書人に代わって買戻義務を履行するのだから，この者以上の権利を取得できないとし（大阪高判昭34・7・7下民集10巻7号1470頁），他方の判決は，保証人は義務に基づき取得に強制されるから，割引依頼人の地位から独立した固有の経済的地位を認められるとして，善意の中間者からの取得に関する一般原則をそのまま適用する（前橋地高崎支判昭47・5・16判時669号95頁）。

昭和52年判決は，善意の中間者の介在に基づく抗弁の制限という一般原則が不適当な結果を生ずる場合の一例に関して，上の二判決のように問題の解決を保証人としての代位弁済による手形取得という単一的な事柄に依拠させるのではなく，信義則上戻裏書と同視できるとして，昭和40年判決で確立された理論に根拠を求めるという解決方法を示したものであり，重要な意義を有している。この52年判決は，当該事例において連帯保証人と被保証人（会社）とが（法人格否認の法理自体の適用されるべき関係になくても）実質上経済的に一体

視できるような利害を共通にする関係にあるか否かを信義則に照らして判断しようとしたものと理解される。

　一般的に，銀行取引上の義務に基づき買戻義務を履行して代位弁済により手形を取得する者には，固有の経済的利益を有する取得者としての地位が認められ，善意の割引銀行の有する手形上の権利を承継取得する者として，前述した善意の中間者が介在する場合の一般原則の適用が認められるべきだろう。しかし，昭和52年判決の場合のようにこの保証人の取得が戻裏書と同視されるべき場合には別異に解する必要があるわけである。

(3)　融通手形の連帯保証人による買戻し

　上と同様な問題は融通手形を買い戻した連帯保証人の融通者に対する請求に関しても生じてくる。判例は融通者を手形割引人等の第三者との関係では被融通者の保証人にあたると解し，手形を買い戻した保証人が被融通者の親会社，実父，あるいは常勤監査役といった場合において，複数の保証人間の関係が存するケースとしてこの保証人に融通者に対する手形金額の半額の請求を認めている（東京地判昭42・4・21金判64号10頁，和歌山地妙寺支判昭46・12・16判時657号86頁，東京地判昭51・7・16判時840号108頁，大阪地判平2・11・20金判870号22頁）。

　しかし，融通者を被融通者の保証人として位置づけることには法理論的に無理があろう。その真の意図は単に当該融通手形関係にある程度関与して，純粋な第三者とみることのできない者との関係において当事者間の関係を公平な形で処理しようということにあるのだろう。上の保証人にも，原則的には善意の中間者が介在する場合の一般原則が適用されるが，昭和52年判決にならって，信義則上，この者が融通手形の抗弁の対抗を受けるべき被融通者と実質上経済的に一体視できるような利害を共通にする関係にある場合には，融通者は融通手形の抗弁を対抗して全面的に支払いを拒絶できると解すべきである（同様の立場をとるものとして，大阪地判平4・10・28判タ811号190頁）。

3.7 後者の抗弁——人的抗弁の個別性

1. 緒　論

　図II-16において，手形所持人Cとその直接の前者である裏書人Bとの間の原因関係が無効・消滅・不存在であるといった場合に，手形債務者AはCの手形金請求に対して支払いを拒みうるか。拒みうるとするとその法的根拠は何か。その際に，AはBがCに対して有する原因関係消滅等の人的抗弁（これを後者の抗弁と呼ぶ）を対抗できるのか。これがいわゆる後者の抗弁の問題である。

2. 手形上の権利の帰属

(1) 無因性に基づく見解

　この図II-16の場合に，まずもって，所持人Cが手形上の権利を有しているか否かが問題になる。学説の一般的立場および判例（最判昭43・12・25民集22巻13号3548頁，最判昭48・11・16民集27巻10号1391頁，最判昭57・7・20金判656号3頁）は，手形行為の無因性に依拠して，BC間の裏書の原因関係が無効・消滅・不存在であっても裏書行為は有効に存在するとして，所持人Cは手形上の権利を保有しているとする。このことを前提として，さらに，債務者は後者BがCに対して有する抗弁を援用することはできない（後述3.）という人的抗弁の個別性に依拠して，一部学説は当然にCの債務者Aに対する権利行使が認められ，裏書人Bはこの所持人から不当利得を取り戻せばよいとする（小橋「手形の無因性」講座1　58頁，倉澤「手形の無因性と人的抗弁」手形研究109号4頁など）。Bとの関係でCが手形上の権利を行使するのが不当で

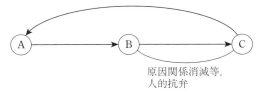

原因関係消滅等，
人的抗弁

図II-16

あるとしても，Ａの支払いによって生じる不都合は，手形を取り戻さなかったＢの怠慢に基づくものだから，Ｂはその結果を甘受すべきとする。

これに対して，判例および学説一般は，手形の受戻しのないということは必ずしも裏書人の責に帰すべき場合だけとはいえず，またＣの権利行使を認めても，結局ＢはＣに不当利得返還請求できるのだから不経済であるうえに，実際上，この取戻しが困難となる場合があるから，ＡがＣの請求を拒むことを認めるのが適当であるとする立場をとる。

(2) 権利移転行為有因論に依拠する立場

手形理論として二段階説をとることを前提として，手形行為を債務負担行為と権利移転（交付）行為とに分け，前者を無因行為，後者を有因行為と解して（これを権利移転行為有因論という），裏書の原因関係の無効・消滅・不存在により手形上の権利は裏書人に戻るから，Ｃは無権利者であるとして，この無権利の抗弁はすべての債務者が当該所持人に対しては対抗できることから，ここでの事例では，Ａはこの無権利の抗弁の対抗により支払いを拒みうると解する見解がある（前田「手形権利移転行為有因論—債務負担行為と権利移転行為を区別する理論の妥当性」鈴木先生古稀記念・現代商法学の課題885頁以下，前田・47頁以下，平出「手形債権行為の相対的有因性」石井先生追悼・商事法の諸問題429頁以下）。この説は，権利移転行為を有因行為と解することにより，この場合に所持人Ｃの権利保有を否定する点で，無因性に依拠する一般的立場と対立する。権利移転行為有因論に対しては，まずもってそれが手形行為の成立に関して創造説（二段階説）をとることを前提とする点から，二段階説自体に対する批判があてはまる。

さらにこの説は，従来の伝統的な無因性，有因性の議論に照らすときわめて疑問である。無因性・有因性の理論は，原因関係と手形関係とを分けたうえで，またそれらが分けられることを前提としたうえで，二つの関係の間を無因関係・有因関係としてとらえてきた。それに対して，この説は，二段階説をとることにより手形関係を二つに分けられるものとして，それらと原因関係との間を，一方は無因，他方は有因としてとらえているわけである。しかし，上の伝統的観念に照らせば，同一の原因関係が手形行為の一部の交付行為との関係で

3.7 後者の抗弁——人的抗弁の個別性 225

のみ有因的に作用し，他方の債務負担行為との関係では無因的に作用すると解するのは，法理論としてはなはだ疑問がある。さらに，売買・贈与といった債権発生を目的とする法律行為である債権行為と，物権の変動を生ずる法律行為である物権行為とを区別し，物権変動の原因（債権行為）が無効であっても，物権行為の効力はその影響を受けない（無因性）とされる民法上の，とくにドイツ民法上の物権行為の独自性・無因性の理論に照らしても，この説の構成は疑問である。

債権行為と物権行為の間を無因と構成するのであれば，この説にあっては，原因関係と第一段階の債務負担行為との間，および債務負担行為とそれを前提とした第二段階の権利移転行為との間が分けられ，その間がそれぞれ無因・有因と構成されなければならないのではないだろうか。そうであれば，債務負担行為が無因性に基づき有効である以上，常に権利移転行為も有効となってしまう。この説がそうではなく，原因関係と権利移転行為との間を有因と構成しているのは，逆に，債務負担行為と権利移転行為とを分けるという前提の理論的矛盾を示していよう。

次いで，この説にしたがうと，この場合に無権利者となったCから手形を取得する者の保護は，手形法16条2項によって図られることになる。しかし，この無権利者の抗弁は実質的にはBC間の原因関係に基づく抗弁である。このような原因関係に基づく抗弁は手形法17条によって制限されるはずの抗弁であるから，この説は従来の人的抗弁の制限に関する観念を大きく変えてしまうという不可解な結果を生ずるのではないかとの疑問がある。

この説をとる論者は，手形法17条は，この場合にはBC間に支払猶予の合意があったり，解除事由・取消事由が存しているが，実際に解除権・取消権が行使される以前にCから譲渡されるといった場合に適用されると説くが（前田・215頁以下），このような区分を手形法が想定しているかには大きな疑問がある。さらに，この説にしたがうと，Cは無権利者と解されるが，それは結局，手形債務者Aは，Cの無権利を知る限りで常にCの手形金請求を拒むべきことを義務づける（参照，手40条3項）。しかし，後者の抗弁の場合に，抗弁対抗により利益を受けるのはBであることに照らせば，債務者Aに支払いを拒絶すべき義務を課する構成には疑問がある（後述239頁以下）（手形権利移転行

為有因論に対する疑問・批判については，さらに梶山「手形権利移転行為有因論攷」（一）（二）」八幡大学論集 33 巻 1・2・3 号）。

3. 後者の抗弁の援用——人的抗弁の個別性

図 II-16 の場合に，B が C に対して有する原因関係消滅等の人的抗弁，すなわち，後者の抗弁を，手形債務者 A が援用して所持人 C の請求を拒むことは許されない。なぜなら，同一の手形証券上になされる各々の手形行為は，それぞれ相互に別個独立したものであること，および，人的抗弁の制限の原則（手 17 条）は，人的抗弁はそれが生じた人的関係の直接当事者間においてのみ意義をもつべきであることを示していると解せることから，ある手形債務者が有する人的抗弁は，その債務者だけしか主張できず，他の債務者はそれを援用できないと解されるからである。このことを人的抗弁の個別性という。したがって，これを前提とすれば，図 II-16 の場合に，A が B の有する人的抗弁を援用して C の請求を拒めるとする構成によっては問題を解決できない。

4. 支払拒絶の法的根拠

判例は，人的抗弁の個別性を前提とし，手形行為の無因性に依拠して所持人 C の手形上の権利を認めたうえで，C はその手形を保持してそれを行使すべき実質的理由を有さないがゆえに，C の権利行使は権利濫用にあたるとして，所持人の権利行使を否定している（前掲最判昭 43・12・25，最判昭 48・11・16，最判昭 57・7・20）。これは今日，確立した判例である。学説上も判例と同様に，権利の濫用や信義則違反といった一般条項によって，振出人 A にとり所持人 C に対する直接的な抗弁が成立すると構成して（すなわち，他人の抗弁の援用ではない），この抗弁の対抗により C の手形金請求を拒みうるとする見解が有力である（河本「手形抗弁」講座 3　198 頁，大隅=河本・212 頁，田中［誠］・上 245 頁など）。

この見解に対しては，手形法上にこのような信義誠実の原則や権利濫用の理論を持ち込むのは安易な一般条項の援用であると批判されている。しかし，伝統的な理論の枠組からみて本ケースのような例外的なケースに関しては，手形法のように法の欠缺の多い法領域においては，一般条項の援用によることも許

されるべきであって，この見解を支持すべきである。

5. 手形保証と抗弁

後者の抗弁と類似した問題が手形保証に関して生じうる。図Ⅱ-17において，約束手形の振出人Aが手形所持人Bに対して原因関係の不存在等に基づく人的抗弁を有する場合に，振出人の手形保証人Cは，Bの手形金請求に対して支払を拒絶できるか。拒絶できるとするとその根拠は何か。保証人は振出人の有する人的抗弁を援用できるのか，または自己固有の抗弁をその人的抗弁事由から引き出して対抗できるのか。

この問題においては，後者の抗弁の場合におけると同様の問題に加えて，さらに手形保証の独立性との関係が問題となる。手形保証人は，主たる債務者と同一の内容の債務を負担し（手77条3項・32条1項），被保証債務の支払い・免除・相殺・時効による消滅により，保証債務も消滅する。また，支払いをした手形保証人は主たる債務者に対して求償できる（手77条3項・32条3項）。以上のような手形保証の効果を手形保証の附従性（従属性）と呼ぶ。

他方，手形保証人は，催告の抗弁（民452条）や検索の抗弁（民453条）を有さず，手形所持人は主たる債務者に対する支払呈示を要せずして，保証人に対して請求できる（合同責任，手77条1項4号・47条）。また，被保証債務が方式の瑕疵によって無効である場合を除いて他の何らかの事由によって無効であっても，手形保証債務は有効である（手77条3項・32条2項）。以上の関係を手形保証の独立性と呼ぶ。なお，32条2項は，手形行為独立の原則（手7条）が手形保証にも及ぶことを示すものである。

図Ⅱ-17の事案では，手形の無因性に依拠すれば，所持人Bは手形上の権

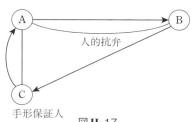

図Ⅱ-17

利を有しており，AはBに対して人的抗弁を有する関係になる。そこで，か
つては手形法32条2項は被保証債務が実質的に無効な場合にも手形保証を有
効とするのだから，主たる債務が有効に成立していれば，当然に保証人は被保
証人が手形所持人に対して有する人的抗弁をもって所持人に対抗できず，保証
人は債務の履行を拒みえないと考えられた（最判昭30・9・22民集9巻10号
1313頁）。

　しかしこれに対しては，所持人の保証人に対する手形金請求を認めるならば，
保証人は主たる債務者に対して求償できるから，結局，主たる債務者は不当な
支払いを強制されたと同様の不利益を被ることになるので，主たる債務者は不
当利得の返還を所持人に対して請求できることになり，所持人の保証人に対す
る手形上の権利行使を認めることは無意味化してしまうから，それならば，無
用な請求の過程の省略のために保証人は所持人の請求を拒めるとすべきである
と批判された（上柳・法学論叢63巻4号106頁）。

　しかし，手形保証の独立性を徹底すれば，人的抗弁の個別性により，保証人
が主たる債務者の有する人的抗弁を援用することはできない。そこで学説は，
手形保証の独立性の作用を限定することにより，附従性の作用に基づき，主た
る債務者の有する人的抗弁の保証人による対抗を認めようとしたが（河本「手
形保証と人的抗弁」（正・続）神戸法学雑誌9巻1・2号177頁以下，3号389頁以下，
上柳・前掲108頁），手形法32条1項・2項の解釈論上，疑問があり，このよ
うな方向での問題解決は困難である[9]。

　9）　この保証人による被保証人の有する人的抗弁の援用を認める立場の一は，手形法32条の1項に
より，手形保証行為は原則的に附従性を有しているものとして，2項の独立性を附従性の唯一の例外
と解することに依拠し（河本），その二は，手形保証行為の独立性は，所持人が主たる手形債務者との
原因関係上，手形上の権利を行使することが不当でないにもかかわらず，主たる債務者の手形行為の
瑕疵ゆえに所持人が支払いを受けられない場合に所持人の保護をはかることを目的とし，その目的の
限界を越えては認められないとすることに依拠する（上柳）。人的抗弁の個別性の原則の存在を前提と
すると，後者の見解は，上の限界を超える場合には手形保証の附従性が作用すると解すると思われる。
これらの見解については，手形法32条の解釈との関係で検討を要する。手形行為は振出しを除いて他
の手形行為の有効性を前提要件とするが，一般の手形行為はそれ自体で独自の存在意義を有する。し
かし，手形保証は被保証手形行為・被保証手形債務なくしては存在意義を有さない。その意味で，一
般の手形行為に関してのように，手形保証自体に独立の手形行為の価値を付与する（手形行為独立の
原則）には手形法7条だけでは論理的飛躍がある。このように，手形保証の被保証手形行為に対する
一定の附従性は否定できない（32条1項の附従性はこのことの反映である）。それゆえに，手形法は
32条2項で，手形保証債務と被保証債務の本来的結び付きを排除する規定を特別に設ける必要が ↗

3.7 後者の抗弁——人的抗弁の個別性

そこで，後者の抗弁におけると同様に，手形保証人が自らの有する抗弁の対抗により，所持人の請求を拒みうると構成する立場が考えられる。まずもって権利移転行為有因論に依拠して，所持人は原因関係の無効等により無権利者であるから，保証人は無権利の抗弁を対抗できるとする見解があるが（前田・304頁），そのとりえないことは前述したとおりである。これに対して判例は，後者の抗弁の場合におけると同様に，振出人のための手形保証のある約束手形の受取人は，振出しの原因関係が不存在等の場合には，手形保証人に対して手形上の権利を行使すべき実質的理由を失っており，自己の手裡に存する手形で手形保証人に対して手形金を請求するのは権利の濫用にあたるとして，支払いの拒絶を認める（最判昭45・3・31民集24巻3号182頁）。後者の抗弁の場合におけると同様に，この見解を支持する。

6. 保証人の求償と抗弁の対抗 ━━━━━━━━━━━━━━━━━━

次いで，Bの手形金請求に応じて支払いをした手形保証人Cが，被保証人Aに対して求償権を行使する場合に，AはBに対して有する人的抗弁をCに対し対抗できるかが問題になる。これについては，手形保証人Cの支払による手形上の権利の取得の法的性質が検討される必要がある。この権利取得は，かつては，一般的に，独立的・原始的な取得と解されていた。これによれば，手形保証人Cが取得する手形上の権利はAがBに対して有する人的抗弁の対抗を受けない独自の権利ということになる（八木「手形保証」講座4 49頁，田中［誠］・下676頁）。

しかし，近時はこの権利の取得は承継取得，すなわち，法による承継取得であるとする見解が有力である（大隅=河本・271頁）。そこで，手形保証人Cはその支払いにより法によって手形上の権利を承継取得する（手77条3項・32条

あったのである。

しかし，人的抗弁の対抗という手形保証債務の実質的効力に関する問題（人的抗弁の対抗はその当事者間では実質的に手形債務の効力を排除する）に関して，1項が原則的価値を有するとするのは不当である。2項は被保証債務が方式の瑕疵以外の理由で実質的に無効である場合にも手形保証を有効とするのだから，被保証手形債務が有効に成立している以上は，保証人はその実質的効力を争って債務の履行を拒むことはできないということは，当然に2項から引き出されると解される。また，「他人の抗弁の援用」という考え方も，それが直ちにその対抗義務に結び付くのかという点で疑問を生じる（後述239頁以下参照）。

3項)と解すべきである。その場合に，Cの権利行使（求償）にあたって，AがBに対して有する人的抗弁を対抗できるか否かについて，それが義務に基づく取得であるからという理由で，直ちに保証人は人的抗弁の対抗を受けない（鈴木=前田・305頁）と解すべきではない。被保証人が前述のように所持人に対して原因関係無効等の人的抗弁を対抗して支払いを拒みうることを前提とする以上，単純に，この被保証人の抗弁を援用しないで受け戻した保証人は無条件で被保証人に対し求償できるとするのは不都合だからである。

　この問題は次のように考えるべきである（詳細は後述234頁以下）。すなわち，保証人の支払いによる権利の取得にかかる当事者間の利益の衡量の面からは，権利の取得の問題を免責の問題から切り離して考えることが正当化されると考えられる。そこで，保証人の支払いによる権利の取得は，法による権利の移転であるから，裏書による任意的移転に関する手形法17条は直接的に適用されないが，類推適用を認めてよい。その際に，保証人の支払いに強制された地位に照らして，その主観的保護要件（善意）は，手形法40条3項の意味での悪意・重過失なきことに求められるべきである。したがって，手形法17条と40条3項との同時的類推適用によりこの問題は解決される。

3.8　二重無権の抗弁

1.　二重無権の抗弁の意義

　図II-18において，Cの手形取得後にAB間の約束手形振出しの原因関係とBC間の裏書の原因関係とがともに消滅してしまった場合が，二重無権の抗弁の問題である。後者の抗弁の場合と異なり，この二重無権の場合には，CのAに対する請求を認めると，BはCに対し不当利得の返還請求ができ，AはBに対し不当利得の返還請求ができることになるので，初めから所持人の請求を

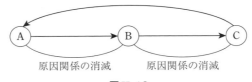

図II-18

振出人が拒めるとして不都合はないという実質的な理由から，学説・判例（最判昭 45・7・16 民集 24 巻 7 号 1077 頁）は一致して，振出人は所持人に対し支払いを拒絶できるとしている。

権利移転行為有因論によれば，この場合にも後者の抗弁の場合とまったく同様に，振出しおよび裏書の原因関係の消滅により C の手形上の権利は A に復帰して，C は無権利者となるから，A は C に対して無権利の抗弁を対抗でき支払いを拒めるとする。まさに手形所持人は二重に無権利ということになる。これに対して，無因性に依拠するときには，C は依然権利を保有していることになり，この場合には原因関係が二重に欠缺している関係になる。そして，A と C とはお互いに自己の原因関係上は関係がないから，A は C に対して，B に対する抗弁をもって対抗できず（人的抗弁の制限），また B が C に対して有する抗弁をもって対抗することもできない（人的抗弁の個別性）。

2. 判例・学説の立場

この二重無権の抗弁の場合は，AB 間の原因関係に加えて，BC 間の原因関係も消滅しているのだから，後者の抗弁の場合の特殊な一類型であると考えることもできる。そう考えれば，所持人は手形上の権利者ではあるが，その権利行使は権利濫用にあたるとして，A は C に対して自らが直接的に有するこの権利濫用の抗弁を対抗して支払いを拒めると解してよいはずである。この場合にはまさに債務者は支払拒絶に利益を有している。

けれども，判例は一般条項の利用はできる限り制限されるべきであるとの認識のもとに，この場合には，自己に対する裏書の原因関係が消滅し，手形を裏書人に返還しなければならなくなっている C のごとく，手形の支払いを求める何らの経済的利益も有しないと認められる手形所持人は，人的抗弁切断の利益を享受することができる地位にないものというべく，振出人は受取人との間の振出しの原因関係消滅の抗弁を，所持人に対抗できるとしている（前出最判昭 45・7・16）。

上の判例は，当該所持人に対し人的抗弁切断の利益の享受を否定している[10]。

---

10) 最判昭 45・7・16 が出されたことにより，後者の抗弁に関しても，判例の立場が変更され ↗

手形法 17 条により，手形を手形法的流通方法により善意で取得する者に対しては，人的抗弁は制限され，手形債務者は，当該の人的抗弁の相手方以外には，悪意の取得者に対してしか人的抗弁を対抗できないが（この事柄もまた人的抗弁の個別性と呼ばれている），その際に，隠れた取立委任裏書の場合は，被裏書人に対し裏書人に対する抗弁を対抗でき人的抗弁の個別性が排除されると認められている。

　多くの学説はその根拠を，隠れた取立委任裏書は効力においては通常の譲渡裏書とは異ならず，手形上の権利は完全に被裏書人に移転され，単に手形外の合意として取立委任の合意が存在するにすぎないが（通説である信託裏書説），裏書取得一般に際して，被裏書人が人的抗弁制限の利益を享受できるのは，取得した権利について被裏書人が固有の経済的利益を有するためであるところ，隠れた取立委任裏書の被裏書人には固有の経済的利益が欠けるために，この者は抗弁制限の利益を享受できない，すなわち，人的抗弁の個別性は排除されるということに求めている（前述 161 頁）。上の判例は，以上の隠れた取立委任裏書についてとられている法理と同様に，所持人は振出人と裏書人との間の人的抗弁切断の利益を享受することができる地位にはないとするわけである。

　この判例については単純に人的抗弁の個別性の制限を示すものと評価する見解もあるが（塩田・民商 65 巻 1 号 126 頁），権利濫用法理の具体的発現を示すものと評価する見解もある（河本・判例評論 145 号 31 頁）。

　上の判例の理解とかかわって，所持人 C の経済的利益を欠く地位は，この場合には，C の手形取得後に発生した事由に基づくものであることから，この判例は手形法 17 条の従来の解釈論とどのように結び付くのかという疑問がある。この判例の理論構成は，手形法 17 条の規定の趣旨から導き出される，手形流通保護の利益を受けるに値しない取得者は抗弁制限を享受できないという原則を一層拡張して適用し，手形所持人がこの場合のように手形取得後の何ら

るかとも思われたが，最高裁は，その後の最判昭 48・11・16 で，最判昭 43・12・25 の立場を確認し，さらに，最判昭 57・7・20 でそれを再確認している。二重無権の抗弁の問題は，後者の抗弁の一特殊類型とみることができるから，後者の抗弁について権利濫用の法理によるのであれば，二重無権の抗弁についても本来当然それによりうる関係にある。したがって，今日では，判例上では，後者の抗弁と二重無権の抗弁とでは別個の理論構成を使い分けるという立場が確立されているといえる。

かの事情に基づき支払いを求める何らの経済的利益を有しなくなったのであれば，手形債務者は人的抗弁の当該の相手方に対してしか対抗できないのが原則であるという意味の人的抗弁の個別性が排除される旨を示すものと理解してよいであろう。しかし，手形法17条が，手形流通保護の目的のために，取得者による手形取得にあたり，本来的には承継されるべき人的抗弁の例外的な切断を規定するものであることに照らせば，この判例の説くような17条の趣旨の拡大された一般化には疑問がある。

いずれにせよ，上の判例は，AがBに対して有する人的抗弁を第三者に対しても対抗できると構成する点で，権利濫用の抗弁や無権利の抗弁の対抗として構成する見解がAC間に直接的な抗弁が成立すると構成するのと対立する。上の判例の見解は，現在多くの学説によって支持されているが，しかし，この判例の「何らの経済的利益を欠く」という文言に関しては，その意味するものの不明確性が指摘されている。すなわち，所持人の提供した対価がBから返還されていない場合，および原因契約が消滅しても原状回復請求権や損害賠償請求権が残っている場合などについては，何らの経済的利益を欠くという要件に照らしてどのように評価するのかという問題が未解決のままに残されていると指摘されている（参照，大塚［龍］・手形百選（四版）67頁）。

私は，後者の抗弁の場合と統一的に，Cの手形金請求が権利濫用にあたることに基づいて，AはCに対して直接的に有する権利濫用の抗弁を対抗して支払いを拒みうると解する。

3.9 遡求における受戻しと抗弁の対抗

遡求に対して手形金の支払いをして手形を受け戻した者に対する抗弁の対抗に関しては理論的に二つの面から問題になる。第一は，**図II-19**において，Bが手形を受け戻した後に，約束手形振出人Aに対して請求した場合に，AはBに対して以前対抗できた人的抗弁を再び対抗できるか。

この抗弁は，裏書人Bの後者であるCが善意であればCに対しては切断されたものである。この場合にも戻裏書の場合と同様に，抗弁の再対抗が認められるべきとされたが，かつては，受戻しによる権利の取得の法的性質をどのよ

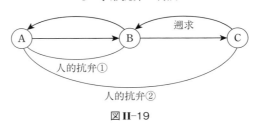

図 II-19

うに解するかという論点と結び付けられて議論された。申込説は，裏書により手形にあらかじめ表章された後者に対する債務者の債務負担の申込が移転され，被裏書人をはじめとする後者はそれぞれ固有の手形上の権利を取得すると構成することにより，条件説は，支払いによる手形の受戻しを条件として，裏書により被裏書人は解除条件付きの権利を取得し，裏書人は停止条件付きの権利を保有すると構成することにより，いずれも，受戻しにより裏書人は自己の古い権利に基づいて請求（再遡求）することになるから，当然に抗弁は再対抗されるとした。両説はいずれも，受戻しにより裏書人が後者から新たに抗弁の除去されたきれいな権利を取得するという結果を回避しようとしたのである。

しかし，今日では，裏書により手形上の権利は確定的に移転され，遡求において手形を受け戻した者は，受戻しにより後者である遡求者の有する手形上の権利を承継取得すると解するのが一般的見解である。受戻しにより法によって手形上の権利は移転されると解される（後述263頁以下）。そして，戻裏書による再取得の場合と同様に，人的抗弁の属人性により，受戻者自身に対する人的抗弁はこの者自身に付着する瑕疵であるから，受戻しにより当然に復活するとの見解が有力である。私見は戻裏書について述べたとおりである（220頁）。

第二は，図 II-19 において，手形債務者Aが遡求者Cに対して有していた人的抗弁（たとえば，支払いの全部または一部の免除の合意）を，手形を受け戻したBの請求に対して対抗できるかとの問題である。遡求における手形の受戻しにあっては，遡求義務者の支払いによる免責と同時に法による手形上の権利の承継取得が問題になる。この点に関しては，後述のように，免責に関しては手形法40条3項による保護が働くが，遡求における権利の再取得にかかる当事者の利益の衡量の面からは，権利の取得の問題を免責の問題から切り離し

て考えることが正当化されると考えられる。そこで，受戻しによる権利の取得は，法による権利の移転であるから，本来裏書による任意的移転に関する規定である手形法17条は直接的には適用されないが，類推適用を認めてよい。その際に，遡求義務者の支払いに強制された地位に照らして，その主観的保護要件（善意）は，手形法40条3項の悪意・重過失なきことに求められるべきである。したがって，17条と40条3項の同時的類推適用によりこの問題は解決される。ただし，このことは同時に受戻者にその限りで支払拒絶義務を課すべきことになるが，この問題に関しては239頁以下で論じる。

3.10 受戻しなき支払い・遡求と抗弁の対抗

1. 遡求における受戻しなき支払いと抗弁 ─────────

第一は，図II-20のように，約束手形の所持人Cが，裏書人Bに遡求したところ，Bが遡求義務を履行して手形を受け戻さずに支払ったのを奇貨として，手残り手形により振出人Aに請求するというケースである。Aはこのような請求を拒むことができるだろうか。また，もし，Aが支払ってしまったらABC三者の間の関係はどのようになるのだろうか。

遡求義務の履行にあたっては，遡求義務者の免責とともに前者に対する再遡求権・請求権の取得が問題になる。かつては，遡求において手形金を支払って手形を受け戻した者の請求に対して，主たる手形債務者である振出人は，以前その者に対抗できた人的抗弁を再び対抗できるのか，および，手形債務者は遡求者に対して有していた人的抗弁を受戻者の請求に対して対抗できるのかという問題と結び付けられて，受戻しによる権利の取得の法的性質をどのように解すべきかが議論された（3.9）。

しかし，今日では，一般に手形を受け戻した者は後者の有する手形上の権利を承継取得すると解されている。裏書により「唯一」の手形上の権利が後者に移転され，受戻しにより再取得されるのである。この受戻しによる権利の再取得は，手形上の権利の取得を目指した行為の結果ではなく，受戻者の負っている遡求義務に基づく支払いの法定の効果にすぎないから，受戻しにより法によって手形上の権利は移転されると解すべきである（手77条1項4号・47条3項）。

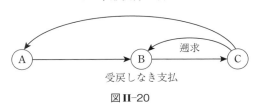

図Ⅱ-20

　本ケースでは，一方で，手形を受け戻さずに遡求義務を履行したBは，免責されるとともにそれによりAに対する手形上の権利をCより承継取得し，他方で，支払いを受けたCは無権利者となっている。したがって，振出人Aは，所持人Cの無権利を理由に支払いを拒むことができる。
　ところで，満期およびその後に支払いをなす支払人は，悪意重過失なくして，手形の外観上権利者とみえる者に支払いをすれば免責されるから（手77条3項・40条3項），主たる手形債務者AがCの無権利を知らないで手形を受け戻して支払えば，Aは免責されて手形債務は消滅してしまう。この規定に関しては，支払人が所持人の無権利を知るだけでなくそれを証明できる確実な手段を有するにもかかわらず故意に支払いをしたときが悪意にあたると解すべきとされているが（通説），Aが上の意味で善意であれば，真の権利者Bは，もはやCから手形の返却を受けてAに対して請求することはできなくなる。また，原因債権を有していたとしても，それも手形債権の消滅により消滅してしまうから，当然原因債権によっても請求できなくなるので，不当に二重に支払いを受けたCに対して不当利得の返還請求を求めるほかないことになる。

2.　手残り手形による遡求と受戻し

　第二は，図Ⅱ-21のように，約束手形の振出人Aが，所持人Cに手形の受戻しをしないで支払ったところ，その後にCが裏書人Bに対して手残り手形により遡求したというケースである。Bはこのような遡求義務の履行を拒めるのか。また，もし，Bが遡求義務を履行した場合には法律関係はどうなるのか。
　この場合には，前述したように，手形を受け戻して支払うか否かにかかわりなく，Aの支払いにより手形債務は消滅する。そして，遡求義務は主たる手形債務を担保し，主たる手形債務に対して第二次的・補充的性格を有するから，

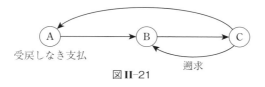

図 II-21

主たる手形債務の消滅により，裏書人 B の遡求義務も同時に消滅する（大判大 11・11・25 民集 1 巻 674 頁，最判昭 43・12・6 判時 545 号 79 頁）。したがって，C が B に対して遡求してきた場合には B は自己の手形債務の消滅を主張して支払を拒むことができる。弁済等による権利の消滅は被告側に証明責任があるから，B はその債務の消滅の主張と証明の責任を負うが，実際には証明のために債務者 A の協力を必要とするのが普通だろう。

他方，遡求を受けた B が，遡求義務が消滅しているにもかかわらず，それを知らないで支払いをして手形を受け戻し（手 77 条 1 項 4 号・50 条 1 項），A に対して請求してきた場合に，A は C に対して有している支払いの抗弁を対抗して支払いを拒むことができるだろうか。

この問題の解決には，遡求における受戻しにより，遡求義務者はどのような形で手形上の権利を承継取得するかを考えることが必要である。手形法 40 条 3 項により満期において支払いをなすべき者は裏書の連続の整否のみを調査すればよく，実質的な権利の移転の有無を調査しなくても免責されるが，遡求義務者の支払いにも 40 条は類推適用されると解されている。この規定に関しては，支払いをなすべき者は支払いに強制された地位にあるから，手形法 16 条 1 項の所持人の形式的資格を超えて保護され，手形所持人が無権利者であるだけにとどまらず，所持人の側の事情で支払いの無効をきたす一切の瑕疵，すなわち，所持人の実質的権利者資格にかかわる一切の瑕疵に対して保護されると解されている。これに対して，この規定に照らせば，所持人の権利を排除しない瑕疵に関しては，債務者はそれを知ると否とにかかわらず保護され，所持人の権利者資格の基礎にかかわる原因関係に基づく事由などに関しては，支払人は本来的に免責されると解される。

しかし，以上はあくまでも遡求義務者の免責に関してあてはまる事柄である。受戻者は支払いにより手形上の権利を再取得し，再遡求権・請求権を前者に対

して行使できることになる。手形上の権利と再遡求権は一体として取得され，手形上の権利の保有は再遡求権行使の前提要件をなす。そして，主たる手形債務者の場合とは異なり，遡求義務者の支払いに関しては，理論的にみれば，前者に対してどのような内容の権利を取得するかも問題となる。けれども，支払人の免責に関する40条3項によりこの問題に直接的に解答が与えられるわけではない。とりわけ，受け戻した者が遡求者の権利を承継取得すると解する以上，この点の検討は必要である。

　学説上では，受戻しによる承継取得を前提として，遡求義務者は支払いに強制されているから，債務者は受戻者に対しその善意悪意を問わずに遡求者に対して有する人的抗弁を対抗できないとする見解が有力である（大隅=河本・350頁，田中［誠］・下662頁，鈴木=前田・248頁，前田・224頁）。しかし，支払に強制されているとはいえ，この義務に基づく受戻し（取得）という観念から，常に悪意の受戻者も保護されるとしてしまうことには当事者の利害の衡平の面から疑問がある。

　本ケースの支払いの抗弁に関しては，上のような立場に基本的によりつつ，遡求者（ここではC）は無権利者にあたると解したうえで，無権利の抗弁は16条2項によってではなく，40条3項の準用によって制限されるとし，悪意重過失なき限りでBは手形上の権利を取得してAに請求できるとする見解があるが（大隅=河本・351頁），同様に手形を受け戻す遡求義務者の保護は40条3項の準用によるべきとする見解が有力である（岡山地判昭44・10・17判時593号91頁，京都地判昭45・5・1判時607号84頁，田邊・209頁，奥島「手形を受け戻さずになした支払の効力」倉澤=奥島・基礎演習商法262頁）。なるほど，受戻しにおいては，無権利の抗弁の制限は40条3項の類推適用によると解すべきであるが，しかし，支払いの抗弁は手形債務の消滅を内容とするから，なに故に手形を受け戻したBが消滅した手形債権に基づいてAに対して請求することが可能なのかが，すなわちこのAC間に成立した支払いの抗弁が受戻者に対抗されない根拠が明らかにされる必要がある。この点に関しては，その根拠を権利外観理論に求めたうえで，信頼保護要件を手形法40条3項の善意・無重過失に求める見解がある（倉澤・法学研究47巻9号85頁）。

　私は，遡求における権利の再取得と再請求にかかわる当事者の利害の衡平の

面からみて，遡求における受戻しによる権利の取得の問題を免責の問題から切り離して考察することが理論的に正当であると考える。そして，さらに，この問題は支払いの抗弁も含めて，人的抗弁一般について問題にすべきであって，次のような形で解決されるべきと考える。すなわち，受戻しによる権利の取得は，法による権利の取得であるから，裏書による任意的移転に関する手形法17条は直接的に適用されないが，類推適用を認めてよく，その際に，遡求義務者は支払いに強制された地位にあり，任意的に手形を取得するのではないことに基づいて，その主観的保護要件は，手形法40条3項の意味での悪意・重過失なきことに求められるべきである。したがって，この問題は17条と40条3項の同時的類推適用により解決される（参照，竹田・52頁・178頁）。

3. 抗弁の援用義務

上の2.のように考えるときには，図II-21において，悪意・重過失に該当しないために，遡求義務者Bには振出人AがCに対して有する人的抗弁を対抗すべき義務が実質的に課されることになりそうである。しかし，Aが有している人的抗弁をBが援用して対抗することは許されないのが原則である。すなわち，前述のように（226頁），たとえば，所持人に対して裏書人が原因関係不存在の抗弁等を有している場合に，この裏書人の前者である債務者がこの人的抗弁，すなわち，後者の抗弁を援用して，所持人の手形金請求を拒むことは人的抗弁の個別性に反するから許されない。したがって，人的抗弁対抗の義務が認められ，遡求義務者が抗弁を対抗すべき場合とは，この者自身が当該所持人に対して直接的に成立する抗弁を有している場合である。なぜなら，手形法40条3項の支払人の調査義務に基づく抗弁対抗義務も，「支払人自身が所持人に対抗できる」抗弁に関してのものだからである。

さらに，この場合に他人の有する人的抗弁を援用すべき義務を認めることは，支払いによる免責に関しては，すでにして所持人の「権利者資格」についての抗弁だけを対抗すればよいということと矛盾してしまう。すなわち，40条3項が権利者に支払えば免責されるとしていることが実質的に無意味になってしまう。けれども遡求義務者が所持人に対して直接的に抗弁を有しているのであれば，その抗弁の存在を知りながら主張，立証しないで取得する場合には，そ

の抗弁を前者により対抗されることが認められるべきであろう（ただし、この抗弁を最も適切に主張、立証できるのは前者である）。この場合にだけ遡求義務者に抗弁の対抗の義務が負わせられるということは、この場合の利害の衡量に合致しているというべきである。遡求義務者は抗弁を対抗する権利があるから抗弁を対抗すべき義務がある。

　このような直接的抗弁の成立が認められる場合としては、手形の受戻しなき支払いの抗弁の場合だけでなく、所持人と振出人との間に手形債務の全部もしくは一部の支払免除または支払猶予の合意がある場合や、約束手形がたとえば、A（振出人）→B→C→Dと移転した場合に、原因関係の不存在・無効・消滅の抗弁がCD間に存在し、それにより権利濫用・信義則違反に基づいてAもBもDに対して支払いを拒める場合（後者の抗弁の場合）などがあげられる。これらに該当しない遡求義務者自身が当該所持人に対して直接的な抗弁を有さない場合は、前述した私見のルールの適用領域外であって、主たる債務者が所持人に対して有する抗弁を対抗して支払を拒絶できる前提が欠けている。

　図Ⅱ-21のケースでは、AのみならずBも所持人Cに対して自己の債務の消滅を抗弁として対抗できる立場にあるが、この手形債務消滅という抗弁事由についてBに40条3項の意味での悪意・重過失があるのでなければ、AはBに対して支払の抗弁を対抗して支払いを拒むことはできない。

　223頁の図Ⅱ-16におけるように、所持人Cとその前者Bとの間の原因関係が無効・消滅・不存在であるといった場合に、手形債務者AはCの手形金請求を拒めるかという後者の抗弁の問題においても、その支払拒絶の根拠は債務者AがCの請求に対して所持人の権利行使は権利濫用にあたり、債務者Aには所持人に対する直接的な抗弁が成立するという点に求められるべきであるが（前述226頁）、この場合にも、債務者が所持人の請求に対して直接的に有する抗弁を対抗しないまま支払った場合に、BはAの支払いの効力を争うことができるかという問題が生じてくる。すなわち、Aはこの抗弁を対抗すべき義務を負うのか。

　ここで成立している抗弁は実質的にBC間の原因関係に基づくものであり、かつ後者の利益のためにAにとり抗弁が直接的に成立すると解しているわけである。そこで、BがAの支払の効力を争えないとすれば、Aが抗弁を対抗で

3.10 受戻しなき支払い・遡求と抗弁の対抗　　**241**

きると構成しても，Aにとっても支払拒絶の利益のある場合でなければ，実際には無意味なことになってしまうだろう。しかし，この後者の抗弁の問題の場合には，本来的にAにとってはその支払いによる免責だけが問題にされるべきである。支払人の免責に関する40条3項については，所持人の権利を排除しない瑕疵に関しては，債務者はそれを知ると否とにかかわらず保護され，手形所持人の権利者資格の基礎にかかわる事由に関しては，支払人は本来的に免責されると解される（237頁）。したがって，Aは抗弁を援用しなかったことによりBに対して何らかの責任を問われることはないと考えるべきである。

　同様な問題は手形保証に関しても生じる。**図Ⅱ-17**におけるように，約束手形の振出人Aが所持人Bに対して原因関係不存在等に基づく人的抗弁を有する場合に，Aの手形保証人CはBの手形金請求に対して支払いを拒絶できるかという問題に関しては，後者の抗弁の問題におけると同様に，所持人の手形保証人に対する請求は権利の濫用にあたるとして，Cに直接的抗弁の成立を認めて支払いの拒絶を認めるべきだが（229頁），ここでも手形保証人にはこの抗弁を対抗して支払いを拒むべき義務が課せられるのか，すなわち，Bの手形金請求に対して支払いをしたCの被保証人Aに対する求償において，当該抗弁を対抗されるかが問題になる。手形保証人はその支払いにより手形上の権利を所持人から承継取得すると（32条3項）解すべきだが，この場合には保証人の支払いによる免責と同時に権利の承継取得が問題になる。そこで，CのAに対する権利行使にあたり，AがBに対して有する人的抗弁を対抗できるか否かは遡求における受戻しの場合（235頁・239頁）と同様に考えられる。

4

約束手形の保証

4.1 手形保証

　手形保証は，手形上の債務者の手形債務の全部または一部を担保するため，手形上になされる手形行為の一種である（手77条3項・30条・31条）。手形保証は，保証人が手形上に署名（記名捺印）をすることだけによって行われ，単独行為にあたる。保証には何人のためになすかを表示することを要し，表示なきときは，為替手形の振出人または約束手形の振出人のためになしたものとみなされる（手77条3項・31条4項）。手形保証の効力（附従性・独立性）と手形保証人の求償権の取得，および，手形保証と抗弁の問題に関しては前述（227頁以下）した。

4.2 隠れた手形保証

　裏書により裏書人は主たる手形債務者の債務を担保することから，手形保証をする代わりに，保証目的で裏書が利用される場合がある。これを隠れた手形保証という。実際には，手形保証は債務者の信用力の乏しさを公表する結果になるため，利用されるのはまれであり，隠れた手形保証によるのが一般的である。しかし，その手形上の効力は，もっぱら手形上に表示された行為の性質によって決まり，隠れた手形保証の趣旨の裏書の効力は通常の裏書と異ならず，

4.2 隠れた手形保証 **243**

この裏書をした者に対して請求するためには，遡求権を保全しておくことが必要である。この保証の趣旨は，保証をする者と主たる手形債務者との間の人的抗弁事由であるにとどまる。

　実例として，複数の裏書人が保証目的で裏書をする場合がある。手形所持人に対する関係においては，隠れた手形保証をなした各裏書人は分別の利益を有さないから，その手形金全額について支払いをすべきなのは当然であるが，隠れた手形保証の当事者間においては，保証の趣旨で裏書をしたという事柄は人的抗弁事由としての意義をもつことになる。そこで，約束手形の第一裏書人と第二裏書人とがいずれも振出人の手形債務を保証する趣旨で裏書をなしたという場合において，第二裏書人が手形を受け戻して第一裏書人に対し遡求をなすとき，第二裏書人が裏書をなす際にすでに第一裏書人が同様な趣旨で裏書をしていることを知っていたのであれば，このような実質関係は民法465条1項の規定する分別の利益のない共同保証人の関係に準ずる関係とみることができ，その類推適用により第二裏書人は手形の受戻しに当たり支払った金額のうちその負担部分を超える額についてのみ第一裏書人に対して求償することが認められるにすぎず，第一裏書人はその負担部分についてのみ遡求に応じればよいと解される（最判昭57・9・7民集36巻8号1607頁）[1]。

　他人の振り出した約束手形に隠れた手形保証目的で裏書した者（受取人にあたる）は，それにより，手形上の債務の負担とともに，振出しの原因債務（振出人が被裏書人に対して負う債務）に関しても民法上の保証（連帯保証）をしたとみられるかの問題がある。当事者の意思がはっきりしない場合に，肯定，否定いずれを原則とみるべきかに関して，最判昭52・11・15民集31巻6号900頁は，「金銭を借用するにあたり，借主甲が，借受金の弁済確保のため甲の振り出す約束手形に何人か確実な保証人の裏書をもらってくるよう貸主乙から要

---

　1)　この判決は第二裏書人の第一裏書人に対する請求を手形上の権利に基づく遡求と解しているが，所持人がまず第一裏書人に遡求したような場合には，この者は第二裏書人に対して求償する道がなくなってしまいそうである。しかし，手形関係の当事者間では，一般にすべての合意は手形権利義務関係上効力を有するものと考えるべきであり，共同保証人として隠れた手形保証の目的で裏書をした当事者間での負担部分に応じた遡求，さらにはいわば逆行的な遡求を認める手形外の合意は有効なものと解され，隠れた手形保証の目的で裏書をした者相互間ではこのような有効な合意が存し，負担部分に応じた遡求，さらには逆行的な遡求をもなしうると考える。

求されたため，丙に依頼して右手形に丙の裏書を受けたうえ，これを乙に手交して金銭の貸渡しを受けたという事実関係があるだけでは，右手形が金融を得るために用いられることを丙において認識していた場合であっても，丙が手形振出しの原因となった甲乙間の金銭消費貸借上の債務を保証したものと推認することはできない」と判示した。他方，最判平2・9・27民集44巻6号1007頁は，Aが旧知のBによる紹介があるので，その信用を重視してCにたびたび金銭を貸し付けたが，その際にAはその都度同行してきたBに対して，Cが貸金の担保のために振り出した手形に保証の趣旨で裏書をすること求め，さらに，BはCが支払不能となった後では，弁済方法等につき種々尽力していたという事案に関して，Bには原因債務である貸金債務についても民法上の保証をする意思があったものと推認している。

　けれども，平成16年（2004年）民法改正によって，保証人のリスクに配慮して，保証契約締結を慎重にさせるために，保証契約は書面でしなければ，その効力を生じないとの書面要件が加えられた（民446条2項）ことにより，隠れた手形保証の目的の裏書に黙示的な民法上の保証契約締結の存在までも推認することは難しいというべきであろう（内田貴・民法Ⅲ〔第三版〕債権総論・担保物権342頁）。

5

約束手形の取立てと支払い

5.1 取　立　て

1. 緒　　論

　満期において手形を所持する者は，手形上に支払場所として記載されている銀行（支払銀行）店舗に対して，手形金額の支払いを求めることになる。しかし，今日，小切手を除けば，支払銀行は店頭での手形の呈示に対して直ちに現金払いをする（これを店頭現払という）ことを行っていないので，手形を支払銀行の該当支店に持参して支払いを受けることはできない。

　そこで，手形所持人は自己の取引がある銀行（取立銀行）の店舗に手形・小切手を持ち込んで，普通預金口座もしくは当座預金口座に入金してその取立てを依頼する。手形・小切手により預金口座に入金がある場合には，銀行と所持人（顧客）との間にはそれにより手形・小切手の取立委任契約が成立する。

　受け入れられた手形・小切手がその店舗を支払場所とするものである場合は，受入日のうちに決済を確認した後に，払戻しを受けることが可能になる。それ以外の場合には，受け入れられた手形・小切手が同一銀行の他店舗を支払場所としている場合（行内交換の手続によって取り立てられる）を除いて，すなわち，他の銀行等の金融機関を支払場所としている場合には，手形交換所をとおして取り立てられ決済される。そして，受け入れられた手形・小切手は，取立て後，不渡返還の時限を経過した後にその決済が確認されてからでないと払戻しを受

けることはできず，当座勘定上の支払資金にあてることができない（当座勘定
規定 2 条 1 項（325 頁））。

2. 支払呈示

手形・小切手債務は取立債務なので（民 520 条の 8・520 条の 18・520 条の 20），
支払いを受けるためには，手形を呈示して支払いを求めなければならない。

手形の請求にあたって支払呈示が不可欠であるとされるのは，債務者に誰が
権利者かを確知させ，債権者の権利者資格と手形の真正性，署名の真正性を確
認できるようにするとともに，支払いと同時に手形を受け戻させ，善意の取得
者に対して二重払いを強制される恐れを回避させることにあり，また，債務者
に対して，手形所持人が支払いと引換えに手形の引渡しをなす準備のあること
を示させることにある（最判昭 41・4・22 民集 20 巻 4 号 734 頁，伊沢「手形の呈
示と受戻」講座 4　161 頁）。さらに，債務者が支払いにより手形法上 40 条 3 項
によって免責されうるのは，所持人の手形所持・占有とその手形上の記載から
生まれる権利者としての法外観に対する信頼のためであるから，この面からも
債務者に対する請求にあたっては手形の呈示がなされなければならない。

以上のように，本来，支払呈示は手形の現実の呈示と請求とを一体化したも
のであるとともに，受戻性とは密接な関連性がある。この呈示のもっている意
義に照らせば，債務者に不利益をもたらすことがなく，債務者の保護に欠ける
ところがない限りで，支払呈示について弾力的に考えてよい（服部「手形の呈
示証券性とその例外」法曹時報 19 巻 11 号 5 頁）。たとえば，手形交換所における
呈示は支払呈示の効力を有するとされているが（手 38 条 2 項），今日の手形交
換所における支払呈示の実体は集団的な呈示であり，形式化されたものである。
また，手形を所持して支払場所に赴いたが，振出人に会うことができなかった
場合にも，有効な支払呈示があったとされ（最判昭 33・3・13 裁判集民事 30 号
885 頁），手形がすでに債務者の占有に帰している場合には，手形の呈示は不要
とされている（前出最判昭 41・4・22）。さらに，時効の完成猶予との関係では，
手形の呈示は相当に柔軟に取り扱われている（後述 277 頁以下）。

手形金に対する裁判上の請求に関して，判例は，「訴訟行為は公法上の行為
であって実体法上の行為とは性質が異なるから」として，「裁判上手形金の支

5.1 取 立 て

払いを請求する場合は，手形の呈示を伴わないでも，訴状の送達により債務者を遅滞に付する効力を生じる」としている（最判昭30・2・1民集9巻2号139頁）。これは今日確立した判例といってよい。なお，手形債務者に対する履行請求があるといえる時点という面からは，訴え提起の時ではなく，訴状の送達の時から債務者を遅滞に附すると解すべきとされている（大判明42・4・1民録15輯314頁）。判例の根拠は，裁判上の請求においては，原告が手形債権者であるかどうかが審理の対象となり，いずれ裁判において原告が権利者であるかどうかが明らかにされるのだから，呈示証券性の根底にある債権者の確知が困難という危険が排除されており，裁判外の請求と異なる効果を認めてよいということに求められている。

　学説上では，これに賛成する見解（田中［誠］・下576頁），および，裁判上の請求と手形の呈示とは異なるとして反対する見解（大隅・手形百選188頁，小橋・民商33巻1号27頁，同・商事917号373頁など）がある。実際の事例では手形債務者に対する訴状の送達に附遅滞の効力を認める必要性が認められること，および，当該の債務者との関係では，訴訟の過程で裁判において，手形の呈示証券性の基礎にある権利者資格，手形の所持，手形の真正性の確認という要請がみたされることから，訴状の送達に債務者を遅滞に附する効力，すなわち，訴状の送達に手形の呈示と同一の効力を認める立場を支持してよい（川村・金判944号55頁以下）。

　約束手形の振出人や為替手形の引受人という主たる手形債務者の債務負担は絶対的なものであるから，たとえ手形所持人が所定の期間（支払呈示期間）内に支払呈示をしなくても，これらの者の責任は消滅時効期間が経過しない限り，消滅することはない。したがって，時効消滅するまでは，所持人は支払呈示期間経過後でも請求をすることができる。しかし，支払呈示期間の経過により，手形所持人は裏書人等の遡求義務者に対する遡求権を失う（手77条1項4号・44条3項・53条1項）。遡求権保全のための適法な支払呈示に関しては後述するが，遡求義務者が，満期における支払呈示を免除する特約を手形上に記載した場合や，手形外で書面もしくは口頭で約束した場合には，この免除の特約をした当事者間や，免除の特約を記載した裏書人に対する関係では，このような特約の効力を認めてよい。したがって，この者に対しては支払呈示期間内の有

効な支払呈示がなくとも，呈示があったのと同様の効果を生じ，遡求権を保全できる（最判昭 34・5・29 民集 13 巻 5 号 621 頁）。

　支払呈示期間内に呈示しても支払いがない場合には，手形金について満期から手形法 48 条 1 項 2 号所定の法定利率（民 404 条）による法定利息が発生するが（手 77 条 1 項 4 号）[1]，手形法上の利息に関する規定の趣旨は，呈示期間内に適法に呈示をなした手形所持人が支払いを拒まれた場合に，満期において支払われるのと同様の経済的効果を得させようとすることにあり，支払呈示期間内に適法な支払呈示がなかったときには，当然この手形法所定の利息を請求できず，その後に呈示しても，この利息を請求することはできない（最判昭 55・3・27 金判 600 号 8 頁）。支払呈示期間経過後に呈示された場合には，主たる手形債務者はそのときから履行遅滞に陥り（民 520 条の 9），法定利率による遅延利息の支払義務が発生する。

　支払呈示をなすべき時期，すなわち，支払呈示期間は手形の満期の種類によって異なる。確定日払手形，日付後定期払手形および一覧後定期払手形の場合には，支払いをなすべき日およびこれに次ぐ二取引日が支払呈示期間である（手 77 条 1 項 3 号・38 条 1 項）。支払いをなすべき日とは，通常は満期日がそれにあたるが，満期日が法定の休日にあたる場合には次の取引日がそれにあたることになる（手 77 条 1 項 9 号・72 条 1 項）。

　支払呈示をなすべき場所は，支払呈示期間内においては支払場所である支払銀行の店舗であるが，手形交換所における呈示は有効な支払呈示とされており（手 77 条 1 項 3 号・38 条 2 項），手形交換制度はそれを前提としてできあがっている（後述 3.）。

　統一手形用紙には，振出人が支払事務を委託している取引銀行の店舗名が支

---

　1)　平成 29 年（2017 年）民法改正に伴う同年手形法・小切手法改正により，手形法 48 条 1 項 2 号・49 条 2 号，小切手法 44 条 2 号・45 条 2 号中で「年六分の率」とされていた部分が，「法定利率」とされ，手形法 48 条 1 項 2 号，小切手法 44 条 2 号では括弧書きで国内における手形・小切手のみとの限定が記されている。法定利率は民法 404 条の定めによることになる。

　手形統一法条約では第二附属書 13 条および 20 条で，小切手統一法条約では第二附属書 23 条で，それぞれ，国内で振り出され，かつ，国内で支払われる手形・小切手については，各国の「現行法による利率」によるとされている。本改正はこれに依拠するものである。これ以外の国際的取引に用いられる手形・小切手によって請求することができる法定利息については，従前どおり，統一規定に従い年 6 分の利率によるものとされている。

払場所として印刷されており，その所在地が支払地として印刷されている。支払呈示期間内において，支払呈示をなすべき場所は，支払場所である支払銀行の店舗であるが，手形交換所における呈示は有効な支払呈示とされている（手77条1項3号・38条2項）。

　本来，手形は支払呈示期間内における手形金額の支払いをたてまえとし，それを予定して振り出されており，手形債務者は支払呈示期間中は，支払場所に支払資金を準備しておくものである。そこで，支払場所の記載は支払呈示期間内においてのみ効力を有し，手形所持人は，支払呈示期間経過後は，振出人の営業所または住所において支払呈示すべきと解される。最判昭42・11・8民集21巻9号2300頁は，支払呈示期間経過後の手形の呈示に関して，「支払場所の記載はその手形の支払呈示期間内における支払いについてのみ効力を有するのであって，支払呈示期間経過後は支払場所の記載のある手形も，本則に立ちかえり，支払地内における手形の主たる債務者の営業所または住所において支払われるべきであり，したがって支払いの呈示もその場所で手形の主たる債務者に対してなすことを要し，支払場所に呈示しても適法な支払いの呈示とは認められず，手形債務者を遅滞に附する効力を有しないものと解しなければならない。」と判示する。

　同様に，約束手形の振出人の破産，支払停止，強制執行の不奏功の場合に，所持人が満期前に遡求しようとして（手43条後段2号の準用），遡求権保全のために振出人に対し支払呈示をなすべき場所も，振出人の営業所または住所であると解される（最判昭57・11・25金判663号3頁）。債務者は当然に満期前に支払場所に支払資金を保持しておく必要はないからである。すなわち，支払場所の記載の効力は，支払呈示期間経過後のみならず，満期前にも及ぶことはない。なお，上の最判昭42・11・8に反して，支払呈示期間の前後では，支払地の記載に，主たる手形債務者の営業所・住所の所在の地域的範囲を限定する効力はなく，支払呈示は支払地の内外を問わずに，主たる手形債務者の営業所・住所においてなされるべきである。

3. 手形交換と不渡り

　銀行等の金融機関は，日々大量の手形・小切手を安全，確実かつ集団的に決

250　　　　　　　　　　　　5　約束手形の取立てと支払い

済するために，手形交換所を設けて，参加銀行は毎営業日にそこに集まり，そこで自治法規である手形交換所規則にしたがって手形・小切手の交換呈示，支払決済を行っている[2]。手形交換制度・手形交換所規則は，手形・小切手等の簡易，円滑な取立てを可能にすること，および，信用取引の秩序維持を図ることを目的とし，その目的の一つは手形の信用純化にある。

　手形交換により決済できるのは，手形にあっては，原則的に支払呈示期間経過前のものであるが，今日，東京手形交換所では交換日の前営業日の夜間に交換手形の分類，集計，交換尻の算出等の処理をすることとなっているので，満期日の前日（すなわち，交換日は満期日となる）には取立銀行に手形を預け入れておくことができる。交換所に持ち込まれたすべての手形・小切手について，参加銀行別にその支払うべき金額およびその受領すべき金額を算出する作業が行われ，参加銀行別に交換尻が算出される。それは支払うべき金額の総額と受領すべき金額の総額との差額である。

　交換日当日には，各銀行は自らが支払うべきすべての手形・小切手を持ち帰るとともに，参加銀行相互間で交換尻の決済が行われる[3]。それは各銀行が日本銀行に有している口座のうえでの振替によって行われる。この意味するところは，個々の手形・小切手の不渡返還を条件とした解除条件付の支払いである。

　2）　手形交換に際して，手形交換所を通して取立銀行と支払銀行との間で行われる手形・小切手の現物の授受は，双方の銀行にとり事務負担を伴い，経費がかかるものである。そこで，交換手形・小切手のデータだけを送ることにより決済ができれば，銀行の事務負担・経費を大幅に削減することができる。小切手に関しては，大量に小切手が利用されているアメリカをはじめとして諸外国で，このような方式が採用されている。このような方式をチェック・トランケーションという。大量の小切手の利用による交換事務の加重がこのような方式を生み出したわけである。
　3）　手形交換所の加盟銀行がいったん手形交換に持ち出した手形・小切手を，別途支払済，書替済，支払期日前といった理由により，持帰銀行に対して返却を依頼するのを依頼返却と呼んでいる。実際には，振出人の不渡処分を避けるためにこの方法が用いられることが多い。交換所規則では，依頼返却は別途返済等の真にやむをえない理由があるときにのみ，持帰銀行と協議のうえ認められるものとされ，厳格な手続によることが求められている。依頼返却される手形・小切手は，不渡手形の返還に準じた手続で持出銀行に返還されることになる。
　この場合に，依頼返却が不渡処分の回避のために利用された場合には，それにより手形の支払呈示の効力は失われない（最判昭32・7・19民集11巻7号1297頁）。依頼返却により支払呈示も撤回されたのかという疑問も生じるが，支払呈示の効力は当事者の意思によってその効力を遡って排除することができるけれども，不渡処分を回避する目的でこの依頼返却が用いられる場合には，所持人の意図は支払呈示の効力を失わせることにはなく，当事者の意思は通常は単に手形交換のシステムから当該手形・小切手を取り除くことだけにあって，交換呈示による支払呈示自体の効力は維持することにあると解すべきである。

5.1 取 立 て

すなわち，交換日の時点において手形・小切手の支払呈示がなされ，交換尻の決済によりすべての手形・小切手が支払われたことになる。

各銀行は持ち帰った支払いをなすべき手形・小切手の金額を各店舗において手形債務者の当座預金口座から引き落とすことになるが，その支払いをなしえないときが手形・小切手の不渡りである。不渡手形は，その当日の夜間交換をとおして持出銀行（取立銀行）に返還される。不渡手形については，持出銀行・支払銀行の双方から手形交換所宛に不渡届が提出される。金融機関は不渡手形の処理に関しては，自治法規である手形交換所規則によって拘束され，加盟金融機関は相互の間でその規則を遵守すべき義務を負っている。

この交換所規則は，当座勘定規定25条（327頁）により，当座取引をなす顧客をも拘束するものとされており，さらに，手形・小切手の取立ては原則的に手形交換をとおして行うものであることが前提とされているから，手形取引に関与する振出人以外の者をも実質的に拘束する。

手形交換所規則では，手形・小切手の信用力を高めるため，不渡処分制度が設けられており，6カ月間に2回不渡手形を出した者は取引停止処分に処せられる。それは，この取引停止処分を受けた者に対して，2年間，当座勘定取引および貸付取引をしてはならない旨を当該手形交換所参加銀行に命ずる形で行われる。なお，不渡届に対して，不渡手形を出した者は，不渡事由が偽造，変造，契約不履行，詐取，紛失，印鑑相違，金額欄記載方法相違等の場合には，支払銀行をとおして交換所に異議申立をすることができる。その際には，偽造，変造の場合を除いて，不渡手形金額相当額の異議申立預託金を提供することが必要である[4]。

手形債務者が支払資金不足による不渡処分を潜脱する目的で，不渡届の提出を要さない事由を理由として，支払銀行に対して当該手形の支払いの差止を申

4）　東京手形交換所規則63条によれば，不渡手形については，支払銀行および持出銀行は不渡事由が「資金不足」または「取引なし」の場合には第1号不渡届を，これ以外の事由（契約不履行，詐取，紛失，盗難，印鑑（署名鑑）相違，偽造，変造，取締役会承認不存在，金額欄記載方法相違，約定用紙相違等）による場合には第2号不渡届を提出すべきものとされている。ただし，細則に定める適法な呈示でないこと等を事由とする（形式不備，裏書不備，引受けなし，呈示期間経過後，期日未到来等）不渡りについては，信用に関しないものとして不渡届の提出を要しないとされている（0号不渡事由）。第2号不渡事由の場合には異議申立手続をとることができる（東京手形交換所規則66条）。

し出る場合がある。学説・判例は一般に，金融機関は取引先である約束手形振出人が支払いを差し止める目的で申し出た不渡事由の真偽を調査する義務について，支払銀行が当事者の申し出た事由の真偽について調査することは困難であり，かつその時間的余裕もなく，また，当事者間の民事紛争に巻き込まれかねないという理由で否定しており，さらに，学説は，申し出られた支払拒絶事由が虚偽であることを銀行が知悉していても，銀行に不法行為責任の生じる余地はないとしている（竹内・判例商法Ⅱ 315頁，前田［重］「不渡と取引停止処分」金融取引法体系2 222頁，福岡高判昭51・9・8判時852号106頁，大阪高判昭55・6・25金法940号44頁など）。

　確かに，手形交換制度のもとにおいては，この制度により直接的に手形所持人自身の債権の保護，利益の保護を図るという考え方はとられておらず，所持人の利益保護は単にこの制度の反射効であるにすぎない。しかし，所持人が，手形交換制度のもとで銀行が適切な処理をすることに対して実質的利益を有していることは否定できない。そうであれば，銀行が振出人である取引先から申し出られた不渡事由が虚偽のものであり，所持人への支払いを免れるためのものであることを知りながら，虚偽の不渡事由によって不渡届を提出したという場合には，銀行に違法性が認められ，不法行為責任が成立すると解すべきである。

5.2　支　払　い

1.　緒　　論

　ある者が振り出した約束手形は，通常，手形交換を通して，支払銀行によって支払われる。そして，支払銀行の支払いが手形法上有効な支払いとしての意味をもつものであれば，その支払いにより，振出人である顧客はその手形上の責を免れる。この場合，一般的に，同時に支払銀行は顧客に対して負う当座勘定取引契約上の債務を免れる。ただし，逆に，支払銀行の当座勘定取引契約上の免責にとって，支払銀行の支払いにより顧客が手形法上免責されることはその要件ではない。通常，当座勘定取引用に届け出られた印鑑（取引印）を押捺されていない偽造の手形・小切手を支払銀行が支払うときには，振出人の支払

5.2 支 払 い

委託が欠けるために，当座勘定取引契約上で債務不履行にあたる。反対に，当座勘定取引規定上は，取引印の押捺されている場合には，偽造の手形・小切手の支払いによっても免責されるものと定められている。

取引印以外の印鑑たとえば実印を押捺して手形・小切手が振り出されるといった場合にも，手形・小切手としては法的に有効なものでありうるのは当然である。また，常に振出人による支払銀行に対する支払委託がないということになるのではなく，振出人自身やその代理権限者が実印を押して手形・小切手を振り出した場合には，有効な支払委託があるものと認められる。そこで，支払銀行としてはその支払委託意思を確認したうえで，当座勘定取引契約に基づいて支払いをなすことができる。支払銀行は振出人との間の支払委託関係を当座勘定規定にしたがって，処理すべき義務を負っているから，支払委託意思の照会は不可欠である。これを怠って支払銀行が実印を用いて振り出された偽造の手形・小切手を支払ってしまった場合には債務不履行にあたる（最判昭58・4・7民集37巻3号219頁）。

手形は受戻証券である。手形債務者は支払いをするにあたって所持人に対して受取を証する記載をした手形の交付を請求できる（手77条1項3号・39条1項）。手形を受け戻さないで支払った場合にも，支払いは有効であり，手形債務は完全に消滅する。しかし，所持人の手元に残った支払済みの記載のなされていない手形証券は，権利の存在・存続の外観を生じ，この外観に対して信頼する善意の取得者に対して支払いの抗弁をもって対抗できない（大判大15・10・13新聞2653号7頁）。したがって，第三取得者との関係では，支払われた手形債務の消滅のためには，証券の引渡し・破棄が必要である[5]。上の意味において，この受戻しなき支払いの抗弁は人的抗弁にあたる（前述208頁）。

満期およびその後においては，所持人は手形金額の一部のみの支払いを拒むことはできない（手77条1項3号・39条2項）。手形所持人がその残部につい

---

5) 通常手形・小切手は，取立銀行に対して取立委任され，手形交換を通して支払銀行により支払われる。我が国の銀行実務では，支払銀行はこの支払い済みの手形・小切手を，振出人に返還することはなく，当座預金の払出伝票として保管をすることになる。したがって，受戻しなき支払いの抗弁という問題は，手形交換を通さないで直接に振出人が手形所持人に支払うという例外的場合に生じる問題である。

て裏書譲渡したり，遡求をするためには，手形の所持が必要であるから，手形債務者は手形の返還を求めることはできないが，一部支払のある旨を手形上に記載することを請求できる（手77条1項3号・39条3項）。一部支払の認容は，手形債権と手形証券の不可分一体性と矛盾するが，それは当事者の利益のために特別に認められた例外的な制度である。

2. 満期における支払い

(1) 支払人の調査義務

手形法上における権利外観理論の広範な展開を認める立場からは，40条3項は債務者のための法外観を規定するものであるといわれるが，証券の占有と証券による資格付けは手形証券の所持人に権利者たる外観を生じ，この外観は権利者たる所持人のためにだけでなく債務者のためにも働く。

裏書の連続する手形の所持人には権利者としての外観，すなわち，形式的資格が与えられる。この外観は債務者のためにも働く。手形債務者が所持人の満期における請求に対してその権利について調査しなければならないのであれば，迅速な支払いが妨げられ，手形法の理念である手形流通の強化の実現が図られない。そこで，手形証券の外観上権利者とみえる者に支払えば債務者は免責されるとの制度が採用されるべきこととなり，ここにおいて16条1項に対応して40条3項は，その第二文で，満期およびそれ以後に支払いをなすべき者は，裏書の連続の整否のみを調査すればよく，実質的な権利移転の有無は調査しなくても免責される旨を規定する。

この規定はまずもって，支払人の調査義務を手形の外観から知ることのできる所持人の形式的資格の範囲に限定している。この範囲で支払人には調査権がある。それには，①手形の方式が適合しているかどうか，②当該債務者の署名（記名捺印）が真正なものかどうか，③所持人までの裏書の連続の整否の三つが該当する。しかし，40条3項はその第一文で同時に，支払いをなす者は悪意または重過失なきときに免責される旨を規定するから，満期およびそれ以後に支払いをなすべき者には，上の形式的資格に関する事項以外の事柄を含めて，重過失にあたらない程度の注意を払うべき義務がある。40条3項の第二文は第一文所定の要件のもとで，善意者保護のある事項の一つの例示であるとみる

5.2 支 払 い

ともできよう。そして上の調査義務の裏返しとして，所持人の実質的な権利を疑うに足りる合理的な事情がある場合には，支払人は支払いを延ばして調査をする権利を有しており，合理的な期間内はそれにより支払いの遅滞にはならない。

⑵ 支払人の免責

　手形法は40条で，満期前の支払い（2項）と満期における支払い（3項）とを区別する。満期において支払いをなすべき者は，支払いに強制された地位にある。これは為替手形の支払人が未だ引き受けておらず単なる支払人である場合にも同様といえる[6]。とくに支払人が債務者である場合には，この者は所持人の支払請求に対する拒絶により訴訟に引き込まれ，敗訴した場合には訴訟費用を負担させられるだけでなく，自己の信用を喪失するという危険がある。そこで，支払人は16条1項の所持人の形式的資格を越えて保護される必要がある。支払いの安全確保のために，40条3項は16条1項を越えた権利外観の作用を規定するのである。

　したがって，手形所持人の側の事情で支払いの無効を来す一切の瑕疵，すなわち，所持人の実質的権利者資格にかかわる一切の瑕疵が，支払人の善意によって治癒される。そこで，所持人が無権利である場合だけでなく，たとえば，所持人と最後の被裏書人との同一性の欠缺，所持人の支払受領能力の欠缺，代理権の欠缺に関しても，支払人はこの規定によって保護される（通説）[7]。

　6）　為替手形の単なる支払人は，手形制度のもとで支払いをなすことを予定された者であり，支払いを拒絶すれば，遡求義務者に対する遡求が発生するから，遡求義務者に対する遡求を避けるためには支払いをなさなければならない。このような遡求義務者の利益のために，この単なる支払人も支払いに強制された地位にあると解すべきである。40条3項は，「免責」を規定するから，手形債務者である引受人のみを対象とし，2項も同様と解されるが，単なる支払人への類推適用が認められる。

　7）　40条3項が16条1項を越えた権利外観を示すのと同様に，今日では，16条2項も同条1項を越えた権利外観の作用を規定すると解されている（前述171頁以下）。16条2項に関しては，その根拠は手形流通の強化の要請にある。40条3項の場合には，支払人は支払いに強制された地位にあり，16条2項の場合には，手形取得者は何時でも取得を中止できる任意的取得者の地位にある。これら二つの規定によって治癒される瑕疵の範囲を同じように拡大してみるとしても，両者の地位の相違に基づく差異は消滅してしまうわけではない。それは主観的保護要件の相違として維持されている。

(3) 悪意・重過失の概念

満期において支払人は敗訴によって生じる危険を避けるために支払わなければならないという支払いに強制された地位にある。そこで，支払人は形式的に資格付けられた所持人が実際には権利者ではないことを知るだけでは，未だ悪意であると言うべきではない。なぜなら，支払人はその所持人との間に訴訟が生じた場合には証明責任を負うからである。したがって，支払いの際に支払人が自分は確実な証明手段を自由にできそれ故に訴訟に勝つに違いないと知っているときには，悪意であると一応いってよい。そこで，40条3項の悪意概念に関しては，所持人の無権利を知るだけでなく，それを証明できる確実な手段を有するにもかかわらず故意に支払いをしたことをいうと解するのが通説である（詐欺説）。この通説は，重過失の概念も悪意概念に対応して，通常要求される程度の調査をすれば，所持人の無権利を知ることができ，かつ，その証明方法をも確実に入手することができたにもかかわらず，この調査義務を怠ったため，無権利者に支払ったことをいうと解している（最判昭44・9・12判時572号69頁）。

しかし，十分な証明手段を支配していれば必ず支払いを拒絶して争うべきであるとするのは支払人にとって不当に過酷である。なぜなら，所持人との訴訟において実質的に利益を得るのは支払人ではなく，真の権利者なのだからである。したがって，勝訴の見込みがあるときにも，必ずしも支払人は訴訟の労を引き受けなければならないわけではなく，真の権利者に事情を知らせて，「自分で自らの権利を守らなければ私は支払う」と通告することによっても免責されるべきとの立場が支持されてよい。この場合に，自己の権利状況について認識を与えられた真の権利者が自らの権利を守るための労を取らない以上，支払人はもはや悪意とはいえないからである。これが害意説の立場である（参照，喜多「支払人の調査義務」講座4　137頁以下）。

重過失の概念も悪意概念に対応して，①所持人についての瑕疵が当該事情の下で支払人に容易に認識できるのに，②支払人が調査を怠り，③しかも，さらに支払人が瑕疵を知っていたときに，自己および他のすべての債務者のために危険なしに支払いを拒絶できた場合には，重過失が存すると解される。この害意説は詐欺説と異なり瑕疵の証明が可能な場合にも債務者をさらに保護しよう

とするものであり，債務者に対する過酷な要求を避けることができ，当事者の利害の衡平に照らして適切であるといえる[8]。

40条3項の特別な「悪意概念」は，上のように債務者の敗訴の危険に依拠している。したがって，債務者が敗訴の危険を負担することのない瑕疵も存在するから（たとえば，同一性の欠缺の場合には債務者が同一性を否認すれば，所持人の側で同一性を証明しなければならない），瑕疵の種類によって害意の存在の認定は異ならざるをえない。債務者が敗訴の危険を負担しない瑕疵に関しては知るだけで（16条2項の悪意）害意があるとしてよい。

この場合にその認定の基準を権利推定の原則による挙証責任の転換に求めることが考えられるが（その場合には無権利という瑕疵とその他の瑕疵とが区別される），常にこの基準で処理できるわけではない。たとえば，受領能力の欠缺（制限行為能力者，破産者）の瑕疵に関しては，支払人側に証明責任があることになるが，訴訟においては証拠の入手が容易であるから，知るだけで悪意としてよい。したがって，敗訴の危険が基準とされるべきである（同説，喜多・前掲139頁）[9]。

3. 満期前の支払い ──────────────

満期後の支払いについては，支払人は支払いに強制された地位にあるから，

8）　しかし，為替手形の単なる支払人の場合には敗訴による自己の信用の喪失の危険性は当然にあてはまらない。単なる支払人が今自分が支払うよりも，遡求金額増大の危険を犯しても遡求義務者自らが所持人の権利を調査した方がよいということを知る場合には，すでにして真の権利者に対して害意となる。この者は遡求義務者が権利の存在に関して自己とは別の認識および証明手段を有しているということを顧慮しなければならないからである。したがって，単なる支払人も支払いに強制された地位にあることから，40条3項の善意の概念を確定している決定的な事柄は，支払人の強制された地位にあるのではなくて，支払人の敗訴の危険にあると解される（同説，喜多・前掲141頁以下）。

9）　手形法における抗弁の対抗に関しては，証明責任は原則的に債務者が負う。したがって，債務者は敗訴の危険を負担するといえるが，代理権の存在は請求者自身が証明すべきであり，無権利という瑕疵に関しては，裏書の連続によりそれがカバーされている場合には本来的な「悪意」が適用されるが，裏書の連続を実質的な権利の承継で架橋しようとする場合にはその証明義務は所持人側にある。他方，制限行為能力者，破産者のような受領能力の欠缺は支払人側に証明責任があるから，通常の悪意が適用される。ただし，訴訟においては証拠の入手が容易であることから知るだけで害意があると解される（喜多・前掲140頁以下）。このような立場は，一見して上述の「害意」の概念を放棄しているようにみえるかもしれない。しかし，害意の観念を固定したものとは考えずに，40条3項の「害意」が当該の場合に認められるか否かだけを重視しているのであり，そこにおいては当該規定の根拠が基準とされている。

満期における支払いと同様に考えてよい。これに対して，満期前においては，支払人は未だ支払いに強制された地位にはなく，当然に支払いを拒める。他方，手形所持人は満期前には支払人による支払いの申出を拒むことができる（手40条1項）。けれども，手形所持人と支払人とが合意をすれば，当然に満期前にも有効な支払いをすることができる。

しかし，満期前に支払いをなすのであれば，支払人は40条3項の免責力を受けられず，もっぱら「自己の危険において」支払うことになる（40条2項）。すなわち，支払人は支払いの無効を生ずる所持人の実質的権利にかかる一切の事情について調査義務を負い，悪意・重過失なきときにも，真の権利者に支払ったのでなければ支払いは無効であって，真の権利者に対して二重に支払わなければならない。満期前においては，支払人は支払いに強制されていないので，真の権利者のために支払いを待つべきだからである。

満期前に支払いをする代わりに，支払人は所持人から戻裏書を受けることによっても，実質的に支払いをするのと同一の関係を生じうる。この場合にはとくに善意取得が可能となりそうである。そこで，満期前の支払いについても，16条2項を類推して，その範囲で支払人の免責を認めるべきとの見解がある。これとは逆に，上のような戻裏書には16条2項の適用を排除すべきとの見解もある。前説によれば，今日の16条2項に関して広範な瑕疵の治癒を認める有力説に立つ限りでは，40条の3項と2項の差はきわめて小さくなる。40条2項の趣旨に照らして，後説をとるべきである。

4. 参加支払

為替手形の引受けが拒絶されたり，手形の支払いが拒絶されて遡求が開始される場合に，為替手形の引受人・約束手形の振出人以外の第三者（参加支払人）が，特定の遡求義務者（為替手形振出人，裏書人など）（被参加人）のために，手形上の法律関係に介入して，手形の引受けまたは支払いをなすことにより，遡求を防いで手形の信用力を保つための制度が参加である。それにより手形所持人の利益が保護され，遡求権行使に要する費用が節約されて，遡求金額の増大が防がれる。

約束手形に関しては参加支払のみが認められるが，為替手形には参加引受け

も認められる（手77条1項5号・55条以下）。参加支払があると，被参加人と
その後者は遡求義務を免れるが，被参加人の前者の責任には関係がない。しか
し，実際上は，参加支払，参加引受のいずれの制度もほとんど利用されること
はない。

5. 支払いの猶予

(1) 支払猶予の特約

手形所持人の請求に対して振出人が支払いを待ってもらうなど，所持人と債
務者との間に支払猶予の合意が成立する場合がある。支払猶予の合意には，①
それに基づき書替手形の交付される場合，②手形上の満期の記載の変更がある
場合，③手形外の合意だけが存するにすぎない場合がある。このうち②の場合
には，有効な満期の変更であるためには，すべての手形当事者がその変更に合
意していなければならず，すべての者の合意なきときは，それは有効な満期の
変更ではなく，変造にあたると解すべきであり（前述91頁注11)），単に手形
外の支払猶予の合意があるにすぎない。

手形外で支払猶予の特約が成立する場合には，この特約の当事者間において
は，当事者間の自由な手形外の合意として，それは原則的に完全に効力を有す
る。たとえば，所持人は，支払猶予の相手方である裏書人に対して，その猶予
期間中は遡求権を行使できない。判例には，満期日の前に所持人と裏書人との
間に支払猶予の特約がなされた場合は，所持人は猶予期間中は裏書人に対する
手形上の請求権を行使できないから，この請求権の消滅時効は，猶予期間が満
了したときから進行すると判示するものがある（最判昭55・5・30民集34巻3
号521頁）。手形法70条2項は，消滅時効の起算日を拒絶証書の日付または満
期の日と定めるが，この判決は70条2項の「満期日」について，平成29年
（2017年）改正前民法166条1項の趣旨に倣って「権利を行使することができ
る時から」として解釈していたものと解される[10]。

---

10) 平成29年（2017年）改正前民法166条1項は，時効開始時点を「権利を行使することができ
る時から」としていた。本最判は，満期前の支払猶予の合意に基づいた時効開始時点を，手形法70条
の「満期から」を，これにより支払猶予期間の終了時点にずらしているが，手形法規定との関係で理
論上の疑問が指摘されていた。しかし，改正後の民法166条1項は，主観的起算点として，「権利を ↗

(2) 手形の書替え

手形の書替えとは，旧手形債務の支払いを延期するために，満期を変更した新手形を交付することである。手形の書替えには，旧手形の回収される場合と，回収されずに新旧両手形が併存する場合とがある。後者の場合には，新旧両手形債務が併存する（最判昭31・4・27民集10巻4号459頁）ため，所持人は新旧いずれの手形によっても手形上の権利を行使できるが，手形債務者は支払いにあたり新旧両手形ともに返還すべきことを請求できる（最判昭42・3・28金判60号17頁）。

ただし，債務者は新手形の満期前に旧手形によって手形金請求を受けるのであれば，支払猶予の抗弁をもって対抗できる。新旧両手形債権が併存していて，いずれの手形を行使してよいときにも，手形書替えは旧手形債務の支払延期を目的とするものであるから，いずれか一方の支払いを受ければ，他方の手形債権もその目的を達して消滅するのであり，重ねて請求することは許されない。

旧手形が回収されて，書替えの結果，旧手形債務が消滅し，新手形債務が成立する場合の法律関係に関する説明については，書替契約の代物弁済（民482

行使することができることを知った時から」を加えている。支払猶予の合意に基づいて，当然に，猶予期間経過時点において，手形所持人は「権利を行使できることを知った」状態にあることになる（参照，筒井＝村松・一問一答　民法（債権関係）改正56〜58頁）。本最判については，手形法70条との関係で，改正前民法の時効制度の趣旨に照らして，時効の中断・停止に係る民法の規定に依拠することなく，時効の起算点を支払猶予の合意という当事者間の私的な合意により変更してよいのかの疑問があった。けれども，民法改正により，主観的時効起算点が導入されて，弾力的に時効期間の短縮化が可能とされたことにより，時効開始の起算点を当事者の合意に委ねることが可能にされていると解することができる（参照，筒井＝村松・上掲書55〜56頁）。手形法が基本的に時効という制度の意味を民法に委ねていることから，改正前民法の下におけるよりも，手形法70条の規定との齟齬は小さくなったと考えることができよう。

ジュネーヴ手形統一法条約第二附属書17条は，時効の中断，停止，完成猶予などの原因を各国法の規定に委ね，また，時効の意義等についても明確にしていない（前述126頁注11））。民法は時効障害事由として，「権利の承認」をあげており（民152条1項），債権の承認は時効の更新原因とされている。支払猶予の合意の中には債務者の債務の承認が含まれていると解されることから，支払猶予の合意が満期後になされた場合には，時効の更新の原因となり，支払猶予の期間経過後から新たな進行が始まることになる（民152条1項）。他方，支払猶予の合意が満期前になされた場合には，手形所持人は猶予期間経過までは権利行使ができないことを知る者として，権利行使をすることができることを知った時から（合意により権利行使ができるようになると定められた時点から），時効は進行すると解することができる。このように本最判を民法166条1項に依拠させてとらえ直すことができるだろう。さらに，債務の承認により時効の完成が猶予されるものとして，手形の満期日からこの完成猶予の効力が生じると解して，猶予期間経過の時点から時効が更新するものとして本判決をとらえ直すことも考えられる（参照，川村・金判606号55頁）。

条）としての性質にその理由を求めるのが通説である。民法 513 条の規定を適用して，書替えの結果，満期などの従前の債務の内容について重要な変更がされている新たな債務が成立するとして，回収した旧手形債務が消滅する理由を更改に求めることも考えられるが，更改契約は有因契約であるから，旧債務が有効に存在するのでなければ，新債務は発生しないことになり，それは手形行為の無因性と矛盾し，不適当だからである。

　旧手形の回収が行われた場合に，手形書替えの法的性質を更改と解するか代物弁済と解するかは別として，この場合に，旧手形債務が消滅するために，旧手形債務に付着している旧手形債権を被担保債権として設定された質権・抵当権といった担保権は，それに付随して消滅するのであろうか。学説上は，旧手形債務は新手形債務とは法律的同一性は有していないが，実質的同一性を有しており，旧手形債務に付された担保権は当然に新手形債務に移転するとする見解が有力である。けれども，実質的同一性といっても，法律的には旧手形債務は消滅するのであるから，担保権もその附従性ゆえに消滅するといわざるをえないであろう。民法は，債権者の単独の意思表示によって質権・抵当権を更改後の債務に移すことができる（ただし，あらかじめまたは更改と同時に相手方に対してする意思表示によってしなければならない）としている（民 518 条）。しかし，このような意思表示がなくとも，旧手形を回収する書替契約における当事者の意思は通常旧手形債務と新手形債務との実質的同一性を保つことにあると解されるから，手形所持人による質権等の排除の意思が明示的に示されていない以上は，旧手形債務に付着している担保権は，新手形債務について存続すると解すべきである。

　書替契約によって旧手形が回収されるべきものとされたが，旧手形が実際には回収されないいわゆる手残り手形の場合にも，旧手形債務は代物弁済により消滅すると解すべきである。この旧手形を期限後に取得する第三者は有効に権利を取得しえないが，期限前に善意で取得した第三者に対しては，債務者はこの旧手形の消滅の人的抗弁を対抗できず，この手形による責任を免れない（大隅=河本・454 頁）。そのうえで担保権の存続に関しては上と同様に解することになる。他方，書替契約により旧手形が回収されず，本来的に新旧両手形を債権者に保有させ両債権が併存する場合には，旧手形に付されていた手形外の担

保権は，書替えにより消滅することもなく，また，新手形に移転することもない。

5.3 遡求（償還請求）

1. 手形の不渡りと遡求 ─────────────────────

(1) 遡 求 権

約束手形の所持人が満期に適法な支払呈示をして手形金を請求したが支払を拒絶された場合に，所持人は担保責任を負っている前者である裏書人に対して手形金の支払いを求めることができる。これが遡求（償還請求）の制度である。裏書人は裏書にあたり自己の後者に対して支払いを担保する（手形法 77 条 1 項 1 号・15 条 1 項）。この担保は有効な権利の譲渡の法的結果であり，法の効力によって生じる。この担保関係は被裏書人による再度の裏書により移転することはなく，この被裏書人は裏書にもかかわらず自己の前者に対する支払担保に基づく権利を保有している。この担保に対する権利の行使は遡求権の取得にかかっている。遡求義務者と主たる手形債務者である振出人，手形保証人とは，所持人に対して合同責任を負っている（手 77 条 1 項 4 号・47 条 1 項）。遡求義務者には負担部分がなく，最終的には主たる債務者の全部的責任に帰着するので，その責任は真正の連帯債務ではない（不真正連帯債務）。

遡求義務者は，所持人の前者である者だが，約束手形においては，裏書人とその保証人であり，為替手形においては，それに振出人とその保証人が加わる。遡求において支払いをして手形を受け戻した者は，さらに自己の前者に対して再遡求ができる（手 77 条 1 項 4 号・47 条 3 項）。この受戻者は，裏書により手形上の権利を移転したが，受戻しにより遡求者から手形上の権利を法の規定によって再取得し（次頁），その新たに取得した手形上の権利に基づいて再遡求権を行使できる。なお，遡求義務者は，自らが遡求を受ける前に遡求義務を履行する償還権を有する（手 77 条 1 項 4 号・50 条 1 項）。

手形所持人は，合同責任を負う者のうちから何人に対しても請求でき，債務を負った順序にかかわらず請求できる。自己の直接の前者に対して請求しなければならないわけではなく，間接の前者に対して跳躍的に遡求することもでき

る（跳躍的遡求，手77条1項4号・47条2項・4項）。同時に全員に対して請求してもよく，いったんある者に請求した後でその後者や前者に対して請求してもよい（手77条1項4号・47条4項）。

　所持人が遡求できる金額は，手形金額と満期以後の法定利率による利息および拒絶証書の作成，遡求通知その他に要した費用である（手77条1項4号・48条1項）。手形を受け戻した者の再遡求金額は，その支払った総金額とその支払日以後の法定利率による利息およびその支出した費用であり（手77条1項4・49条），遡求を繰り返すごとに遡求金額は増大していく。

(2)　手形の受戻しと再遡求権の取得

　遡求において手形を受け戻した裏書人は再遡求権を取得する。手形上の権利と再遡求権とは一体として取得され，前者の保有は後者の権利行使の前提要件をなす。この遡求権の取得は法によるものである（次頁）。この遡求権は自己の保有する担保に対する権利のみならず手形の受戻しにも依拠している。しかし，遡求権の行使は手形上の権利の取得を前提とする。なぜなら，手形上の権利者だけが遡求権を行使できるからである（手77条1項4号・43条・47条2項・48条1項）。

　手形の受戻者は遡求権とともに手形所持人の権利を取得する。遡求権を手形債権と分離して考察することは無意味である。両者は一体としてとらえられるべきである。結局，遡求において手形を受け戻した裏書人は，後者の有していた手形上の権利を承継取得し，自己の前者に対し，担保に基づく権利を行使できるようになる。「唯一の」権利が裏書により移転された後に，以上のようなプロセスの中で受戻しにより再取得されるのである。

　次にこの受戻しによる手形上の権利の取得の法的性質が明らかにされねばならない。遡求は裏書人の担保責任の履行を請求するものであり，手形の受戻しは遡求金額の支払いという単独行為によってなされるのだから，その際に被裏書人と裏書人との間には権利の移転に関する法律行為は成立しない。支払いにより手形上の権利が被裏書人（またはその後者）から受け戻した裏書人へ移転される理論的根拠は，当事者の意思にではなく，法に求めるべきである。

　受戻しにあたっての法による手形上の権利の移転（cessio legis）を明確に規

定する条文は手形法上存在しない。47条3項は遡求権の取得を規定するが，この規定は手形債権の取得を前提としていると解される。49条は受戻者の取得する遡求権の内容を規定するにとどまり，他方，50条1項は手形証券の交付を要求する権利を受戻者に認めている。しかし，手形証券の取得は手形債権の取得を意味しない。手形債権の取得にとり手形証券の取得は必要だが，反対にこの証券の取得を手形債権の取得のためのものであると解することは50条1項の解釈として誤りであろう。50条1項は再遡求のための受戻者の資格付けのための規定であり，再遡求のためには受戻者は手形証券を所持することが必要なのである。したがって，50条1項も手形上の権利の取得を前提としていると解すべきであろう。

　法は14条1項により裏書による手形上の権利の移転を認め，また，受戻しによる手形上の権利の移転を認めている。他方，遡求義務者による強制的な受戻しを要求している（手77条1項4号・43条・47条1項）。そして，受戻しに際して当事者の意思は権利の移転に向けられてはいない。ここにおいては，法による債権の移転を，手形法の規定の趣旨自体から結論することが許されよう。以上のように，この受戻しによる権利の再取得は，受戻者の負っている遡求義務に基づく支払いの法定の効果にすぎないから，受戻しにより法によって手形上の権利は移転されると解すべきである（手77条1項4号・47条3項）。

(3)　遡求義務者の支払いとその保護

　所持人による遡求に対して遡求義務者が支払いをなす場合，この支払いには支払人による支払いに関する手形法40条の類推適用があると解されている。遡求義務者は支払いに義務づけられているという点で支払人と変わらない。両者の相違点は，遡求義務者が自己の支払い（受戻し）によって自己の前者に対して再び手形債権を取得して再遡求または請求できるという点にのみ存する。

　そこで，遡求義務者の支払いには40条が類推適用され，遡求義務者は支払人の支払いと同様の条件のもとで免責されなければならない。支払人は遡求義務者の代理人（経済的にみて代理人と同視される）なのであり，代理人の免責と同一条件で遡求義務者自身が免責されなければならない。さらに，遡求義務者は支払い（受戻し）に義務づけられ，支払いの拒絶により訴訟において敗訴す

る危険があり，遡求義務者の置かれている地位は債務者と同一である。したがって，40条3項の類推適用の結果，所持人の側の事情で支払いの無効を来すすべての瑕疵に関して保護されてよい。この点に関しては支払人の場合に認められるすべての事柄があてはまる。

しかし，遡求義務者がその支払い（受戻し）により手形上の権利を再取得するということからは特別な問題が生じてくる。遡求義務者にとっては有効な支払いだけでなく，権利の取得が問題になるのである[11]。ここにおいては，受け戻した裏書人に前者が後者に対して対抗できた抗弁が対抗されるのかが問題になるが，これに関しては前述した。他方，手形を受け戻した裏書人が後者の権利を取得することに基づいて，前者が後者に対抗できた抗弁を，それはこの権利に付着するものとして，直ちにこの裏書人に対しても対抗できると解するとすれば，手形の流通性は害される。

このような抗弁の対抗が当然にあるとすれば，裏書人の受戻しははなはだ危険なものとなる。受戻者は直ちに受け戻すことに義務づけられているにもかかわらず，常に自己のまったく知らない瑕疵に対して注意しなければならなくなり，その結果，裏書人は裏書をすることを差し控えてしまうことになろう。この場合に受戻者が保護される理論的根拠は何に求めるべきかについてもすでに述べた（235頁）。

2. 遡求の要件

遡求の実質的要件は，支払呈示期間内に所持人が適法に支払呈示したにもかかわらず，手形金額の全部または一部の支払いが拒絶されたことである（手77条1項4号・43条）。その形式的要件は，拒絶証書作成期間（支払呈示期間）内に，支払拒絶証書を作成させることである（手77条1項4号・44条1項・2項）。

---

11) たとえば，手形所持人と譲渡人との間の原因関係の不存在に関しては，手形債務者は調査義務を負っておらず，知っていても（証拠を有していても）有効に支払いをなしうる。このような瑕疵は所持人の権利を排除しないからである。このことは同様に遡求義務者にもあてはまるから，支払いに際してはこのような所持人の権利者資格にかかわらない事由に関しては，支払いをなす遡求義務者は本来的には完全に保護されており，常に支払いは有効であって免責される。他方，この手形を受け戻した遡求義務者の権利行使に対して，前者によりこれらの事由が対抗されうるか否かが問題となるが，この問題は遡求義務者の免責とは区別される（前述235頁・239頁以下）。

拒絶証書は，所持人の委任に基づいて，公証人または執行官が作成する（拒絶証書令1条）。しかし，前述のように一般に拒絶証書の作成は免除されている。手形上に拒絶証書作成免除文句（無費用償還文句ともいう）の記載ある場合には，所持人の支払呈示が免除されるわけではないが，法定の期間内に支払呈示をしたものと推定される（手77条1項4号・46条1項・2項）。

　手形所持人は支払呈示期間内に約束手形の振出人に対する支払呈示を怠る場合には，遡求義務者に対する遡求権を失う（手77条1項4号・53条1項）。ただし，遡求義務者が満期における支払呈示を免除する特約をなしたときには，当事者間でこの特約は効力を有し，手形所持人はこの者に対しては適法な支払呈示を欠いても遡求権を保全できる（最判昭34・5・29民集13巻5号621頁，前述247頁）。

　遡求義務は主たる手形債務に対して第二次的，補充的性格を有するから，遡求権保全要件をみたす適法な支払呈示のためには，主たる手形債務者が免責力をもって支払いうるような形式的要件を充足した支払呈示であることが必要である。そこで，この支払呈示をなしうる者は，原則的に，裏書の連続する手形を所持する実質的権利者ということになる。実質的権利を有するが裏書の連続を欠く手形の所持人は，適法な所持人としての推定が欠けるけれども，その実質的権利を証明して支払呈示をすれば遡求権を保全することができる。しかし，その証明なしに手形を支払呈示しても，その呈示は適法な支払呈示ではないと解される（大隅=河本・282頁，参照，大阪高判昭55・2・29金判601号7頁）。

　以上に加えて，手形所持人は，遡求に先立って，所定の期間内に自己の裏書人に対して支払拒絶の事実を通知することを要求される。通知を受けた裏書人はさらに自己の裏書人へと順次通知をすることを要し，最終的に最初の裏書人にまで及ぶことになる。所持人の通知義務違反は遡求権自体を失わせることはなく，単に所持人の過失により損害を被った者に対して手形金額の範囲内で賠償の責を負うにすぎない（手77条1項4号・45条1項・6項）。

3. 満期前の遡求

　為替手形については，引受拒絶の場合，支払人が破産手続開始決定を受けた場合，その支払停止またはその財産に対する強制執行が効を奏せざる場合，引

5.3 遡求（償還請求） 267

受呈示禁止手形の振出人の破産の場合に，満期前の遡求が認められる（手43条）。約束手形について，為替手形の遡求に関する規定を準用する77条1項4号は「支払拒絶ニ因ル遡求」と規定するため，この文言上はそれ以外の遡求を認めないかのようである。しかし，振出人が破産手続開始決定を受けた場合や支払停止の場合，振出人に対する強制執行の不奏効の場合には，すでに振出人の信用が失墜して，満期において支払いを受けられる可能性がきわめて小さいため，約束手形についても満期前の遡求が認められるべきである（通説・判例）。

　もちろん，満期前に遡求ができるといっても，手形所持人は，満期前遡求をしないで，満期において支払拒絶による遡求をすることもできる。満期前遡求ができるということは，満期前にも遡求権を保全することができるという意味であり，遡求権保全のうえで実際に遡求権を行使するのは，当然に満期後でよい。

　その際に，振出人の支払いの停止および振出人に対する強制執行が不奏効の場合には，所持人は振出人に対して支払呈示をなし，かつ支払拒絶証書を作成することが必要である（手44条5項）。振出人が破産手続開始の決定を受けた場合には，破産手続開始の決定書を提出するだけで遡求ができる（手44条6項）。前者の場合に，手形に支払場所の記載があるときには，支払呈示はいずれの場所においてなされる必要があるのかが問題になる。判例は民法520条の8に依拠して，振出人の営業所または住所においてなすべきものとするが（最判昭57・11・25金判663号3頁），正当である（前述249頁）。

　振出人が破産に陥り，支払いを停止するなどその信用が失墜し，満期において支払いを受けられない恐れがあるとして，手形所持人が満期前に振出人と裏書人を共同被告として手形金にかかる将来の給付の訴えを提起し，振出人に訴状が送付されたが，訴訟中に満期が到来した場合（現在の給付請求に変わっている）に，所持人は改めて振出人に対して手形の支払呈示をしておかなければ，この共同被告である裏書人に対して遡求権を保全したことにならないのかという問題がある。

　遡求義務者は，満期においてまず主たる手形債務者に請求がなされ，この者により手形の所持の確認および手形の真正性，署名の真正性等の確認が行われて，そのうえで支払いが拒絶されることを前提として責任を負う。遡求権保全

のための支払呈示により，定められた期間内に適法な呈示があったが，主たる手形債務者が支払いを拒絶したということが確認される。遡求義務者はいずれの理由にせよ主たる手形債務者が支払いを拒絶するときに責任を負う反面，短期間のうちに確定的に責任を免れる。前述（246頁以下）のように，支払呈示に関しては，債務者の保護に欠けるところがない限りで，弾力的に考えてよいものである。そこで，手形債務者への訴状の送達は，この者自身に対する関係では支払呈示と同一の効力を認めてよいと考えるが，遡求義務者に対する関係ではそれは支払呈示としての効力を持たないと解すべきである。

　仮にこのような効力を認めるとすると，別に訴訟外に置かれた裏書人がいる場合には，訴状の送達によりこの裏書人に対してはまったく遡求権が保全される余地はないから，訴訟の中にある遡求義務者に対しては不当な結果になるし，また，訴訟の終結時点で振出人の責任が確定し，提訴時点で支払呈示の効力があったと解されることになるが，このような形で，訴訟の中で遡求義務の成立が確定されるとなると，遡求義務者は遡求義務発生の確定まで不当に長期間拘束されるという不都合があるためである[12]。

　12）　前提問題として，振出人に対する訴えの提起または訴状の送達がどのような効力を有するかをみると，これに関して，前述（247頁）のように判例は，裁判上の請求においては，附遅滞のためには手形の呈示を要さず訴状の送達で十分であるとしている（最判昭30・2・1民集9巻2号139頁）。この見解は支持すべきだが，学説上，裁判上の請求と手形の呈示とは異なるとしてこれに反対する見解もある。この反対説に立てば，本ケースでは遡求権の保全は当然に否定すべきことになろう。
　上述の判例の立場を支持しつつも，遡求権保全の効力までも認めうるかという点に関しては，対立がある。催告説は，上述の判例の立場は，訴状の送達というものに，実体法上の適法な呈示がなければ支払義務を負わない遡求義務者に対する遡求権保全の効力を有する呈示としての効力までも認めようとするものではなく，訴状送達の効力は催告の効力のみを有するにとどまるとする。これによれば，本ケースで遡求権の保全は否定されることになる（山﨑「手形金請求における訴訟形態と呈示」判タ377号37頁以下，東京高判昭53・1・25金判546号30頁）。これに対して，呈示同視説は，裁判上の請求においては手形の呈示証券性に伴う危険性が排除されるので，訴状の送達には実体法上の手形の呈示と同様の効力が認められ，共同被告である遡求義務者に対する遡求権を保全する効力があるとする（仲江「約束手形の振出人，裏書人に対する将来の給付の訴」本井=賀集編・民事実務ノート3号249頁以下，名古屋高判昭51・9・28判タ346号218頁）。ただし，この説による場合にも，判決の既判力が相対的であることにより，この遡求権保全の効力は，振出人と共同被告である裏書人との関係で効力を有するにとどまり，訴訟外の裏書人に対してはまったく効力を有さない。
　最判平5・10・22民集47巻8号5136頁は，「約束手形の所持人が振出人に対し満期前に将来の給付の訴えとして約束手形金請求訴訟を提起したが，口頭弁論終結前に満期が到来した場合には，裏書人に対する遡求権行使の要件として，支払呈示期間内に支払場所において振出人に対する支払呈示をしなければならないというべきであり，振出人に対する訴訟の提起ないし訴状の送達は，裏書人に対する遡求権行使の要件である支払呈示としての効力を有しないものと解するのが相当である。けだし，支払呈示が裏書人に対する遡求権行使の要件とされているのは，最終的な支払義務者である振出 ↗

4. 手形訴訟

手形・小切手金額の訴えによる請求については，訴訟の敏速な処理のために，特別な手形・小切手訴訟制度が設けられている（民訴350条以下，小切手訴訟については民訴367条）。それは，第一審の前置的手続というべきものだが，手形訴訟の迅速簡易な処理のため，通常の訴訟手続に比して著しく証拠方法が制限されているのが特色である[13]。これにあっては，書証を原則とし，当事者訊問・法定代理人訊問は，文書の成立の真否または手形の提示に関する事実についてのみ許されるにとどまり，証人訊問，鑑定，検証はいずれもまったく許されない（民訴352条）。手形は私文書であるから，原告は，この手形につき被告の意思による手形行為がなされたことを証明しなければならない（民訴228条1項）。

もし，被告が手形の作成を否認するときには，原告はこれを証明する必要があるが，民事訴訟法228条4項によると，私文書は本人またはその代理人の署名または押印のあるときは真正なものと推定される。しかし，この規定に関しては，印影が本人または代理人の意思に基づいて真正に成立したことを意味すると解するのが通説・判例であるため，単にその印影が被告の印章により生ぜしめられたという事実が確定されただけではこの規定の要件をみたしていない

人に対し支払呈示期間内に支払場所において支払呈示をすることにより，請求者が約束手形の正当な所持人であることを確知させると同時に，振出人によって支払いがされるのか否かを明らかにさせる必要があるためであるところ，右の必要性は，振出人に対し将来の給付の訴えである約束手形金請求訴訟が提起され，その口頭弁論終結前に満期が到来した場合であっても異なるところはないからである。」と判示して，催告説に立つことを明らかにしている（この判決に関しては，川村・金判944号52頁以下）。

13）統一手形用紙によらない手形（私製手形）も手形としての要件を備えれば手形として有効であり，手形訴訟制度により提訴することも法的に可能である。しかし，近時，手形訴訟制度の有する簡易迅速な支払請求の実現という利点を悪用する事件が頻発している。それは，貸金業者が，貸付に際して主債務者及び連帯根保証人に，根保証限度額を額面金額として，自社を支払場所とする私製手形を共同振出しさせ，債務者が支払いを怠ると手形訴訟を提起するというものである。

このような提訴に対して，裁判所は（東京地判平15・10・17判時1840号142頁，東京地判平15・11・17判時1839号83頁）厳しい態度をとっており，債務者をしてこのような手形を作成させるのは，債務者の抗弁を封じ，かつ，簡易・迅速に債務名義を取得して，債務者に対して強制執行手続をし，または，強制執行手続をすることを示して圧力をかけて金銭の取立をすることを目的としていると認められるとし，また，本件手形も手形本来の信用利用手段としての性格を有さず，流通も全く予定されていないものであって，本来の手形とは無縁な手形制度を濫用するものと認められるとして，このような私製手形により提訴する手形訴訟は，手形訴訟制度を濫用（悪用）したものと言うべきであるとしている。

ことになる。

けれども，わが国における銀行取引印や実印といった大切な印鑑は慎重に保管するのが通例であるという社会的事実に照らせば，手形上の印影が本人または代理人の印章によるものであるという事実が確定された場合には，反証のない限り，この印影は本人の意思に基づいて真正に成立したとの事実上の推定が働くと解するのが通説・判例である（田中［誠］・下911頁，大隅=河本・59頁，最判昭39・5・12民集18巻4号597頁）。しかし，これはあくまでも事実上の推定であり，法律上の推定ではないから，被告は，その印章は盗用されたなどと，自己の意思に基づいて押捺されたことを疑わしめる程度の証明をすれば，すなわち反証をあげて，裁判官を真偽不明の心証に持ち込めば，上の推定を覆すことができる（大隅=河本・59頁，村重編・裁判実務大系2手形小切手訴訟法175頁［川口］）。

手続上の制約に対応して，原告は必要に応じ手形訴訟の途中で通常訴訟に移行させることができる（民訴353条）。手形訴訟において終局判決がなされたとき，当事者は，異議の申立てをすることができる。控訴は一般的訴訟要件を欠くことを理由として訴え却下の判決がされた場合を除き，原則的に認められない（民訴356条）。原告の請求の当否を判断する本案判決に対しては，異議の申立てをすることができる（民訴357条・民訴規217条）が，それにより，訴訟は手形訴訟の口頭弁論終結前の状態に復して，あらためて通常の訴訟手続にしたがって審理・裁判が行われることになる（民訴361条）。異議申立て後の第一審判決においては，判決が手形判決と符合するときには，判決中で「手形判決を認可する」旨を表示し，異なる判決の場合には，「手形判決を取消す」旨を表示することになる（民訴362条）。なお，原告勝訴の本案判決には，職権をもって，原則として無担保で，仮執行をなしうる旨の宣言を必ず付けることを要するとされている（民訴259条2項）。

6

手形上の権利の消滅

6.1　手形の抹消，毀損および喪失

　手形の抹消とは，手形上の記載事項を塗り潰しまたは削除，紙片の貼付など
の方法で消滅させることをいう。抹消の程度が甚だしく，その結果手形の同一
性が失われる程度に及ぶ場合には，手形の喪失にあたる。手形の抹消が権限者
により手形上の権利の変更，消滅の目的でなされる場合には，それにより有効
に手形上の権利の変更・消滅を生じさせることができる。これに対して無権限
者によって抹消がなされても手形上の権利が有効に変更されたり消滅すること
はない。手形上の権利と手形証券との結合関係は，もっぱら手形制度の目的の
実現のためであり，その有する意義もこの範囲にとどまるから，いったん有効
に成立した手形上の権利は，手形証券を離れても存在でき，権限なき者が記載
を抹消することにより，変更，消滅させられることはないからである。

　無権限者により塗り潰し，削除がなされる場合には，それは変造と解される。
手形の記載内容の変更により手形要件が欠けるに至り，形式上有効な手形が存
在しなくなった場合も，抹消の一場合と考えられる。ただし，このような抹消
によってもいったん有効に成立した手形上の権利は消滅することはないから，
抹消前の署名者は変造の場合にならって，原文言による責任を負うと解すべき
である。裏書の抹消に関して（手77条1項1号・16条1項・77条1項4号・50
条2項）および引受けの抹消に関しては（手29条1項）特別に規定が置かれて

いる。

　手形の毀損とは，切断，すり切れ，焼け損じなどにより，手形証券の一部に物理的損傷が生じることをいう。インクをこぼしたための汚損などもこれに含まれる。手形の毀損が手形の同一性を害する程度にまで及ぶときには手形の喪失にあたる。手形の毀損が手形上の権利に及ぼす影響は上の抹消の場合と同様である。

　手形の喪失には，焼失によるような物理的滅失の場合だけでなく，盗難や紛失などによって手形証券の所持を喪失するという場合も含まれる。また，前述のように手形の抹消や毀損が手形の同一性を害する程度に及ぶ場合も含まれる。手形の喪失が手形上の権利に及ぼす影響は手形の抹消・毀損の場合と同様に考えられ，権限者が手形を廃棄する目的で焼却したり破り捨てるという場合には，手形上の権利は有効に消滅するが，そうでない場合には手形の喪失により手形上の権利は当然には消滅するわけではない。

6.2　除権決定

　手形上の権利は手形証券とかたく結合され，権利の行使には必然的に証券の所持が必要である。だが，手形上の権利者が，手形を盗難，紛失または滅失により喪失した場合に，それにより直ちに手形上の権利を失うわけではなく，また権利が消滅するわけでもない。しかし，この権利者は証券なしに権利を行使することはできないから，権利行使の手段を失ってしまう。そこで，手形証券の盗難・紛失・滅失といった場合に，権利と証券との結合関係を切り離し，証券の不存在を補って，権利者に証券なしに権利を行使することを可能にする制度が公示催告・除権決定の制度である（民520条の11，非訟100条以下）。平成29年（2017年）改正民法520条の11は，指図証券は，非訟事件手続法100条に規定する公示催告手続によって無効とすることができると規定する（持参人払式証券については，同520条の20・520条の18。さらに，同520条の12は，公示催告の申立後における権利行使方法について定める）。

　喪失手形の最後の所持人は，支払地の簡易裁判所に公示催告を申し立てる（非訟114条1項・115条）。申立人は裁判所に対し手形の盗難・紛失・滅失の

6.2 除権決定 **273**

事実および公示催告を申し立てうる理由のある旨を疎明しなければならない（非訟 116 条）。裁判所は申立てを適法と認めると公示催告の公告をする（非訟 101 条・102 条）。公告は，公示催告の内容を，裁判所の掲示場に掲示し，かつ，官報に掲載する方法によってする（非訟 102 条 1 項）。公示催告により，手形・小切手の所持人に対して，一定の期間の間に権利を争う旨の申述をし，かつ，当該手形・小切手を提出すべき旨の催告がなされる（非訟 117 条 1 項 3 号）。公示の日と権利を争う旨の申述の終期との間は少なくとも 2 カ月以上であることを要する（非訟 103 条・117 条 2 項）。権利を争う旨の申述の終期迄に当該手形につき，権利者が権利を争う旨を申述しないときは，裁判所は申立人の申立てに基づいて当該手形を無効なものと宣言する（非訟 106 条 1 項・117 条 2 項・118 条）。これが除権決定である。

　これにより，この手形は公示催告の時点に遡って無効となるのではなく，将来に向かってのみ無効となる。以後はそれによる権利行使も，善意取得もできなくなる（除権決定の消極的効力）。しかし，除権決定がなされても，この決定以前に手形を善意取得した者の実質的権利はそれにより消滅しないと解すべきであり[1]，また，公示催告の公告があるだけでは，第三者は手形の喪失等の事実につき悪意・重過失があることにはならず，第三者は公示催告中でも善意取得することが可能である。

　他方，除権決定によって，申立人には手形を所持するのと同じ形式的資格が回復される（非訟 118 条 2 項。これを除権決定の積極的効力という）。しかし，除権決定は申立人が実質的権利者であることを確認するものではない。除権決定がなされると手形は無効となるから，手形を所持する者が実質的権利者であっ

---

　1)　最判平 13・1・25 民集 55 巻 1 号 1 頁は，①除権決定の効果は，当該手形を無効とし，申立人に手形を所持すると同一の地位を回復させるにとどまり，申立人が実質上手形権利者であることを確定するものではなく，手形が善意取得されたときは，当該手形の従前の所持人は，その時点で手形上の権利を喪失するから，その後に除権決定を受けても，手形を所持するのと同一の地位を回復するにとどまり，手形上の権利までをも回復するものではなく，手形上の権利は善意取得者に帰属すること，および，②除権決定の前提となる公示催告手続における公告の現状からすれば，善意取得者が除権決定までに権利の届出をすることは困難な場合が多く，除権決定により善意取得者が手形上の権利を失うとするのは手形流通保護の要請を損なうことを理由として，「除権決定の言渡しがあったとしても，これよりも前に当該手形を善意取得した者は，当該手形に表章された手形上の権利を失わないと解するのが相当である」と判示した。除権決定がなされた後にも，善意取得者は除権決定以前に手形を取得したことを証明して，当該手形により権利を行使できると解される。

ても無効な手形を所持するにとどまり，形式的権利者資格を欠くため，その権利を行使するためには自己の実質的権利を主張し証明しなければならない（最判昭47・4・6民集26巻3号455頁）[2]。

　非訟114条は公示催告の申立権者を「無記名式有価証券もしくは指図式有価証券で白地式裏書がされたものにあっては最終の所持人，またはこれら以外の有価証券により権利を主張することができる者」と規定するが，手形・小切手を作成署名後交付前に喪失した者にも，申立権が認められる（前出最判昭47・4・6）。なぜなら，流通におく意思で約束手形に振出人として署名・記名押印した者は，たまたまその手形が盗難，紛失等のため，その者の意思によらずに流通しても，善意・無重過失で取得した所持人に対して責めを負う（最判昭46・11・16民集25巻8号1173頁）からである。この署名者は，除権決定をえて，その後に善意・無重過失で取得する者に対して支払いを拒めるとすべきである。これに対して，記名はあるが押印は未了の手形・小切手用紙を盗取された場合，押印はあるが記名は未了の手形・小切手用紙を盗取された場合，押印も記名も未了の手形・小切手用紙と銀行届出印とを盗取されたような場合には，責任負担の危険性が欠けるため，公示催告の申立権は否定される。

　未補充の白地手形を喪失した者は，公示催告を申し立てうる。前述のように，未補充の白地手形にあっては手形上の権利は未成立であり，それには何らの手形上の権利も未だ表章されてはいないが，白地補充後に成立する法律関係を考慮すれば，このような白地手形も公示催告の対象に含められると解してよい（参照，河本「除権判決の対象となる証券」民商43巻2号219頁）。白地手形について除権決定をえた者は，白地手形の所持人としての地位を回復するが，判例は，この除権決定をえた者が，手形外で白地を補充する旨の意思表示をして手形上の権利を行使することはできず，また，手形債務者に対して喪失手形と同一内容の白地手形の再発行を請求する権利も有していないとする（最判昭51・4・8民集30巻3号183頁）。

　2）　既存債権の支払いのために振り出された手形が除権決定により無効となった場合に，債務者には二重払いの危険があるので，除権決定を受けた所持人が約束手形の振出人に対して原因債権を行使するためには，手形上の権利が時効消滅しているというような事情の存する場合は別として，依然として手形の交付が必要である（東京地判平2・4・24金判862号27頁）。

これによれば，所持人は手形債務者から任意的に手形の再発行を受けられない限りは，原因債権，利得償還請求権または不当利得返還請求権を行使するほかはないことになる。確かに，除権決定の効力により手形を所持するのと同じ形式的資格が回復されるにすぎないことに照らせば，手形の再発行請求権を認めることは不当である。しかし，除権決定は手形上の権利の行使の前提である手形の所持に代わる効力を有するということに照らせば，除権決定をえた者に手形外の意思表示による白地の補充を認めてよいと考えられる（上柳・民商76巻2号257頁，大隅=河本・480頁）。

実際界では，手形の紛失・盗難等の場合に，日刊新聞に，いわゆる手形無効広告を掲載させることが広く行われている。しかし，これは法定の手続に代わりうるものではなく，単に盗難・紛失等の事実を広く知らしめて，それにより善意取得や抗弁制限の排除の可能性が多少とも拡大されるという点に実益があるにすぎない。

6.3 期日・期間

手形法上で，休日とは，祭日，祝日，日曜日その他の一般の休日および政令をもって定める日をいう（手87条）。その他の一般の休日には，1月2日および当該の銀行の営業所所在地におけるその地方の一般的休日がこれに属すると解されている。政令をもって定める日という文言は，銀行の週休2日制移行に対応するために昭和56年（1981年）の法改正で新たに挿入されたものである（銀行法施行令5条1項3号により，現在は土曜日がそれにあたるものとされている）。

手形上の権利のための引受け・支払呈示またはその保全に関する行為は，取引日においてだけなすことができる。とくに満期が休日にあたる手形の支払請求については，これに次ぐ第一の取引日に至るまでできないものとされている（手77条1項9号・72条1項）。これにより満期が変更されるわけではないので，満期と「支払ヲ為スベキ日」とが区別されることになる（手38条1項）。末日を法定休日とする一定の期間に関しては，その満了に次ぐ第一の取引日まで伸長されるが，期間中の休日は期間に算入され，それにより期間の伸長をきたさ

ない（手77条1項9号・72条2項）。しかし，支払呈示期間（手38条1項），支払拒絶証書作成期間（手44条3項），遡求通知期間（手45条1項）などのように，その期間が取引日だけであることを要するとされている場合，たとえば，「支払ヲ為スベキ日又ハ之ニ次グ二取引日内」とされているような場合には，日曜日や休日は期間中に算入しない（最判昭54・12・20金判588号3頁）。

　手形法は，法定または約定の期間にはその初日を算入しないとして，民法140条と同様に初日不算入の原則をとる（手77条1項9号・73条）。しかし，民法140条ただし書のような制限はない。手形上の権利の行使等は，常に取引時間の初刻からに限られているからである。

6.4　手形の時効

1. 消滅時効

(1) 手形の時効期間

　手形上の債務は債務者にとって厳格な内容を有するものであり，かつ，迅速な支払決済を目的とするものであるため，手形の法律関係は迅速に完結させる必要がある。そこで，手形上の債権については持別の短期消滅時効期間が定められている（手77条1項8号・70条）。

　主たる手形債務者である約束手形の振出人および為替手形の引受人に対する請求権については満期日から3年であり（手70条1項），裏書人その他に対する遡求権については，拒絶証書の日付から，もしくは拒絶証書作成免除のときは満期日から1年であり（手70条2項），手形を遡求において受け戻した者の再遡求権については，受戻しの日またはその者が訴えを受けた日から6カ月である（手70条3項）。

　なお，手形上の権利が確定判決，またはそれと同一の効力を有する裁判上の和解，調停等により確定したときは，消滅時効期間はこの確定の時から10年に延長される（民169条1項）。さらに，手形が原因債権に対する手段であることを理由に，それとともに短期の消滅時効期間の適用がある原因債権の消滅時効期間も確定の時から10年に延長されるとする判決がある（最判昭53・1・23民集32巻1号1頁）。

6.4 手形の時効 **277**

(2) 消滅時効の効力

手形法上においては，手形行為独立の原則に基づき，各々の手形債務はそれ
ぞれ別個独立の債務であり，ある者の債務が時効消滅しても，他の者の債務に
は影響を及ぼさないのが原則である。しかし，手形法上，遡求義務は主たる手
形債務に対して第二次的・補充的性格を有しているものと解すべきだから，主
たる手形債務者に対する請求権が時効消滅した場合には，遡求義務者に対して
遡求権を行使できない。遡求義務者は主たる手形債務の時効消滅を援用して支
払いを拒みうる（通説，最判昭 57・7・15 民集 36 巻 6 号 1113 頁）。けれども，遡
求義務者の言動が原因で所持人が支払義務履行の確実性を信頼したため，主た
る手形債務者に対する請求を怠り，3 年が経過してしまったという場合には，
この遡求義務者の消滅時効の援用は信義則に反して許されないというべきであ
る（前出最判昭 57・7・15）。

2. 時効の完成猶予および更新 ─────────────────

(1) 時効の完成猶予事由

手形法は手形上の権利についての時効の完成猶予事由に関して 86 条を除き
特別の規定を設けていないので，民法の規定にしたがうことになる。民法 147
条 1 項 1 号は，時効の完成猶予の事由の一つとして裁判上の請求をあげる。確
定判決または確定判決と同一の効力を有するものによって権利が確定した時は，
時効は裁判手続の終了したときに更新され，時効は新たにその進行を始める
（民 147 条 2 項，時効期間については 169 条）。権利の上に眠れる者は保護しない
との時効制度の存在理由に照らせば，時効の完成猶予のためには権利行使の意
思が明らかにされれば足りる。そこで，裁判上の請求の場合には，手形の呈示
も，訴状の送達も要さずに，訴えの提起があれば時効の完成猶予の効力を生ず
る（民訴 147 条）。したがって，手形を所持しない実質的権利者による訴え提起
も時効の完成猶予の効力がある（最判昭 39・11・24 民集 18 巻 9 号 1952 頁）。し
かし，裁判上の請求にあっては，口頭弁論の終結時点において請求者が手形を
所持していることは，請求が認められる要件をなしている。そして，請求が認
められて確定判決等により権利が確定することなく裁判が終了した場合には，
その終了の時点から 6 カ月を経過するまでの間は，時効は完成しないに止まる

（民 147 条 1 項本文括弧書き）。

　また，裏書の連続を欠く手形による訴え提起の場合にも，所持人がその実質的権利を証明するときには，時効の完成猶予の効力がある（最判昭 57・4・1 金判 649 号 3 頁）。手形上の権利の行使には手形の呈示を要するという手形権利行使に関する一般的原則と，時効制度上で時効の完成猶予の効力を生ずべき権利の行使の問題とは区別して考えることができ（後述），手形所持人の形式的資格の充足を時効の完成猶予の要件と解する必要はない。提訴した所持人の形式的資格の有無は時効の完成猶予の効力にとりかかわりがない。未補充白地手形による訴え提起にも時効の完成猶予の効力が認められることは前述した（126 頁以下）。

　裁判外での請求である催告は，催告があったときから 6 カ月を経過するまでの間は，時効の完成を猶予する効力を有する（民 150 条 1 項）。ただし，催告により時効の完成が猶予されている間に再度催告をしても時効完成猶予の効力を有さない（民 150 条 2 項）。催告については，必ずしも手形の呈示がなくとも時効の完成猶予を生ずると解してよい（通説，最判昭 38・1・30 民集 17 巻 1 号 99 頁）。その理由としては，①前述の時効制度の趣旨に照らして，権利行使の意思が明らかになれば時効の完成猶予にとって十分なこと，②催告による時効の完成猶予は，実質的には時効の完成間際に時効の完成を阻止するための効力のみを有し，訴訟を提起するまでの一種のつなぎの役割を果たす予備的手段に過ぎないこと，③裁判上の請求に手形の呈示を要さない（最判昭 30・2・1 民集 9 巻 2 号 139 頁）以上，その予備的措置としての催告にも呈示を不要と解すべきこと，④実際には，催告はその旨の証拠を残せる内容証明郵便で行うのが一般化しているが，その際に手形の呈示を求めることには無理がありかつ不都合であること等があげられる。そこで，所持人は，盗難等により手形を喪失して，いまだ除権決定を受けていない場合にも，権利を失っていない限りは，催告によって時効の完成猶予の効力を生じさせることができる。

　このように，手形上の権利の行使には手形の呈示を要する（ただし，前述（247 頁）のように前出最判昭 30・2・1 は，裁判上の請求においては，附遅滞のためには手形の呈示を要さず訴状の送達で十分であるとする）という手形権利行使に関する一般的前提（手形の呈示証券性・受戻証券性）と，時効制度上で時効の完

成猶予の効力を生ずべき権利の行使の問題とは区別して考えられる。

遡求を受けた裏書人の自己の前者たる遡求義務者に対する再遡求権は，その者が受け戻した日または訴えを受けた日から6カ月で時効にかかる（手77条1項8号・70条3項）。そこで，訴訟で争ったあげくに手形を受け戻した場合に，6カ月をすでに経過しているときには，前者に対する再遡求権はすでに時効消滅してしまっている。このような事態を防ぐために，手形法は前者に対する訴訟告知による時効の完成猶予を認める（手86条）。すなわち，裏書人が前者に対し訴訟告知をした場合は，訴訟が終了するまでの間，時効の完成は猶予される。ただし，確定判決または確定判決と同一の効力を有するものによってその訴えに係る権利が確定することなく訴訟が終了した場合にあっては，その終了の時から6カ月が経過するまでの間，完成が猶予されるに止まる（86条1項）。確定判決または確定判決と同一の効力を有するものによってその訴えに係る権利が確定した時は，時効は訴訟の終了の時より更にその進行を始める（86条2項）。しかし，訴訟告知は，前者たる遡求義務者に対してのみでき，主たる手形債務者に対してはできない（最判昭57・7・15民集36巻6号1113頁）。その理由は，手形法86条1項の文言中には訴訟告知の相手方として主たる債務者である為替手形引受人が含まれていないこと，および，上の立法趣旨に照らせば，訴訟告知の規定は手形法70条3項の再遡求権の消滅時効期間に関する規定を前提とするものと解されることにある。

(2) 時効の完成猶予・更新の効力

手形行為独立の原則に基づいて，時効の完成猶予または更新は，当該事由が生じた者に対してのみその効力を生ずるのが原則である。これを時効の完成猶予・更新の人的効力という（手77条1項8号・71条）。この人的効力はこの規定の法文が直接的に示す債務者の側についてのみならず債権者の側にも適用がある。なぜなら，手形法が，手形行為独立の原則に基づき，70条で各手形債務者について時効期間の別個独立性を認め，71条で債務者側について時効の完成猶予・更新の人的効力を明示して，手形債務の時効については基本的に独立性が認められるとしている以上は，71条の法解釈論として，同条の時効の完成猶予・更新の人的効力は，法文の直接的に示す債務者側についてだけでな

く，債権者側についても及ぶと解するのが自然だからである。
　そこで，所持人が主たる手形債務者に対する請求権につき時効の完成猶予を生じさせた後に，手形を受け戻した遡求義務者が自らの請求にあたりこの時効の完成猶予を援用することはできない。また，主たる手形債務者が時効完成後に時効の利益を放棄した場合にも，時効の完成猶予の場合と法的状況が同一であることから，時効利益の放棄も人的効力を有するものと解すべきであり，所持人は遡求義務者に対して請求することはできない。

(3) 手形時効制度上の諸原則相互の関係

　手形時効に関しては，主たる手形債務者と遡求義務者との間に生ずる法律関係について，上述のように通説は以下の三つの原則を認める。
　まず，第一は，主たる手形債務者に対する請求権が時効消滅した場合には，所持人は遡求義務者に対して遡求権を行使できないとの原則である（以下では第一原則として示す。これをとる判例として，前出最判昭57・7・15）。第二は，手形行為独立の原則の一つの現れとして，手形法71条の時効の完成猶予・更新は人的効力しか有さず，それは債務者の側および債権者の側の双方についてあてはまるという原則である（第二原則）。第三は，手形法86条の訴訟告知は，前者たる遡求義務者に対してのみでき，主たる債務者に対してはできないという原則である（第三原則）。
　そこで，たとえば，図II-22のように，AがBを受取人として約束手形を振り出し，この手形がBからCへ裏書譲渡されたという事例で，Aが満期に支払わないために，CがBに対し遡求するとする。①その後CがAに対し請求せずに3年を経過すると，ⓐBに対する遡求権については時効の完成猶予を生じさせておいても，第一原則によりCはBに対して遡求できない。他方，

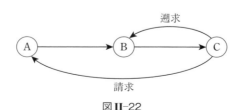

図II-22

6.4 手形の時効 **281**

ⓑAが時効完成後に時効利益を放棄した場合には，CはBに対して遡求できるか。さらに，②CがAに対しても請求し，時効の完成猶予をしておいたが，満期から3年経過したときにはBに対し遡求できるか。第二原則により，CがAに対し時効の完成猶予をしても，Cから手形を受け戻したBはAに対しこの完成猶予を主張できないから，Bは第一原則により責を免れる。①ⓑの場合には，法的状況は②の場合と同一性を有するから，時効の完成猶予の場合と同様に，時効利益の放棄も債務者側，債権者側の双方について人的効力を有すると解され，Bは責を免れる。

　しかし，上の諸場合において，CがBに対して請求または遡求したところ，Bの言動に惑わされ，Bの支払いを全面的に信頼してしまったり（最判昭57・7・15のケース），Bが支払いを引き延ばしたり，抗弁を並べ立て時間稼ぎをして（東京高判昭58・10・25金判692号27頁のケース），そのうちに3年が経過してしまったときには，上の諸結果に疑問が生じてくる。そこで，一方では，①ⓐにつき，最判昭57・7・15は，第一原則を前提としたうえで，信義則の助けを借りてBの償還義務消滅の主張を排斥し，不適当な結果を是正している。他方，時効に関する諸規定の通説的解釈に対し異議が唱えられている。

　①ⓐについては，遡求義務の主たる手形債務に対する独立性を重視して，主たる手形債務の時効消滅後にも遡求義務は消滅しないとして，第一原則自体を否定する見解もある。しかし，主たる手形債務と遡求義務とはそれぞれ別個独立の手形債務であるが，手形法上，遡求義務は主たる手形債務に対して，第二次的，補充的性格を有しているのだから，この第一原則は維持されるべきである。

　①ⓑおよび②については，裏書人は，手形の受戻しにより，時効の完成が猶予されたあるいはAにより時効利益を放棄されたCの有する権利を承継取得するので，受け戻したBはその時効の完成猶予，時効利益の放棄をAに対し主張して請求できる以上，BはCに対し依然として遡求義務を負うとの見解がある（前出東京高判昭58・10・25）。これは，第二原則を否定し，時効の完成猶予・更新の人的効力は債務者の側についてのみ認められるにすぎないとする。確かに，遡求義務者の履行に基づく手形上の権利の再取得によっては，受戻しにより後者の有する権利が前者に移転されるが（前述234頁），しかし，同

時に，受戻しによる B の手形上の権利の再取得については，この遡求義務者の法的地位自体，および，この者の負う手形債務（遡求義務）の第二次的，補充的性格自体が独自に有する意義を考慮する必要があり，AC 間の時効の完成猶予の効力が当然に B にも及ぶとはいえない。

　さらに，①ⓐおよび②については，第三原則を否定し，B が主たる手形債務者 A に対し訴訟告知できることを認め，B が自らの権利につき時効の完成猶予を怠るときには，その不利益を負担すべきであり，C は B に対し請求できるとの見解がある（田邊・ロースクール 8 号 97 頁，大塚［龍］・民商 89 巻 1 号 84 頁，塩田・商事 868 号 21 頁など）。しかし，それは，手形法 86 条 1 項の文言解釈上も，その立法趣旨からも否定される。

　以上の通説に異議を唱える諸見解は，通説のもたらす結果の不適当性をその根拠とするが，しかし，手形時効制度の目指す手形関係の迅速な終結および裏書人の担保責任の第二次的・補充的性格からみれば，単純に不当とは断定できない。所持人はいったん請求した遡求義務者の反応に応じて，主たる手形債務者や他の遡求義務者に請求して自己の権利を行使していくべきであろう。

　また，遡求義務者には，迅速に償還に応ずべきとの義務も，自己に都合よく時効制度を援用，利用してはならないとの義務も一般的に認められない。確かに，主たる手形債務者や他の遡求義務者の倒産・無資力といった場合に，通説的立場によれば，手形所持人にとり酷な結果になる。しかし，それは，原因債権の行使，利得償還請求権の行使の問題として，または，最判昭 57・7・15 の示すような信義則違反による手形債権の確保の問題として解決が図られるべきであって，手形時効制度に対し過大な要求をなして，手形時効に関する諸規定の解釈を歪めてはならない（参照，川村・金判 703 号 50 頁以下）。

7

利得償還請求権

7.1 利得償還請求権の概念

　手形上の権利については，厳格な権利保全手続や特別の短期消滅時効の定めがあり，手形所持人が手形上の権利を失う危険性は大きい。その場合に，手形債務者が手形債務を免れるとともに手形の授受に関連して取得した対価または資金を保有できたのでは，法的見地からみて衡平に反する。そこで，手形法85条は当事者間の衡平を図るために，所持人は振出人，引受人または裏書人に対して，その受けたる利益の限度において，償還の請求をなしうると規定する。これが利得償還請求権である。

　利得償還請求権の法的性質に関しては，現在では一般に，それは衡平の観念に基づき法の規定によって認められた一種特別の請求権であり，これは手形法上の権利ではあるが手形上の権利ではないと解されている（最判昭34・6・9民集13巻6号664頁）。しかし，手形法がとくに認めた特別の権利というだけではその法的性質は明確にされていないから，それに加えて，利得償還請求権は実質上は手形上の権利の変形物であると解する説が有力である。手形上の権利とその消滅後に発生する利得償還請求権との実質的な関連性を認めて，このようにその法的性質を手形上の権利の変形物と考えるのは適当である。しかし，法的性質を上のように解するとしても，利得償還請求権と手形上の権利との同一性をどの程度認めるべきかは，その法的性質論から直ちに結論できるもので

はない。それは，結局，手形上の権利を失った債権者と債務者との関係の衡平に適った処理という，この権利の認められる趣旨にしたがった具体的検討にゆだねられているといえる。

利得償還請求の債務者は手形債務者として当該債権者（手形所持人）に対して対抗することができた抗弁を，利得償還請求に対しても対抗することができるだろうか。この点については，利得償還請求権が手形上の権利の変形物として，消滅した手形上の権利と一定の実質的同一性を有していること，および，この制度が手形上の権利の消滅によって生ずる法的利害の不均衡の是正を目的とするものであることから，この抗弁の対抗に関しては，二つの権利の完全な同一性を認めるべきであり，手形債務者はこのような抗弁を利得償還請求権者に対抗できると解する。

7.2 利得償還請求権の成立と行使

(1) 権利者と義務者

利得償還請求権の権利者は，手形上の権利の消滅時における手形権利者である。義務者は，振出人，引受人または裏書人に限られる。

(2) 利得償還請求権の成立要件

第一の要件は，手形上の権利の消滅時に，手形要件を具備した手形が存在し，手形上の権利が有効に存在していたことである。第二の要件は，手形上の権利が手続の欠缺または時効によって消滅したことである。利得償還請求権の発生のためには，他のすべての手形債務者に対する手形上の権利も消滅したことを要するか否か，および，他に民法上の救済方法がないことを要するか否かの問題がある。判例はこの二点のいずれについても肯定する（大判昭3・1・9民集7巻1頁，大判昭13・5・10民集17巻891頁，最判昭43・3・21民集22巻3号665頁）。しかし，手形法85条の立法趣旨は手形法の厳格性に基づく手形権利の消滅という結果の緩和にあるから，利得償還請求権の発生は限定された場合にのみ認めるべきではないこと，および，利得償還請求権を実質的に手形上の権利の変形物と解する以上は，各々の手形債務は独立したものであることから，利

得償還請求を受ける手形債務者に対する手形上の権利さえ消滅していればよいと考えるのが適当である。所持人が原因関係上の債権をも有する場合には、次の利得の要件が欠けていると解される。第三の要件は、利得償還請求を受ける手形債務者が利得していることである。手形法85条にいう「受ケタル利益」とは、手形債務者が手形上の債務を免れたこと自体ではなく、実質関係において受けた利益であって、積極的な金員の交付に限らず、消極的に既存債務の支払いを免れた場合をも含む（大判大5・10・4民録22輯1848頁）。

たとえば、**図II-23**のように、AがBを受取人として振り出した約束手形がBからCへ、さらにCからDへといずれも支払いのため交付され、手形債権と原因債権とが併存しているとすると、Aに対する手形上の権利が時効消滅した場合に関して、DはCに対して健全な手形（有効な完全な手形）を返還できないがために、DはCに対する原因債権を行使できなくなると一般に考えられている（前述36頁）。そこで、BおよびCは自己の原因関係上の対価を確保できることになり、それとともに、BのAに対する原因債権も消滅するのであるから、ここにAには利得があることになる。また、裏書人が後者から原因関係上で対価を得ても、前者に対価を提供している以上は、その差額はここにいう利得ではない[1]。

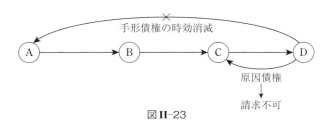

図II-23

---

1) 判例には、Aが原因債務の支払いのためにBに宛てて約束手形を振り出し、DがこれをCを経由して取得したところ、Dの振出人Aに対する手形上の権利が時効消滅して、B、Cに対する遡求権も消滅したという事案について、DはB、Cに対して何らの請求もできないのだから、受取人BがAに対して有していた原因債権もまた消滅に帰し、振出人Aは利得をしたことになるとして、利得償還請求権の成立を認めるものがある（最判昭43・3・21民集22巻3号665頁）。

(3) 利得償還請求権の成立・行使と手形の所持

　利得償還請求権は手形上の権利自体ではないので，手形上の権利の成立と行使に手形が必要であっても，それと同様に，手形の所持と利得償還請求権の成立・取得および行使とを論理必然的に結び付けて考えなければならないわけではない。このことは，利得償還請求権を手形上の権利の変形物と解する立場でも変わらない（参照，堀口「利得償還請求権と手形の所持」法学演習講座7　158頁，浜田「利得償還」講座5　131頁・135頁）。

　判例は，当事者間の利害の衡平を図るという利得償還請求権の趣旨に照らせば，その取得には手形の所持も除権決定も不要であるとする（最判昭34・6・9民集13巻6号664頁）。利得償還請求権を手形上の権利の変形物と解せば，その取得に手形の所持が必要となりそうだが，通説もこの判例と同様に不要と解する。その理由は，利得償還請求権の認められる趣旨に照らして，手形の現実的所持の有無によりこの権利の成立の有無が決められるべきではないこと，および，手形喪失者も第三者による善意取得の生じない限りは，依然として実質的な権利者であることなどにある。手形法85条は「所持人」が償還請求をなしうる旨を規定するので，利得償還請求権の取得に手形の所持を不要とする上の解釈の支障となりそうだが，それは，手形権利者は手形を現実に所持するのが普通であるために，通常の場合を前提にして規定しているにすぎない[2]。

　利得償還請求権の行使と手形所持の必要性に関しては，学説上，必要説と不要説とが対立する。上の最判昭34・6・9は，利得償還請求権の行使に関しては見解が不明である（この判決は小切手の利得償還請求権の取得に関するものである）が，学説中には，この判決は行使の点にはふれていないと解するものと，行使についても不要説をとると推認するものとがある。

　必要説は利得償還請求権が手形上の権利の変形物であることを強調し，利得償還請求権発生後の手形は利得償還請求権を表章するものであり，その表章する権利の行使方法についてはできるだけ手形上の権利の行使に近づけるべきで

---

　2)　手形法85条（小72条）には，「所持人」とあり，所持を不要とする解釈にとり支障となるかのようであるが，これは，手形上の権利者は手形そのものを現実に所持するのが普通であることから，この通常の場合をみて立言したものにすぎないと解される（大隅・民商41巻5号78頁）。また，利得償還請求権の取得についてはこの文言は少なくとも妨げとならない。

あるから，証券の所持を要すると解する。不要説はそれが一種の民法上の債権，特別な非手形上の権利であることを強調し，手形の所持は権利者であることのもっとも有力な証明手段であるにすぎないとする[3]。さらに，必要説は，手形を所持することなく，また除権決定も得ないで，自分が実質上の権利者であり，他に善意取得者（権利消滅前に善意取得した者）のないことを証明することは困難であると指摘するが，不要説は，簡便な方法による証明によっても権利行使が認められてよいとする。これに対して，必要説はそれでは善意取得者の利益が犠牲にされてしまうとする。

　この問題に関しては，手形上の権利が存在する間は強度の流通保護が働くのであるから，手形上の権利消滅後は直ちに全面的に手形法的な取り扱いから離れうるとすべきではなく，権利の消滅した手形に関する善意の取得者の保護を考慮して，利得償還請求権者の権利行使を認めるべきであって，必要説を支持すべきと考える。

　利得償還請求権は手形上の権利自体ではないから，裏書によって譲渡することはできず，民法の債権譲渡の方式によって譲渡されうる。その場合に，上のように利得償還請求権の行使に手形の所持を必要と解する以上は，譲渡のために手形の交付が必要であると解すべきである。

7.3　消滅時効期間

　利得償還請求権の消滅時効期間に関しては，古くは手形行為その他の商行為によって生じたものではないことを理由に，一般債権に準じて10年（平成29年改正前民167条1項）と解する見解もあったが，有力説は，利得償還請求権を手形上の権利の変形物と解する説に代表されるように利得償還請求権と手形上の権利との関連性を認め，それに基づいて，商501条4号にいう「手形に関する行為」（商行為）によって生じた債権に準ずる権利であり，「債権者が権利を行使することができることを知った時から」（取得時から）5年の時効（民

---

3)　手形法85条（小72条）の解釈として，不要説はその「所持人」なる文言は権利者が手形を所持する通常の場合を念頭においた立言であるとするのに対して，必要説はこの文言を一つの論拠とする。

166条1項1号）によって消滅すると解する。判例もこれと同様の立場から5年説をとる（最判昭42・3・31民集21巻2号483頁）。

　しかし，学説上では，手形上の権利につき短期消滅時効が定められている趣旨に照らして，手形上の権利の消滅時効期間との均衡上5年では長すぎるとするものが多く，3年，あるいは手形のそれぞれの短期時効がそのまま準用されるべきである，あるいは，手形法70条を類推適用すべきだが利得償還請求権の第二次的性格にかんがみて，遡求権の消滅時効期間に準じて1年と解するなどと主張されている。利得償還請求権をどこまで消滅した手形上の権利と同一に取り扱うかは，利得償還請求権の認められた趣旨，当事者間の利益衡量によって確定されるべきである。

　手形上の法律関係が短期間で消滅すべきであるからといって，手形上の権利が消滅した後の法律関係も同様であるべきだとは単純にはいいがたく，むしろ，手形上の権利消滅後の権利として，利得償還請求権にはより長期の消滅時効期間が適用され，当事者間の衡平に適って取り扱われるべきと考えられ，解釈論上も無理のない5年説を支持すべきと考える。

III

為替手形・小切手

1

為 替 手 形

1.1 為替手形の特色

1. 緒 論

約束手形は振出人が受取人または所持人に対して一定金額の支払いを約束する旨の文言を記載した支払約束証券であるが，これに対して，為替手形は，振出人の支払人に宛てた，受取人または所持人に対して一定金額を支払うことを委託する旨の文言を記載する証券である。それは小切手と同様に支払委託証券である。そして，約束手形の法的本質は支払約束にあるのに対して，為替手形の法的本質は支払委託にある。

近代的な手形制度は為替手形を中心にして発展したのであり，ヨーロッパでは為替手形が手形の本質的形態として認められてきた。そのため，ヨーロッパの手形利用は為替手形が中心である。そこで，ジュネーヴ手形統一法はまず為替手形に関する規定をおき，それを約束手形に準用する方式を採用したのである。しかし，わが国の国内取引における為替手形の利用はわずかであり，約束手形の利用が占める割合は圧倒的に大きい。

反面，輸出入取引による海外の債権者への送金の手段，および海外の債務者から金銭債権を取り立てる手段として，為替手形は今日も重要な意義を有しており，依然として相当に利用されている。

2. 約束手形との相違点 ─────────────

為替手形と約束手形との主要な相違点は以下のようである。

① 基本的な法的構造の面において，約束手形にあっては振出人と受取人（所持人）の二者が手形の当事者であるのに対して，為替手形にあっては，振出人と受取人（所持人）のほかに支払人が加わり，三者が手形の当事者である。

② 実質関係としては，約束手形にあっては振出人と受取人の間に存する原因関係が法的に問題となるのに対して，為替手形にあっては，それに加えてさらに，振出人と支払人との間に存する資金関係が問題になる。為替手形において支払人が引受け，支払いをするのは，この資金関係の存在に基づいている。資金関係は多様な形をとる（前述38頁）。たとえば，支払人があらかじめ振出人から支払資金の供給を受けている場合や，振出人が支払人に対して売掛金債権を有しているといった場合には，振出人から支払人へ資金が交付されていることになる。

けれども，このような資金が存在するだけでは，いまだ支払人が振出人の振り出した為替手形に対して引受けをし，支払いをなすべき義務を負っているわけではない。資金関係が存在するというためには，振出人が支払人のもとに処分しうる資金を有していることに加えて，その資金を為替手形の振出しによって処分できる明示または黙示の契約が存在していることを要する。なお，上のような資金の交付やさらには資金関係の存在がないにもかかわらず，振出人により為替手形の支払人として指名された者が引受けをして支払いをすることも可能であって，このような支払いをなした場合には，支払人は振出人に対して補償を求めることができる。

手形法上では，資金関係は手形関係から分離しているものとして構成される。手形法は資金関係に関してまったく規定をおいておらず，資金関係は手形法外の関係として理解されるべきである。資金関係も原因関係と同様無因性を有しており，資金関係が存在するか否か，その内容がどのようかは手形関係自体の効力にはまったく影響を及ぼさない。何らの資金関係なしに，または，まったく資金を欠いて為替手形を振り出しても，その振出しや引受けという手形行為は有効である。なお，為替手形の支払いは通常は手形交換をとおして行われる。そこで，約束手形の振出人と支払銀行（支払担当者）との間に準資金関係が存

1.1 為替手形の特色

在するのと同様に，為替手形の引受人（支払人）とこの者が取引をしている支払銀行（支払担当者）との間には準資金関係が存在する。

③ 約束手形が振り出されると同時に，手形は金銭債権を表章し，振出人は主たる手形債務者として絶対的な債務を負う。それに対して，為替手形においては，あらかじめ支払人が引き受けていない限り，振出しの時点ではいまだ主たる手形債務者は存在しておらず，手形には支払人の引受けを条件とする金銭債権が表章されるにとどまる。為替手形の支払人は引受けをしたときから主たる手形債務者となる。為替手形の振出人は，支払人の引受けおよび支払いに対して担保責任を負うのみであり，遡求義務者であるにとどまる。

④ 約束手形に関する手形行為としては，振出し，裏書および保証の三種があげられるが，為替手形に関する手形行為としては，以上三種に加えて，引受けおよび参加引受けがあげられる。とくに支払人による引受けという制度は，為替手形の大きな特色である（後述 1.3）。

約束手形の遡求義務者は支払いを担保するのみだが，為替手形の遡求義務者は，支払いについてのみならず引受けについても担保責任を負う（手9条1項・15条1項）。裏書人は無担保文句の記載によって，引受担保責任および支払担保責任の両方またはその一方を免れることができる（手15条1項）。しかし，振出人は引受無担保の文句のみを記載できるにすぎず，支払担保責任を排除することはできない（手9条2項）。手形所持人は，引受けの全部または一部が拒絶された場合や支払人による引受け・支払いの可能性がない場合には，満期前でも遡求できる（手43条）。

⑤ 為替手形には複本および謄本の制度が認められている（手64条以下）。約束手形には謄本のみしか認められていないのと相違する。手形の謄本とは，原本の謄写であって，その上に裏書または保証をすることができるが，権利行使には原本を伴うことが必要である。謄本の実用性はきわめて乏しい。これに対して，複本とは一個の手形関係について発行された同一の手形債権を表章する複数の手形をいい，その間に原本と謄本のような正副の区別はない。外国為替手形には広く複本が利用されている。

各複本の内容は同一でなければならず（手64条1項），各複本にはそれぞれ番号を付することを要する（手64条2項）。複本の一通に対する支払いは，他

の複本にも及ぶのが原則である（手65条1項）。これを複本一体の原則という。しかし，善意の第三者保護のため，支払人が二通以上の複本に引受けをなした場合には，引受人は引受けをした各通の複本で返還を受けていないものについても，善意の複本所持人に対して責任を負う（手65条1項但書）。さらに，二通以上の複本につき数人に対し格別に裏書譲渡をした裏書人，および，次いでその各複本のそれぞれに裏書をした者は，その署名した各通で引受人が支払いに際し返還を受けなかったものについて遡求義務者としての責任を負う（手65条2項）。

3. 為替手形の基本的記載事項 ───────

為替手形の必要的記載事項は，手形法1条に列挙されており，約束手形と共通の事項も多い。約束手形と比較した主要な特色は以下の点にある。

① 為替手形は支払委託証券であるため，単純なる支払委託文句の記載が必要である（手1条2号）。

② 約束手形と異なり，為替手形にあっては引受けをすべき支払人の記載が要求される（手1条3号）。振出人自身が支払人となることが認められている（手3条2項）。このような手形を自己宛手形という。このような自己宛手形に引受けをしてから債権者（為替手形では多くは振出人となっている）に交付する場合には，法的な働きはまったく約束手形と同一である。

③ 振出人自身が受取人となることも許される（手3条1項）。このような手形を自己指図（自己受）手形という。なお，振出人が支払人と受取人の三者の地位を兼併することは，その必要性が認められず，許されないと解される。

1.2 為替手形の振出し

1. 振出しの法的性質 ───────

為替手形の振出しによって為替手形関係が成立するが，この手形関係の中心となっているのは支払委託関係であり，為替手形の法的本質は支払委託にある。為替手形の振出しの法的性質に関しては古くから議論がある。

(1) 支払指図説

　今日の有力説は，為替手形振出しの法的性質をドイツ民法上の支払指図，または，広い意味での支払指図に含められ，それに準じたものとして構成する（支払指図説）。これはドイツ通説にしたがうものである。それによれば，指図人である為替手形振出人は，一方では，被指図人である支払人に対して，支払人の名において振出人の計算で支払いをする権限（支払権限）を授与し，他方では，指図受取人である為替手形受取人（所持人）に対して，受取人の名において振出人の計算で支払いを受ける権限（支払受領権限）を授与すると構成する。すなわち，二重授権が行われるとする。この支払指図説は，為替手形中に支払委託（手1条2号）が含まれていることによく適合するようにみえる。

　しかし，上の支払指図説に対しては以下のような疑問があり否定されるべきである。すなわち，①ジュネーヴ手形統一法会議では手形法1条2号の支払委託文言に関してまったく支払指図の観念は顧慮されなかった。この規定中の「支払委託」の概念を各国の民法に固有な観念に依拠して理解することは，この規定が為替手形制度の中核にかかわるものであるため，手形法の実質的な国際的統一性を害するおそれがある。

　②ドイツ民法上の支払指図の制度は，歴史的にみて，支払簡易化の需要に応ずるために発生してきたものであるが，これに対して，為替手形はその起源において信用利用の手段として発生し，発展してきた制度であって，両者の間には機能的な相違がみられる。

　③ドイツ民法上の支払指図の制度と為替手形制度との間には，制度の基本構造において相違がある。すなわち，第一に，支払指図の制度においては，指図人，被指図人，受取人の三当事者が必要であるが，これに対して，為替手形においては，自己宛手形，自己受手形のように手形当事者の兼併が認められ，また，振出人以外の第三者が支払人に対して手形の支払資金の提供義務を負う委託手形が認められている（手3条3項）。第二に，支払指図においては，支払人が支払指図を履行したときには，指図人（振出人）に対して補償請求権を取得することになるが，為替手形の支払人による支払いにおいては，必ずしも振出人に対する何らかの請求権を取得するわけではない。たとえば，Aが支払人BのCに対する借入金債務の保証人として為替手形を貸主Cに振り出す場合に

は，Bは手形の支払いにより何らの請求権もAに対して取得することにはならない。むしろ，手形法の構成のうえでは，支払いをした支払人は通常は振出人に対して賠償請求権を取得するとされてはおらず，反対に，手形法上，引受けをした支払人に対して振出人も手形上の権利を取得するものとされている（手28条2項）。

④手形法は，手形関係を資金関係から切り離しており，小切手法32条のような資金関係にかかわるとみてよい規定をまったく設けていない。手形法は，為替手形の資金関係を手形法の外に置いて各国の国内民法の規定に委ねていると解すべきであって，為替手形の振出しに関する法律構成においては，資金関係は手形外の関係として，多様な資金関係の形態に対応しうる形で位置付けられるべきである。

(2) 私　　見

この問題に関しては，ドイツ法的な支払指図の制度から離れて，手形法の規定それ自体の解明に向かうべきである。そのうえで，私は，為替手形の振出しの法的性質は以下のように解すべきと考える。

為替手形の法的本質は支払委託にあるが，為替手形中に含まれている支払委託（手1条2号）を，為替手形の振出しの構成の中でどのように位置付けるかが核心的な問題である。

為替手形の振出交付により，受取人は手形上の権利（支払人の引受けを条件とする金銭債権および引受拒絶・支払拒絶の場合の償還請求権）を取得し，為替手形中の支払委託によって，支払人は手形所持人に対して手形金額の支払いをする権限を授与される。

為替手形上の支払委託は，一方では，資金関係上において効力を生ずる。すなわち，為替手形の振出しは，手形外に存在する資金関係に対応した具体的な支払いの命令（指図）の意味をもつ。この支払いの指図は，為替手形上の支払委託の記載をとおして（為替手形をとおして）支払人に伝達される。存在している資金関係に基づき，支払人が手形金の支払の効果を振出人に帰することができる。

他方では，為替手形中の支払委託は手形法上でも効力を有する。すなわち，

1.2 為替手形の振出し

この振出人のなした為替手形上の支払委託に基づいて，まずもって，為替手形関係が成立し，それは支払いによって消滅する。さらに，この支払委託に基づいて支払人の為替手形の支払が，手形法上の効力をもった，支払委託に対応した有効な支払となるのである。つまり，振出人に対して効力をもった手形支払となる。このことは，本来的には，支払人が資金関係上で手形支払の効果を振出人に帰することのできる前提要件である。

為替手形の支払人の支払権限は，小切手の場合と異なり（小32条2項），支払人が引受けをしていない限り，支払呈示期間内に手形の呈示がないとき（振出人の遡求義務は消滅する）や，支払委託の取消し（撤回）がなされたときには消滅する。小切手と異なり，為替手形の場合には，振出人は支払人による支払いまたは引受けがなされる以前は，いつでも自由に支払委託を撤回できる。支払指図説によれば，この支払委託の取消しは支払指図自体を撤回することになるが，これはさらに二説に分かれ，その一は，支払指図を支払人に対する関係でも，受取人に対する関係でも撤回するものと解し，その二は，支払人に対する関係でのみ撤回するのであって，受取人に対しては効果は及ばないと解するが，いずれも支払委託の取消しの効力は手形関係にかかわるとすることで共通する。私も同様に，支払委託の取消しは，為替手形関係上の効力を生じ，それは手形法上の効力を生じて，為替手形振出しの効力にかかわるものと解する。しかし，為替手形の振出交付によって手形所持人となった者の権利が振出人の一方的意思表示によって消滅させられることは認められないため，上の手形法上の効力は，支払人の支払権限のみにかかわり，所持人の支払いを受ける権利には及ばないと解する。

2. 為替手形振出しの効力 ─────────

為替手形の振出しにより，為替手形が成立するが，それは，支払人の引受けを条件とする金銭債権および引受拒絶・支払拒絶の場合における振出人に対する償還請求権（遡求権）という択一的関係にある金銭債権を表章する。

振出人は，引受けおよび支払いを担保する（手9条1項）。振出人の担保責任は裏書人の担保責任と同様に，手形の流通強化のために，手形法が定めた法定の責任である。振出人の担保責任の根拠を振出人の意思表示の効果に求める見

解もあるが，為替手形の振出し中にこのような意思表示が含まれるとは解しがたいこと，および，歴史的にみて，為替手形振出人は当初受取人に対してのみ担保責任を負うにすぎなかったのであり，所持人一般に対して担保責任を負うことは，法の効力に基づくと解すべきことから，法定責任と解する。

振出人が引受不担保の文言を記載した場合にはそれは有効である。しかし，支払不担保の文言は記載せざるものとみなされる（手9条2項）。振出人が支払いを担保しない場合には，手形の支払確実性と流通性が害されるからである。したがって，所持人は，引受拒絶の時点では引受不担保文句により振出人に対して遡求できなくても，満期における支払拒絶の時点で振出人に対して遡求できる。

1.3 引 受 け

1. 引受けの概念

引受けとは，為替手形の支払人がなす手形金額支払いの債務を負担する手形行為をいう。為替手形の支払人は引受けをしたときから主たる手形債務者となる。

引受けは，「引受け」その他これと同一意義の文言（引受文句）を記載して，支払人が署名をすることにより（正式引受け），または，手形の表面に支払人が単に署名をすることによって（略式引受け）行われる（手25条1項）。実際には，手形用紙表面の引受欄への記入，署名によってなされる。

引受けは為替手形上の記載により支払人として指定された者がなさなければならず，支払人とされている者以外の者が引受けをなしても無効である（最判昭44・4・15金法550号31頁）ということが原則として認められなければならない。かつて，約束手形の記載方法と混同され，振出人が受取人の氏名を約束手形の受取人欄と同位置にある支払人欄に誤って記載することが時折生じていた。このような支払人と引受人とが異なる場合には，手形行為の外観解釈の原則にしたがい，やはり引受けは無効と解すべきであろう。今日では，このような誤記を防ぐために，統一手形用紙が改訂され，330頁の為替手形用紙例にみるように，為替手形の支払人欄・受取人欄にそれぞれ「支払人（引受人名）」，

1.3 引 受 け

「受取人」という肩書が付されている。

支払人と引受人の記載の表示上，形式的にみれば両者の同一性が欠けていると解すべきときにも，所持人において実質的な同一性を証明できる限りで，この引受人に対して請求でき，遡求義務者もそれを証明して，引受拒絶による遡求義務を免れると解すべきであろう（大隅=河本・ポケット注釈全書7　増補手形法・小切手法199頁，鈴木=前田・369頁注七）。さらに，手形当事者間においては，当該支払人の記載の事実的解釈に基づいて（前述45頁以下），その事実の存在を証明できる限りで請求をなしうると解してよいと考えられるだろう。

引受けという手形行為は，単独行為として理解すべきである（通説）。それは手形理論として原則的に契約説をとる立場においても同様である。なぜなら，引受けを契約の観念により構成しようとすると次のような不都合が生じるからである。すなわち，引受けは，手形の所持人または単なる占有者の求めに応じて成立する（手21条）が，引受けを契約として理解しようとすると，この呈示人が制限行為能力者や無権利者である場合には引受けの成立を認めえないという不都合が生ずる。さらに，支払人は引受けを手形金額の一部に限ることができる（手26条1項但書）が，これは引受人の意思だけでできることである。したがって，以上より引受けは相手方のない単独行為と解されるべきであり，呈示人が制限行為能力者，無権利者であるときにも有効に成立すると解する。さらに，引受けの有効な成立のためには，呈示人への手形の返還が必要であると考えられる。そこで，引受人は手形の返還前には引受けの記載を抹消して，引受けを撤回することができる（29条1項）。

2. 引受けの成立

(1) 引 受 呈 示

為替手形の所持人または単なる占有者は，満期の前日までに支払人の住所または営業所において引受けのための呈示（引受呈示）をすることができる（手21条）。支払担当者の記載があっても，支払人に対してすることが必要である。引受呈示は原則として満期の前日までにすることを要するが，満期後であっても支払人が引き受ければ，引受けとして有効である。しかし，引受呈示期間経過後における引受拒絶によっては，当然に遡求権を行使することはできない。

手形の所持人は，引受呈示をする権利を有するが，引受呈示をすべき義務を負っているわけではない（手21条は引受けのため「呈示スルコトヲ得」と規定する）。したがって，引受呈示をするか否かは所持人の自由であり，これを引受呈示自由の原則という。ただし，振出人または裏書人は期間を定めまたは定めないで引受呈示を命令し，または引受呈示を禁ずることができる（手22条）。

為替手形の所持人は，満期に引受済みの手形または未引受けの手形を引受人・支払人に対して適法に支払呈示したところ，手形金の全部もしくは一部の支払いを拒絶された場合には，振出人および裏書人に対し遡求権を取得する（手43条）。引受呈示に対して引受拒絶がなされた場合にはすでにして満期前にこれを取得する（前述267頁）。

(2) 引受けの単純性

手形行為として引受けは単純であることを要する（手26条1項）。これに対して，振出人の資金供給や受取人の契約履行といった条件を付した引受け，手形金額の一部に限る一部引受け，および，割賦払いで支払う旨を加えた引受けのように，手形の記載内容に変更，条件を加えた引受けを不単純引受けという。手形法は一部引受けを有効とし（手26条1項但書），条件付引受けのような不単純引受けについては，それを全面的に無効とせず，引受拒絶としての効力を有するとする（手26条2項）。そこで，手形所持人は引受拒絶があるものとして遡求義務者に対して遡求権を行使できるとともに，引受人に対して変更した文言にしたがって手形上の責任を問いうるものとする（手26条2項但書）。

手形法26条の解釈論としては，引受けの単純性の原則に照らして，条件付引受けを無効とし，同条2項により引受拒絶の効力があるのは，一部引受け，条件付引受け以外の記載の変更に限ると解する余地もある。けれども，このような解釈によるべきではないと考える。なぜなら，引受けは支払いにかかわる行為であり，行為の単純性が害されているか否かによって行為の有効な成立の有無を問題にすべき振出し等の手形流通にかかわる手形行為とは別異に考えてよいと思われるからである。そして，条件付引受けを手形法26条2項の二者択一的な取扱に服せしめても，それにより手形所持人に不利益を与えないと考える。

2

小 切 手

2.1 小切手の特色

1. 小切手の概念

　小切手は，振出人が支払人である銀行に宛てた，所持人に対して一定金額を支払うことを委託する旨の文言を記載した証券である。それは為替手形と同様に支払委託証券であり，小切手の法的本質も支払委託にある。小切手にあっては，為替手形における支払人による引受けという制度は認められていないから，主たる小切手債務者という概念はまったく存在していない。そこで，小切手においては，その信用力を高める必要があるので，小切手は銀行に宛てて（銀行を支払人として）振り出されるべきものと規定されている（小3条）。

　銀行は，小切手においては，直接的に小切手法上支払いをすべき者とされる支払人の地位に立ち，手形において，支払いをすべき債務者に代わって支払をなす支払担当者の地位に立つのと相違する。小切手の振出人と支払人である銀行との間には為替手形の振出人と支払人間と同様の資金関係が存在し，為替手形の引受人または約束手形の振出人と支払担当者である銀行との間に準資金関係が存するのと相違する。

　手形の場合におけると同様に，小切手の振出人と支払銀行との間には，当座勘定取引契約（当座預金取引）が存在することが前提となる。当座勘定取引契約中には，顧客が振り出した手形・小切手に対し，顧客の当座預金を支払資金

として支払いをするという内容の継続的かつ包括的な支払事務の処理を目的とする準委任契約である小切手契約が含まれている。

2. 小切手と手形の異同

小切手の経済的機能は，もっぱら現金通貨による支払いに代わる機能にあり，これに尽きている。これに対して，手形の経済的機能は，支払いの手段であることにとどまらず，むしろ，信用利用の手段であることに中心がある。このような手形と小切手の経済的機能の相違は，以下に示すように手形・小切手の法制度上の相違の面にも反映している。小切手法の手形法に比較した主要な特色は以下の点にある。

① 支払手段として十分に機能するために，小切手の支払人の資格は原則的に銀行に限られている（小3条）。これに違反するときには過料に処せられる（小71条）。そして，振出人がこの支払銀行に支払呈示の時点において支払資金を有し，かつ，支払銀行との間に振出人の振り出した小切手に対して支払いをなすべき明示または黙示の契約（小切手契約）が存在していることが要求される（小3条）。しかし，小切手については引受けが禁止されているために（小4条），小切手の所持人は支払人である銀行に対して小切手支払を求める直接的訴権を有することはない。支払銀行は，小切手契約上，顧客である振出人に対して小切手支払いの義務を負うにすぎない。

② 支払手段である小切手には持参人払式（無記名式）のものが認められ（小5条1項3号），受取人の記載を手形要件として無記名式のものを認めない手形法と相違する。わが国の実際においては，持参人払式が一般化している。持参人払式の小切手は単なる交付だけで譲渡され，裏書は不要である。しかし，反面，その盗難または紛失により，不正な所持人が支払いを受けて所持人・振出人が損害を被る危険を避けるために，所持人が支払いを受けるためには原則的に銀行を介してでなければならないとする線引の制度（小37条・38条）が設けられている。

③ 支払証券である小切手は，現金に代わるものとして，常に一覧払いとされ，満期の記載は許されず，これに反する一切の記載は，すべて記載のないものとみなされる（小28条1項）。同様に，迅速に決済されるべきものとして，

2.1　小切手の特色

小切手の支払呈示期間は，振出日付後10日間とされている（小29条1項）。支払呈示期間の経過により振出人・裏書人に対する遡求権は消滅するが，しかし，支払呈示期間経過後においても，支払委託の取消しがない間は，支払人である支払銀行は支払いをすることができる（小32条2項）。同様の趣旨から，消滅時効期間は手形におけるよりも短縮されている（小51条）。

④　小切手の信用証券化を防ぐために，支払人による引受けが禁じられ（小4条），支払人による裏書は無効とされている（小15条3項）が，小切手の支払確実性を高める方法として，支払人が小切手上の支払義務を負担する支払保証という制度が認められている（小53条以上）。しかし，支払保証は引受けと同一の効果を有するものではなく，それにより支払人は最終の遡求義務者としての地位につく。

3.　先日付小切手 ─────────────

先日付小切手とは，振出しの日付を現実の交付の日よりも後の日とする小切手をいう。小切手の現実の振出日の時点においては，振出人が銀行に支払資金を有さない場合に利用される。このような現実の日を振出日として記載していない小切手の振出しの効力自体はそれだけによって害されることはない。しかし，所持人は小切手上の振出日の到来するまで請求できないとすると，それは，実質において振出しの日付を満期とするのと同様となり，小切手の一覧払性と矛盾する。そこで，このような先日付小切手は本来無効とすべきものだが，その利用を排除することは実際には不可能であって，それを無効とすると善意の取得者を害することから，小切手法は，先日付小切手は，記載された振出日付前であっても，支払呈示された日に支払うべきものと規定する（小28条2項）。

先日付小切手の振出しにあたっては，振出人と受取人の間に記載された振出日以前には支払呈示しない旨の特約がある場合が多い。そこで，振出日付以前の支払呈示により振出人が損害を被った場合には，この特約の違反に基づいて受取人に対して損害賠償を請求できると解する見解がある。しかし，小切手法28条2項の趣旨に照らして，先日付小切手の不当性を実質的にも排除するため，受取人にこのような特約不遵守に基づく損害賠償責任を認めるべきではない。

2.2 小切手の振出し

1. 小切手の基本的記載事項

手形と比較した小切手の記載事項の面における特色は以下の点に存する。

① 為替手形と同様，単純な支払委託文句が要求される（小1条2号）。

② 支払人は銀行に限定されている（小1条3号・3条・59条）。支払担当者または支払場所も銀行であることを要する（小8条）。

③ 小切手は記名式，指図式でも，記名式で指図禁止にしても，または，持参人払式でも，振り出すことができる（5条1項）。

④ 小切手は振出人を受取人（自己指図小切手）としても，または，振出人自身が支払人（自己宛小切手）になってもよい（小6条1項・3項）。とくに，銀行が自己を支払人として振り出す自己宛小切手（預手）は，取引界において通常その支払確実がきわめて高いものとして，現金と同様に取り扱われており，この小切手が提供された場合には，特段の事情のない限り，債務の本旨にしたがってなされた弁済の提供と認められ（最判昭37・9・21民集16巻9号2041頁），広く用いられている。

⑤ 振出日は小切手要件であり（小1条5号・2条1項），振出日白地の小切手を未補充のままで支払呈示しても有効な呈示としての効力はなく，振出人らに対する遡求権を保全することはできない（最判昭61・11・7金判759号17頁）。学説上，確定日払手形の振出日の記載については手形要件性を否定する見解があるが，確定日払手形と異なり，小切手にあっては，振出日は小切手上の権利の内容・行使にかかわる要件としての意義を有する。小切手の振出日の記載に基づいて，支払呈示期間が決定され（小29条1項・4項），その結果，時効期間の起算日が定められ（小51条），また，先日付小切手にあたるか否かが決まる（小28条2項）。

⑥ 小切手には手形と異なり印紙を貼付する必要はない。これは小切手が支払証券として現金通貨に代替するものだからである。

2. 小切手振出しの法的性質

為替手形の振出しに関してと同様に，小切手の振出しの法的性質についても，小切手中に含まれている支払委託（小１条２号）の意義付けをめぐって，学説上争いがある。これに関しても，ドイツ民法上の支払指図として構成する見解が有力であるが，それを肯定できないことは同様であって，私見は為替手形の振出しに関してと同様に，以下のように解する。

小切手の法的本質は支払委託にあるが，小切手法上，小切手の振出交付により，受取人は小切手上の権利（支払人の支払いに対する期待利益を享受する地位，および支払拒絶の場合の償還請求権）を取得し，また，小切手中の支払委託により，支払人は小切手所持人に対して支払いをなす権限を授与される。他方，支払人である銀行と顧客である振出人との間には小切手契約が存在し，これに基づいて支払銀行は支払いの効果を振出人に帰することができる。そして，個々の小切手の振出しは，小切手契約に対応した個別具体的な支払いの命令（指図）の意味をもつ。この支払の指図は，小切手上の支払委託の記載をとおして（小切手をとおして），支払人に伝達される。

したがって，小切手上の支払委託は，一方では，小切手契約に対応した個々的な支払いの指図を意味し，これに基づき，支払人は支払いの効果を振出人の計算に帰することができる。これは資金関係上での効力である。他方では，小切手上の支払指図は，小切手法上支払人に支払いを委託する効力を有する。ただし，これにより支払人が小切手法上支払義務を負うわけではない。この小切手上の支払委託に基づいて，小切手関係が成立し，さらに，支払人の小切手支払いが，小切手法上の効力をもった，支払委託に対応した有効な支払いとなる。このことは，本来的には，支払人が資金関係である小切手契約上で小切手支払いの効果を振出人に帰することのできる前提要件である。

3. 小切手の振出しの効力

小切手の振出しにより，小切手は，小切手上の権利，すなわち，支払人によって支払われるとの期待利益（期待権）を享受する地位，および支払拒絶の場合の振出人に対する償還請求権という二者択一的関係にある地位または権利を表章する。小切手の振出人は，支払いを担保する遡求義務を負担し，支払不担

保の文言は記載なきものとみなされる（小12条）。

2.3 小切手の流通と決済

1. 小切手の流通 ─────────

　小切手は，手形と異なり，記名式，指図式，記名式にして指図禁止文句付きのものとしてだけでなく，持参人払式，選択無記名式のものとしても振り出すことができる（小5条）。指図式のものおよび記名式で指図禁止文句なきものは，法律上当然の指図証券であり，手形と同様に裏書により譲渡できる（小14条1項）。これに対して，持参人払式のものおよび，それと同一とみなされる無記名式，選択無記名式のもの（小5条2項・3項）は，単なる引渡しだけで譲渡できる。わが国で実際に利用されている小切手は，持参人払式のものが一般的であり，統一小切手用紙（330頁）は持参人払の方式を採用している。そこで，手形と異なり小切手用紙の裏面には裏書欄が設けられていない。

　小切手法は，記名式小切手・指図式小切手の裏書に関して，手形法と同様の規定をおく。すなわち，裏書の方式（小16条），裏書の権利移転的効力（小17条1項），担保的効力（小18条），資格授与的効力（小19条），善意取得（小21条），抗弁の制限（小22条），取立委任裏書（小23条），期限後裏書（小24条），白地式裏書（小17条2項），裏書の単純性（小15条1項），一部裏書の無効（小15条2項），持参人払式裏書（小15条4項），無担保裏書（小18条1項），裏書禁止裏書（小18条2項）の諸規定である。なお，小切手が支払証券である性質上，質入裏書に関する規定はない。

　小切手においては，支払人に対してなされた裏書には裏書としての効力は認められず，受取証としての効力しか生じない（小15条5項）。それは，慣習により受取証の代わりに小切手の裏面に署名をしたという場合に，裏書人として担保責任を負わせるのは不当であり，また，このような裏書を認めると支払銀行が振出人の資金の有無を確認せずに支払いの形をとる代わりに裏書をさせ，その後に資金不足のときには支払いを拒絶して遡求により回収を図るということが生じて，小切手法3条違反の小切手振出しを誘発するという弊害があるためである。

2.3 小切手の流通と決済

ただし，支払銀行に対する裏書を常に無効とすると，支払銀行の一支店がその取引先の依頼に応じて他支店宛の小切手を割引く（現金化する）ことができなくなるという不都合があるので，この場合には例外的に支払人に対する裏書が認められる（小15条5項但書）。さらに，支払人のなす裏書は無効である（小15条3項）。支払人が裏書により担保責任を負いうるとすると，小切手に引受けを禁じた（小4条）趣旨が没却されるからである。

持参人払式小切手にあっては，その所持により所持人には権利者としての形式的資格が認められる。そして，持参人払式小切手の交付だけによる譲渡に関しても，善意取得・抗弁制限という流通保護制度が作用する。ただし，期限後の譲渡（参照，小24条1項）の場合には，期限後裏書のなされた場合と同様と解される（大判昭7・2・5民集11巻3号183頁，最判昭38・8・23民集17巻6号851頁）。したがって，たとえば，期限後の交付による小切手の譲渡には，善意取得に関する小切手法21条の適用は否定される（前掲最判昭38・8・23）。

このような持参人払式小切手の譲渡のために裏書をなしても，それは無用なものである。そこで，この小切手に裏書がなされた場合には，この裏書自体に権利移転的効力や資格授与的効力を認めることはできない。しかし，この裏書は担保的効力を生ずる（小20条）。裏書人の意思に反するわけではなく，かつ，小切手流通の強化に益するからである。ただし，この裏書により以後持参人払式から指図式に変更されるわけではないのは当然である（小20条但書）。

銀行に持参人払式小切手の取立てを委任する場合，すなわち，銀行預金口座にこれを入金する場合に，実務では，この小切手の裏面に所持人の記名捺印または単なる捺印（いわゆる裏判）がなされることが多い。これは，銀行の事務処理上は，何人から取立委任を受けたかを明らかにしておくという意味をもつが，小切手法上は，隠れた取立委任を意味すると解すべきであろう（大隅＝河本・505頁）。とくに，記名捺印による場合には，白地式裏書としての意味をもつ。したがって，人的抗弁事由である取立委任の関係を，善意の取得者に対抗できなくなるという事態も生じうる。

2. 小切手の支払い

(1) 支払呈示期間

支払呈示期間の計算は，小切手面上に記載されている振出日付を標準として（小29条4項），振出日は初日として算入しないで（小61条）行う。小切手法29条4項が振出日付を起算日としているのは，小切手統一法条約の誤訳であるとされている。したがって，支払呈示期間は，振出日およびそれに次ぐ10日間である（小29条1項）。

所持人は，上の支払呈示期間内に支払呈示をしたが，支払人が支払わないときには，振出人，裏書人に対して遡求することができ（小39条），支払人が支払保証をしていれば，これに対して請求することができる（小55条1項）。

(2) 支払人の調査義務

記名式および指図式の小切手にあっては，裏書の連続する小切手の所持人に形式的資格が認められ，持参人払式小切手にあっては，小切手を所持する者に形式的資格が認められる。小切手の支払人による支払いに関しては，小切手法35条が適用されるが，この規定には，手形法40条3項と比較して，「満期ニ於テ支払ヲ為ス者ハ悪意又ハ重大ナル過失ナキ限リ其ノ責ヲ免ル」に相当する規定が欠けている。これは，小切手の支払人が小切手法上支払義務者でないため，「責を免れる」と表現するのが適切でないので規定しなかったにすぎず，悪意・重過失なしになされた支払いを有効なものと解すべきは当然である。したがって，手形法40条3項の前段が類推適用されるべきである。そこで，たとえば，支払人である支払銀行が悪意または重過失で無権利の小切手所持人に支払った場合には，この支払いにより小切手関係は消滅していないから，振出人の真の権利者に対する遡求義務はいまだ消滅せず，この権利者は支払人に小切手の返還を求めうる。

(3) 偽造小切手の支払い

支払銀行が偽造の小切手の支払呈示に対して支払いをした場合に，それによって発生した損失をとりあえず振出人，支払人のいずれが負担すべきかの問題が争われている。これと同様の問題は，支払銀行が取引先名義で振り出された

2.3　小切手の流通と決済　　　309

偽造の約束手形や同名義の引受けが偽造された為替手形に支払いをした場合にも生じるが，とくに偽造小切手の支払の場合を中心に議論されてきた。支払銀行による小切手支払いが，小切手法35条の意味での有効な支払いであれば，小切手上の権利は消滅し，支払銀行はその結果を振出人である顧客に帰することができる。しかし，これは小切手が真正に振り出されたものであることを前提としており，偽造の小切手の支払いには，35条の適用はない。

　今日，振出人が本来的に損失を負担するとの見解と，原則的には支払人が負担すべきだが，それは免責約款により振出人に転嫁されるとの見解とが対立している。

　振出人が本来的に損失を負担するとの見解の第一は，受領権者以外の者であって取引の社会通念に照らして受領権者としての外観を有するもの（いわゆる債権の準占有者）に対してした弁済に関する民法478条の規定を類推適用して，銀行が善意・無過失の場合には，弁済は有効であり，振出人が損失を負担するとする。この見解は，支払人である銀行が資金関係上で債務を負担し，この意味で顧客は債権者であり，偽造小切手の請求者は，顧客の有する債権の受領権者としての外観を有する者（債権の準占有者）とみられるという考え方に依拠する。しかし，当座預金は原則的に小切手（または手形）によってのみ引き出すことができるとされており（当座勘定規定7条2項（325頁）），銀行の顧客に対する資金関係上の債務は，有効な小切手の振出しによりはじめて具体化されるのであって，偽造小切手の場合には民法478条の適用の前提要件が充たされていないとの疑問がある。

　第二は，小切手契約に依拠する見解であり，小切手契約上の委任は，真正の小切手に支払いをなすべしという内容として理解されるべきではなく，せいぜい最高の慎重さをもって支払えとの内容であるとしたうえで，受任者である銀行は，委任事務処理に必要と認めたことに過失がない限りは，振出人に支出費用を求償でき，顧客の負担とすることができるとする（委任事務処理費用説）。この見解はまず，銀行は手形・小切手の支払いにより，準委任契約に基づいて，委任事務処理費用の償還請求権を取得して（民650条1項），これと当座預金の払戻請求権とが相殺されるとの考え方を基礎としている。

　しかし，当座預金は原則的に手形・小切手の支払いによってのみ払戻される

ものとされていることからも，より直接的に，小切手の支払いは当座預金の払戻しであると解する方が適切と考えられる。そうすると，小切手の支払いにより委任事務処理費用償還請求権が成立すると構成することは不要であるから，上の見解はこの点において不適当である。さらに，小切手契約においては，当事者間の契約の内容は，明らかに，顧客が真に振り出した手形・小切手に対して支払いをすべきことにあるのだから，このような偽造小切手の支払いは，委任の本旨にしたがった委任事務の処理（民644条）には該当せず，銀行のなした支出も，委任事務を処理するのに必要と認められる費用（民650条1項）にあたると解せるかは疑わしい。

当座勘定規定はその16条1項（326頁）で，小切手に使用された印影を届出の印鑑と相当の注意をもって照合し，相違ないと認めて支払った場合には，偽造小切手支払いにより生じた損害は顧客の負担とする旨を規定する（前述10頁・48頁）。銀行には日々大量の手形小切手を限られた時間内に迅速に決済すべきことが要請されていること，および，当座預金口座の管理上，支払手形・小切手の厳重な確認は当座預金から銀行が得られる利益に見合わない過度のコスト，時間を要することから，このような意味で，いわば，銀行は手形・小切手の迅速な支払いに強制された地位にあるといってよい。したがって，このことに照らせば，偽造手形・小切手支払いの損失を原則的に顧客に負担させる免責約款は，銀行が支払いにあたって合理的な程度の注意義務を負担する限りにおいて，有効性を認めてよい。

判例は，銀行が支払いにあたって尽くすべき注意義務の中核をなす印鑑照合に関して，通常は肉眼による平面照合の方法をもってすれば足りるが，社会通念上一般に期待される業務上相当の注意をもって慎重に事を行うことを要し，かかる事務に習熟している銀行員が上のごとき相当の注意を払って熟視するならば肉眼をもっても発見しうるような印影の相違が看過されたときは，銀行側に過失の責任があると判示している（最判昭46・6・10民集25巻4号492頁）。当座勘定規定16条1項の「相当の注意」は，上の判例にしたがって理解される。

(4) 小切手の遡求

　小切手の所持人が支払呈示期間内に有効に支払呈示をしたが，支払いを受けられない場合には振出人，裏書人に対して遡求権を取得する（小39条）。その形式的要件である支払拒絶の証明の方法としては，支払拒絶証書の作成の他に，小切手については支払人の拒絶宣言および手形交換所の宣言があげられている（小39条1～3号）。実務上は，従来，簡便な支払銀行による拒絶宣言が一般に利用されてきた。昭和61年（1986年）4月以降，統一小切手用紙上には支払拒絶証書作成免除文句である「拒絶証書不要」の文言が印刷されるようになったので，現在は，いずれも不要となっている。

3. 支払保証

　支払人は支払保証をすることにより，最終の遡求義務を負担する（小53条・55条）。所持人は，支払呈示期間経過前に支払呈示をし，かつ，拒絶証書等により支払拒絶の事実を証明する場合に限って，支払保証人に対して請求できるにとどまる（小55条1項・2項）。支払呈示をすべき相手方が支払保証人である支払人であることに照らせば，この規定は不可解であり，また，拒絶証書の作成免除が支払保証にまったく認められないことも不適当である（竹田・251頁）。

　実際には，支払保証を求められた支払銀行は，それに代えて自己宛小切手を交付している（当座勘定規定13条（326頁））。小切手を受け取る側にとってはいずれでも同一の結果を得られるし，支払銀行にとっては，顧客の当座預金勘定から小切手金額を引き落として，それを「別段預金（雑預金）」中の「自己宛小切手支払口」に振り替えることにより，安全に支払資金を確保して支払いにあてることができる。

4. 小切手の時効

　小切手上の権利の時効期間は，手形の場合と比べて短縮されている。すなわち，裏書人，振出人等に対する遡求権の時効期間は呈示期間経過後6カ月であり（小51条1項），小切手を受け戻した者の再遡求権の時効期間は，受戻しの日または訴えを受けた日より6カ月である（小51条2項）。また，支払保証をした支払人に対する請求権の時効期間は，呈示期間経過後1年である（小58

条）。

5. 利得償還請求権

　小切手の利得償還請求権（小72条）に関する固有の問題として，所持人が支払呈示期間内の呈示を怠ったとき，支払呈示期間の経過とともに小切手上の権利は消滅して，利得償還請求権が成立するか否かの問題がある。約束手形の振出人および為替手形の引受人の債務は絶対的なものだから，呈示期間経過後も時効消滅しない限り消滅することはない。他方，未引受けの為替手形では主たる手形債務者が存しないから，支払呈示期間の経過とともに手形上の権利は消滅する。ところで，小切手においては，所持人が呈示期間内の支払呈示を怠っても，支払委託の取消しのない限り，呈示期間経過後にも支払人は支払いをなすことができるとされている（小32条2項）。

　第一説（停止条件説）は，支払呈示期間経過後にも支払いを受けられる可能性があるので，所持人は確定的に失権するものではないから，支払委託の取消しまたは支払拒絶により支払呈示期間経過後の適法な支払いの可能性が消滅することを停止条件として利得償還請求権が発生するとする。第二説（解除条件説）は，支払呈示期間の経過とともに小切手上の権利は消滅し，利得償還請求権は確定的に発生するが，このことは，支払人の支払権限，所持人の支払受領の権限を否定するわけではなく，有効な支払いがなされれば，利得償還請求権はその時に消滅するとする。実際上の結果は，いずれの説によろうと同様である。

　支払呈示期間の経過とともに，遡求義務なき振出人，裏書人は小切手上の責任を免れ，また，支払人はもともと債務を負担していない。したがって，小切手上の支払人に対する支払いの指図は，小切手法上の期間の経過により本来的に効力を失い，支払人による支払いは停止されるべきことになる。また，小切手契約上の支払いの指図も本来的には以上のようなものであると思われる。けれども，小切手の支払制度としての意義に基づき，また，振出人の利害に一致することから，支払呈示期間経過後も支払委託の取消しのない限り，支払人は有効に支払いをすることができ，その結果を振出人の計算に帰することができる旨を，小切手法32条2項は規定している。この規定は上のように実質的には支払人保護の規定としての意義を有しているといってよいが，しかし，本来

的には，その立法趣旨は小切手所持人の保護にある（後述 2.4）。そこで，支払呈示期間経過後にも，支払委託の取消しのない限り，小切手上の支払指図，および，小切手契約上の支払指図は存続しているのであって，支払人の支払権限は存続すると解し，他方，所持人の支払受領の権限もこのような意味において法的に存続するものと解すべきである。以上のように支払委託の趣旨，小切手法 32 条 2 項の趣旨に照らして考えると，支払呈示期間の経過の時点において小切手上の権利は消滅するかという問題を設定し，これに明確な解答を与えることは必ずしも適切ではないと思われる。

けれども，本来的には支払呈示期間の経過により支払いの指図は効力を失うべきものであること，および，支払呈示期間経過後の支払人による支払いは任意的な裁量権限に基づくものであるとの意義を有することから，利得償還請求権の成立の面では，呈示期間の経過により小切手上の権利は消滅するものとして，その時点において利得償還請求権の成立を認めるべきであって，結果として第二説を支持すべきと考える。

2.4　支払委託の取消し

1.　支払委託の取消しの意義 ───────────────

小切手法 32 条 1 項は，小切手の支払委託の取消しは呈示期間経過後においてのみ効力を生ずると規定する。振出人のなす支払委託の取消しは，小切手の盗難，喪失などの場合に，公示催告・除権決定の複雑な手続に代えることができるという効果をもっている。当座勘定規定 15 条（326 頁）は，手形・小切手を喪失した場合に振出人に事故届の提出を求めているが，小切手の喪失届には支払委託の撤回を含むものと解されている。したがって，この支払呈示期間経過後の届出は，まさに有効な支払委託の取消しにあたる。しかし，32 条 1 項によれば，支払呈示期間経過前に上の届出がなされた場合や振出人が小切手の支払いの差止めを求めてきた場合には，この支払差止めは支払委託の取消しの効力を有さないことになる。

小切手法 32 条 1 項の立法趣旨は，小切手所持人の保護にある。すなわち，小切手の支払委託の取消しを制限しないで，振り出した後に直ちに取り消すこ

ともできるものとすれば，それは小切手制度の信用を害し，支払手段として小切手を不十分なものとするとの弊害があることから，支払委託の取消しの制限は，小切手の支払手段としての意義のうえで，また，小切手制度の発展のうえで不可欠であると考えられ，現在の32条1項が規定されたのである。しかし，支払呈示期間経過前の支払委託の取消しは許されないとされているが，支払人である銀行は振出人の取消しにもかかわらず支払えるとはいっても，実際には，顧客に損失をかけないために支払うことはしないであろう。そして，このような支払委託の取消しの制限に違反する支払拒絶に対する制裁が規定上欠けているのである。この意味で32条1項は不完全な規定というべきである。

今日，立法趣旨にもかかわらず，小切手法32条は実質的には支払人保護の規定としての意義を有すると指摘されている。すなわち，支払人は，①支払呈示期間経過前には，振出人の支払委託の取消しの有無について顧慮する必要がなく，この取消しに反して支払いをしたとしても，振出人に対して損害賠償責任を負うことはないこと（1項），および，②支払呈示期間経過後には，振出人，裏書人は本来は責任を免れるが，支払人は依然として有効に支払うことができること（2項）に，この規定の実質的意義があるとされる。

わが国の実務においては，支払呈示期間経過前に小切手喪失の届出がなされた場合や受取人との間の小切手振出しの原因関係の無効，取消しなどに基づく支払いの差止めのために振出人から事故届がなされた場合に，銀行は小切手の支払いを拒絶している。その理由としては，盗難，喪失による事故届の場合には，所持人は無権利者であることが多いから，その可能性を知りつつ支払いをなせば，悪意・重過失ある支払いにあたることが多く，そのときには銀行は支払いの結果を顧客の計算に帰することができないこと，事故届のあるときには，所持人が正当な権利者か否かの調査は困難だから，支払いを留保して不渡りとした方が銀行にとり安全であること，銀行は顧客たる振出人の保護を第一に考えること，および，支払銀行は所持人に対して何ら義務を負っていないので，支払いを拒絶しても所持人に対して責任を負うことがないことがあげられる[1]。

---

1) 自己宛小切手（預手）にあっては，銀行が振出人であり支払人である。したがって，この自己宛小切手の発行銀行と発行依頼人との間には，通常の当座小切手と異なり，本来的に小切手法上の支払委託の関係は存在しない。そこで，自己宛小切手の発行依頼人と発行銀行との関係は，小切手の ⬀

2. 支払委託の取消しの法的性質 ─────────────

(1) 学　　説

　支払委託の取消しの法的性質に関する学説としては，第一に，小切手の振出しを支払指図として構成する支払指図説に依拠して，支払委託の取消しはこの支払指図自体を撤回することであると解する支払指図撤回説がある。これはさらに二説に分かれ，その一は，①支払指図を支払人に対する関係でも，受取人に対する関係でも撤回するものと解し，その二は，②支払人に対する関係でのみ撤回するのであって，受取人に対しては効果は及ばないと解する。第二は，振出人と支払人との間には小切手の支払の事務を委託する小切手契約が存するが，個々の小切手振出しはこの小切手契約に対応する小切手関係外の支払指図をも意味しており，支払委託の取消しは，この小切手関係外の支払指図の撤回であって，それは民事小切手法上の概念であると解する支払事務委託撤回説である。

　以上の二説のうち，支払事務委託撤回説および支払指図撤回説中の②説は，支払委託の取消しは支払人との間にのみ効力を有し，それは支払人の支払権限の授与の撤回を意味するとする。他方，支払指図撤回説はいずれも，支払委託

◥ 売買に類似した関係であると解する見解が有力である。

　しかし，自己宛小切手の支払いのため発行依頼人から提供される支払資金は，発行銀行の別段預金中に保管されるから（前述311頁），同時にこの限りで発行依頼人と発行銀行との間に支払委託類似の関係があることも否定できない（前田・ジュリ435号131頁）。発行銀行は，小切手法上振出人として小切手支払いの債務を負うとともに，発行依頼人との自己宛小切手発行依頼関係のうえで支払義務を負う。発行依頼人が支払銀行に対して支払停止を依頼するときには，これは小切手法上の支払委託の取消しの意味は持たない。支払呈示期間経過前には，発行銀行はこれにしたがって支払いを拒絶したとき，振出人として遡求義務を負担させられる可能性があるから，自己の利益に基づき安易にそれにしたがうわけにはいかない。支払呈示期間経過後に支払停止の依頼がなされる場合には，支払呈示期間経過後にも自己宛小切手の支払いは問題なくなされるとの一般に存在する認識を考慮すると，その支払拒絶は銀行自身の信用力にかかわることになり，銀行自身の利益に基づき，やはり安易には支払いを拒絶できない。このような正当に保護されるべき銀行の利益に照らして，自己宛小切手に対する発行依頼人による支払停止の申出は，通常の当座小切手の場合の支払差止めとは異なって取り扱われる必要がある。

　したがって，この自己宛小切手発行依頼人による支払停止の申出は，銀行に注意を喚起し，支払いの慎重を期すべきことを求める単なる事故届の意味しか有さず（東京高判昭42・8・30高民集20巻4号352頁），支払いをなすか否かは銀行側の判断に委ねられていると解される。しかし，支払人としての銀行の支払いが小切手法上有効な支払いとなるかという面では，このような届出のある場合には，小切手所持人が無権利者であることが多いから，小切手法35条との関係で悪意・重過失あるものとして免責が否定される場合もある。この面から，事故届があるときには，発行銀行としては，所持人が権利者であるかについて慎重な対応をする必要がある。

の取消しは小切手法上の効力を生じ，小切手振出しの効力にかかわるものと解するのに対して，支払事務委託撤回説は，支払委託の取消しは小切手関係外の効力を生ずるものであり，それは振出人と支払人との間の資金関係上の法律関係に効力を及ぼすものと解している。これによれば，小切手法32条1項は3条と同様に資金関係にかかわる規定ということになる。

(2) 私　　見

前述の小切手振出しの法的性質に関する私見に基づいて，私は，支払委託の取消しは，小切手契約上（資金関係上）において効力を有するのみならず，小切手法上の効力をも生ずるものであって，小切手上でなされた支払権限授与の撤回であると解する。他方，その小切手法上の効力は，小切手の振出交付によって所持人となった者の権利は振出人の一方的意思表示によって消滅させられることはないために，支払人の支払権限のみにかかわり，所持人の支払受領の権限には効果を及ぼさないと解する。

上に対応して，小切手法32条1項の規定はまずもって小切手上の関係を規律するものと考える。このことはその立法趣旨が小切手所持人の保護にあり，所持人に小切手法上の権利を確保させることにあるのと合致する。さらに，所持人保護という立法趣旨に照らせば，この規定からは，支払委託の取消しの制限は，振出人と支払人との間の資金関係上（小切手契約上）でも効力を有するということが解釈により引き出されるべきである。なぜなら，小切手法32条1項が，小切手上になされた振出人の支払人に対する支払いの指図に関して規制する以上は，小切手契約上の支払指図についても，それと矛盾した効力を与えられてはならないからである。

小切手法は，3条で，小切手振出しに資金の存在を必要とし，かつ，銀行に宛ててのみ振り出されるべきと規定して，資金関係，小切手契約の存在を前提としている。これは小切手法の手形法との大きな相違点であり，それは小切手が銀行を支払人とする制度として形成されてきたことに基づいている。したがって，小切手法上では，手形法におけると異なり，小切手関係と資金関係との明確な分離，区分といった観念は，この限りで排除されている。そして，32条1項もまた資金関係を規制する規定として位置付けられ，振出人と支払人と

の間の資金関係上，すなわち，小切手契約上も，支払呈示期間経過前の支払差止（支払委託の取消し）を許さないとするものと解されるのである（詳しくは，川村「銀行取引法と小切手」一橋大学研究年報法学研究 14　338 頁以下）。

2.5　線引小切手

1．意　　義

　線引とは小切手の表面に二条の平行線を引いたものであり（小 37 条 2 項），これの施されている小切手を線引小切手という。線引には一般線引と特定線引がある。線引は振出人または所持人がすることができる（小 37 条 1 項）。

　小切手は持参人払式で振り出されることが多く（小 5 条 1 項 3 号），また一覧払いであるため（小 28 条 1 項），その盗難や紛失の場合に，不正の所持人が支払いを受ける危険が大きい。線引小切手はそれを防止するために設けられた制度である。すなわち，支払人は線引小切手については，自己の取引先または銀行に対してのみ支払うことができるとされ（小 38 条 1 項・2 項），さらにこの趣旨を徹底するために，銀行は自己の取引先または他の銀行のみから線引小切手を取得し，取立委任を受けることができると規定されている（小 38 条 3 項）。これによって，不正の所持人が小切手の支払いを受けることが防止され，また，支払いを受けた者を容易に知ることができ，それにより，不正の取得者をつきとめて責任を追及することができるため，被害者の救済が可能になる。ここに線引小切手の実際的効用がある。

2．線引の法的性質

　線引の法的性質については支払受領資格の制限に求める見解が有力である。しかし，このようにいうと，その制限外の者には受領資格がなくなり，受領資格のない者への支払いは有効性を否定されるように解されるおそれがあるので，法定の者だけに支払う義務を支払人に負担させる意思表示と解するのが適当である（田中［誠］・下 850 頁）。

3. 制限違反の責任

線引小切手に関する制限規定に違反した支払い，取得，取立委任は無効となるわけではないが，違反した支払人（銀行）はこのために生じた損害について，小切手の金額に達するまで賠償すべき責を負う（小38条5項）。これは小切手使用の安全のためにとくに設けられた責任であって，無過失責任である（通説）。

4. 線引の効力

(1) 一般線引小切手

一般線引小切手とは，二条の平行線内に何も記入しないか，または，単に「銀行」，「Bank」等の文字だけを記載したものをいう（小37条3項）。一般線引を特定線引にすることはできるが，特定線引を一般線引に変更することはできない（小37条4項）。

支払人である銀行は一般線引小切手については，他の銀行または自己の取引先の支払呈示に対してのみ支払うことができる（小38条1項）。線引の趣旨は身許の明らかな者へ支払わせることにあるから，上の自己の取引先の中には，同一銀行の他の店舗の取引先も含まれる。

(2) 特定線引小切手

特定線引小切手とは，二条の平行線内に特定の銀行の名称を記載したものをいう（小37条3項）。特定線引の利用はまれであるが，手形交換に回される途中で持出銀行により施されることが多い。これにより支払銀行は実際の持出銀行を明確に把握でき，また，交換印もれを補いうる。

特定線引小切手については，支払銀行は被指定銀行に対してのみ支払うことができ，また，支払銀行自身が被指定銀行である場合には，自己の取引先に対してのみ支払うことができる（小38条2項）。

(3) 線引の抹消

線引の抹消を正当な権限者が行ったのか否かの紛議を避け，線引小切手の安全性を高めるため，線引または被指定銀行の名称の抹消はこれをなさないものとみなされ，効力を生じない（小37条5項）。しかし，正当な権限者による抹

2.5 線引小切手

消も認めないため，振出人が小切手用紙使用前にあらかじめ線引を施しておいたような場合に，線引を抹消しようとしてもできないという不便が生ずる。そこで，当座勘定規定18条（327頁）は，線引小切手の裏面に振出人の届出印が押捺してある場合（これを裏判という），銀行は取引先以外の持参人に対しても支払うことができる旨を規定している。

　これにより銀行は取引先である振出人に対する関係では損害賠償義務を免れるが，このような特約もその当事者間では有効と解される（最判昭29・10・29裁判所時報171号169頁）。しかし，これによっては銀行は振出人以外の小切手権利者に対しては，裏判のあることを理由に小切手法38条違反による損害賠償義務を免れることができない。そこで，当座勘定規定18条2項では，銀行が第三者にその損害を賠償した場合には，取引先に求償できるものとされている。

資　　　料

銀行取引約定書

$\left(\begin{array}{l}\text{昭和37年8月6日}\\\text{全国銀行協会}\end{array}\right)$

廃止，平成 12 年 4 月 18 日

平成　年　月　日

銀行名
　　住　所
　　本　人　_____　㊞
　　住　所
　　保証人　_____　㊞

私は，貴行との取引について，次の条項を確約します。

第 1 条（適用範囲）①手形貸付，手形割引，証書貸付，当座貸越，支払承諾，外国為替その他いっさいの取引に関して生じた債務の履行については，この約定に従います。
②私が振出，裏書，引受，参加引受または保証した手形を，貴行が第三者との取引によって取得したときも，その債務の履行についてこの約定に従います。
第 2 条（手形と借入金債務）手形によって貸付を受けた場合には，貴行は手形または貸金債権のいずれによっても請求することができます。
第 3 条（利息，損害金等）①利息，割引料，保証料，手数料，これらの戻しについての割合および支払の時期，方法の約定は，金融情勢の変化その他相当の事由がある場合には，一般に行なわれる程度のものに変更されることに同意します。
②貴行に対する債務を履行しなかった場合には，支払うべき金額に対し年　％の割合の損害金を支払います。この場合の計算方法は年 365 日の日割計算とします。
第 4 条（担保）①債権保全を必要とする相当の事由が生じたときは，請求によって，直ちに貴行の承諾する担保もしくは増担保を差し入れ，または保証人をたてもしくはこれを追加します。
②貴行に現在差し入れている担保および将来差し入れる担保は，すべて，その担保する債務のほか，現在および将来負担するいっさいの債務を共通に担保するものとします。
③担保は，かならずしも法定の手続によらず一般に適当と認められる方法，時期，価格等により貴行において取立または処分のうえ，その取得金から諸費用を差し引いた残額を法定の順序にかかわらず債務の弁済に充当できるものとし，なお残債務がある場合には直ちに弁済します。
④貴行に対する債務を履行しなかった場合には，貴行の占有している私の動産，手形その他の有価証券は，貴行において取立または処分することができるものとし，この場合もすべて前項に準じて取り扱うことに同意します。

第5条 (期限の利益の損失) ①私について次の各号の事由が一つでも生じた場合には，貴行から通知催告等がなくても貴行に対するいっさいの債務について当然期限の利益を失い，直ちに債務を弁済します。

　1　支払の停止または破産，和議開始，会社更生手続開始，会社整理開始もしくは特別清算開始の申立があったとき。

　2　手形交換所の取引停止処分を受けたとき。

　3　私または保証人の預金その他の貴行に対する債権について仮差押，保全差押または差押の命令，通知が発送されたとき。

　4　住所変更の届出を怠るなど私の責めに帰すべき事由によって，貴行に私の所在が不明となったとき。

②次の各場合には，貴行の請求によって貴行に対するいっさいの債務の期限の利益を失い，直ちに債務を弁済します。

　1　私が債務の一部でも履行を遅滞したとき。

　2　担保の目的物について差押，または競売手続きの開始があったとき。

　3　私が貴行との取引約定に違反したとき。

　4　保証人が前項または本項の各号の1にでも該当したとき。

　5　前各号のほか債権保全を必要とする相当の事由が生じたとき。

第6条 (割引手形の買戻し) ①手形の割引を受けた場合，私について前条第一項各号の事由が一つでも生じたときは全部の手形について，また手形の主債務者が期日に支払わなかったときもしくは手形の主債務者について前条第1項各号の事由が一つでも生じたときはその者が主債務者となっている手形について，貴行から通知催告等がなくても当然手形面記載の金額の買戻債務を負い，直ちに弁済します。

②割引手形について債権保全を必要とする相当の事由が生じた場合には，前項以外のときでも，貴行の請求によって手形面記載の金額の買戻債務を負い，直ちに弁済します。

③前2項による債務を履行するまでは，貴行は手形所持人としていっさいの権利を行使することができます。

第7条 (差引計算) ①期限の到来，期限の利益の喪失，買戻債務の発生，求償債務の発生その他の事由によって，貴行に対する債務を履行しなければならない場合には，その債務と私の預金その他の債権とを，その債権の期限のいかんにかかわらず，いつでも貴行は相殺することができます。

②前項の相殺ができる場合には，貴行は事前の通知および所定の手続を省略し，私にかわり諸預け金の払戻しを受け，債務の弁済に充当することもできます。

③前2項によって差引計算をする場合，債権債務の利息，割引料，損害金等の計算については，その期間を計算実行の日までとして，利率，料率は貴行の定めによるものとし，また外国為替相場については貴行の計算実行時の相場を適用するものとします。

第7条の2 (同前) ①弁済期にある私の預金その他の債権と私の貴行に対する債務とを，その債務の期限が未到来であっても，私は相殺することができます。

②満期前の割引手形について私が前項により相殺する場合には，私は手形面記載の金額の買戻債務を負担して相殺することができるものとします。ただし，貴行が他に再譲渡中の割引手形については相殺することができません。

③外貨または自由円勘定による債権または債務については，前2項の規定にかかわらず，それらが弁済期にあり，かつ外国為替に関する法令上所定の手続が完了したものでなければ，私は相殺できないものとします。

④前3項により私が相殺する場合には，相殺通知は書面によるものとし，相殺した預金その他の債権の証書，通帳は届出印を押印して直ちに貴行に提出します。

銀行取引約定書　　**323**

⑤私が相殺した場合における債権債務の利息，割引料，損害金等の計算については，その期間を相殺通知の到達の日までとして，利率，料率は貴行の定めによるものとし，また外国為替相場については貴行の計算実行時の相場を適用するものとします。なお，期限前弁済について特別の手数料の定めがあるときは，その定めによります。

第8条（手形の呈示，交付）①私の債務に関して手形が存する場合，貴行が手形上の債権によらないで第7条の差引計算をするときは，同時にはその手形の返還を要しません。

②前2条の差引計算により貴行から返還を受ける手形が存する場合には，その手形は私が貴行まで遅滞なく受領に出向きます。ただし，満期前の手形については貴行はそのまま取り立てることができます。

③貴行が手形上の債権によって第7条の差引計算をするときは，次の各場合にかぎり，手形の呈示または交付を要しません。なお，手形の受領については前項に準じます。
　1　貴行において私の所在が明らかでないとき。
　2　私が手形の支払場所を貴行にしているとき。
　3　手形の送付が困難と認められるとき。
　4　取立その他の理由によって呈示，交付の省略がやむをえないと認められるとき。

④前2条の差引計算の後なお直ちに履行しなければならない私の債務が存する場合，手形に私以外の債務者があるときは，貴行はその手形をとめおき，取立または処分のうえ，債務の弁済に充当することができます。

第9条（充当の指定）弁済または第7条による差引計算の場合，私の債務金額を消滅させるに足りないときは，貴行が適当と認める順序方法により充当することができ，その充当に対しては異議を述べません。

第9条の2（同前）①第7条の2により私が相殺する場合，私の債務金額を消滅させるに足りないときは，私の指定する順序方法により充当することができます。

②私が前項による指定をしなかったときは，貴行が適当と認める順序方法により充当することができ，その充当に対しては異議を述べません。

③第1項の指定により債権保全上支障が生じるおそれがあるときは，貴行は遅滞なく異議を述べ，担保，保証の有無，軽重，処分の難易，弁済期の長短，割引手形の決済見込みなどを考慮して，貴行の指定する順序方法により充当することができます。

④前2項によって貴行が充当する場合には，私の期限未到来の債務については期限が到来したものとして，また満期前の割引手形については買戻債務を，支払承諾については事前の求償債務を私が負担したものとして，貴行はその順序方法を指定することができます。

第10条（危険負担，免責条項等）①私が振出，裏書，引受，参加引受もしくは保証した手形または私が貴行に差し入れた証書が，事変，災害，輸送途中の事故等やむをえない事情によって紛失，滅失，損傷または延着した場合には，貴行の帳簿，伝票等の記録に基づいて債務を弁済します。なお，貴行から請求があれば直ちに代り手形，証書を差し入れます。この場合に生じた損害については貴行になんらの請求をしません。

②私の差し入れた担保について前項のやむをえない事情によって損害が生じた場合にも，貴行になんらの請求をしません。

③万一手形要件の不備もしくは手形を無効にする記載によって手形上の権利が成立しない場合，または権利保全手続の不備によって手形上の権利が消滅した場合でも，手形面記載の金額の責任を負います。

④手形，証書の印影を，私の届け出た印鑑に，相当の注意をもって照合し，相違ないと認めて取引したときは，手形，証書，印章について偽造，変造，盗用等の事故があってもこれによって生じた損害は私の負担とし，手形または証書の記載文言にしたがって責任を負います。

⑤私に対する権利の行使もしくは保全または担保の取立もしくは処分に要した費用，および私の権利を保全するため貴行の協力を依頼した場合に要した費用は，私が負担します。

第 11 条（届け出事項の変更）①印章，名称，商号，代表者，住所その他届け出事項に変更があったときは，直ちに書面によって届け出をします。

②前項の届け出を怠ったため，貴行からなされた通知または送付された書類等が延着しまたは到達しなかった場合には，通常到達すべき時に到達したものとします。

第 12 条（報告および調査）①財産，経営，業況について貴行から請求があったときは，直ちに報告し，また調査に必要な便益を提供します。

②財産，経営，業況について重大な変化を生じたとき，または生じるおそれのあるときは，貴行から請求がなくても直ちに報告します。

第 13 条（適用店舗）この約定書の各条項は，私と貴行本支店との間の諸取引に共通に適用されることを承認します。

第 14 条（合意管轄）この約定に基づく諸取引に関して訴訟の必要を生じた場合には，貴行本店または貴行支店の所在地を管轄する裁判所を管轄裁判所とすることに合意します。

　　保証人は，本人が第 1 条に規定する取引によって貴行に対し負担するいっさいの債務について，本人と連帯して保証債務を負い，その履行についてはこの約定に従います。

　　保証人は，貴行がその都合によって担保もしくは他の保証を変更，解除しても免責を主張しません。

　　保証人が保証債務を履行した場合，代位によって貴行から取得した権利は，本人と貴行との取引継続中は，貴行の同意がなければこれを行使しません。もし貴行の請求があれば，その権利または順位を貴行に無償で譲渡します。

　　　　　　　　　　　　　　　　　　　　　　　　　　　　　　　　　以　上

当座勘定規定 **325**

当座勘定規定
（ひな型）

$$\left(\begin{array}{c}\text{昭和 49 年 4 月 16 日}\\\text{全 国 銀 行 協 会}\end{array}\right)$$

第1条（当座勘定への受入れ）①当座勘定には，現金のほか，手形，小切手，利札，郵便為替証書，配当金額収証その他の証券で直ちに取立てのできるもの（以下「証券類」という。）も受入れます。

②手形要件，小切手要件の白地はあらかじめ補充してください。当行は白地を補充する義務を負いません。

③証券類のうち裏書等の必要があるものは，その手続を済ませてください。

④証券類の取立てのため特に費用を要する場合には，店頭掲示の代金取立手数料に準じてその取立手数料をいただきます。

第2条（証券類の受入れ）①証券類を受入れた場合には，当店で取立て，不渡返還時限の経過後その決済を確認したうえでなければ，支払資金としません。

②当店を支払場所とする証券類を受入れた場合には，当店でその日のうちに決済を確認したうえで，支払資金とします。

第3条（本人振込み）当行の他の本支店または他の金融機関を通じて当座勘定に振込みがあった場合には，当行で当座勘定元帳へ入金記帳したうえでなければ，支払資金としません。ただし，証券類による振込みについては，その決済の確認もしたうえでなければ，支払資金としません。

第4条（第三者振込み）①第三者が当店で当座勘定に振込みをした場合に，その受入れが証券類によるときは，第2条と同様に取扱います。

②第三者が当行の他の本支店または他の金融機関を通じて当座勘定に振込みをした場合には，第3条と同様に取扱います。

第5条（受入証券類の不渡り）①前3条によって証券類による受入れまたは振込みがなされた場合に，その証券類が不渡りとなったときは，直ちにその旨を本人に通知するとともに，その金額を当座勘定元帳から引落し，本人からの請求がありしだいその証券類は受入れた店舗，または振込みを受付けた店舗で返却します。ただし，第4条の場合の不渡証券類は振込みをした第三者に返却するものとし，同条第1項の場合には，本人を通じて返却することもできます。

②前項の場合には，あらかじめ書面による依頼を受けたものにかぎり，その証券類について権利保全の手続をします。

第6条（手形，小切手の金額の取扱い）手形，小切手を受入れまたは支払う場合には，複記のいかんにかかわらず，所定の金額欄記載の金額によって取扱います。

第7条（手形，小切手の支払）①小切手が支払のために呈示された場合，または手形が呈示期間内に支払のため呈示された場合には，当座勘定から支払います。

②当座勘定の払戻しの場合には，小切手を使用してください。

第8条（手形，小切手用紙）①当行を支払人とする小切手または当店を支払場所とする約束手形を振出す場合には，当行が交付した用紙を使用してください。

②当店を支払場所とする為替手形を引受ける場合には，預金業務を営む金融機関の交付した手形用紙であることを確認してください。

③前2項以外の手形または小切手については，当行はその支払をしません。

④手形用紙，小切手用紙の請求があった場合には，必要と認められる枚数を実費で交付しま

す。

第9条（支払の範囲） ①呈示された手形，小切手等の金額が当座勘定の支払資金をこえる場合には，当行はその支払義務を負いません。

②手形，小切手金額の一部支払はしません。

第10条（支払の選択） 同日に数通の手形，小切手等の支払をする場合にその総額が当座勘定の支払資金をこえるときは，そのいずれを支払うかは当行の任意とします。

第11条（過振り） ①第9条の第1項にかかわらず，当行の裁量により支払資金をこえて手形，小切手等の支払をした場合には，当行からの請求がありしだい直ちにその不足金を支払ってください。

②前項の不足金に対する損害金の割合は年　％（年三百六十五日の日割計算）とし，当行所定の方法によって計算します。

③第1項により当行が支払をした後に当座勘定に受入れまたは振込まれた資金は，同項の不足金に充当します。

④第1項による不足金，および第2項による損害金の支払がない場合には，当行は諸預り金その他の債務と，その期限のいかんにかかわらず，いつでも差引計算することができます。

⑤第1項による不足金がある場合には，本人から当座勘定に受入れまたは振込まれている証券類は，その不足金の担保として譲り受けたものとします。

第12条（手数料等の引落し） ①当行が受取るべき貸付金利息，割引料，手数料，保証料，立替費用，その他これに類する債権が生じた場合には，小切手によらず，当座勘定からその金額を引落すことができるものとします。

②当座勘定から各種料金等の自動支払をする場合には，当行所定の手続をしてください。

第13条（支払保証に代わる取扱い） 小切手の支払保証はしません。ただし，その請求があるときは，当行は自己宛小切手を交付し，その金額を当座勘定から引落します。

第14条（印鑑等の届出） ①当座勘定の取引に使用する印鑑（または署名鑑）は，当行所定の用紙を用い，あらかじめ当店に届出てください。

②代理人により取引をする場合には，本人からその氏名と印鑑（または署名鑑）を前項と同様に届出てください。

第15条（届出事項の変更） ①手形，小切手，約束手形用紙，小切手用紙，印章を失った場合，または印章，名称，商号，代表者，代理人，住所，電話番号その他届出事項に変更があった場合には，直ちに書面によって当店に届出てください。

②前項の届出の前に生じた損害については，当行は責任を負いません。

③第1項による届出事項の変更の届出がなかつたために，当行からの通知または送付する書類等が延着しまたは到達しなかつた場合には，通常到達すべき時に到達したものとみなします。

第16条（印鑑照合等） ①手形，小切手または諸届け書類に使用された印影または署名を，届出の印鑑（または署名鑑）と相当の注意をもって照合し，相違ないものと認めて取扱いましたうえは，その手形，小切手，諸届け書類につき，偽造，変造その他の事故があっても，そのために生じた損害については，当行は責任を負いません。

②手形，小切手として使用された用紙を，相当の注意をもって第8条の交付用紙であると認めて取扱いましたうえは，その用紙につき模造，変造，流用があっても，そのために生じた損害については，前項と同様とします。

③この規定および別に定める手形用法，小切手用法に違反したために生じた損害についても，第1項と同様とします。

第17条（振出日，受取人記載もれの手形，小切手） ①手形，小切手を振出しまたは為替手形を引受ける場合には，手形要件，小切手要件をできるかぎり記載してください。もし，

当座勘定規定

327

小切手もしくは確定日払の手形で振出日の記載のないものまたは手形で受取人の記載のないものが呈示されたときは，その都度連絡することなく支払うことができるものとします。

②前項の取扱いによって生じた損害については，当行は責任を負いません。

第18条（線引小切手の取扱い）①線引小切手が呈示された場合，その裏面に届出印の押なつ（または届出の署名）があるときは，その持参人に支払うことができるものとします。

②前項の取扱いをしたため，小切手法第38条第5項の規定による損害が生じても，当行はその責任を負いません。また，当行が第三者にその損害を賠償した場合には，振出人に求償できるものとします。

第19条（自己取引手形等の取扱い）①手形行為に取締役会の承認，社員総会の認許その他これに類する手続を必要とする場合でも，その承認等の有無について調査を行なうことなく，支払をすることができます。

②前項の取扱いによって生じた損害については，当行は責任を負いません。

第20条（利息）当座預金には利息をつけません。

第21条（残高の報告）当座勘定の受払または残高の照会があった場合には，当行所定の方法により報告します。

第22条（譲渡，質入れの禁止）この預金は，譲渡または質入れすることはできません。

第23条（解約）①この取引は，当事者の一方の都合でいつでも解約することができます。ただし，当行に対する解約の通知は書面によるものとします。

②当行が解約の通知を届出の住所にあてて発信した場合に，その通知が延着しまたは到達しなかつたときは，通常到達すべき時に到達したものとみなします。

③手形交換所の取引停止処分を受けたために，当行が解約する場合には，到達のいかんにかかわらず，その通知を発信した時に解約されたものとします。

第24条（取引終了後の処理）①この取引が終了した場合には，その終了前に振出された約束手形，小切手または引受けられた為替手形であっても，当行はその支払義務を負いません。

②前項の場合には，未使用の手形用紙，小切手用紙は直ちに当店へ返却するとともに，当座勘定の決済を完了してください。

第25条（手形交換所規則による取扱い）この取引については，前各条のほか，関係のある手形交換所の規則に従って処理するものとします。

第26条（個人信用情報センターへの登録）個人取引の場合において，つぎの各号の事由が1つでも生じたときは，その事実を銀行協会の運営する個人信用情報センターに五年間（ただし，下記第3号の事由の場合のみ六カ月間）登録し，加盟会員はその情報を自己の取引上の判断のため利用できるものとします。

1　差押，仮差押，支払停止，破産等信用欠如を理由として解約されたとき。

2　手形交換所の取引停止処分を受けたとき。

3　手形交換所の不渡報告に掲載されたとき。

以　上

約束手形用法

（全国銀行協会）

1. この手形用紙は，当店における貴方名義の当座勘定にかぎり使用し，他の当座勘定に使用したり，他人に譲り渡すことはしないでください。
2. 手形のお振出しにあたっては，金額，住所，支払期日を明確に記入し，記名なつ印に際しては，当店へお届けのご印章を使用してください。住所の記載があれば振出地の記入は省略することができます。なお，改ざん防止のために消しにくい筆記具を使用してください。
3. 振出日，受取人の記載は，手形要件となっておりますから，できるだけ記入してください。
4. (1)金額は所定の金額欄に記入してください。
   (2)金額をアラビア数字（算用数字，1, 2, 3……）で記入するときは，チェックライターを使用し，金額の頭には「¥」を，その終りには※，★などの終止符号を印字してください。
   なお，文字による複記はしないでください。
   (3)金額を文字で記入するときは，文字の間をつめ，壱，弐，参，拾など改ざんしにくい文字を使用し，金額の頭には「金」を，その終りには「円」を記入してください。
5. 金額を誤記されたときは，訂正しないで新しい手形用紙を使用してください。金額以外の記載事項を訂正するときは，訂正個所にお届け印をなつ印してください。
6. 手形用紙の右上辺，右辺ならびに下辺（クリアーバンド）などの余白部分は使用しないでください。
7. 手形用紙は大切に保管し，万一，紛失，盗難などの事故があったときは，当行所定の用紙によりただちに届出てください。
8. 手形用紙は，当行所定の受取書に記名なつ印（お届け印）のうえ請求してください。
9. 自署によるお取引の場合は，記名なつ印にかえ自署してください。ただし記載事項の訂正には姓だけをお書きください。

以　上

約束手形用紙(表)と記載例

約束手形用紙(裏)と裏書例

330 資 料

為替手形用紙(表)と記載例

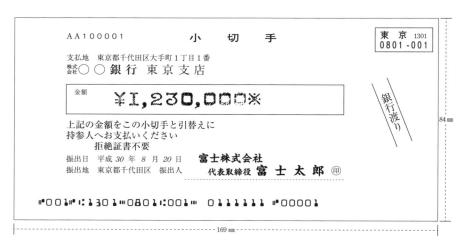

小切手用紙(表)と記載例(裏は白地)

参 考 文 献

[伊沢]　伊沢孝平『手形法・小切手法』（1949 年，有斐閣）

[石井＝鴻]　石井照久＝鴻常夫『手形法・小切手法（商法Ⅳ）』（1975 年，勁草書房）

[上柳]　上柳克郎『会社法・手形法論集』（1980 年，有斐閣）

[大隅＝河本]　大隅健一郎＝河本一郎『注釈手形法・小切手法』（1977 年，有斐閣）

[川村・手形抗弁]　川村正幸『手形抗弁の基礎理論』（1994 年，弘文堂）

[河本＝田邊]　河本一郎＝田邊光政『約束手形法入門〔第五版〕』（2001 年，有斐閣）

[河本他]　河本一郎・河合伸一・田邊光政・西尾信一『新版手形小切手の法律相談』（1992 年，有斐閣）

[木内]　木内宜彦『手形法小切手法（第二版）』（1982 年，勁草書房）

[倉澤]　倉澤康一郎『手形法の判例と論理』（1981 年，成文堂）

[後藤]　後藤紀一『要論手形小切手法』（1992 年，信山社）

[小橋]　小橋一郎『新版手形法小切手法講義』（1982 年，有信堂高文社）

[小橋・基礎理論]　小橋一郎『有価証券法の基礎理論』（1982 年，日本評論社）

[坂井]　坂井芳雄『裁判手形法（増補）』（1975 年，一粒社）

[鈴木＝前田]　鈴木竹雄＝前田庸『手形法・小切手法（新版）』（1992 年，有斐閣）

[関]　関俊彦『金融手形小切手法〔新版〕』（2003 年，商事法務研究会）

[高窪・現代]　高窪利一『現代手形・小切手法（三訂版）』（1997 年，経済法令研究会）

[高窪・通論]　高窪利一『手形法・小切手法通論』（1982 年，三嶺書房）

[竹田]　竹田省『手形法小切手法』（1955 年，有斐閣）

[田中［耕］]　田中耕太郎『手形小切手法概論（改訂版）』（1935 年，有斐閣）

[田中［誠］]　田中誠二『手形・小切手法詳論』上下（1968 年，勁草書房）

[田邊]　田邊光政『最新手形法小切手法〔五訂版〕』（2007 年，中央経済社）

[田邊・手形流通]　田邊光政『手形流通の法解釈』（1976 年，晃洋書房）

[前田]　前田庸『手形法・小切手法入門』（1983 年，有斐閣）

[山尾]　山尾時三『新手形法論』（1935 年，岩波書店）

[講座1〜5]　鈴木竹雄＝大隅健一郎編『手形法・小切手法講座』1〜5（1964・1965年，有斐閣）

参 考 文 献

［法学演習講座 7］　星川長七=山口幸五郎=堀口亘=酒巻俊雄編『法学演習講座 7　手形法・小切手法〔改訂版〕』（1985 年，法学書院）

［商法演習Ⅲ］　鈴木竹雄=大隅健一郎編『商法演習Ⅲ会社（2），手形・小切手（2），等』（1963 年，有斐閣）

［新商法演習 3］　鈴木竹雄=大隅健一郎他編『新商法演習 3　手形・小切手』（1974 年，有斐閣）

［会社百選（二版）］　別冊ジュリスト『会社法判例百選（第二版）』（2011 年，有斐閣）

［会社百選（三版）］　別冊ジュリスト『会社法判例百選（第三版）』（2016 年，有斐閣）

［手形百選］　別冊ジュリスト『手形小切手判例百選』（1963 年，有斐閣）

［手形百選（新版・増補）］　別冊ジュリスト『手形小切手判例百選（新版・増補）』（1976 年，有斐閣）

［手形百選（三版）］　別冊ジュリスト『手形小切手判例百選（第三版）』（1981 年，有斐閣）

［手形百選（四版）］　別冊ジュリスト『手形小切手判例百選（第四版）』（1990 年，有斐閣）

［手形百選（五版）］　別冊ジュリスト『手形小切手判例百選（第五版）』（1997 年，有斐閣）

［手形百選（六版）］　別冊ジュリスト『手形小切手判例百選（第六版）』（2004 年，有斐閣）

［商法の判例三版］　増刊ジュリスト『商法の判例　第三版』（1977 年，有斐閣）

雑誌他略称

［金判］　金融・商事判例　　　　　［評論］　法律評論

［金法］　旬刊金融法務事情　　　　［法協］　法学協会雑誌

［ジュリ］　ジュリスト　　　　　　［法時］　法律時報

［商事］　商事法務　　　　　　　　［法セ］　法学セミナー

［新聞］　法律新聞　　　　　　　　［民商］　民商法雑誌

［判時］　判例時報

［判タ］　判例タイムズ

索　引

事項索引

あ　行

悪意　178
　　——の抗弁　187, 206, 207
　　——の抗弁と重過失　192, 196
　　——の認定　196
　　——の立証　192, 197

異議申立預託金　251
一部裏書の禁止　138, 142
一部支払　143, 254
一覧後定期払　103
　　——手形　104
一覧払　103, 303
　　——手形　104
依頼返却　250
印鑑　87
　　——照合　11, 310
　　届出——　48
印紙　304
　　——税　9
印章　48

受取人　104
　　——白地　113, 122
　　——の記載の変更　146
　　——欄の変造　90
受戻証券　20
受戻しなき支払い　209, 235
訴えの提起　268
裏書禁止裏書　151
裏書禁止文句　108
裏書譲渡性の排除　137
裏書全部の抹消　149
裏書人の担保責任　151

裏書の権利移転的効力　143
裏書の効力　143
裏書の債権譲渡効力　143
裏書の資格授与的効力　144, 156
裏書の担保的効力　151
裏書の方式　139
裏書の法的性質　136
裏書の抹消　154, 271
裏書の無益的記載事項　142
裏書の有益的記載事項　141
裏書の有害的記載事項　142
裏書の連続　144〜150, 169, 170, 178, 254,
　　257, 278
裏書日付　141
裏書文句　139, 140
裏書連続の中断　171
　　——とその架橋　150
裏判　307, 319
売為替　14

英米手形法　23

か　行

買為替　15
外観　54, 83, 169, 177
外観解釈の原則　20, 44, 97, 298
害する意識　191, 192, 197, 215
買戻請求権　13, 34
確定日払　102
　　——手形　104
隠れた質入裏書　166
価値権　18
株券　18
為替手形の支払人　255, 257
河本フォーミュラ　189, 190, 193

334　　　　　　　　　　　　　索　　引

機関方式の偽造　85
機関方式の手形行為　49, 80
期限後裏書　154, 156
記載の明瞭性　98, 109
帰責性　55, 87
偽造小切手の支払い　252, 308
偽造者の責任　85, 88
偽造手形の支払い　252
記名式裏書　139
記名捺印　47
基本的記載事項　294, 304
義務に基づく受戻し　238
逆為替　15
客観解釈の原則　20, 44, 65, 98
休日　102, 275
拒絶証書　267
　　──作成免除文句　110, 142
金額白地　112, 121, 122
金券　17

形式的資格　150, 169, 177, 237, 254, 255,
　　273, 278, 308
形式的手形厳正　184
形成権　129
契約説　52
ゲヴェーレ　173
化体理論　16
原因関係　26
原因債権　33
　　──の消滅　36
原始取得　169
権利移転行為有因論　214, 224, 229, 231, 30
権利外観理論　53, 63, 83, 87, 92, 117, 121,
　　185, 208, 209, 211, 238, 254
権利者資格　246, 247, 265
権利者としての形式的資格　144
権利推定　145, 170
権利の有体物視　219
権利濫用　226, 231, 240

公示催告　179, 272, 273, 313
合意管轄文句　106
交換印　318
交換尻　250
交換スタンプ　155
合同責任　262
抗弁　183
　　──権　28

──存在の予見　190, 192
──の援用　223, 226, 228
──の援用義務　239
一般悪意の──　206
原因関係に基づく──　201
原因関係の時効消滅の──　202
原因関係不法の──　203
権利の成立に関する──　208
権利濫用の──　233
後者の──　223, 227, 229, 231, 240
交付欠缺の──　51, 54, 57, 208〜210
時効消滅の──　200
支払いの──　208〜210, 238, 253
人的関係に基づく──　201, 210, 211,
　　213, 220
相殺の──　211
直接当事者間における──　201
手形債務の有効性に関する──　209
手形保証と──　227
同時履行の──　35, 203
二重無権の──　230
不当利得の──　28, 202
補充権の濫用の──　113, 121
無権利者の──　212
無権利の──　161, 204, 212, 225, 229,
　　230, 238
有効性の──　211
融通契約違反の──　207
融通手形の──　204〜207, 222
小切手契約　7, 302, 305, 309, 316
小切手の時効　311
小切手の支払人　301
小切手用法　9
国際手形条約　24
固有の経済的利益　165, 167, 222, 232

さ　行

催告　278
裁判外の請求　278
裁判上の請求　126, 246, 268, 277
先日付小切手　303
指図禁止手形　137, 138
指図禁止文句　108, 137
指図証券　137, 272
指図文句　111
雑預金　311
参加支払　258

資金関係　37, 292, 296, 316
　準——　39, 292
資金文句　111
自己宛小切手　304, 311, 314
　——支払口　311
自己宛手形　294
自己受手形　294
自己指図小切手　304
自己指図手形　104, 294
時効の完成猶予　125〜127, 260, 277, 279
　——の人的効力　279, 281
時効利益の放棄　280, 281
事故届　313
持参人払式　302, 306
質入裏書　165
　——の資格授与的効力　166
　——の担保的効力　166
実質的権利者資格　237
実質的手形厳正　184
支払委託　7, 253, 291, 294, 296, 301, 305,
　312
支払委託の取消し　297, 303, 312, 313, 315
　——の制限　316
　——の法的性質　315
支払拒絶証書　265
　——作成期間　154, 155
支払指図　295, 305, 315
支払事務　302
支払済みの記載　208
支払担当者　6
支払地　103, 249
支払呈示　246, 247, 251, 265〜268
　——期間　247〜249, 303, 308, 312
　——の免除　266
　——免除文句　107
支払いに強制された地位　230, 235, 239,
　255〜257, 310
支払人の調査義務　239, 254, 308
支払人の調査権　254
支払人の免責　255
支払いの差止　251, 313
支払場所　248, 249
支払保証　303, 311
支払無担保文句　111, 200
支払約束文句　101
支払猶予　116
　——の抗弁　260
　——の特約　259

釈明権　126
重過失　178, 179
　——による不知　197
集合証券　18
収入印紙　100
ジュネーヴ手形法　23
償還権　262
償還請求　262
承継取得　168
証拠証券　17
使用者責任　84
譲渡裏書　137, 143
譲渡担保　163
消滅時効の効力　277
除権決定　272, 273
　——の消極的効力　273
　——の積極的効力　273
初日不算入の原則　276
署名　46, 105
　——の真正性　246
　——の代理　46
白地裏書　115
白地式裏書　140, 149
　簡略——　140
白地手形　99, 103, 112, 274
　——による訴え提起　125
　——による権利行使　123
　——の譲渡　120
　——の本質　119
白地振出し　115
白地補充義務　125
白地補充権　114, 118, 126, 128〜130, 132,
　133
　——の行使時期　128
　——の時効　129, 130, 132
　——の授与　114
　——の濫用　121
　——濫用の抗弁　121, 184, 208
白地補充の訂正　134
白地保証　115
新抗弁論　209, 211
人的抗弁　183, 197, 201, 213, 226, 228
　——制限の法的根拠　185
　——の個別性　213, 223, 226, 228, 231,
　233
　——の属人性　186, 218, 234
　記載された——　199
　狭義の——　198

原因関係に基づく―― 186
広義の―― 198
生来的な―― 206
信頼 56

正当所持人 25
設権証券 19
善意取得によって治癒される瑕疵の範囲
171
善意取得の効果 181
善意の中間者の介在 217, 222
――と人的抗弁の対抗 214
線引 317
――小切手 317
――の法的性質 317
一般―― 318
特定―― 318

創造説 52, 63
属人性理論 215
訴訟告知 279, 282
訴訟信託 165, 204
隠れた取立委任裏書と―― 164
訴状の送達 247, 268
遡求 262, 281
――における受戻しと抗弁の対抗 233
逆行的な―― 243
再―― 262, 264
跳躍的 263
遡求義務 236, 264, 277, 281
遡求義務者 234, 237, 239
――の支払い 264
――の保護 238
――免責 235
遡求金額 258, 263
遡求権保全 150, 247, 266, 268
損害賠償額予定文句 106

た　行

対価文句 111
第三者方払文句 107
代表権 67
代理権 67
――の濫用 68
短期消滅時効 276
担保責任 293, 297

チェック・トランケーション 250

直接的抗弁の成立 240

呈示証券 20
――性 247
手形貸付 12
手形金額 99
――の重複的記載 100
手形権利能力 59
手形行為 40
――と意思表示についての意思の欠缺また
は瑕疵 61
――と越権代理 73
――独立の原則 42, 43
――と商号使用の許諾 81, 82
――と代行 80
――と表見代理 73
――と無権代理 71
――能力 60
――の書面行為性 97
――の書面性 41
――の代理 65, 148
――の代理の方式 66
――の単純性 101
――の抽象性 42
――の独立性 42
――の文言性 41
――の方式 46
――の無因性 42
――の要式行為性 97
――の要式性 41
基本的―― 40
他人名義の―― 45, 47, 48
表見支配人の―― 75
表見代表取締役の―― 75
付属的―― 40
利益相反取引と―― 76
手形交換 249
手形交換所 249, 250
――規則 9, 105, 124, 250, 251
手形抗弁 183
手形債権の消滅 35
手形上の権利 167
手形所有権 167, 168, 182
手形訴訟 269
手形に関する権利 167
手形の受戻し 233〜236, 238, 253, 262, 264
手形の書替え 260
手形の偽造 83

索　引　337

手形の毀損　272
手形の時効期間　276
手形の真正性　246, 247
手形の善意取得　169
手形の喪失　271
手形の呈示　246, 247, 277, 278
手形の呈示証券性　123
手形の取立て　245
手形の引受け　298
手形の文言証券性　97
手形の文言性　20
手形の変造　89
手形の抹消　271
手形の無因性　27
手形の有因性　29
手形法的流通方法　135, 170, 187
手形保証　152, 242
　　──人の求償　229
　　──の独立性　227, 228
　　──の附従性　227, 228
　　隠れた──　152, 242, 243
手形無効広告　179, 275
手形要件　97, 105
手形用法　9
手形理論　40, 50, 211
手形割引　12, 220
手残り手形　235, 236, 261
店頭現払　245

統一小切手用紙　8
統一手形用紙　8, 137, 140, 248
同一性の欠缺　172, 176, 255, 257
当座貸越　12
当座勘定規定　48, 100, 105, 124, 246, 309,
　　311, 313, 319
　　──ひな型　7
当座勘定取引　6, 10, 252, 302
謄本　293
独立的・原始的な取得　229
取立委任　245, 307
　　──契約　163
　　──文句　158
取立委任裏書　157, 162
　　──の資格授与的効力　157
　　隠れた──　157, 159, 160, 163, 164, 232
　　公然の──　164
取引印　252, 270
取引日　248, 275

な　行

名板貸人の責任　81
並為替　14

二段階説　53, 63214, 224
任意的記載事項　98, 106

nemo plus…原則　183, 185, 186, 187, 217

は　行

賠償額予定文句　107
発行説　52

被裏書人欄の抹消　149
引受け　298
　　──の抹消　271
　　一部──　300
　　参加──　259
　　正式──　298
　　不単純──　300
　　略式──　298
被偽造者による追認　84
被偽造者の責任　83
日付後定期払　102
　　──手形　104
必要的記載事項　97, 99, 294

不完全手形　114
複本　293
　　──一体の原則　294
物的抗弁　183, 199, 200, 210
不当補充　121
振出地　104
振出日　104
　　──白地　113, 122, 124, 126, 304
不渡事由　252
不渡処分制度　251
不渡手形　251
不渡届　251
不渡付箋　155
分割払の記載　111

別段預金　311, 315
変造　259, 271
　　──後の署名者の責任　90
　　──者の責任　92
　　──と立証責任　93

──の効果　90
──前の署名者の責任　91

保護される所持人　25
補充権授与契約　116, 120, 121
保証の趣旨の裏書　244
補箋　139

ま　行

満期　101
──白地　103, 113, 122, 130, 133
──における支払い　254, 255
──の変造　91
──前の支払い　255, 257
──前の遡求　108

未完成手形　113
未使用用紙回収義務　8
未必の悪意　191, 192
民法上の保証　243, 244
民法の債権譲渡の効力　154, 156
民法の債権譲渡の方式　135, 137, 138, 187

無因証券　20
無因性　186, 203, 218, 223, 224, 226
無益的記載事項　98, 111, 200
無権代理　71
──の追認　73
無権代理人の権利　72
無権代理人の責任　71
無権利者　171, 177
無担保文句　151
無費用償還文句　266

免責証券　17

戻裏書　152, 216〜218, 220, 234, 258
──と抗弁の再対抗　154
文言証券　20

や　行

約束手形文句　99

有因性　224
有益的記載事項　106, 107
有害的記載事項　98, 111, 199
有価証券　16
──の概念　18
──振替決済制度　17
融通手形　222

要式証券　19
──性　105
預金通貨機構　7
預手　304, 314

ら　行

利息　248
──文句　107
利得償還請求権　31, 283, 312
──の義務者　284
──の権利者　284
──の行使と手形の所持　286
──の消滅時効　287
──の成立　284, 286
──の成立と手形の所持　286
──の法的性質　283

判 例 索 引

大判明 39・5・15 民録 12 輯 750 頁　**209**
大判明 39・5・17 民録 12 輯 837 頁　**60**
大判明 42・4・1 民録 15 輯 314 頁　**247**
大判明 44・3・24 民録 17 輯 117 頁　**161**
大判明 44・12・25 民録 17 輯 904 頁　**57**

大判大 4・10・30 民録 21 輯 1799 頁　**46**
大判大 5・10・4 民録 22 輯 1848 頁　**285**
大判大 10・7・13 民録 27 輯 1318 頁　**47**
大判大 11・9・29 民集 1 巻 564 頁　**61**
東京地判大 11・10・28 評論 11 商 622　**148**
大判大 11・11・25 民集 1 巻 674 頁　**209, 237**
大判大 12・6・30 民集 2 巻 432 頁　**74**
大判大 13・5・21 民集 3 巻 293 頁　**106**
大判大 15・10・13 新聞 2653 号 7 頁　**253**
大判大 15・12・16 法律評論 28 巻商 27 頁　**44**

大判昭 2・4・2 民集 6 巻 118 頁　**178**
大判昭 3・1・9 民集 7 巻 1 頁　**284**
大判昭 5・12・6 新聞 3210 号 7 頁　**106**
大判昭 6・4・23 評論 20 巻諸法 316 頁　**165**
大判昭 7・2・5 民集 11 巻 3 号 183 頁　**307**
大判昭 8・9・28 民集 12 巻 2362 頁　**85**
大判昭 8・9・28 新聞 3620 号 7 頁　**85**
大判昭 9・2・13 民集 13 巻 133 頁　**159**

大判昭 10・1・22 民集 14 巻 31 頁　**146, 147**
大判昭 10・3・28 新聞 3830 号 16 頁　**123**
大判昭 10・11・28 新聞 3922 号 16 頁　**109**
大判昭 10・12・24 民集 14 巻 2105 頁　**57**
大判昭 11・6・12 新聞 4011 号 8 頁　**103**
大判昭 12・11・24 民集 16 巻 1652 頁　**92**
大判昭 13・5・10 民集 17 巻 891 頁　**284**
大判昭 15・2・20 法律評論 29 巻商法 278 頁　**106**

大判昭 16・1・27 民集 20 巻 25 頁　**194**
大判昭 16・8・26 民集 20 巻 1125 頁　**195**
大判昭 18・4・21 新聞 4844 号 8 頁　**103**
大判昭 19・6・23 民集 23 巻 378 頁　**194**

最判昭 25・2・10 民集 4 巻 2 号 23 頁　**64**
最判昭 26・10・19 民集 5 巻 11 号 612 頁　**64**
最判昭 27・11・25 民集 6 巻 10 号 1051 頁　**147**
最判昭 29・3・11 民集 8 巻 3 号 688 頁　**156**
最判昭 29・6・8 民集 8 巻 6 号 1029 頁　**147**
最判昭 29・10・29 裁判所時報 171 号 169 頁　**319**

大阪高判昭 30・1・28 高民集 8 巻 1 号 48 頁　**123**
最判昭 30・2・1 民集 9 巻 2 号 139 頁　**124, 247, 268, 278**
最判昭 30・5・31 民集 9 巻 6 号 811 頁　**195**
最判昭 30・9・22 民集 9 巻 10 号 1313 頁　**228**
最判昭 30・9・30 民集 9 巻 10 号 1513 頁　**147**
最判昭 30・11・18 民集 9 巻 12 号 1763 頁　**195**
最判昭 31・2・7 民集 10 巻 2 号 27 頁　**160**
最判昭 31・4・27 民集 10 巻 4 号 459 頁　**260**
最判昭 31・7・20 民集 10 巻 8 号 1022 頁　**118**
最判昭 31・12・21 裁判集民事 24 号 545 頁　**155**
最判昭 32・7・19 民集 11 巻 7 号 1297 頁　**250**
最判昭 33・3・13 裁判集民事 30 号 885 頁　**246**
最判昭 33・3・20 民集 12 巻 4 号 583 頁　**43**
最判昭 33・6・3 民集 12 巻 9 号 1287 頁　**34**
最判昭 33・6・17 民集 12 巻 10 号 1532 頁　**72**
最判昭 34・5・29 民集 13 巻 5 号 621 頁　**248, 266**
最判昭 34・6・9 民集 13 巻 6 号 664 頁　**283,**

286

大阪高判昭 34・7・7 下民集 10 巻 7 号 1470
頁 **221**

最判昭 34・7・14 民集 13 巻 7 号 978 頁 **204**

最判昭 34・8・18 民集 13 巻 10 号 1275 頁
195

最判昭 35・1・12 民集 14 巻 1 号 1 頁 **174**

最判昭 35・2・11 民集 14 巻 2 号 184 頁 **197**

名古屋高判昭 35・5・25 判時 230 号 30 頁
146

最判昭 35・10・25 民集 14 巻 12 号 2720 頁
196

最判昭 35・11・1 判時 243 号 29 頁 **117**

最判昭 35・12・27 民集 14 巻 14 号 3234 頁
74, 79

最判昭 36・7・31 民集 15 巻 7 号 1982 頁 **50**

東京地判昭 36・10・18 手形研究 51 号 10 頁
180

最判昭 36・11・24 民集 15 巻 10 号 2519 頁
122, 145

最判昭 36・11・24 民集 15 巻 10 号 2536 頁
122, 130

最判昭 36・12・12 民集 15 巻 11 号 2756 頁
74, 87

最判昭 37・5・1 民集 16 巻 5 号 1013 頁 **79,
214**

最判昭 37・7・6 民集 16 巻 7 号 1491 頁 **80**

最判昭 37・9・7 民集 16 巻 9 号 1870 頁
156, 214

最判昭 37・9・21 民集 16 巻 9 号 2041 頁
304

最判昭 38・1・30 民集 17 巻 1 号 99 頁 **278**

最判昭 38・8・23 民集 17 巻 6 号 851 頁 **307**

最判昭 38・9・5 民集 17 巻 8 号 909 頁 **69**

最判昭 38・11・19 民集 17 巻 11 号 1401 頁
72

最判昭 39・4・7 民集 18 巻 4 号 520 頁 **106**

最判昭 39・5・12 民集 18 巻 4 号 597 頁 **270**

最判昭 39・7・10 民集 18 巻 6 号 1078 頁
161

最判昭 39・9・15 民集 18 巻 7 号 1435 頁
74, 86

最判昭 39・10・16 民集 18 巻 8 号 1727 頁
161

最判昭 39・11・24 民集 18 巻 9 号 1952 頁
127, 277

最判昭 40・4・1 判時 411 号 79 頁 **138**

最判昭 40・4・9 民集 19 巻 3 号 632 頁 **76**

最判昭 40・4・9 民集 19 巻 3 号 647 頁 **216**

最判昭 40・8・24 民集 19 巻 6 号 1435 頁 **35**

京都地判昭 40・8・28 判時 430 号 44 頁 **124**

東京地判昭 41・2・23 金判 5 号 9 頁 **112**

最判昭 41・3・4 民集 20 巻 3 号 406 頁 **145**

最判昭 41・4・22 民集 20 巻 4 号 734 頁 **246**

最判昭 41・6・16 民集 20 巻 5 号 1046 頁
123

最判昭 41・6・21 民集 20 巻 5 号 1084 頁
145, 175, 179

最判昭 41・7・1 判時 459 号 74 頁 **85**

大阪地判昭 41・7・28 金判 22 号 2 頁 **111**

最判昭 41・9・13 民集 20 巻 7 号 1359 頁
49, 147

最判昭 41・10・13 民集 20 巻 8 号 1632 頁
105, 123

最判昭 41・11・2 民集 20 巻 9 号 1674 頁
126

最判昭 41・11・10 民集 20 巻 9 号 1697 頁
138

最判昭 41・11・10 民集 20 巻 9 号 1756 頁
122

東京地判昭 42・1・17 判タ 205 号 158 頁
179

最判昭 42・2・9 判時 483 号 60 頁 **82**

最判昭 42・3・14 民集 21 巻 2 号 349 頁 **94**

最判昭 42・3・28 金判 60 号 17 頁 **260**

最判昭 42・3・31 民集 21 巻 2 号 483 頁 **288**

最判昭 42・4・20 民集 21 巻 3 号 697 頁 **69**

東京地判昭 42・4・21 金判 64 号 10 頁 **222**

最判昭 42・4・27 民集 21 巻 3 号 728 頁 **206**

索　　引　　341

最判昭 42・6・6 判時 487 号 56 頁　**82**
最判昭 42・8・25 金判 76 号 18 頁　**105**
東京高判昭 42・8・30 高民集 20 巻 4 号 352 頁　**315**
最判昭 42・11・8 民集 21 巻 9 号 2300 頁　**103, 108, 249**
最判昭 43・1・30 民集 22 巻 1 号 63 頁　**84**
最判昭 43・3・21 民集 22 巻 3 号 665 頁　**284, 285**
最判昭 43・10・8 判時 540 号 75 頁　**123**
最判昭 43・12・6 判時 545 号 79 頁　**209, 237**
最判昭 43・12・12 金判 148 号 12 頁　**37**
最判昭 43・12・12 民集 22 巻 13 号 2963 頁　**47**
最判昭 43・12・24 民集 22 巻 13 号 3382 頁　**86**
最判昭 43・12・25 民集 22 巻 13 号 3511 頁　**77**
最判昭 43・12・25 民集 22 巻 13 号 3548 頁　**223, 226, 232**
大阪高判昭 44・1・31 金法 537 号 35 頁　**123**
最判昭 44・2・20 民集 23 巻 2 号 427 頁　**130**
最判昭 44・3・4 民集 23 巻 3 号 586 頁　**45, 102**
最判昭 44・3・27 民集 23 巻 3 号 601 頁　**160, 165, 203, 212**
最判昭 44・4・3 民集 23 巻 4 号 737 頁　**69**
最判昭 44・4・15 金法 550 号 31 頁　**298**
京都地判昭 44・5・16 判タ 238 号 181 頁　**148**
大阪高判昭 44・6・28 判タ 239 号 272 頁　**179**
京都地判昭 44・7・1 判時 590 号 85 頁　**148**
札幌高判昭 44・8・13 下民集 20 巻 7・8 号 580 頁　**133**
最判昭 44・9・12 判時 572 号 69 頁　**256**
岡山地判昭 44・10・17 判時 593 号 91 頁　**238**
最判昭 44・11・14 民集 23 巻 11 号 2023 頁　**69**

東京高判昭 45・1・21 金判 214 号 11 頁　**86**
最判昭 45・3・26 判時 587 号 75 頁　**74**
最判昭 45・3・31 民集 24 巻 3 号 182 頁　**229**
東京地判昭 45・4・16 判時 599 号 88 頁　**202**
京都地判昭 45・5・1 判時 607 号 84 頁　**238**
最判昭 45・6・24 民集 24 巻 6 号 625 頁　**60**
最判昭 45・6・24 民集 24 巻 6 号 712 頁　**145**
東京地判昭 45・6・30 判時 596 号 80 頁　**112**
最判昭 45・7・16 民集 24 巻 7 号 1077 頁　**231**
京都地判昭 45・9・7 金法 599 号 35 頁　**146**
最判昭 45・11・11 民集 24 巻 12 号 1876 頁　**126, 129**
東京地判昭 46・3・26 判時 636 号 82 頁　**109**
最判昭 46・6・10 民集 25 巻 4 号 492 頁　**105, 310**
最判昭 46・7・1 金法 622 号 27 頁　**163**
千葉地判昭 46・7・19 判時 647 号 83 頁　**147**
最判昭 46・10・13 民集 25 巻 7 号 900 頁　**77**
最判昭 46・11・16 民集 25 巻 8 号 1173 頁　**58, 274**
和歌山地妙寺支判昭 46・12・16 判時 657 号 86 頁　**222**
最判昭 46・12・23 金判 300 号 3 頁　**78**
東京地判昭 47・1・29 判時 663 号 91 頁　**147**
福岡高判昭 47・2・10 判タ 277 号 332 頁　**124**
最判昭 47・2・10 民集 26 巻 1 号 17 頁　**49, 67, 148**
最判昭 47・4・6 民集 26 巻 3 号 455 頁　**274**
広島高判昭 47・5・1 下民集 23 巻 5―8 号 209 頁　**123**
前橋地高崎支判昭 47・5・16 判時 669 号 95 頁　**221**
最判昭 47・11・10 判時 689 号 103 頁　**179**
大阪地判昭 47・12・18 金判 345 号 19 頁　**59**
最判昭 48・3・22 金判 529 号 152 頁　**195**
福岡高宮崎支判昭 48・10・3 金判 388 号 7 頁　**59**
最判昭 48・11・16 民集 27 巻 10 号 1391 頁

223, 226, 232

最判昭 49・2・28 民集 28 巻 1 号 121 頁 **138**

最判昭 49・6・28 民集 28 巻 5 号 655 頁 **88**

最判昭 49・11・14 金法 743 号 31 頁 **156**

最判昭 49・12・24 民集 28 巻 10 号 2140 頁 **90, 146**

最判昭 50・1・21 金法 746 号 27 頁 **158**

最判昭 50・7・14 金判 472 号 2 頁 **50**

最判昭 50・8・29 判時 793 号 97 頁 **91**

最判昭 50・9・25 民集 29 巻 8 号 1287 頁 **34**

最判昭 51・4・8 民集 30 巻 3 号 183 頁 **274**

東京地判昭 51・7・16 判時 840 号 108 頁 **222**

福岡高判昭 51・9・8 判時 852 号 106 頁 **252**

名古屋高判昭 51・9・28 判タ 346 号 218 頁 **268**

最判昭 51・10・1 金法 809 号 78 頁 **69**

東京高判昭 52・3・31 判時 855 号 102 頁 **86**

最判昭 52・6・20 判時 873 号 97 頁 **180**

最判昭 52・9・22 金判 536 号 15 頁 **220**

最判昭 52・10・14 民集 31 巻 6 号 825 頁 **75**

最判昭 52・11・15 民集 31 巻 6 号 900 頁 **243**

最判昭 52・12・9 金判 541 号 3 頁 **74, 87**

最判昭 53・1・23 民集 32 巻 1 号 1 頁 **276**

東京高判昭 53・1・25 金判 546 号 30 頁 **268**

最判昭 53・2・16 金判 547 号 3 頁 **69**

最判昭 53・3・28 金判 555 号 37 頁 **35**

最判昭 53・4・24 判時 893 号 86 頁 **109, 137**

最判昭 54・4・6 民集 33 巻 3 号 329 頁 **161**

最判昭 54・5・1 金判 576 号 19 頁 **69**

最判昭 54・9・6 民集 33 巻 5 号 630 頁 **64**

最判昭 54・12・20 金判 588 号 3 頁 **102, 276**

大阪高判昭 55・2・29 金判 601 号 7 頁 **266**

最判昭 55・3・27 金判 600 号 8 頁 **248**

最判昭 55・5・30 民集 34 巻 3 号 521 頁 **259**

大阪高判昭 55・6・25 金法 940 号 44 頁 **252**

最判昭 55・7・15 金判 606 号 9 頁 **82**

最判昭 55・9・5 民集 34 巻 5 号 667 頁 **89**

最判昭 55・10・14 金判 610 号 3 頁 **125**

最判昭 55・11・27 判時 986 号 107 頁 **91**

大阪高判昭 55・12・2 金判 614 号 12 頁 **138**

最判昭 55・12・18 民集 34 巻 7 号 942 頁 **155**

最判昭 56・2・19 金法 971 号 39 頁 **58**

名古屋高決昭 56・7・14 金判 630 号 19 頁 **119**

最判昭 56・7・17 金判 630 号 15 頁 **147**

静岡地沼津支判昭 56・9・1 判時 1047 号 151 頁 **76**

最判昭 56・10・1 金判 637 号 3 頁 **109, 137**

最判昭 57・3・12 金判 644 号 3 頁 **109**

最判昭 57・3・30 民集 36 巻 3 号 501 頁 **125**

最判昭 57・4・1 金判 649 号 3 頁 **278**

最判昭 57・7・15 民集 36 巻 6 号 1113 頁 **277, 279〜282**

最判昭 57・7・20 金判 656 号 3 頁 **223, 226, 232**

最判昭 57・9・7 民集 36 巻 8 号 1607 頁 **243**

最判昭 57・9・30 金判 658 号 9 頁 **156**

最判昭 57・11・25 金判 663 号 3 頁 **108, 249, 267**

最判昭 58・3・31 金判 670 号 3 頁 **105, 123**

最判昭 58・4・7 民集 37 巻 3 号 219 頁 **48, 253**

東京高判昭 58・10・25 金判 692 号 27 頁 **281**

最判昭 59・3・29 金判 709 号 3 頁 **74, 75**

名古屋高判昭 59・9・27 金判 707 号 27 頁 **134**

最判昭 60・3・26 金判 723 号 3 頁 **158**

最判昭 60・7・2 金判 735 号 12 頁 **138**

京都地判昭 61・6・19 判タ 625 号 213 頁 **202**

最判昭 61・7・10 民集 40 巻 5 号 925 頁 **100**

最判昭 61・7・18 民集 40 巻 5 号 977 頁 **150**

名古屋地判昭 61・9・11 判時 1215 号 132 頁 **201**

最判昭 61·11·7 金判 759 号 17 頁　**105,
123, 304**
最判昭 61·12·19 金判 766 号 14 頁　**47**
福岡高判昭 61·12·25 金判 760 号 8 頁　**209**
最判昭 62·10·16 民集 41 巻 7 号 1497 頁
　37, 203

東京高判平元·4·12 金法 1235 号 35 頁
　189
大阪地判平元·11·30 判時 1363 号 147 頁
　133
東京地判平 2·4·24 金判 862 号 27 頁　**274**
最判平 2·9·27 民集 44 巻 6 号 1007 頁　**244**
大阪地判平 2·11·20 金判 870 号 22 頁　**222**
大阪高判平 3·7·30 金判 934 号 6 頁　**129**
大阪地判平 4·10·28 判タ 811 号 190 頁
　222
最判平 5·7·20 民集 47 巻 7 号 4652 頁
　116, 129
最判平 5·10·22 民集 47 巻 8 号 5136 頁
　268
東京地判平 7·6·27 判タ 918 号 237 頁　**180**
最判平 7·7·14 判時 1550 号 120 頁·金判
　985 号 3 頁　**195**

最判平 9·2·27 民集 51 巻 2 号 686 頁　**102**

東京地判平 11·5·27 判タ 1017 号 222 頁
　180
東京地判平 11·5·28 判タ 1017 号 219 頁
　180
東京地判平 11·6·30 判タ 1015 号 238 頁
　180
東京地判平 11·8·26 判時 1708 号 162 頁
　180
大阪地判平 12·2·25 判タ 1050 号 235 頁
　180
大阪地判平 12·2·29 判時 1739 号 129 頁
　180
東京高判平 12·8·17 金判 1109 号 51 頁
　180
最判平 13·1·25 民集 55 巻 1 号 1 頁　**273**
東京高判平 13·4·23 金判 1117 号 21 頁
　180
東京地判平 15·10·17 判時 1840 号 142 頁
　269
東京地判平 15·11·17 判時 1839 号 83 頁
　269

著者紹介

川村　正幸（かわむら　まさゆき）

1945 年　静岡県に生まれる
1969 年　一橋大学法学部卒業
現　　在　一橋大学名誉教授　法学博士

主要著書

『手形抗弁の基礎理論』（弘文堂，1994 年）

『金融商品取引法（第 5 版)』（編著，中央経済社，2014 年）

『詳説　会社法』（共著，中央経済社，2016 年）

『金融商品取引法の基礎』（共著，中央経済社，2018 年）

『コア・テキスト 手形・小切手法』（新世社，2018 年）

『コア・テキスト 商法総則・商行為法』（共著，新世社，2019 年）

『コア・テキスト 会社法』（共著，新世社，2020 年）

新法学ライブラリ＝15

手形・小切手法　第 4 版

1996 年 4 月 10 日ⓒ	初　版　発　行
2001 年 11 月 25 日ⓒ	第 2 版　発　行
2005 年 10 月 25 日ⓒ	第 3 版　発　行
2018 年 9 月 10 日ⓒ	第 4 版　発　行
2021 年 3 月 10 日	第 4 版第 2 刷発行

著　者　川村正幸

発行者　森平敏孝
印刷者　馬場信幸
製本者　小西惠介

【発行】　　　　　　　　株式会社　**新世社**
〒151-0051　東京都渋谷区千駄ヶ谷 1 丁目 3 番 25 号
編集☎(03)5474-8818(代)　　サイエンスビル

【発売】　　　　　　　　株式会社　**サイエンス社**
〒151-0051　東京都渋谷区千駄ヶ谷 1 丁目 3 番 25 号
営　業☎(03)5474-8500(代)　　振替 00170-7-2387
FAX☎(03)5474-8900

印刷　三美印刷　　　　　　　製本　ブックアート
《検印省略》
本書の内容を無断で複写複製することは，著作者および出版者
の権利を侵害することがありますので，その場合にはあらかじ
め小社あて許諾をお求めください．

サイエンス社・新世社のホームページのご案内
http://www.saiensu.co.jp
ご意見・ご要望は
shin@saiensu.co.jpまで．

ISBN 978-4-88384-281-0

PRINTED IN JAPAN

新法学ライブラリ 2

憲 法
第7版

長谷部恭男 著
A5判／504頁／本体3,400円（税抜き）

長谷部憲法学テキスト最新版。夫婦同氏制の合憲性，再婚禁止期間規定の合憲性，GPS捜査と令状主義，検索エンジンの表示結果の削除の可否等に関する新たな判例についての記述を加えるとともに，各分野の制度改正に即して記述を改め，さらに各所で説明の補充や削除を行うなど，理論状況の変化に対応する内容の修正を行った。【電子版も好評発売中】

【主要目次】
Ⅰ 憲法の基本原理（憲法とは何か／日本憲法史／平和主義／天皇制）
Ⅱ 憲法上の権利保障（権利保障の基本問題／包括的基本権／平等／自由権／社会権／参政権／国務請求権）
Ⅲ 統治機構（国会／内閣／裁判所／地方自治）

発行 新世社　　発売 サイエンス社

＊電子版は弊社ホームページ（http://www.saiensu.co.jp）にてご注文を承っております。